에코·바이오테크 시대의 책임 윤리

2006 년도
대한민국학술원
기초학문육성
"우수학술도서"
선정

에코·바이오테크 시대의 책임 윤리
― 과학 기술의 진보와 이성

| 양 해 림 (충남대 철학과 교수) |

철학과현실사

머리말(서문)

　우리는 21세기를 가리켜 환경의 세기, 생명공학의 세기, 유전
공학의 세기, 기술공학의 세기, 나노공학의 세기, 디지털 혁명의
세기 등 다양하게 부른다. 이러한 현대의 명칭들은 거의 모두
과학 기술의 발달에 의한 것들이다. 우리 인간들은 그동안 끊임
없이 동서양을 막론하고 물질적 풍요를 꿈꾸면서 지구상에서
만족할 만한 유토피아의 세계를 만들어냈다. 그것은 흔히 21세
기의 테크노피아 세계로 불리는 물질 문명의 산물들이다. 이제
우리 인간들은 과학 기술을 무한히 발달시킨 결과 물질적 풍요
를 만족할 만하게 이루어냈지만, 지구 도처에서 벌어지는 위험
증후군들로 인해 하루가 멀다 하고 암울한 소식들을 접한다. 21
세기 들어 더욱 엄청나게 성장한 과학 기술의 위력과 일상적인
생활의 이해 관계가 서로 맞물리면서 공포의 파노라마가 전 지
구를 위협하고 있는 상황에 대해 우리는 예의 주시해야 한다.
즉, 생태계의 파괴와 이로 인한 인간 생활의 위기감, 원자력 발
전소의 핵폐기물 처리나 방사능 누수 현상, 핵에너지의 가공할

만한 위협, 군사 무기 공학의 급속한 진전, 인간 행위의 생명공학으로의 깊숙한 개입으로 나타난 윤리적 문제 등 수많은 신종 위험 요소들이 우리 주변에서 건강과 생명을 위협하고 있다. 특히 최근인 2004년 12월에 인도양에서 10만 명 안팎의 인명을 빼앗아간 쓰나미(지진해일)를 비롯하여, 2005년 9월초 미국 뉴올리언 주의 허리케인 카트리나의 내습으로 인해 도시 전체의 80%가 물에 잠기는 자연의 대재앙, 2005년 10월 4만 명 이상의 인명 피해를 낸 것으로 추정되는 파키스탄 카시미르 지역의 지진 대재앙은 그 서막에 불과할지 모른다. 우리나라도 지진 피해에 대해 안전 지대라 할 수 없을 만큼 크고 작은 미진들이 우리의 생활을 끊임없이 위협하고 있다.

이러한 지구상의 엄청난 재앙들은 자연 재해라는 인식보다 인재(人災)라는 주장이 더 설득력을 지닌다. 지금까지 인간들이 끊임없이 인간의 물질적 욕망을 충족시키기 위해 자연을 무참히 침해한 결과로 인해 자연이 인간에게 복수를 하고 있다는 느낌이 강하다. 철학자 요나스(H. Jonas)가 지적한 바와 같이, 현대인들은 물질적 욕망을 마음껏 누리고 있지만, 위험 요소에 대해서는 불감증에 걸려 있는 듯하다. 우리는 장밋빛 희망의 물질적 유토피아보다 내면의 공포의 발견술을 통해 인간 실존의 존재를 선(善)이 아닌 불행에서 찾아내야 한다. 인간에게 언제 닥쳐올지 모르는 불행한 미래를 현재의 상황에 적용하고 인식함으로써 인간이 처하게 될 운명을 사전에 진단해야 한다. 우리는 더 늦기 전에 인간과 자연, 인간과 생명에 대한 관계를 새롭게 재정립하고 인류의 현재와 미래를 위해 대책을 신중하게 강구해야 한다. 현재 과학 기술의 급속한 발전에 따라 많은 윤리적 문제들이 발생하고 있지만, 윤리와 과학을 서로 대립적인 측면으로 보려고 하는 경향은 불식시켜야 한다. 즉, 윤리와 과학 기술은 선후의 대립·갈등 관계라기보다 상호 보완 관계여야 한다. 최근 우리나라는 황우석, 박세필 등 생명공학자와 의료인들이 생명 복제 기술 실험에 성공을 거두면서 생명공학은 다른 어느 분야보다도 호황기를 맞이하고 있다. 그러나 신문이나 방송 매체를 비롯한 많은 매스컴들은 미래의 생명공학에 대한 장밋빛 환상을 국민들에게 깊게 심어주면서 그 이면의 측면들은 소홀히 다룰 뿐만 아니라 이에 반하는 입장들을 시대에 역행하는 구시대적 사고로 간주하려는 분위기는 실로 위험천만한 일이다. 이는 기든스나 벡, 요나스 같은 학자들이 이구동성으로 주장하고 있듯이, 위험 요소들을 소홀히 다룬다면 현재와 미래는 위험 사회로 가는 지름길을 열어줄 뿐이다. 따라서 우리는 더 늦기 전에 과학 기술에 대한 반성적 성찰이 절실히 필요한 시점에 와 있다. 이 책은 이러한 문제 의식에서 시작되었다.

이 책에 실린 글은 2000년 이후에 필자가 주로 여러 대중 학술지나 전문 학술지에 실었던 것을 보충하여 새롭게 구성한 것들이다. 다소 시기가 지나간 시사성 있는 주제들은 새로운 내용을 첨가하여 보충해보았다. 이 책에 실린 글은 크게 형식적으로는 환경과 책임 윤리, 생명과 책임 윤리 부분으로 나누어 구성되어 있다. 제1장과 제5장까지는 주로 환경과 책임 윤리를 다루었다. 환경 윤리 및 환경철학의 역사에 대한 이론적 측면, 니체와 노자의 생태적 자연관, 요나스의 생태학적 책임 윤리, 그리고 새만금 갯벌 간척을 실천적 측면에서 고찰해보았다. 제6장부터 제10장까지는 생명과 책임 윤리를 주로 다루고 있다. 요나스의 생명공학에 관련된 책임 윤리와 유럽에서의 인간 배아 복제 규제 법안, 그리고 하버마스의 착상 전 유전 검사에서 드러난 자유주의적 우생학을 비판적으로 다루어보았다. 제11장은 보론 형식으로 공학 윤리의 책임 의식을 다루었다. 필자는 환경과 생명 부분을 편의상 구분하였지만, 첫 장부터 순서대로 독자들이 반드시 읽을 필요는 없고 마음내키는 장부터 읽어도 무방하겠다. 대부분 독립된 장들로 구성되어 있기 때문이다.

이러한 환경 및 생명공학에 대한 윤리 의식을 필자가 갖게 된 배경에는 여러 이유가 있지만, 무엇보다 대학원 시절과 독일 유학 시절, 귀국 후 강사 시절부터 지금까지 음으로 양으로 필자에게 많은 힘과 용기 그리고 격려를 아끼지 않으셨던, 과학사를 전공하신 송상용(현 아시아생명윤리학회 회장, 전 한림대 사학과 교수, 한양대 철학과 석좌 교수) 교수님의 노고가 크게 작용하였다. 이 자리를 빌어 다시 한 번 감사의 말씀을 전하고 싶다. 또한 한국환경철학회, 한국생명윤리학회, 전북대 과학문화연구센터(2000~2001), 한국학술진흥재단의 대학 부설 연구소 지원에 따른 한림대 인문학연구소의 프로젝트연구팀(1998~1999)에서의 학술발표회와 토론, 학술지 등을 통해 여러 선생님들의 학문적 도움을 직간접적으로 받았다. 이 자리를 빌어 도움을 받은 많은 분들께 감사의 말씀을 올린다. 계속되는 인문학 출판의 불황 속에서도 출판을 쾌히 허락해주신 <철학과현실사> 사장님과 편집부에게도 감사의 말씀을 전한다.

2005년 11월
대전 유성 궁동 철학과 연구실에서
양 해 림

차 례

제1장
과학 기술의 진보는 이성의 진보인가?*

1. 들어가는 말

　고대 사람들은 자연을 연구하는 목적을 자신들의 개인적인 사색을 만족시키는 데 두고 있었다. 그들은 이 세계가 무엇으로 이루어져 있을까 하는 자연에 대한 경외감으로부터 자연을 이해하고자 했다. 그 당시 사람들은 "삶을 위해 의식주 문제를 해결하는 데 골몰하였기 때문에 현대적 의미의 과학 기술의 진보라는 관점과는 거리가 멀 뿐 아니라 관심을 기울일 여지도 없었다."[1] 그렇기 때문에 자신들의 사색이 삶의 조건을 크게 개선할 것이라고 믿지 않았다. 단지 고대 사람들에게서 과학의 "진보 이념은 자연이나 이 세상 밖의 초월적 세계에 대한 통찰을 통해

---

* 이 논문은 『진보평론』, 2005년 봄호, 252-275쪽에 실렸다.

1) 닐 포스트먼, 김균 옮김, 『테크노폴리 ― 기술에 정복당한 오늘의 문화』, 민음사, 2001, 56쪽.

자신의 삶의 의미를 도덕적으로 정화하고자 하는 수직적 차원(Vertikalen zur Horizintalen)"[2]의 의미만 갖고 있었다. 그러나 근대에 접어들면서 과학의 진보 이념은 점차 "그 이념을 수평화하여 인간적 삶의 개선을 현재의 경험 세계"[3]에서 성취하고자 노력하였다. 16세기 이후부터 급속도로 신 중심의 사회가 붕괴되고 인간 중심의 사회가 등장하게 되면서 이러한 근대의 과학적 진보 이념은 그 융성기를 맞이하게 되었다. 대표적으로 코페르니쿠스·케플러·갈릴레이·데카르트·뉴턴 등을 비롯한 많은 과학자들의 등장으로 인해 "과학기술주의의 문화"[4]가 점차 대두하게 되면서 과학 기술 진보의 사상은 크게 변화 과정을 겪게 되었다. 특히 16~17세기 과학 혁명은 2000년 동안 유럽을 지배해온 아리스토텔레스의 전통적인 과학을 무너뜨리고 새로운 과학을 등장시켰다. 예를 들어 케플러의 천문학은 신학·철학·음악과 관련되어 있으며, 갈릴레오의 저서들은 예술 작품인 동시에 과학적이며 철학적이었다. 갈릴레오는 과학을 거대한 조직체로 파악하고, 자연과 우주에 대한 수학적 기술로서 근대 과학을 특징지었다. 특히 근대 과학에서 그 이전의 과학과 구분하는 중요한 특징 중의 하나는 자연과 세계에 대해 수학화하려는 것으로서 이는 자연과학의 발전이기도 했다. 이는 수학을 이용하여 자연과 세계를 설명하려는 시도였다. 그러나 자연과학은 출발부터 어떻게 비물질적인 정신이 외계 물질 세계에

---

2) Hans Jonas, *Das Prinzip Verantwortung*, Frankfurt. a.M. 1985, 225쪽.

3) 이진우, 『녹색 사유와 에코토피아』, 문예출판사, 1998, 214쪽.

4) 닐 포스트먼은 문화를 세 가지의 유형으로 나눈다. 첫째, 도구 사용 문화(tool-using culture), 둘째, 기술주의 문화(technocracies), 셋째, 기술주의 정책(technopolics)이 그것이다. 첫 번째 유형은 점차로 사라지고 나머지 두 유형이 그 중심을 차지하고 있다(닐 포스트먼, 같은 책, 39쪽).

작용할 수 있는가를 설계 속에 깃든 영혼의 신비함으로 묘사했다. 그렇지만 이러한 설명들은 진정 자연과학으로 불러주기를 원했으며, 그 이유는 17세기의 과학을 그리워하는 마음에서였다고 말한다.[5] 이러한 데카르트·갈릴레오·뉴턴 등의 자연과학적 사유는 "과학적 지식의 새로운 패러다임"에 힘입어 더욱 강력한 힘을 지닌 과학의 도구로서 등장하게 되었다. 따라서 데카르트 이후의 근대 과학 기술의 진보 이념은 자연의 은밀한 비밀을 명확하게 알 수 있는 계기를 마련하였으며 자연을 정복하여 우리 마음대로 개조할 수 있는 과학적 지식 / 힘의 패러다임을 실현하는 것이었다. 이러한 패러다임은 17세기의 과학 혁명과 18세기의 산업 혁명 및 계몽주의의 등장과 함께 빠르게 전개되었다. 그래서 인간 이성의 능력은 우주와 생명의 원리뿐만 아니라 인간의 존재와 삶의 일상적 원리 체계를 밝히는 것으로 나아갔다. 그 당시 근대의 주체들에게 주어진 이성은 그들이 먹고 살아가는 방식을 합리적으로 조직하는 데 있었다. 따라서 그 당시 과학 기술은 근대의 주체들이 먹고 살아가는 데 필요한 경제적 생계의 방식이 제도화되는 방향으로 점차 나아갔다. 이러한 과학 기술은 20세기에 들어와서 서구의 자본주의 산업의 발달과 더불어 더욱 꽃을 피웠다. 역사학자 홉스붐(E. Hobsbawn)은 21세기를 가리켜 극단의 세기로 규정하면서 그동안 20세기의 과학이 지닌 패러독스를 지적한다. 지금까지 걸어온 역사를 회고해볼 때, 지난 20세기만큼 과학이 지배한 역사도 없었고 거기에 전적으로 의존한 어떠한 시기도 없었다. 또한 지난 20세기만큼 과학 기술의 진보에 대한 우려를 그렇게 골똘히 생각했던 시

---

5) 송상용, 「문화의 진보와 과학 기술」, 한국철학회 편, 『문화의 진보에 대한 철학적 성찰』, 철학과현실사, 1998, 34쪽.

기도 없었다.6)

사회학자 벡(Ulrich Beck)과 기든스(Anthony Giddens), 사회 철학자 요나스(Hans Jonas : 1903~1993)는 최근에 과학 기술의 사회를 가리켜 위험 사회라 부르기를 주저하지 않는다. 위험 사회라는 개념은 벡의 『위험 사회』(1996)에서 처음 등장하였다. 여기서 벡은 현재의 과학 기술의 상태가 어떻게 사회적인 현상에서 정치적인 위험성으로 변화해가는지를 분석하였다. 그에 의하면, 이제까지의 위험은 그 행위의 결과를 예측하는 데 그렇게 어렵지 않았다고 말한다. 그러나 오늘날의 위험은 19~20세기 초에 전개되었던 과학 기술의 개념과는 전혀 다른 방향으로 진행되고 있다는 것이다. 지난 제1차 근대화 시대의 위험은 물질적 빈곤화(materielle Verelendung), 삶의 빈곤(Not) 내지 굶주림(Hunger), 공장에서의 산업 재해 등으로 대표된다. 그렇지만 20세기 중반 이후에 나타난 위험은 "삶의 자연적 기초에 대한 위협"7)을 가속화시켜 전개되고 있다는 것이다. 즉, 유전자의 조작으로 인한 돌연변이의 위험, 핵폐기물의 방사능 누수 현상의 위험, 환경 오염으로 인한 생태계의 위기, 광우병 파동으로 인한 인간 질병의 증가, 생명 복제로 인해 야기될 인간 존엄성의 침해 등이 그것이다. 다시 말해 최근 전개되는 위험은 공장 굴뚝에서 내뿜는 연기처럼 확연히 눈에 보이는 현상이 아니라 눈에 잘 보이지 않는 대상이라는 데 있다. 그러나 위험에 대한 인식 자체는 갑자기 나타난 것이 아니라 근대의 시작과 함께 새

---

6) 에릭 홉스봄, 이용우 옮김, 『극단의 시대 : 20세기 역사』, 하권, 까치, 1997, 715쪽.

7) Ulrich Beck, *Rsikogesellschaft. Auf dem Weg in eine anderne Moderne*, Franmkfurt. a.M. 1996, 7쪽.

로운 의미를 부여받았다. 따라서 현재의 과학 기술은 우리에게 "새로운 위험성과 불확실성"[8]을 동시에 안겨주었다. 이제 현대의 과학 기술은 매순간 인간이 스스로 결단하지 않으면 안 되는 중대한 상황을 만들어내고 있다. "이러한 결단은 확실한 지식에 근거지을 수 없는 우리의 생존과 직결"[9]되어 있다. 기든스는 『제3의 길』에서 위험의 개념을 다음과 같이 말한다 : "위험은 근대에 와서 비로소 출현한 개념이다. 이 개념의 출현은 예기치 않았던 결과들이 신의 무한한 섭리와 자연의 숨겨진 의미들의 표현이라기보다는 오히려 우리 스스로의 활동과 결정에 의해 얻어진 것이다. 위험의 인식은 대체로 종래의 운명론적 사고를 대신하며 우주론적 철학과도 구별되는 것이다."[10]

요나스는 『책임의 원칙』(1979)[11]에서 "예전에는 세계의 종말에 관한 판결로써 우리를 위협하였던 것이 종교였다면, 오늘날에는 고통 당하고 있는 지구 자체가 이 날의 도래를 예견하고 있다"고 말한다. 특히 제5장 「오늘날의 책임 : 위협받는 미래와 진보 사상」에서 우리가 예측할 수 있는 과학 기술의 재난을 베이컨적 이상(理想)의 과잉에서 찾았다. 요나스는 우리가 종말론적 상황에 처하게 되어 총체적 재난이 임박한 상황 속에 살게 된다면, 그것은 자연과학적·기술적 산업 문명의 비대화 때문일 것이라 단언한다. 거듭해서 요나스는 최근의 과학 기술이 인

---

8) 앤서니 기든스, 한상진 외 옮김, 『제3의 길』, 생각의 나무, 1999, 85쪽. Vgl. 홍성태, 『위험 사회를 넘어서』, 한울, 2000, 41쪽.
9) 울리히 벡, 「울리히 벡 교수와의 대화 : 세계화를 넘어 제2현대로」, 『세계화와 자아정체성』, 이학사, 2001, 14쪽.
10) 앤서니 기든스, 이윤희 외 옮김, 『포스트모더니티』, 민영사, 1990, 44쪽.
11) Hans Jonas, *Das Prinzip Verantwortung. Versuch für einer technologische Zivilisation.* Frankfurt. a.M, 1985.

간과 사회에 돌이킬 수 없는 위험한 결과를 초래할 수 있기 때문에 이제는 과학 기술을 두려워할 줄 알아야 한다고 경고한다. 요나스는 공포(恐怖)의 발견술(發見術)이라는 용어를 사용하여 인류의 불확실한 미래에 대해 청사진을 그린다. 그에게서 공포의 발견술이란 인간의 존재 이유를 선(善)이 아닌 불행에서 찾는다. 그래서 인간에게 닥쳐올지 모르는 불행한 미래를 현재의 상황에 적용함으로써 향후 인간이 처하게 될 운명을 사전에 진단한다. 즉, 미래에 있을 수 있는 심상치 않은 상황의 변화, 위험이 미칠 수 있는 전 지구적인 상황의 예측, 인간의 종말에 대한 부정적인 증후군들을 현재 상황에서 찾아내는 것이다.

위에서 언급한 바와 같이, 벡·기든스·요나스와 같은 사회학자 내지 철학자들은 현대 사회가 과학 기술의 진보를 무조건 찬양한다면, 현재는 물론이거니와 미래에도 가공할 만한 위험 현상들을 양산해낼 것이라고 경고한다. 우리는 최근의 과학 기술의 급격한 진보에 연연하여 사회 곳곳에 만연(漫然)되어 있는 위험한 현상들을 무시하거나 그러한 요인들을 사전(事前)에 찾아내는 작업을 소홀히 한다면 현재뿐만 아니라 미래의 행복도 결코 보장받지 못할 것이다. 이러한 맥락에 따라 우리는 서구에서 지금껏 전개해온 과학 기술의 진보에 의한 이성의 도구적 / 기술적 합리성이 어떠한 특징을 지니고 있으며, 그 합리성은 어떻게 수단 / 목적의 관점에서 적용되고 있는지를 고찰하고, 이제껏 과학 기술의 합리성이라는 명목 아래 어떻게 인간 사회를 지배해왔는가를 알기 위해 몇몇 현대 사회철학자들의 주장들을 고찰하고자 한다. 또한 과학 기술의 진보가 합리성의 불합리성이라는 측면에서 맥도날드화의 특성과 어떻게 연관되어 있는지를 아울러 살핀다. 그리고 궁극적으로 과학 기술의 진보로 인한 우리 사회의 대안들을 짚어보고자 한다.

2. 기술적 / 도구적 합리성은 이성의 진보인가?

1) 기술적 / 도구적 합리성 : 수단 / 목적의 관계

흔히 우리는 서구의 근대 문명을 기술 문명이라고 불러왔다. 왜냐 하면 지금까지 서구의 근대 사회는 기술을 위주로 하여 물질적 측면을 주로 강조해왔기 때문이다. 기술은 이제껏 서구인들에게 자기 자신을 해방하려는 노력의 산물이었다. 그래서 기술은 과학의 연장이었고 과학에 단순하게 적용되었다. 따라서 근대 사회는 과학→기술→사회적 과정의 변화를 겪어왔다. 이에 따라 근대 사회는 기술이 과학에 포섭되는 관계를 통해 나타났다. 그렇기 때문에 "기술은 과학의 결과이거나 적용이었다. 그리고 윤리적 내지 그에 미치는 사회적 효과는 과학의 지속적인 결과로 생기는 3차원적 현상이었다."[12] 이런 관점에서 기술은 응용과학으로 취급하는 과학의 전통적인 모델이었다. 오랜 근대화의 과정 속에서 과학과 기술은 서로 분리되어 나타나는 것이 아니라 "자신들의 고유한 문화적 자원을 공유하는 기술 활동의 주요한 기반을 제공받게 되었다."[13]

자크 엘뤼(Jacques Ellul)는 『기술, 세기의 도전』이라는 저서에서 "기술은 정신이며, 그것은 이성으로서 주위 사물을 지배하

---

12) 돈 아이디, 김성동 옮김, 『기술철학』, 철학과현실사, 1998, 30쪽.
13) Bames, B. and Edge, D. (eds), *Science in Context : Readings in the Sociology of Science*, Open University Press, 1996, 44쪽.

려는 욕구의 표현"이었다고 주장한다. 무엇보다 엘뤼는 인간 자신이 점점 고삐 풀린 기술의 희생물이 되어가고 있다고 우려한다.[14] 마르쿠제도 『일차원적 인간』(1967)에서 기술적 / 도구적 합리성을 일컬어 인간 지배를 조장하는 장치라고 파악한다. 즉, "기술의 합리성은 효율적인 자연 지배의 도구들을 제공한다. 따라서 인간의 자연 지배는 기술을 매개로 하여 확장되어가고 있다."[15] 마르쿠제에게 인간의 자연 지배는 인간의 도구화 또는 수단화를 뜻하였다. 이런 점에서 그는, 인간의 자연 지배가 도구화의 논리에 따르고 있으며, 그렇게 지배하는 기술은 서로 동일한 관계로서 파악한다.[16] 따라서 마르쿠제는 기술이 물질적 생산의 형식을 담당하게 되면서 문화와 역사적 세계를 만들었다고 말한다. 그에게서 기술적 / 도구적 합리성은 "이중적 의미"를 지니고 있다. 즉, 그에게 기술의 이중적 의미는 "과학의 특유한 사회적 결과일 뿐만 아니라 순수 과학에도 이미 내재하는 일반적 방향"[17]을 뜻한다. 지금까지 근대적 이성은 "오직 수단으로서만 언급하였고, 목적에 대해서는 간과"[18]하였다. 하버마스(Jürgen Habermas : 1929~)도 후기 자본주의 사회가 "자연과 사회를 합리적으로 통제할 수 있는 확실한 도구로서 과학과 기술"[19]이 중심을 차지하고 있다고 말한다. 또한 그는 최근 『인간

---

14) Jacques Ellul, *The Technological Society*, New York : vintage, 1964, 13-18쪽 참조.

15) Herbert Marcuse, *Der einmensionale Mensch. Studien zur Ideologie der fortschritten Industriegesellschaft*, Darmstadt, 1967, 173쪽.

16) 황태연, 『지배와 이성』, 창작과 비평사, 1996, 425쪽.

17) Herbert Marcusse, 같은 책, 161쪽.

18) Alasdair MacIntyre, *Der Verlust der Tugend*, Frankfurt. a.M. 1995, 85쪽.

19) 위르겐 하버마스, 이진우 옮김, 『새로운 불투명성』, 문예출판사, 1998, 165쪽.

이라는 자연의 미래』(2001)에서 "사회적 생산과 교류의 형식들이 과학 기술의 진보에 적응함으로써 하나의 유일한 행위 형식, 곧 도구적 행위 형식의 논리가 지배하게 되었다"[20]고 현대 사회를 비판한다. 에치오니(Amitai Etzioni)도 제2차 세계대전 이후부터 급격히 근대 시대의 기술은 종말을 고하게 되었다고 진단한다. 20세기 중반 이후부터 기술은 생산 수단의 효율성을 점점 지속적으로 증대해나갔다. 기술의 생산 수단은 그 효율성을 증대하였고 아울러 그 가치들에 대해 단지 수단의 영역으로만 한정하지는 않았다.[21] 왜냐 하면 현대의 과학 기술은 그 이전의 근대적 과학 기술주의를 답습하는 도구가 더 이상 아니기 때문이다. 따라서 현대의 기술은 수단의 지위만 누리는 것이 아니라 과학 기술의 가치들을 목적의 관점으로 진행시켰다.[22] 이러한 측면에서 20세기 이후의 후기 자본주의 사회가 이제까지 추구한 합리성이란 자연 지배의 관심을 그 원동력으로 하는 기술적 / 도구적 합리성이었다는 사실이다.

기술적 / 도구적 합리성은 어떤 목적을 달성하기 위해서 효과적인 수단이 존재할 때, 그것들 사이에서 드러나는 효율적이고 합리적인 수단 / 목적의 관계를 의미한다. 주지하듯이, 인간은 목표 지향적인 활동을 하는 동물이다. 인간의 합리적 행동은 목표를 달성하기 위해서 사용되는 수단과 그 방법의 효율성에 의해서 각기 다르게 적용된다. 예를 들어 과학자가 모든 수단과

---

20) Jürgen Habermas, *Die Zukunft der menschlischen Natur*, Frankfurt, a.M. 2001, 82쪽(장은주 옮김,『인간이라는 자연의 미래』, 나남출판, 2003, 8쪽).

21) Amitai Etzioni, *Die Aktive Gesellschaft. Eine theorie gesellschaftlicher und politischer Prozesse*, Opladen, 1975, 7쪽.

22) Wolfgang Welsch, *Unsere moderne Postmoderne*, Berlin. 1993, 26쪽.

방법을 동원하여 자신의 이론을 과학자 사회에 퍼뜨리는 데 성공하였고, 그 이론이 그 과학자의 목적이었다면 도구적으로 적절한 행동이었다고 말한다. 그렇지만 인간의 도구적 합리성이 전부라고 말할 수는 없다. 인간의 목표 지향적 활동이 합리성을 부여받으려면, 주어진 목표 달성을 위해 사용되는 수단이 효율적이라는 사유만으로는 부족하며, 추구하고자 하는 목표 역시 정당화될 수 있어야 하기 때문이다. 따라서 수단의 효율성이 반드시 목적을 이루고자 하는 충분 조건은 아니다.

흔히 우리는 기술적 / 도구적 합리성을 인간에 의한 인간의 지배를 조장(助長)하는 도구로 이용되거나 기술이 인간을 맹목적으로 혹은 비인격적으로 지배하게 되었다고 말한다. 여기서 기술적 / 도구적 합리성은 광범위한 의미에서 인간의 행위다. 기술적 행위가 개인을 단지 도구적 행위로 간주할 때 수단의 관계를 갖는다. 인간의 행위는 목적을 이루기 위한 수단의 영역, 즉 기술적 / 도구적 행위로서 나타난다. 이런 점에서 과학 기술은 수단의 영역이지 목적의 범위로 설정되는 것이 아니다. 이제 우리는 과학 기술의 진보와 함께 모든 생활 영역에 걸쳐서 기술적 / 도구적 합리성을 좋든 싫든 운명적으로 받아들이게 되었다. 이렇게 기술적 / 도구적 합리성은 목적 달성을 위한 수단의 효율성에 따라 개별적으로 판단된다. 그렇기 때문에 기술적 / 도구적 합리성은 어떻게 인간의 행위가 목적 합리적인 방향으로 나아갈 것인가를 새롭게 고민해야 하며, 인간의 행위를 통해서 어떻게 기술의 윤리적 가치를 평가할 것인지를 아울러 물어야 한다. 왜냐 하면 기술적 / 도구적 합리성은 인간의 행위에서 출발하기 때문에 수단 / 목적의 관계 설정에서 언제나 갈등이 생겨날 수 있다. 그렇기 때문에 기술적 / 도구적 합리성은 더욱 수단화되어

가고 있는 오늘날의 추세에 비추어볼 때, 규범적이고 실천적인 이성을 다시 강조할 것을 요구받는다. 따라서 기술적 / 도구적 합리성은 21세기에 맞는 인간 행위의 규정을 통해 새로운 패러다임으로 전환하는 계기를 마련해야 할 것이다.

2) 인간의 자연 지배 합리성

지금껏 고급 문화를 향유하거나 기술적이라고 특징지었던 성과물들은 인위적이고 자연에 적대적인 것이 많았다. 이제까지 인간의 창조적 특권이었던 산물들은 거의 대부분 자연에서 빼앗은 것이었다. 이렇게 인간은 자연과의 유대 관계를 자연스럽게 맺기보다는 회피하였으며, 오히려 새로운 창의력을 발휘할 때마다 자연으로부터 멀어져 나갔다. 오랜 세월 동안 이러한 인간과 자연의 적대 관계가 진행됨에 따라 인간의 비극도 서서히 시작되었다.[23] 한때 자연은 인간의 과학 기술적 힘이 미치지 못했을 때 인간을 지배해온 적이 있었다. 점차 인간은 과학 기술의 힘을 도구적으로 이용하여 인간과 자연 사이의 역학 관계를 완전히 역전시켜놓았다. 21세기에 들어선 현대 최첨단 과학 기술의 힘은 자연이 더 이상 따라올 수 없을 만큼 강화되었다. 이에 만족하지 않고 인간은 과학 기술의 힘에 의해서 이루어놓은 높은 생산성과 생활 수준을 마음껏 누리고자 더욱 기술적 수단을 동원하고 있다. 이렇게 무모할 정도로 진행되는 과학 기술의 힘에 의한 인간의 자연에 대한 침해 현상은 "생산성이 높은 기술일수록 더 심하게"[24] 나타나고 있다. 이러한 과정이 지속적으

---

23) 슈펭글러, 양우석 옮김, 『인간과 기술』, 서광사, 1998, 38쪽.

로 전개되면서 인간은 역사적으로도 그 유례가 없을 정도로 광범위한 규모로 자연을 약탈하고 파괴하고 있는 것이다.

지금까지 근대의 계획에 따라 계몽주의는 인간에게 정신적인 토대를 상당히 부여했다. 그런데 이성에 대한 강한 신념은 오히려 타자에 대한 억압을 가했다. 따라서 인간의 이성은 자연을 파괴하는 원인으로 밝혀지게 되었다.25) 베이컨(Francis Bacon : 1561~1626)에 의하면, 인간은 자신들의 이익을 위해 자연을 마음대로 이용해야 한다고 강조한다. 인간이 자연을 기술의 힘으로 지배하려는 소망은 전적으로 실용적인 효용 가치 때문이었다.26) 베이컨이 언급했듯이, 지금까지 과학은 자연에 대해 인간의 힘을 무한히 증대시켜왔다. 이렇게 하여 인간의 힘은 자연의 정복을 이루어냈다.27) 인간이 자연을 지배하려는 생각은 원시 사회부터 지금까지 언제나 있어왔다. 이러한 생각은 인간 사회에 새로운 형식을 만들었다. 베이컨의 "아는 것이 힘이다"라는 경구는 자연을 종교적으로 신성시하던 중세의 마술적인 사유에서 벗어나서 대상을 자연과학적인 인식의 틀로 바라보는 인간의 힘을 뜻하는 것이었다. 다시 말해서 베이컨의 입장에서 지식은 자연에 대한 지식을 말하는 것이었고, 그러한 지식은 인간의 유용성을 위해서 자연의 지배를 목적으로 하는 것이었다. 인간은 지금까지 자연을 정복하려는 기획을 꾸준히 품어왔던 것이다. 따라서 자연은 오로지 인간에게 복종함으로써 자신의 가치

---

24) 이필렬, 『에너지의 대안을 찾아서』, 창작과 비평사, 1999, 63쪽.

25) Wolfgang. Welsch, *Vernunft. Die zeitgenoessische Vernunftkraft und Konzept der transversalen*, Frankfurt. a.M. 1997, 30쪽.

26) 조인래, 같은 글, 125쪽.

27) Hans Jonas, Technik, *Medizin und Ethik*, Frakfurt. a.M. 1985 168쪽.

를 이용하였다.[28)

   그렇지만 인간은 자연을 알기 위하여 먼저 자연에 복종해야
한다. 이것은 베이컨이 우리에게 남겨준 하나의 교훈이다. 따라
서 인간은 자연을 지배하기 위한 방법론적인 탐색에 열중하였
다. 베이컨의 유토피아적 기획은 인간의 자연 지배라는 소박한
이상(理想)을 갖고 있었다. 즉, 베이컨에게서 인간의 자연 지배
라는 유토피아는 사회 변혁의 이상과 결합을 하였다. 베이컨의
유토피아적 기획은 유용성을 적용함으로써 인류에게 유용한 것
은 문화에도 유용하다고 보았고, 그렇지 않은 것은 사치·미
신·야만이라고 적대시하였다.[29) 무엇보다 베이컨의 주된 목적
은 인류의 행복을 향상시키려는 것이었다. 따라서 그는 진정한
의미에서 과학의 합리적인 목표를 세우는 것이 새로운 인간의
삶에 봉사하는 자세라고 보았다.[30) 이러한 베이컨의 인간에 의
한 자연 지배의 원리를 심도 있게 전개한 사상가는 비판 이론가
로서 우리에게 잘 알려진 호르크하이머와 아도르노였다. 호르
크하이머와 아도르노는『계몽의 변증법』에서 인간의 자연 지배
와 도구적 이성[31)을 강하게 비판하였다. 서구 문명의 심장부는
자연 지배의 개념을 통해 진행된 야만의 세계라는 것이다.[32) 호

---

28) Francis Bacon, *Novum Organum*, Bd. 28. London, 1983, 11쪽.

29) 슈펭글러, 같은 책, 11쪽.

30) 포스트먼, 같은 책, 57쪽.

31) 호르크하이머와 아도르노의 수단 / 목적 관계에 대한 자세한 내용은 다음
참조할 것 : 양해림, 같은 책, 215-239쪽.

32) 환경 위기와 관련된 아도르노와 호르크하이머의 자연 지배의 현상에 대해
서는 다음 참조. Kevin Deluca, "Rethinking Critical Theory : Instrumental
Reason, Judgment, and the environmental Crisis", in : *Environmental Ethics*,
Volume 23, 2001, 307-325쪽.

르크하이머와 아도르노는 니체의 영향 아래서 이성의 자기 보존과 자기 파괴는 서로 분별하기 어려울 정도로 중복되어 있다고 파악한다. 니체에 의하면, 근대적인 과학의 진보 과정은 인간의 내면 세계를 박약하게 만들었을 뿐만 아니라 드디어는 인간을 야만 상태의 구렁텅이로 굴러 떨어지게 했다고 단언한다. 이것은 "자연과학의 맹목적인 믿음이 인간의 이성에 근거하기 때문이다. 그래서 이러한 근대적인 과학의 진보는 기술의 물질 문명을 추진해나가는 정신이다." 호르크하이머와 아도르노에 의하면, 인간들은 내면적인 자연을 형성하기 위해서 자기 보존을 주장하고 있다고 파악한다. 그리고 자기 보존이라는 것은 외부의 자연 내지 사회적 자연을 지배하기 위해서 반드시 필요한 것이라고 강조한다. 여기서 자기 보존은 합리성이라는 틀 안에서 모든 것을 집중하는 것이다. 인간이 휴머니즘을 가장 합리적인 수단이라고 부르짖었던 자기 보존의 원리는 지금껏 어떠한 방해도 받지 않았다. 이렇듯 이제까지 서구의 합리성은 자기 보존이라는 명목을 갖고 꾸준히 진행되어 왔다.[33] 따라서 호르크하이머와 아도르노가 강조하는 자기 보존이라는 개념은 자연과 자아 사이에 존재하는 합리성이었다.

호르크하이머와 아도르노는 사회적 합리화가 각 개인을 사회의 기능적 인자(因子)로서 사물화시켰다고 말한다. 사회적 합리화란 자연의 지배를 통한 인간의 자기 보존 능력이 사회적 노동 조직을 통해 실현되는 것을 뜻한다. 따라서 사회적 합리화는 이러한 목적에 맞게 인간의 노동이 합리화되듯이, 사회도 이와 마찬가지로 합리적으로 조직되어야 한다는 의미다.[34] 현대 철학

---

33) 호르크하이머·아도르노, 김유동 외 역, 『계몽의 변증법』, 문예출판사, 1996, 134-135쪽.

자 벨머(Alfred Wellmer)는 이러한 호르크하이머와 아도르노의 이성과 지배의 결합을 이성의 사물화로 설명한다. 그리고 인간에 의한 내적 자연과 외적 자연의 사물화 과정을 기술한다. 먼저 인간의 외적인 자연 지배는 내적인 자연을 억압함으로써 가능하였다. 그러나 억눌린 내적인 자연은 자아의 경직된 모습을 넘어서야 한다. 이것은 흔히 신화적 비합리성의 세포 조직이라 한다. 따라서 벨머는 인간의 내적, 외적 자연 지배는 본래 의도하는 바와 다르게 심각하게 변질되었다고 말한다. 왜냐 하면 인간이 자연과의 관계에서 거리를 두려는 태도는 사회 발전을 위해서도 실제적으로 도움을 주지 못하기 때문이라는 것이다.[35]

단적으로 베이컨의 입장에서 과학의 진정한 목표는 다양한 발명을 통해 인간의 삶 자체를 풍요롭고 윤택하게 하자는 데 있었다. 지금의 현실 세계에서 인간이 자연 위에 군림하려는 "베이컨의 유토피아 정신"[36]은 이미 실현되었다. 인간의 자연 지배는 지식의 힘을 동원하여 지구 도처에서 권한을 마음대로 행사하였다. 그렇게 하여 인간은 기술의 힘을 이용하여 자연을 인간의 인식 대상으로 설정하였다.[37] 하지만 인간은 기술의 힘에 의해서 오히려 자연에 대한 통제력을 상실하게 될 심각한 위기에

34) 문성훈, 「현대성의 자기 분열」, 『한국 사회와 모더니티』, 이학사, 2001, 163쪽.

35) Alfred Wellmer, *Zur Dialektik von Moderne und Postmoderne*, Frankfurt. a.M. 1985, 134-164쪽.

36) 베이컨의 유토피아주의의 비판에 대한 요나스의 관점은 다음을 참조할 것, 양해림, 「생태계의 위기와 베이컨의 유토피아적 기획 — 한스 요나스의 베이컨적 유토피아주의를 중심으로」, 『환경철학』 제1집, 철학과현실사, 2002, 122-127쪽.

37) Hans Jonas, 같은 책, 256쪽.

놓이게 되었다. 이런 점에서 요나스는 베이컨적인 기획이라고 했던 인간의 자연에 대한 태도에 대해 강력한 비판을 가한다. 요나스에 의하면, 인간의 지식을 자연 지배라는 목표에 맞추고 자연의 지배를 통해 인간의 운명을 개선하려는 기획은 자본주의에서 지속적으로 추진되면서 합리성이나 정당성을 상실했다고 진단한다.[38] 우리가 베이컨의 생각처럼, 인간이 여전히 자연을 지배해야 한다는 견해에 동의할지는 모르지만, 그러한 생각은 분명히 접어야 할 시점이 되었다. 진정 인간은 자연 속에서 무엇인가 배우기를 원한다면, 인간도 자연의 한 대상이며 개체에 불과하다는 생각을 잊지 말아야 한다. 이러한 반성에 의해 인간과 자연은 이제까지의 지배와 복종의 대립된 주종의 관계에서 벗어나 평등한 관계로 거듭날 수 있을 것이기 때문이다. 우리가 요나스의 이론에 많은 관심을 기울이는 까닭은, 이 세계가 현 세대뿐만 아니라 미래 세대에서도 지속적으로 삶을 살아야 하기 때문이다. 베이컨이 언급하고 있듯이, 이제 엄청나게 성장한 과학 기술의 힘은 인간의 자연 지배를 완전하게 이루어냈다. 그렇지만 인간이 과학 기술의 지식을 동원하여 자연을 정복하려는 의도가 오히려 자연에 예속 당하는 결과를 낳고 있다. 비록 요나스가 베이컨의 과학기술주의를 비판하면서 구체적으로 현실적 대안까지 제시하지는 못했다고 할지라도, 제동 장치 없는 인간 이성의 진보가 더 이상 만병 통치약이 아니라는 사실은 명백하게 밝혀졌다. 따라서 인간에 의해 무한정 전개되고 있는 과학 기술의 힘은 모든 문명 세계와 자연과의 관계를 원만하게 해결하는 치료사는 아닌 것이다.

---

38) Hans Jonas, 같은 책, 251쪽.

3) 합리성의 불합리성 : 맥도날드화

20세기 초엽 합리성의 개념을 체계적으로 밝힌 인물은 막스 베버(Max Weber)다. 우리가 흔히 언급하는 베버의 실천적 합리성은 네 가지 행위 유형이다. 이는 목적 합리적 행위, 가치 합리적 행위, 정서적 행위, 전통적 행위를 합리성의 차등화에 따라 구분한다. 여기서 합리성의 차등화는 목적·수단·가치·행위의 결과 등 행위 구성을 합리적으로 조절하는 것으로 나타난다.

① 목적 합리적 행위 : 외부의 체계적인 대상이나 다른 사람들 사이의 관계에 대한 기대를 통해서 혹은 합리적인 것을 수단으로 추구하고 저울질하는 자기 목적의 결과로서 나타난다. ② 가치 합리적 행위 : 윤리적·미학적·종교적인 것이며 순수하고 분명한 사태가 조건적으로 나타나는 것이 아니라 고유한 가치와 결과에서 독립된 의식적인 믿음을 통해서 규정된다. ③ 정서적 특히 감정적 행위 : 현실적 행위와 감정의 상태를 통해 나타난다. ④ 전통적 행위 : 익숙해진 습관을 통해 결정된다.[39]

베버는 이러한 분류를 사회적 행위의 이념형에서 생각할 수 있다고 파악하고 구체적 행위 유형을 제시한다.[40] 무엇보다 베버는 서구 근대 사회의 진행 과정을 합리화의 과정으로 고찰한다. 베버에게 합리화는 두 가지 차원을 지니고 있다. 하나는 문화적 합리화다. 이 경우의 합리화는 탈주술화되는 과정이다. 이

---

39) 슈펭글러, 양우석 옮김, 『인간과 기술』, 서광사, 1998, 12쪽.
40) 자세한 내용은 다음 참조. 양해림, 「과학 기술 시대의 기술적 행위와 합리화 ― 막스 베버의 목적 합리적 행위 이론을 중심으로」, 『디오니소스와 오디세우스의 변증법』, 철학과현실사, 1997, 197-214쪽.

는 미신적 사고에서 벗어나 이성적인 사고가 확대되어가는 과정을 의미한다. 다른 하나는 사회적 합리화다. 이것은 주어진 목적에 가장 적합한 수단을 선택하는 경향의 확대라는 의미를 지니고 있으며, 근대 자본주의의 경제 구조와 관료적 근대 국가가 모두 이러한 합리화의 결과로 파악하는 것이다. 특히 베버는 여러 합리성의 유형 중에서 형식적 합리성을 세계 역사의 중요한 발전으로 여겼다고 비판한다. 왜냐 하면 형식적 합리성은 어떠한 목표를 지니고 효율성을 달성하기 위한 수단의 합리적인 선택이라는 관점에서 합리성을 구성하기 때문이다. 이는 주로 수단과 절차의 계산 가능성을 말한다. 이런 점에서 베버는 실질적 합리성(substantive rationality)의 개념을 제기한다. 이 개념이 의미하는 바는 궁극적 가치(wertende Postualte)라는 기준에 의거한 목적을 선택하는 것이다.41) 베버는 "목적 합리적 행위"42)의 유형을 어떠한 목적을 향한 효과적인 방법이라고 생각하였다. 여기서 목적 합리적인 행위는 인간의 어떠한 목적을 갖고 있는 행위자로서 설정한다. 그래서 그 목적은 일정한 선택에 의해서 그에 따르는 수단을 현실화하는 것이다. 이런 관점에서 목적 합리적 행위의 목적 / 수단 관계 개념은 각기 다른 방법 속에서 적용된다.43) 이러한 행위 유형은 삶의 현실적 원리와 경제의 일반

---

41) 이매뉴얼 월러스틴, 백영경 옮김, 『유토피스틱스 또는 21세기의 역사적 선택들』, 창작과 비평사, 2000, 14쪽.

42) 특히 막스 베버의 중요한 부분인 목적 합리성의 개념(수단 / 목적의 관계)은 후에 호르크하이머와 아도르노의 공저인 『계몽의 변증법』이나 호르크하이머의 『도구적 이성 비판』, 하버마스의 『의사 소통 행위 이론』, 그리고 요나스의 『책임의 원칙』, 루만의 『목적 합리성 개념과 체계 합리성』에서 확충되어나간다.

43) Johannes Rohbeck, *Technologische Urteilskraft. Zu einer Ethik technischen Handelns*, Frankfurt. a.M. 1993, 19쪽.

적 원리를 통해서 이루어진다.

사회학자 조지 리처(George Ritzer)는 『맥도날드 그리고 맥도날드화』(1996)[44]에서 베버의 합리성의 이론을 적용하여 맥도날드화의 지배적 원리와 특성을 상세하게 분석한다. 여기서 합리성은 맥도날드화의 중요한 선례다. 맥도날드와 맥도날드화는 새로운 무엇을 의미하는 것이 아니라, 20세기 전반에 걸쳐 진행된 일련의 합리화 과정의 절차를 뜻하는 것이다.[45] 먼저 맥도날드화(McDonaldization)란 패스트푸드점의 원리가 미국 사회와 그 밖의 세계에서도 많은 부분들을 지배하게 되는 과정이다. 슐로서에 의하면, 패스트푸드는 미국의 놀라운 경제적 활력의 증거며 미국의 생활 양식을 추종하는 수백만의 외국인들로부터 사랑받는 미국식 제도라고 강조한다.[46] 이런 점에서 맥도날드화는 패스트푸드점뿐만 아니라 교육·노동·의료·여행·여가·다이어트·정치·환경·가정 그리고 사회의 모든 부문에 걸쳐 있다.[47] 이제 미국을 중심으로 한 패스트푸드 제국에서 가치 체계·문화·산업 등은 전 세계로 빠르게 수출되고 있다. 따라서 패스트푸드는 할리우드 영화와 청바지·팝 음악과 마찬가지로 미국의 가장 두드러진 문화 현상으로 자리를 잡아가고 있다. 이제 맥도날드화는 도저히 침투할 수 없을 것 같아보이는 나라에까지도 그 모습을 보이고 있다. 흔히 맥도날드화가 전 세계를 장악하게 된 까닭은 합리성에 있다고 말한다. 그러면 왜

---

44) 조지 리처, 김종덕 역, 『맥도날드 그리고 맥도날드화 — 유토피아인가, 디스토피아인가』, 시유시, 2000.

45) 조지 리처, 같은 책, 75쪽.

46) 에릭 슐로서, 김은령 옮김, 『패스트푸드의 제국』, 에코 리브르, 2001, 19쪽.

47) 조지 리처, 같은 책, 21쪽.

맥도날드화는 그토록 열광적으로 전 세계로 파급되고 있을까? 조지 리처는 맥도날드화의 매혹적인 특징을 고객과 종업원, 지배인 모두에게 효율성·계산 가능성·예측 가능성 그리고 통제를 제공하기 때문에 성공을 거두어온 것이라 말한다. 이러한 맥도날드화의 특징은 다음과 같이 요약할 수 있다.

첫째, 맥도날드화는 효율성, 즉 어떤 상태에서 다른 상태로 변화하는 최적의 상태를 제공한다.

둘째, 맥도날드화는 계산 가능성, 즉 판매되는 제품(1인분의 크기, 비용)과 제공되는 서비스의 제품을 획득하는 데 소요되는 시간의 양적 측면을 강조한다.

셋째, 맥도날드화는 예측 가능성, 즉 맥도날드의 제품과 서비스가 언제 어디서나 동일할 것이라는 확신을 제공한다.

넷째, 맥도날드화는 통제, 특히 인간 기술에서 무인 기술로의 대체는 세상 사람들에게 영향을 미친다. 인간 기술은 사람이 통제하지만, 무인 기술(예 : 조합 라인)은 인간을 통제한다.[48]

맥도날드화는 위와 같은 특성들을 제공하고 있지만, 부정적인 측면도 만만치 않다. 맥도날드화가 효율성·계산 가능성·예측 가능성·통제 등 긍정적인 요소들을 지니고 있지만, 이러한 특성이 오히려 편협한 기준을 제공할 수 있다. 다시 말해서 우리가 합리적 세계라고 부르는 이야기도 불합리한 결과를 언제든지 초래할 수 있다는 사실이다. 이런 점에서 맥도날드화는 "합리성의 불합리성"[49]이라 부른다. 한 실례로서, 맥도날드화는

---

48) 조지 리처, 같은 책, 37-40쪽.
49) 막스 베버의 합리화를 생태 문제와 자세히 연결시킨 문헌은 다음을 참조할 것 : 레이먼드 머피, 오수길 외 역, 「합리화와 생태적 비합리성」, 『합리성과 자연』, 한울, 2000, 50-67쪽.

자연 환경에 광범위한 피해를 끼친다. 기업주는 예측 가능한 프렌치프라이를 만들기 위해서 일정한 모양의 감자를 생산해야 한다. 그런데 감자의 생산은 미국 북서부 지역 태평양 연안의 생태계에 부정적 영향을 미쳐온 것으로 나타났다. 왜냐 하면 감자를 재배하는 거대한 농장들이 막대한 양의 화학 비료를 사용하였기 때문이다. 좋은 프렌치프라이에 대한 요구는 엄청난 분량의 감자를 소비하고 있으며, 그 밖의 못 쓰는 감자는 가축 사료로 사용되고, 그 사료는 지하수의 질소 함유량을 증가시키는 원인으로 작용하였다. 또한 영양학적으로 문제가 있고 쓰레기 방출이 심하며 환경 파괴적이다. 또한 사람들이 비인간적 환경에서 먹거나 일한다.[50] 맥도날드의 주성분은 동물성 단백질과 지방, 정제된 설탕, 소금, 식품 첨가제 등이다. 식품 첨가제는 맛을 좋게 하고 보존 기간을 늘리기 위해 사용하는 화학 물질이다. 아직까지 첨가제의 성분이 확실하게 밝혀지지는 않았다고 한다. 하지만 하루에 3그램 이상 첨가제를 섭취하면 안면 경직, 흉부 압박, 불쾌감 등이 나타나는 것으로 알려졌다. 이러한 식품 첨가제는 체내에 들어가 화학 물질 대사 과정에서 상당량의 비타민과 무기질을 소모하는데, 자극적인 맛으로 인해 중독성을 유발하게 된다.[51]

햄버거를 사기 위해 줄을 서거나 차 안에서 순서를 기다리는 고객, 그리고 감자튀김을 준비하는 종업원은 스스로가 마치 조립 라인의 일부가 된 것처럼 느낄 수 있다. 그렇지만 맥도날드화의 합리성의 불합리성은 맥도날드화되고 있는 세계의 많은

---

50) 조지 리처, 같은 책, 232쪽.

51) 김수병, 「보라, 햄버거의 약발을」, 『한겨레21』, 한겨레신문사, 2004. 11. 18, 제534호, 89쪽.

영역에 더욱 확대되고 있다. 앞에서 고찰하였듯이, 현재 안티 패스트푸드 운동을 벌이는 것은 그 피해가 건강을 파괴하는 데 있는 것만은 아니다. 환경도 파괴하고 가난한 제3세계의 어린이의 굶주림에도 한 몫을 하고 있기 때문이다. 쇠고기 1킬로그램을 생산하려면 곡물 10킬로그램 이상을 먹여야 한다. 지구적 차원에서 이는 엄청난 낭비인 셈이다. 특히 맥도날드화가 미국 식 낭비 문화를 전파하는 데 그 중심에 서 있다. 따라서 맥도날드화는 비합리적이고 비이성적, 비인격적인 체계로 미국 중심의 세계화 과정 속에서 진행되고 있기 때문에 이에 대한 대비책이 절실하다.

3. 맺음말

우리는 이제까지 현재 서구에서 논의되고 있는 과학 기술 진보의 허실에 관해 살펴보았다. 무엇보다 과학 기술의 진보는 그 결과의 부정적 증후군에 주목해야 한다. 따라서 필자는 과학 기술의 진보에 대한 문제점들을 극복할 수 있는 안을 다음과 같이 제시하고자 한다.

첫째, 벡·기든스·요나스의 저작에서 암시하고 있는 위험 사회라고 지칭하는 주장들이 전문적인 지식에 무지한 일반 대중에게 불안감을 가중시킬 수 있다. 그렇기 때문에 향후 과학 기술의 힘이 무조건 위험 사회의 공포감을 조장하는 데 이용되어서는 안 된다는 사실은 분명하다. 다시 말해서 과학 기술의 진보가 인간의 유용성만을 위해서 기술적 / 도구적인 수단으로 이용되어서는 안 된다는 자명한 대답이다. 즉, 과학 기술의 기술적 / 도구적 합리성이라고 부르는 것이 인간을 주위로부터 점점 소외(疎外) 내지 비인간화시키고 있다는 점이다. 과학 기술의 진보라는 허울 좋은 미명 아래 인간의 기술적 / 도구적 합리성을 무한히 확대하여 자연을 지배하려는 의도를 계속 멈추지 않는다면, 곧 이 지구는 디스토피아(dystopia)의 나락으로 떨어질 운명에 처하게 될 것이 자명한 현실로 다가오기 때문이다. 즉, 지금까지 우리가 과학 기술의 진보를 낙관적으로 안이하게 생각했던 유토피아(utopia)의 정신이 오히려 인간을 더 이상 이 지상에서 살 수 없는 디스토피아의 세계로 안내할 수 있다는 언급들은 더 이상 먼 나라의 이야기가 아니다. 이런 점에서 사회 과학자를 비롯한 많은 전문가들이 "과학 기술의 미래상"[52]을 부정적으로 진단하는 것은 쓸데없는 기우가 아니다. 왜냐 하면 과학 기술 진보의 결과물들로 인해 위험 사회로 나아갈 수 있는 요소가 지속적으로 진행중에 있거나 사회 곳곳에서 그 증후군들을 보이고 있기 때문이다. 최근 2004년 12월 26일 인도네시아 · 태국 · 인도를 비롯한 인도양의 쓰나미(Tsunami : 지진해일)로 인해 "사망자만 10만 명이 넘을 것으로 추정되고, 실종자와 부상자는 아직 어느 정도 규모인지 규모조차 가늠하지 못할 정도"[53]의 대재앙은 그 서막에 불과할지 모른다.

앞에서 고찰했듯이, 과학 기술의 진보는 모든 대상을 도구적으로 해결하려는 인간들의 태도를 극단화하고 있다. 이것은 우

---

52) 과학 기술의 미래상을 대중 영화와 관련시킨 문헌은 다음을 참조할 것 : 김명진, 「대중 영화 속의 과학 기술 이미지」, 『진보의 패러독스』, 창작과 비평사, 당대, 1999, 236쪽.
53) 김동광, 「경보 시스템, 인도양의 딜레마」, 『한겨레21』, 한겨레신문사, 2005. 1. 11, 제542호, 23쪽.

리가 추구해야 할 목적과는 분명 거리가 멀다. 이런 점에서 찰스 테일러는 현대의 기술적 / 도구적 이성에 대한 인간의 위협적인 위기감은 한층 더 커졌고, 기술적 / 도구적 이성을 이겨내는 일이 무척 힘들 것이라 진단한다. 그렇지만 적어도 설득에 의해 기술적 / 도구적 이성을 극복할 수 있는 가능성은 우리에게 여전히 남아 있다고 본다.54) 따라서 과학 기술의 진보로 인한 인간의 물질적 풍요가 결코 이성의 진보가 아님은 분명하다. 우리 사회가 위험 사회로 더 빠지기 전에 과학 기술의 진보에 대한 문제점을 비판할 안목들을 키워야 한다. 따라서 우리는 더 이상 이성의 진보가 우리 사회의 모든 것을 해결해줄 수 있는 만병 통치약이 아니라는 사실을 분명히 깨닫고, 무분별한 도구적 인간 이성의 남용을 억제할 수 있는 전반적인 사회 의식 변혁 운동이 필요하다. 이를 뒷받침하기 위해서는 초등 교육부터 대학 교육에 이르기까지 건강한 사회를 이루기 위한 교육자들의 합리적 교육관이 절실히 필요하다.

둘째, 우리가 과학 기술에 대해 비판하는 이유는 단지 과학 기술의 불합리성에 근거하기 때문이 아니라 오히려 기술적 / 도구적 합리성을 현실에 적용하는 데 실패했기 때문이다. 기술적 / 도구적 합리성의 실패는 이제 과거의 사실에서 종결된 것이 아니라 바로 현재의 문제와 연관되어 있기 때문에 미래의 삶의 터전을 더욱 심각하게 위협할 수 있다는 점이다. 이러함에도 과학 기술의 진보는 이에 대한 처방책을 찾아내기가 그리 쉽지 않다. 왜냐 하면 과학 기술이 바로 그 위험의 발원지가 되면서 위험의 요소들을 주도적으로 이끌어가고 있기 때문이다. 이런 점에서

---

54) 찰스 테일러, 송영배 옮김, 『불안한 현대 사회』, 이학사, 2001, 17쪽.

우리는 과학 기술을 전문가 집단이나 거대 자본 기업들에게 전적으로 독점하게 해서는 안 된다. 전문가 집단들이나 거대 자본 기업들이 은밀하게 모여서 과학 기술의 부정한 행위를 진행하지 못하도록 시민사회의 감시 체계를 활성화해야 한다. 이제 과학 기술의 진보라는 명분 아래 진행되는 전문가들의 비밀주의는 마땅히 청산되어야 한다. 따라서 과학 기술의 전개가 전문가 집단들의 전문성이라는 이유를 들어 비밀주의를 당연한 처사라 인식하게 해서도 안 될 것이며 투명한 절차를 거쳐야 한다. 그러므로 과학 기술의 진보로 인해 초래될 수 있는 위험성들, 즉 유전자 조작 식품·생명 복제 기술·원자력 중심의 전력 정책·핵폐기장 건설 문제·환경 문제 등을 공개적으로 시민들에게 알리고 시민이 참여할 수 있는 "시민합의회의"[55]를 적극적으로 도입해야 한다. 과학의 기능과 효율성에 관한 가치 판단도 사회적 합의 과정을 통해 이루어져야 한다. 어떠한 이론의 문화적·사회적 가치관이 과학 기술과 관련이 있는 문제라고 한다면, 그 해결의 방법은 토론이나 의사 소통과 같은 민주적 합의 절차를 통해서 반드시 결정되어야 한다. 이런 점에서 사회적 합의 과정은 과학적 방법의 절차를 통해 생각할 수 있으며, 그것을 근거로 하여 형성되는 과학과 그에 대한 지식은 그에 상응하는 이념(理念)으로 생각할 수 있다. 따라서 과학 기술의 진보는 소수의 전문가 집단들에게 전적으로 일임하는 것이 아니라 "전문 시민 패널들을 참여시켜 과학 상점[56] 및 합리적인 심의민주주의의

---

55) 시민합의회의란 과학 기술과 관련된 사회적 논의들을 보통 시민들이 전문가들과의 질의 응답 및 내부 토론을 거쳐 자신의 견해를 발표하는 참여형 합의 틀의 하나다. 1987년에 덴마크에서 처음 도입된 이래로 최근에는 미국·일본·유럽 등에서 사회적 갈등을 풀기 위한 방안으로 널리 채택되었다.

절차"[57]를 적극적으로 활성화시켜야 한다.

셋째, 기존의 수단／목적의 관계를 다시 새롭게 설정해야 한다. 과학 기술의 합리성이란 진정 무엇이며, 기술적／도구적 행위, 그 행위 결과에 대한 절차를 어떻게 실천적으로 적용할 것인지에 관해 진지하게 고민해보아야 한다. 흔히 과학 기술의 합리성이라 함은 규범적이고 실천적 이성을 통해 인간 행위의 목적을 설정하는 것이다. 이런 점에서 오늘날 과학 기술의 전개는 목적 설정을 새롭게 하여 "실천철학의 근거"[58]를 마련해야 하는 과제를 더욱 요구받게 되었다. 즉, 현재의 과학 기술의 전개에서 보여주는 "과학 기술의 사회적 실천"[59]은 구체적으로 어떻게 할 것이며, 또한 건전하고 건강한 사회를 어떻게 만들어나갈 것인지 함께 고민해야 한다. 따라서 지금의 과학 기술의 진

---

56) 과학 상점이란 지역 사회 집단·공익 단체·지방 정부·노동자 등이 제기하는 구체적인 기술적·사회적 문제들에 대해 교수와 학생들이 무료로 연구와 자문을 해주는 제도로서 1970년대부터 네덜란드의 대학에서 생겨났다. 최근에는 독일·프랑스·이탈리아·벨기에 등 유럽의 여러 국가로 확산되고 있다. 인터넷의 확산에 힘입어 체코·루마니아 등 동유럽 국가뿐만 아니라 이스라엘·멕시코·남아공·탄자니아·태국·말레이시아 등 제3세계 국가들에 이르기까지 광범위하게 확산되어가고 있다(김환석, 「과학 기술의 민주화란 무엇인가」, 참여연대 과학기술민주화를 위한 모임, 『진보의 패러독스』, 당대, 1999, 34-35쪽).

57) 이에 대한 자세한 내용은 다음을 참조할 것 : 이영희, 「과학 기술 정책과 시민 참여 모델」, 참여연대 시민과학센터 엮음, 『과학 기술·환경·시민 참여』, 한울, 2002, 11-42쪽 : 김명진·이영희, 「합의회의」, 참여연대 시민과학센터 엮음, 『과학 기술·환경·시민 참여』, 한울, 2002, 43-84쪽.

58) 실천철학을 도덕적 원칙에서 파악한 문헌은 다음을 참조할 것 : Oswald Schwemmer, *Philosophie der Praxis*, Frankfurt a.M. 1980 : Kurt Bayertz (Hg.), *Praktische Philosophie*, Hamburg, 1994.

59) Armin Grunwald, "Technische Handeln und seine Resulte", Dirk Hartmann (Hg.), *Kulturalistische Wende*, Frankfurt. a.M. 1998, 189쪽.

보는 그 방법론적인 물음들을 새롭게 설정해야 하는 임무를 떠맡게 되었다.

넷째, 21세기의 새로운 과학 기술의 전개를 볼 때 인문학과 자연과학이 서로 적대적인 관계가 아님은 분명하다. 두 문화가 조화를 이루어졌을 때 실천철학도 그에 상응하는 방향 제시를 합리적으로 설정할 수 있다. 한 실례로서 지금까지 서양철학에서 중심 영역으로 다루어져 왔던 문화철학 내지 역사철학을 이해하는 방식도 새로운 패러다임으로 전환시켜야 한다. 즉, 지금까지 문화 / 역사철학이 인문과학의 영역에만 한정하여 전개되어 왔다면, 자연과학 내지 이공분야에까지 그 범위를 점차 확대시켜나가야 한다.[60] 지금껏 우리의 인문계는 학제적 교류의 외침은 지속적으로 있어 왔지만, 아직까지 만족할 만한 성과를 내지 못했다. 따라서 21세기의 과학 기술은 문화 비판 내지 사회 비판의 영역으로 더욱 확대시켜나가면서 자연과학적인 사유 방식과 당연히 연계해야 한다. 하지만 이러한 연계 방식은 단순히 백화점 식 진열의 접맥이 아니라 서로 상호 소통하여 사회의 실천적 행위로써 전개해나가야 한다.

□ 참고 문헌

김동광, 「경보시스템, 인도양의 딜레마」, 『한겨레21』, 한겨레신문사, 2005, 제542호.
김명진, 「대중 영화 속의 과학 기술 이미지」, 참여연대 '과학기술민주화를 위한 모임', 『진보의 패러독스』, 당대, 1999.

---

60) Armin Grunwald, 같은 책, 196쪽.

김수병, 「보라, 햄버거의 약발을」, 『한겨레21』, 한겨레신문사 2004, 제534호.

김환석, 「과학 기술의 민주화란 무엇인가」, 참여연대 '과학기술민주화를 위한 모임', 『진보의 패러독스』, 당대, 1999.

닐 포스트먼, 김균 옮김, 『테크노폴리 ─ 기술에 정복당한 오늘의 문화』, 민음사, 2001.

돈 아이디, 김성동 옮김, 『기술철학』, 철학과현실사, 1998.

데이비드 J. 레비, 심용만 옮김, 『한스 요나스의 사고의 통합』, 철학과현실사, 2003.

레이먼드 머피, 오수길 외 옮김, 「합리화와 생태적 비합리성」, 『합리성과 자연』, 한울, 2000.

문성훈, 「현대성의 자기 분열」, 『한국 사회와 모더니티』, 이학사, 2001.

송상용, 「문화의 진보와 과학 기술」, 한국철학회 편, 『문화의 진보에 대한 철학적 성찰』, 철학과현실사, 1998.

슈펭글러, 양우석 옮김, 『인간과 기술』, 서광사, 1998.

양해림, 「과학 기술 시대의 기술적 행위와 합리화 ─ 막스 베버의 목적 합리적 행위 이론을 중심으로」, 『오니소스와 오디세우스의 변증법』, 철학과현실사, 1997.

_____, 「니체와 노자의 생태학적 자연관」, 『철학』 제69집, 한국철학회, 2001.

_____, 「생태계의 위기와 책임 윤리의 도전 : 한스 요나스의 책임 개념을 중심으로」, 『철학』 제65집, 한국철학회, 2000.

_____, 「생태계의 위기와 베이컨의 유토피아적 기획」, 한국환경철학회, 『환경철학』, 철학과현실사, 2002.

앤서니 기든스, 한상진 외 옮김, 『제3의 길』, 생각의 나무, 1999.

_____, 이윤희 외 옮김, 『포스트모더니티』, 민영사, 1990.

에릭 슐로서, 김은령 옮김, 『패스트푸드의 제국』, 에코 리브르, 2001.

에릭 홉스봄, 이용우 옮김, 『극단의 시대 : 20세기 역사』, 하권, 까치, 1997.

위르겐 하버마스, 이진우 옮김, 『새로운 불투명성』, 문예출판사, 1998.

울리히 벡, 「울리히 벡 교수와의 대화 : 세계화를 넘어 제2현대로」, 『세계화와 자아정체성』, 이학사, 2001.

이매뉴얼 월러스틴, 백영경 옮김, 『유토피스틱스 또는 21세기의 역사적 선택들』, 창작과 비평사, 2000.

이진우, 『녹색 사유와 에코토피아』, 문예출판사, 1998.

이필렬, 『에너지의 대안을 찾아서』, 창작과 비평사, 1999.

장회익, 『삶과 온생명 — 새 과학 문화의 모색』, 솔, 1998.

조지 리처, 김종덕 옮김, 『맥도날드 그리고 맥도날드화 — 유토피아인가, 디스토피아인가』, 시유시, 2000.

호르크하이머·아도르노, 김유동 외 옮김, 『계몽의 변증법』, 문예출판사, 1996.

찰스 테일러, 송영배 옮김, 『불안한 현대 사회』, 이학사, 2001.

홍성태, 『위험 사회를 넘어서』, 한울, 2000.

황태연, 『지배와 이성』, 창작과 비평사, 1996.

Alfred Wellmer, *Zur Dialektik von Moderne und Postmoderne*, Frankfurt. a.M. 1985.

Amitai Etzioni, *Die Aktive Gesellschaft. Eine theorie gesellschaftlicher und politischer Prozesse*, Opladen, 1975.

Armin Grunwald, "Technische Handeln und seine Resulte", Dirk Hartmann (Hg.), *Kulturalistische Wende*, Frankfurt. a.M. 1998.

Alasdair MacIntyre, *Der Verlust der Tugend*, Frankfurt. a.M. 1995.

Bames, B. and Edge, D. (eds), *Science in Context : Readings in the Sociology of Science*, Open University Press, 1996.

Kevin Deluca, "Rethinking Critical Theory : Instrumental Reason, Judgment, and the environmental Crisis", in : *Environmental Ethics*, Volume 23, 2001.

Francis Bacon, *Novum Organum*, Bd. 28. London, 1983.

Hans Jonas, *Das Prinzip Verantwortung. Versuch für einer technologische Zivilisation.* Frankfurt. a. M, 1985.

_____, *Technik, Medizin und Ethik*, Frakfurt. a.M. 1985.

Jacques Ellul, *The Technological Society*, New York : vintage, 1964.

Johannes Rohbeck, *Technologische Urteilskraft. Zu einer Ethik technischen*

Handelns, Frankfurt. a.M. 1993.

Herbert Marcuse, *Der einmensionale Mensch Studien zur Ideologie der fortschritten Industriegesellschaft*, Darmstadt, 1967.

Jürgen Habermas, *Die Zukunft der menschlischen Natur*, Frankfurt, a.M. 2001, 82쪽(장은주 옮김, 『인간이라는 자연의 미래』, 나남출판, 2003).

Oswald Schwemmer, *Philosophie der Praxis*, Frankfurt a.M. 1980 ; Kurt Bayertz (Hg.), *Praktische Philosophie*, Hamburg, 1994.

Ulrich Beck, *Rsikogesellschaft. Auf dem Weg in eine anderne Moderne*, Franmkfurt. a.M. 1996.

Wolfgang Welsch, *Unsere moderne Postmoderne*, Berlin. 1993.

_____, *Vernunft. Die zeitgenoessische Vernunftkraft und Konzept der transversalen*, Frankfurt. a.M. 1997.

제2장
서유럽권에서의 환경철학의 역사*
― 독일을 중심으로

1. 환경철학 역사의 논의

　독일에서 환경철학의 역사는 그리 오래지 않다. 물론 환경에 관한 인간과 자연의 관계를 다룬 철학자들은 역사적으로 많이 있어왔다. 하지만 1960년대 이후 들어 지구 생태 위기의 환경 문제에 관심을 불러일으킨 카슨의 『침묵의 봄』이 생태 위기에 대한 인식을 끌어들이면서 배리 코머너·폴 얼릭·가렛 하딘 등의 생물학자들에 의해 주도되었다. 실증적 연구를 기반으로 그들이 뿌리내린 새로운 인식의 씨앗은 다른 분과 학문에 관심을 불러일으키는 계기를 마련하였다. 이러한 결과로 1960년부터 인문·사회과학자들이 이 논의에 활발하게 참여하기 시작하

---

* 이 논문은 『환경철학』 제3집, 한국환경철학회(2004), 「독일에서 환경철학의 역사」라는 제목으로 55-88쪽에 실렸다.

였다. 인간과 자연, 경제 성장과 자연 보존을 둘러싸고 현재까지도 전개되고 있는 여러 논의들의 기본적 내용은 이때부터 나타나고 있었다(홍성태, 1988 : 44).

환경 문제들은 주로 인간중심주의와 탈인간중심주의 내지 생명(자연)중심주의 논쟁의 관점에서 크게 벗어나지 않는다. 철학적으로 항상 칸트를 비롯한 철학의 대가들이 그 중심을 차지한다. 자연과 인간의 관계를 다루는 것이 과연 생태 위기의 탈출구를 얼마나 제공할 수 있는가는 항상 논쟁의 여지가 있다. 환경 문제는 어느 특정한 나라를 중심으로 하여 대상을 다루는 것은 무리가 따른다. 왜냐 하면 환경 문제는 서로 유기적인 관계를 갖고 있기 때문이다. 미국과 영국에서 다루는 환경 문제가 따로 있고 독일에서 취급하는 환경 문제가 개별적으로 존재하는 것이 아니다. 독일의 환경윤리학자나 철학자가 다루는 과제는 미국이나 영국, 그 밖의 나라에서도 유사한 담론을 형성한다. 그렇기 때문에 각 나라별로 개별적으로 독립하여 환경 문제를 다루는 것은 다소 무리가 뒤따른다. 다만 환경 문제는 학자들의 다루는 성향에 따라 조금씩 차이가 날 뿐이다.

박이문은 많은 철학자들이 "환경철학을 논의하고 있지만", 그 속을 들여다보면 "환경철학이 아니라 환경 윤리며 지금까지 존재하는 환경철학에 대한 다양한 학설·논문·저서들은 대체적으로 체계적이지 못하거나 단편적이며 철학적 분석의 차원에서 미흡"(박이문, 2002 : 12)하게 전개되어 왔다고 말한다. 그렇기 때문에 최근에 전개되어온 서구 환경철학의 역사는 환경 윤리의 역사적 측면에서 전개되어 왔다. 이러한 환경 윤리의 역사는 지극히 짧다. 환경 윤리의 역사는 대체적으로, 인간중심주의의 자연관에서 자연과 인간과의 공생을 기본으로 하는 하나의 사

상으로 변화해오고 있다. 그리고 모든 생물 사이의 평등성이라
는 사고 방식이 형성되어 왔다. 이런 점에서 인간이 권리를 갖
고 있는 이상 생물도 권리를 갖고 있다는 사고 방식이 나오게
되었다. 20세기 중반 이후 환경 문제가 지구촌의 핵심으로 대두
되었고 이에 대한 철학적·윤리적 반성이 싹트면서 본격적으로
환경철학, 환경 윤리가 등장하였다. 철학 계간 잡지『환경 윤리』
(1979 창간)의 편집자인 하그로브(E. C. Hargrove)는 창간 후의
처음 5년간은 자연적 존재 권리의 기초 부여에 관한 문제에 초
점을 맞추었다.

　　"윤리학에서 주요한 변화가 우리의 지적 강조, 충성심, 애정 그리
　　고 신념에서의 내부적 변화 없이 성취되었던 적은 단 한 번도 없었
　　다. 자연 보호가 아직 이러한 행위의 기초들을 다루지 못했다는 증
　　거는 철학과 종교가 그것에 대해 주의를 기울여본 적이 없다는 사
　　실에서 잘 드러난다. 쉬운 방식으로 자연을 보호하려는 시도가 윤
　　리학을 지엽적으로 만들었다"(유진 하그로브, 1994 : 34).

　환경철학과 환경 윤리의 과제는 생태계의 파괴, 동물들의 대
량 멸종 사태, 환경 오염 등 환경 위기를 극복하는 철학적 원리
를 제시하는 데 있다. 이러한 생태 위기의 적극적 대안책은 미
국을 위시한 환경철학, 환경 윤리학의 논쟁이 1970년대 이후로
현재까지 싱어(Peter Singer)의 동물해방론과 권리의 주장, 레
오폴드(Aldo Leopold)의 대지의 윤리, 보존 윤리의 제안, 스톤
(Christoper Stone)의 식물격위론의 주장, 레간(Tom Regan)의
동물권리권, 테일러(P. W. Taylor)의 생명 중심의 환경윤리론,
로틀리(R. Routley, V. Routley)의 동물 중심, 생명 중심적 윤리

의 전개, 롤스턴(H. Rolston)의 생태계 자체도 환경 윤리의 고려 대상이라는 주장, 존 롤즈(John Rawls)의 환경 윤리의 제반 문제를 사회 정의의 세대간 분배 정의에 기초로 한 사회계약론의 제창, 비른바하(Dieter Birnbacher), 회슬레(V. Hösle), 아펠(K. Otto Apel), 요나스(Hans Jonas), 렝크(H. Lenk), 스페이만R. (Spaemann), 마이어-아비히(K. M. Meyer-Abich), 바이에르츠 (Kurt Bayertz), 로폴(Günter Ropohl) 등 일련의 독일 생태이론 가들의 미래 세대에 대한 책임 이론[1]의 주장, 회페(Otfrid Höffe) 의 생태학적 정의론(Otfrid Höffe, 1995), 오트의 생태 윤리 (Konrad Ott, 1993) 등 환경 이론을 확충시켜 왔고, 현재에도 계속 과제를 수행중에 있다. 독일을 비롯한 유럽에서는 이러한 생태 위기의 증후군을 진단하려는 일련의 학문적 노력이 1980년 이후로 활발하게 진행되어 왔다. 이러한 환경 윤리의 분석은 과학 기술 문명의 비약적 발전으로 인한 결과의 산물에서 문제 의식이 싹트기 시작하였다. 무엇보다 현재의 생태학적 위기와 함께 출발한 환경 의식과 생태 윤리에 대한 철학적 논쟁은 자기 비판적인 윤리적·도덕적인 자기 반성을 통해 지구상의 생태학

---

1) Dieter Birnbacher, *Verantwortung für zukünftige Generation*, Stuttgart, 1998 : V. Hösle, *Die Krise der Gegenwart und die Verantwortung der Philosophie*, München, 1994 : K. O. Apel, *Transformation der Philosophie*, Frankfurt. a.M. 1976 : Hans Jonas, *Das Prinzip Verantwortung, Versuch einer Ethik für technologische Zivilisation*, Frankfurt. a.M. 1984 : Hans Lenk, *Zwischen Wissenschaft und Ethik*, Frankfurt. a.M. 1992 : R. Spaemann / R. Low, Die Frage Wozu? *Geschichte und Wiederentdeckung des teleologischen Denken*, München / Zürich, 1981 : Klaus Michael Meyer-Abich, *Naturphilosophie auf neuen Wege*, in : Osward Schwemmer(Hg.), Über Natur, Frankfurt. a.M. 1987 : Kurt Bayertz, *Wissenschaft, Technik und Verantwortung*, in : Kurt Bayertz (Hg.), Praktische Philosophie, Hamburg, 1994. Günter Ropohl, *Ethik und Technikbewertung*, Frankfurt a.M, 1996.

적 의식을 광범위하게 확산시키는 것이다. 이제 21세기의 현 시점에서 생태 위기는 동서양을 막론하고 피할 수 없는 하나의 운명이 되었다. 많은 생태학자들은 현재의 생태 위기를 소극적이고 개별적 처방에 의해서 극복할 수 있는 것이 아니라, 인간이 자연과 사회의 객관적 입장에 서서 근본적인 의식의 변화를 통해 극복되어야 한다는 데 초점을 맞춘다.

2. 독일의 환경철학 : 대가들의 논의

21세기가 다가오면서 인류는 지구 역사상 유례없는 생태 위기에 처하게 되었다. 환경 문제는 이제 더 이상 새삼스러운 관심거리가 아니다. 생태 위기의 뿌리는 인류가 지상에 처음으로 등장한 때부터 거슬러 올라갈 수 있다. 인간은 살아남기 위해 자연을 파괴해야 했다. 농업 혁명·도시 혁명은 자연의 엄청난 개조를 수반했고, 이것은 이른바 생태학의 혁명이다. 주지하듯이, 오늘날 생태 위기는 서양의 과학 기술 문명이 초래한 부정적 결과다. 환경에 엄청난 부담을 주는 이런 물질 문명의 부정적 폐해는 17세기 과학 혁명과 18세기 산업 혁명을 거치면서 그 잠재적인 폭발성이 잉태되고 있었다. 데카르트의 자연관은 정신과 물질이라는 독립적인 영역 사이의 근본적인 구분을 기초로 삼고 있었다. 데카르트의 입장에서 생물을 포함하는 물질적 우주 전체는 하나의 기계였으며, 이러한 기계는 작은 부분으로 완전히 해소됨으로써 이해될 수 있었다.[2] 데카르트의 정신과

---

2) 근대 과학의 자연관은 다음을 참조 : Klaus Meyer-Abich(1984).

물질의 구분은 자연 경시와 자연 파괴의 원인을 제공하였다. 데카르트의 이분법적 사고의 방식은 인식의 주체와 대상을 분리한다. 인간 주체인 인간은 자연을 대상화하면서 오직 이용물로만 간주하며, 정복의 대상으로 삼는다. 주객의 구분은 대상을 추상화시키고 세분화하며 인간이 대상을 지배하는 원리가 된다(진교훈, 1998 : 41-42).

갈릴레오, 데카르트에 의해 창안된 개념적 틀은 뉴턴의 기계론적 대종합을 이루어냄으로써 17~18세기 과학의 뛰어난 성과를 이루었다. 18세기말부터 19세기의 독일의 자연철학은 융성기를 맞이한다. 그렇지만 갈릴레오, 뉴턴의 자연학은 그동안의 잘못된 제안을 올바른 방향으로 나아가도록 정확히 제시해주지는 못했다. 뉴턴이 신봉하였던 자연은 그 당시 자연과학이 어느 위치에 머물러 있었는지 잘 몰랐다. 그러나 우리는 자연과학 이전에 자연이 어느 위치에 있었는지 정확히 모른다(Klaus Michael Meyer-Abich, 1987 : 63). 19세기 중반 이후로 과학과 기술의 결합으로 인해 산업 사회의 생산성 증진이 비약적으로 촉진됨으로써 점차적으로 가시화되었다. 현재의 생태 위기를 극복할 수 있는 생태학적 윤리의 목적론적 방향은 윤리의 영역을 인간 상호간의 관계에서 인간과 자연의 관계로 확장해야 한다는 견해가 지배적이다. 환경 문제는 우리에게 단순히 자원이거나 개발의 대상으로서만이 아니라 우리 자신이 삶을 영위해야 하는 집이라는 사실이다. 환경 문제는 흔히 환경 오염을 떠올린다. 우리의 주변에서 수시로 접하는 자동차의 매연, 쓰레기 오물에서 나는 악취, 오염되어 냄새나는 수돗물 등 주로 환경 오염과 관련되어 있기 때문이다. 그러나 환경 문제는 환경 오염에만 국한된 협소한 대상이 아니다. 환경 문제는 환경 오염의 문제보다 훨씬 폭넓게 생각한다. 환경 문제는 인구의 증가, 에너지를 비롯한 천연 자원의 부족, 식량 부족, 육상 및 해양 생태계의 파괴, 야생 동물의 멸종, 온실 효과, 오존층 파괴, 산성비, 이상 기후 등을 포함한 포괄적 현상이다. 이것은 아울러 서로 밀접하게 연관되어 있는 복합적인 문제다(김명식, 2002 : 16). 환경의 파괴와 오염은 인간과 별개의 문제가 아니라 자연 속에서 삶을 살아가야 하는 인간의 삶의 질을 허락한다는 것을 의미한다. 과학 기술 발전의 결과가 삶의 편의성을 한층 증가시켰다는 것을 부인할 수 없음에도 불구하고, 인간이 마음놓고 사는 것이 어렵게 되었다는 것을 부정할 수 없다.

서양철학에서 자연관에 관한 고찰은 먼저 서구인들의 자주 사용하는 "자연이라는 말뜻"[3]을 살펴보아야 한다. 일반적으로 전통 철학은 초역사적인 관점에서 자연의 문제를 추상적으로 다룬다. 여기서 취급하는 문제의 핵심은 자연에 관한 물음이었다. 현대에서 논의되고 있는 문제는 자연 자체에 한정되어 있는 것이 아니라 환경으로서의 자연이 문제 대상이 된다. 하지만 환경 문제는 전통적인 형이상학의 전제들과 불가분의 관계를 맺고 있다. 서양철학에서 많이 언급되는 대표적인 몇몇의 독일 철학자들의 자연관에 대해 살펴보기로 한다.

1) 칸 트

마이어 아비히(Meyer-Abich)는 인간과 자연의 갈등을 전체론적 생태주의로 새로운 방향의 자연철학을 모색한다. 그에 의

---

3) 자연 개념에 대한 자세한 문헌은 다음을 참조 : 박이문(2002), 45-67쪽.

하면 칸트의 의무 개념은 인간에 대한 의무만을 의미한다는 것이다. 결코 인간 이외의 다른 자연 존재자에 대한 의무를 그 사물에 대한 직접적인 의무로 간주하지 않는다. 단지 그 사물과 관련된 인간 자신에 대한 의무만 의미한다고 해석한다. 칸트의 의무 개념은 자연의 평화가 아니라 인간 자신들과의 평화에 한정시키는 인간 중심적 사상을 반영하고 있다. 따라서 인간에 대한 의무만 강조하는 칸트의 철학은 인간과 자연 간의 조화가 아니라 인간 자신들 사이의 조화에 한정되는 인간중심주의적 세계관의 전형으로 생태 문제를 다루는 현재의 환경 윤리에 적합하지 않다고 진단한다(Klaus Meyer-Abich, 1987 : 70-75).

칸트의 정언명법은 지구의 유한한 공간적 질서로부터 도출하고 있다. 주지하듯이, 칸트의 첫 번째 정언명법은 "너의 행위의 준칙이 동시에 일반적인 법칙이 되기를 바랄 수 있는 그러한 준칙에서만 행위하라"(Immanual Kant. 1911 : 421)"는 명제로 표현된다. 이것은 어떠한 개인의 행위 원칙이 자의적인 단계에서 필연적이고 보편적인 단계로 이행하기 위해서는 보편적 행위 원칙과 일치해야 한다는 것이다.

두 번째 정언명법은 "너는 너 자신의 인격에서나 다른 모든 사람의 인격에서 인간성을 단순히 수단으로만 사용하지 말고 항상 목적으로 행위하라"(Immanual Kant, 1911 : 429)는 정식을 제시한다. 이러한 표현은 이성적 존재의 합목적적 행위를 인간중심적, 인격주의의 원형으로 해석해왔다.

세 번째 정언명법은 "모든 이성적 존재자의 의지의 이념은 보편적 입법의 의지와 일치하게 하라"(Immanual Kant, 1911 : 70). 각자의 입법적 의지가 자연의 나라와 목적의 나라에서 일치하였을 때 보편적 타당한 완전한 도덕적 행위를 수행한다.

이러한 세 가지 형식의 정언명법 가운데 두 번째 명법이 인간의 존재에 한정되어 있음을 볼 수 있다. 칸트는 그 당시 인간의 기술 발달에 대한 환경 파괴에 대한 문제 의식이 고양되어 있지 않았음에도 불구하고 인간중심주의의 원형으로 간주하여 왔다. 칸트의 의도와는 상관없이 현대의 환경론자들은 칸트를 인간중심주의자라 비판하면서 그를 넘어서려는 시도를 끊임없이 보여 왔다. 즉, 칸트의 규범 윤리는 인간 이외의 모든 생명체를 윤리적 고려의 대상, 윤리 공동체에서 배제되고 있다는 점을 내세워 인간중심주의의 대표적 경우로서 간주한다. 칸트의 인간중심주의적 자연관의 비판 요지는 다음과 같다.

첫째, 자연 법칙을 부여하는 지위를 인간에게 둔 칸트의 주된 입장은 서구 근대의 기계론적 자연관을 주장하는 베이컨적인 자연 지배를 이론적으로 정당화하고 첨예화시킬 뿐이다.

둘째, 도덕의 적용 범위를 인간 상호간의 행위에만 한정시켰기 때문에, 자연과 인간의 관계에서나 자연 속에서 도덕적으로 무한히 자유로운 공간을 창출하였다. 따라서 칸트의 윤리학은 인간의 과학 기술의 행위를 조절할 도덕적 장치를 갖기 어렵다.

셋째, 인간은 목적 그 자체이고 자연은 단지 수단일 뿐이라는 칸트의 정언명법은 자연을 무제한적으로 파괴하도록 이용할 근거를 제공한다.

넷째, 권리와 의무의 온전한 대상은 이성적 존재인 인간뿐이라고 주장한다는 점에서 인간중심주의의 한 표현에 불과하다 (김양현, 1988 : 113, 박필배, 2003, 136). 이러한 관점에서 칸트의 철학은 베이컨이나 데카르트 철학의 인간중심주의와 함께 자연 환경에 적대적인 인간중심주의 철학으로까지 언급되고 있다(B. Kilga, 1984, 33-55, W. Vischer, 1993).

2) 마르크스

환경 문제는 자본주의 사회에서 발생하는 계급적 모순이 근본적인 것에서 출발한다고 보는 마르크스의 시각을 반영하는 것이다. 계급 모순으로 환원하여 인식되는 환경 문제는 계급 간 불평등에 관한 것이다. 즉, 노동을 매개로 하여 인간과 자연 간의 물질적 관계를 정의롭게 설정하는 생산적 정의에 관한 것이다. 노동은 인간이 자연의 물질교환을 자신의 고유한 행위를 통해서 매개하고 조정하고 통제하는 과정으로 인식된다(K. Marx, 1982 : 192). 이용할 수 있는 노동은 모든 사회 형식에서 인간의 독립적인 실존의 조건, 영원한 자연의 필연성, 인간과 자연의 물질 교환을 위해 인간적 삶을 매개한다(Alfred Schmidt, 1993 : 63). 그래서 삶은 일반적인 필연성, 인간과 자연의 물질 교환으로부터 규정되어 머문다. 마르크스에게서 이러한 필연성은 인간을 자연과 함께 고착화시키고 더 이상 서로 투쟁하는 것이 아니다(Alfred Schmidt, 1993 : 85).

"나는 노동한다" 또는 "나는 대상적으로 활동한다"는 것이 자연에 관한 모든 표상을 동반하는 것이다. 마르크스는 자연을 인간의 인식 능력 밖에 있는 자연 그 자체로 파악하는 것이 아니라, 인간과 자연을 바로 인간과 자연의 매개 과정으로 이해한다(이진우, 1994 : 114). 인간에 의한 자연의 지배를 의미하는 불평등은 인간에 의한 인간의 지배를 바탕으로 하여 확장된 것이다. 마르크스는 『정치경제학 초고』에서 "인간은 자연을 먹고 살아간다. 이러한 뜻은 자연은 곧 인간의 신체임을 의미하는 것이며, 이러한 인간의 신체는 그가 살아 있는 한 끊임없는 자연과의 상호 교류를 통하여 생존할 수밖에 없다."

마르크스는 "자연을 위해서는 아무것도 생산하지 않는 것이 가장 멋진 생산이다"라고 말한다. 인간은 자연의 일부며 동물 가운데서도 가장 발달한 종이라는 사실을 인정한다. 따라서 인간은 자연에 의존하고 있으며, 또한 생존하기 위해서는 반드시 자연과의 "물질 교환"을 유지해야 한다. 인간은 자연과 상호 작용하는 동안에 도구·기구·지식·기술 등을 활용한다. 여기서 마르크스는 기술의 위치를 인간과 자연의 중간에 둔다. 그에 따르면, 기술은 인간이 자연을 다루는 양식을 드러낸다. "기술이란 인간과 자연을 연결해주는 매개며, 기술이 없다면 인간과 자연의 물질 교환이 안전하게 확보될 수 없다"(라이너 그룬트만, 1995 : 123).

마르크스는 자연을 이용하려고 한다면, 그것은 자연을 침해함으로써가 아니라 자연에 복종함으로써 이루어진다고 본다. 마르크스는 이러한 입장을 프란시스 베이컨으로부터 받아들인다. 그리고 인간의 자연에 대한 관계를 두 가지 관점에서 구분한다. 첫째, 수렵과 채집 생활을 하는 사회에서와 같이 자연이 단순히 이용 대상에 지나지 않는다는 형태다. 둘째, 자연이 이용되고 있을 뿐만 아니라 변형된다(라이너 그룬트만, 1995 : 82). 마르크스에게서 자연의 인간적인 본질은 단지 사회적인 인간에게만 존재한다. 따라서 사회는 자연과 인간의 완성된 본질적으로 일치하는 것이며, 자연의 진정한 부활이다(K. Marx, 1958 : 537).

3) 니 체

니체는 인간의 부정에서 출발하는 기독교적 세계관, 인간과 자연의 이분법적 및 물리학적 객관주의의 승리, 그리고 현실에 기반을 둔 고대 그리스 세계에서 현실 긍정과 세계 긍정의 가치관을 이끌어내고자 했다. 니체의 사상은 생명 중심적 자연과 인간 자신, 인간의 역사와 문화, 사회와 문명 등 모든 곳에 편재해 있는 생명 이론의 성격을 지닌다(M. Landmann, 1951 : 108-109. Vgl. 김정현, 2000 : 50). 니체의 생명 중심적 사유는 "생태학적 및 환경 의식의 사유로 전환"[4]하여 고찰한다. 이제껏 인간이 자연을 억압하고 자연의 내면과 외면을 구분하여 전개해온 근대화는 인간의 내면 세계를 박약하게 만들었으며 야만 상태의 나락으로 빠져들었다(F. Nietzsche, 1980 : 271-278). 특히 니체는 자연 과학적 이성을 비판한다. "인간의 작은 이성의 도움으로 많은 물질주의적 자연 연구가들이 만족해하는 세계의 믿음, 즉 니체는 자연과학적인 진리의 세계에 대한 믿음에 만족을 보내는 근대적 사유"(F. Nietzsche, 1980, Bd. 1 : 625)를 비판한다. 니체에게서 과학이란 진보의 과정이라기보다는 금욕주의의 형태로 나타난다. "과학은 금욕주의 이상의 대립이 아니라 오히려 금욕주의적 이상의 가장 새롭고 가장 고귀한 형태 자체다"(F. Nietzsche. 1980, Bd. 5 : 396-397)." 니체가 과학과 금욕주의적 이상을 똑같이 보는 것은 진리에 대한 과대 평가에 근거한다. 니체에 의하면, 과학이란 자연을 좀더 손쉽게 계산 가능하게 만들고 결과적으로 지배할 수 있게 만들 목적으로 모든 현상들에 대한 공동의 기호 언어로 만들려는 시도라는 것이다(F. Nietzsche, 1980, Bd. 11 : 209). 따라서 니체는 자연 지배적 의미를 가능하게 한 과학을 "자연의 지배를 목적으로 한 자연의 개념으로의 변화"(J. Habermas, 1973 : 236)

---

4) 니체의 생태학적 자연관에 대한 자세한 내용은 다음을 참조 : 양해림(2001), 281-306쪽.

라고 정의한다. 니체에게서 인간은 "자연과 세계 속에서의 인간으로 존재하며, 자연에 대한 인간의 거만한 우월성도 의미를 잃어버린다"(홍일희, 2002 : 137).

이러한 점에서 니체는 인간을 몸적 존재로서 규정하고, 그 안에서 감정은 물론 인식까지도 포괄하여 설명한다. 하지만 가장 중요한 것은 지배자와 피지배자를 동종의 것으로 느끼고, 욕구하고, 사유하는 것으로 이해한다. 그리고 우리가 몸 속에서 운동을 하거나 추측한다. 그리고 거기서 주체적이고 눈에 보이지 않는 생명을 추론하는 법을 배운다(F. Nietzsche.1980, Bd. 11 : 369).

4) 하이데거

하이데거의 환경철학은 환경에 대해 우리 인간의 본질로써 우리들의 관심을 이끌어간다. 그러한 인간의 본질은 존재, 현상, 사태, 진리, 발현과 같은 개념과 깊은 관계를 맺는다. 하이데거는 존재 자체 및 존재의 운명과 관련된 인간의 실존 방식을 생태 위기의 진원지로 파악한다. 생태 위기에 대한 본질을 숙고하고 사유의 전향(Kehre)으로 인간 존재의 새로운 가능성을 촉구한다. 그는 현대 기술 문명과 기술주의적 사고 방식을 존재의 역운(Geschick des Seins)에서 연유한 것으로 이해하기 때문이다. 인간은 타자의 존재를 억압하고 무화시키는 지배와 권력의 의지에 예속하게 되었고, 기술의 작위성의 논리에 길들여져 있다(강학순, 2000 : 22). 기술 문명이란 끊임없이 인간 조건의 원초적인 테두리인 죽음을 부정하려는 것이고, 무와 존재를 제거하려는 것이다. 따라서 하이데거의『존재와 시간』에서 인간을 선행적으로 "죽음으로의 존재"로 규정한다. 우리가 인간다움을 회복하기 위해서 인간 존재의 궁극적인 근원이나 절대적 지평에 대한 초월적 의식이 시급한 실정이다.

하이데거는 『기술과 전향』에서 기술의 궁극적인 근본 목적은 기술과의 자유로운 관계를 준비하는 것이라 말한다. 하이데거 입장에서 기술은 인류가 지향하고 있는 유토피아를 실현할 수 있는 도구로서 파악하지 않는다. 인간중심주의는 환경 침해의 부정적 결과를 피하기 위해 노력하지만, 근본적으로 인간은 자신의 세계를 어떠한 방식으로 변화시킬 수 없다(이진우, 1998 : 148).

하이데거는 「기술에 대한 물음(Die Frage nach der Technik)」, 『강연들과 논고들』, 『예술 작품의 근원』, 『근거에 대한 명제』, 『내맡김』, 『철학에의 기여』 등의 저서에서 사물, 세계, 기술 시대의 인간과 세계와의 근원적 존재 방식을 밝힌다. "우리는 기술에 대해 물을 것이며, 그렇게 함으로써 기술과의 자유로운 관계를 준비하고자 한다. 물음이 인간 실존에서 기술의 본질을 여러 가지 보여준다면, 그 관계는 자유로울 것이다. 우리가 이러한 본질에 대응할 수 있다면, 우리는 기술적인 것의 한계를 경험할 수 있을 것이다"(돈 아이디, 1998 : 195). 기술의 본질은 게-슈텔(Ge-stell : 몰아세움, 닦달)이라 부른다. 우리는 이제 인간이 스스로 드러나는 것을 현재 상태로서 자연뿐만 아니라 인간을 집약시키는 도발적인 요구를 게-슈텔(작위)이라 명명한다. 이것은 드러냄, 밝혀냄(탈은폐)의 특이한 방식이다. 그는 기술 시대의 인간이 특별히 눈에 띄게 드러냄으로써 도발하고 있다고 말한다. 자연, 에너지의 저장고로서의 자연도 이에 해당한다. 이러한 인간의 주문적 태도는 자연과학의 출현에서 나타난다.

무엇보다 기술은 탈은폐의 방식이다. 이러한 탈은폐성에 근거하여 존재자가 인간에게 처음으로 이러저러하게 규정된 존재자로 주어지며, 앞에 놓이게 된다. 존재하는 모든 것은 탈은폐하는 사건에서 탈은폐된 것이다. 따라서 하이데거는 현대 기술의 탈은폐 방식을 일종의 도발적 요청이라 규정한다. 자연을 에너지 공급원으로 대하는 그러한 모든 기술적 생산 방식과 처리 방식은 존재론적으로 탈은폐하는 도발적 요청이라는 근본적 특징을 지닌다. 인간의 기술적 관계 맺음의 탈은폐 방식의 도발적 요청은 닦아세움(Stellen)이라는 본질적 특성을 보여준다(하이데거, 이기상 옮김, 1993 : 15). 궁극적으로 하이데거의 두드러진 점은 기술이 단지 인간의 행위가 아니며, 인간적 산물도 아니며, 인간의 단순한 문젯거리도 아니며, 오히려 인간을 어디서나 매시간 어떠한 형태의 기술적 시설이나 장치로 몰아세우고 묶어두고 끌고 다니며 압박하는 힘인 것이다(이기상, 2001 : 324-325).

5) 아도르노 / 호르크하이머

지배와 착취의 문제는 1940년대 중반 미국 망명객으로 활동한 독일 프랑크푸르트학파의 두 거장, 호르크하이머와 아도르노의 비판 이론, 특히 그들의 『계몽의 변증법』5)의 중심 테마였다. 이들은 이 저서에서 인간은 자기 자신의 관점에 따라 환경을 정복하는 일에 자신의 합리성을 이용해왔다고 파악하고, 이성을 단지 지배의 도구로만 삼았다고 주장한다. 그들의 계몽주의 비판, 특히 "도구적 이성이 인간과 자연을 과학과 기술을 통해 통제하고 지배할 수 있는 대상"6)으로 만들었으며 이것이 부

---

5) Max Horkheimer / Th. Adorno(1947),

르주아 사회의 발전 동력이 되었다는 비판은, 인류의 자연 지배로부터 현재의 생태 위기가 초래되었다는 녹색 사상에 많은 영향을 주었다.

3. 인간중심주의와 생태중심주의

본격적으로 환경 문제가 부각된 것은 1960년대 중반 이후라 말할 수 있다. 이러한 과학 기술의 배경으로 하고 있는 서양의 생태 위기의 뿌리는 린 화이트 2세(Lynn White. Jr.)의 1967년의 논문인 「생태 위기의 역사적 근원(The historical Roots of Our Ecologic Crisis)」으로서, 기독교 교단에 엄청난 파문을 던졌다. 린 화이트는 "오늘날 세계를 지배하고 있는 서구 과학과 기술은 생태계에 위험을 주고 있다고 진단한다. 그런데 그것들의 씨앗은 중세에 움텄기 때문에 중세 시대의 기본적 가정들과 발전 과정을 고찰하지 않고서는 과학과 기술의 본성을 이해할 수 없다. 기독교의 자연 개념은 중세의 라틴 세계에서 기술의 발전을 크게 촉진시켰으며 자연관을 지나치게 추구한 결과 오늘날과 같은 생태계의 위기를 맞게 되었다"는 것이다. 생태 위기의 가장 중요한 근원을 인간 중심적 사상이라고 진단한다. 다시 말해 생태 위기의 원인은 가장 인간중심주의적인 종교 사상의 지배에 있다는 것이다. 그 근거에는 유태-기독교적 전통으로부터 발견된다는 것이다. 유대 기독교의 전통은 인간을 온갖 창조물의 군주 자리에 앉혀놓고 자연을 모독하게 하는 정신적

---

6) 자세한 내용은 다음을 참조 : 양해림(2000), 215-239쪽.

기반을 제공했다. 자연에 대한 인간의 유대-기독교적 거만함이 현재의 생태 위기의 역사적 근원을 이룬다고 주장한다. "땅을 정복하고 다스리라"(창세기 : 1 : 28)[7]는 말씀에서 인간 중심적 세계관이 형성되고 자연을 무제한으로 약탈하고 훼손시키는 만행이 자행되었다(L. White,1967). 독일의 핵 물리학자이자 철학자인 바이체커도 "성서의 창조사에서 이미 우리는 인간이 창조의 주인으로 규정된 것"(창세기 1 ; 26)이라 말한다. 사람들은 신 또는 신들의 은총 아래 자연의 주인으로 사는 데 익숙하였다(C. F. v. Weizsäcker, 이신철 옮김, 2003 : 127). 신의 형상을 닮은 존재로 창조된 인류가 도덕적, 형이상학적인 유일성을 가진다는 주장이다. 그렇기 때문에 인류는 자연과 구분되며 자연보다 우월하다는 것이다. 신은 인류가 계층에서 상위라는 지위를 만들어냈으며, 인간은 신에 의해 자연을 정복하고 독점하라는 지위를 부여받았다는 것이다(서규선·문종길, 2000 : 97). 이런 점에서 기독교는 이제까지 이 세상에 존재했던 어떤 종교보다도 인간 중심적이다. 기독교는 인간과 자연의 이분법을 확립하였을 뿐만 아니라 인간이 자연을 자신의 목적을 위해 착취하는 것은 신의 뜻이라 주장했다(송명규, 2004 : 21). 화이트가 자연에 대한 서구인들의 태도는 중세 기독교에 기원하고 있다는 관점에 대해 도날드 휴즈는 중세 시대든 근대 시대든 간에 그것은 다시 고대 세계에 뿌리를 두고 있다고 주장한다. 유대교와 기독

---

7) 창세기 제1장 26절 28절에 다음과 같이 표현하고 있다. "하느님께서 우리 모습을 닮은 사람을 만들자! 그래서 바다의 고기와 공중의 새, 또 집짐승과 모든 들짐승과 땅 위를 기어다니는 모든 길짐승을 다스리게 하자!"고 하시고, 당신의 모습대로 사람을 지어내셨다. … 남자와 여자로 지어내시고 … 그들에게 복을 주며 말씀하셨다. "자식을 낳고 번성하여 온 땅에 퍼져서 땅을 정복하여라. 바다의 물고기와 하늘의 새와 땅 위를 돌아다니는 모든 짐승을 다스려라!"

교뿐만 아니라 그리스와 로마 문명 또한 자연에 대한 오늘날 우리들의 사고와 태도에 지속적인 영향을 미치고 있다는 것이다. 휴즈에 따르면, 마음대로 정복해도 좋고 계속해서 지배하고 이용해야 할 대상에 불과한 것으로 자연을 바라보는 태도야말로 생태 위기의 첫 번째 원인이다. 이러한 태도는 고대인들이 지니고 있던 생각들로부터 점차 증폭되어온 것이다(도날드 휴즈, 1998 : 254-256). 또한 1960년대 이후로 폭발적인 인구 증가와 그에 따른 식량과 에너지 부족이 그때의 주요 현안이었다. 최근에 들어와서 인문과학은 응용 분야에 대한 관심이 고조되면서 다양한 학문 분과들이 그와 연관된 응용 분야들을 확장해나가고 있다. 이러한 현상은 철학에서도 1970년대 초반부터 활발하게 현실에 적용하려는 움직임이 일어나고 있다. 1970년대 이후로 환경 문제에 대한 접근 방향은 크게 "인간중심주의와 탈인간중심주의 내지 생명중심주의"[8]의 두 가지 범주로 일반적으로 나눈다.

---

8) 환경 윤리의 인간중심주의와 생태중심주의를 다룬 국내의 문헌은 다음을 참조할 것 : 김명식,『환경, 생명, 심의민주주의』, 범양사 출판부, 2002, 29-46쪽 ; 김양현, 「칸트의 목적론적 자연관에 나타난 인간중심주의」,『철학』제55집, 1998, 97-120쪽 ; 김진,『칸트와 생태 사상』, 철학과현실사, 2003, 9-49쪽 ; 구승회,『생태철학과 환경 윤리』, 동국대 출판부, 2001, 293-316쪽 ; 고창택, 「환경철학에서 패러다임 전환에 대한 고찰」,『철학연구』제82집, 대한철학회, 2002, 163-185쪽 ; 노희정,『환경 윤리학에서의 개체론과 총체론의 통합』, 한국교원대 대학원, 2002 ; 박이문,『더불어 사는 인간과 자연』, 미다스북스, 2001, 111-131쪽 ; 박이문,『환경철학』, 미다스북스, 2002, 95-192쪽 ; 박필배, 「칸트의 자연관과 문화 ― 환경 윤리학의 정초를 위한 시도」,『칸트와 문화철학』, 철학과현실사, 2003 ; 130-159쪽 ; 이종관, 「환경 윤리학과 인간중심주의」,『철학』제49집, 한국철학회, 1996, 375-407쪽 ; 조명래,『녹색 사회의 탐색』, 한울, 2001, 162-182쪽 ; 황경식, 「환경 윤리학이란 무엇인가? ― 인간중심주의인가 자연중심주의인가」, 철학문화연구소 편,『철학과 현실』, 1994, 여름호, 172-185쪽 ; 한면희,『환경 윤리』, 철학과현실사, 1997, 55-97쪽.

혼히 환경주의의 범주라고 특징짓는 것은 ① 인간중심주의 (anthropocentrism) 관점 및 기술지향주의・기술낙관주의・자연 보호 관리를 주장하는 관점들이다. 고대 그리스 사유는 인간 중심적인 것으로서 다양한 저자에게 특징을 부여해왔다. 이미 1934년에 예거(Werner Jaeger)는 「파이데이아(Paideia)」에서 다음과 같이 기술하고 있다.

"우리가 그리스에서 갖고 있는 사유의 첫 번째 흔적은 인간을 사유의 중심에 두는 데서 발견할 수 있다. 인간을 형상화한 신은 그리스 조화와 그림에서 인간 형태의 문제를 무조건적으로 우위에 두었다. 시종일관 소크라테스, 플라톤, 아리스토텔레스를 정점에 세우고 철학의 운동을 질서의 문제에서부터 인간의 문제로 진행시켰다" (Werner Jaeger, 1934 : 13).

다양한 현대의 환경 이론가는 이러한 인간중심주의적 구속에서 크게 벗어나지 않는다. 인간중심주의자들은 인간 존재의 내재적 가치만 인정하여 인간 이외의 다른 모든 자연의 존재자들을 인간의 목적 실현을 위한 수단으로 활용될 수 있다고 주장한다. 첫째, 인간중심주의는 하나의 형이상학적 신념이다. 인간은 존재론적으로 모든 물질은 물론이거니와 생물과도 형이상학적으로 구별되는 유일한 존재다. 둘째, 오직 인간만이 자율적 존재로서 가치 선택을 피할 수 없는 윤리적 동물이라는 점이다. 즉, 모든 환경 문제는 인간이 자연을 어떻게 대해야 하는가에 대한 윤리적 문제들을 내포하고 있다. 인간 이외의 어떤 존재도 그 자체적으로 내재적 가치를 갖지 못하며, 그들의 아픔과 즐거움은 논리적으로 전혀 윤리적 고려의 대상이 될 필요가 없다는 관점이다. 왜냐 하면 인간 이외의 고등 동물을 포함한 모든 존재들은 윤리적 주체가 아니기 때문이다(박이문, 2002 : 101-103). 다시 말해 인간중심주의란 인간만이 직접적인 윤리의 배려 대상이라는 관점이다. 즉, 인간에게만 내재적 가치를 인정하고 인간 이외에는 단지 수단으로서만 가치가 있고 인간에게 이바지하는 수단 내지 도구인 한에서만 가치가 있다고 하는 사고 방식이다. 인간중심주의는 인간만이 본래적 가치를 가지며 인간 이외의 존재들은 인간의 목적 달성의 수단이기 때문에 도구적 가치만 가진다고 주장한다. 그래서 이것은 인간을 다른 종의 구성원들보다 우월하다고 간주하는 인간우월주의라는 비난을 받는다. 한편으로 인간중심주의는 "인간적 혹은 인간의 의식의 관점에서 인지된"이라는 뜻을 의미하는 것과 같은 빈도수로 "도구적"이라는 뜻을 가진 것으로 사용된다. 다른 한편으로 모든 자연물을 도구적으로 다루기를 원하지 않으면서 우리가 동물과 자연 대상물에 비인간중심주의적 가치를 부여한다고 할지라도, 여전히 인간이라는 가치 부여자에 의해 창조된 가치다(유진 하그로브, 김형철 옮김, 1994 : 231-232).

이렇듯 인간중심주의적 가치론은 인간에게 본래의 가치를 부여한다. 그리고 또 다른 형태의 생명들을 포함한 다른 모든 종들을 오직 도구적으로 가치 있는 것, 즉 그들이 인간에게 기여하는 수단이나 도구인 한에서 가치 있는 것으로 간주한다. 따라서 인간중심주의는 인간이란 자연 세계와는 다른 세계에 살고 있고 자연 세계 속에서 살아가는 자연적 존재들과 본질적으로 다르다는 입장이다. 인간은 그 밖의 모든 자연적 존재들에 비해 형이상학적으로 우월하고 가장 귀한 존재라고 본다. 이러한 인간중심주의적 시각은 우리 인간이 인간 이외의 자연적 존재들이 가지고 있지 못한 합리성, 미적 감수성을 가지고 있다는 데서 생긴다(노희정, 2002 : 5). 결국 생태 위기는 우리의 방만한 생활 태도와 무분별한 개발 정책이 초래한 부작용에 해당하는 것이기에, 우리의 생활 태도를 친환경적인 정책으로 바꾸어 환경 문제도 환경 기술과 환경 산업을 조장함으로써 훼손된 환경을 복원하고 지속 가능한 개발을 도모함으로써 해결할 수 있다는 견해다.

반면에 ② 생태중심주의 내지 생명중심주의, 탈인간중심주의9)는 자연을 중시·신비주의 경향·자연의 보존·자연과의 일체감을 강조하는 측면을 보인다. 현재의 자연 환경을 훼손한 근본 원인은 근대의 진보 사상과 인간의 무한한 개발 논리에 있기 때문에 자연에 대한 인간의 일방적인 간섭을 배제하는 동시에 자연 자체를 존중해야 한다는 주장이다. 다시 말해서 인간의 유용성만 고려해 자연과의 단순한 관계가 자연을 경외하는 사이로 대체해야 한다는 주의다. 인간은 자연을 단순한 쾌락의 도구로 더 이상 학대해서는 안 되며 자연이 생물학적 존재권을 갖는 엄격한 인격체로 격상됨으로써 인간과 자연은 일종의 윤리적 관계를 맺게 된다는 것이다. 생태중심주의는 자연계가 인간을 위한 것이고 인간은 자연을 지배할 수 있다는 관념으로부터 자연 자체의 가치를 인정하고 인간과 자연의 조화를 추구하는 관점을 강조한다. 테일러(P .W. Taylor)는 「자연 존중의 윤리」

---

9) 탈인간중심주의는 두 가지 접근 방식으로 자연을 바라본다. 하나는 탈인간중심주의 개체론이고, 다른 하나는 탈인간중심주의 총체론이다. 탈인간중심주의의 개체론은 오직 개별적인 자연적 존재들만 본래적 가치를 가진다고 주장한다. 이에 비해 탈인간중심주의 총체론은 자연적 존재들만이 아니라 종과 생태계, 즉 전체로서의 자연 환경도 본래적 가치를 갖는다고 주장한다. 반면 탈인간중심주의적 가치론은 몇몇 인간 이외의 사물들에 대해 본래적 가치를 부여한다.

라는 논문에서 인간중심주의를 비판하고 자기의 입장을 생명중심주의라 부른다. 그는 자연에게 인간과 동등한 권리를 인정하려고 하는 윤리는 전체론적(holistic)적이거나 유기체론적일 필요가 없다고 지적한다. 개별적인 인간의 고유한 존재로서 목적 자체로서 존중하지 않으면 안 된다는 칸트주의 윤리와 평행하게 개개의 생명, 생물을 존중하는 윤리를 말한다(P. W. Taylor, 1997 : 77-116). 테일러는 환경윤리학이 수용되는 기반으로서 자연에 관한 생명중심주의적 관점을 제시한다. ① 인간은 인간 이외의 생물과 같은 의미와 동일한 조건에서 지구의 생명 공동체의 구성원이다. ② 인간을 포함하는 모든 종은 상호 의존 시스템의 일부다. ③ 모든 생물은 그 자신의 방법으로 자기 자신의 선을 추구한다. ④ 인간은 다른 생물보다 본질적으로 우수한 것은 아니다. 동물만이 아니라 식물도 생존의 권리를 가진다.

바이에르츠는 자연 전체를 생태학적 균형을 유지하려는 합목적적인 존재로 이해하는 자연 중심적 환경윤리학이 치명적인 결함을 지닌다고 비판한다. 그는 자연계를 인간에 의해 균형을 잃게 되었다는 전제 아래 파악한다. 자연의 총체적 균형은 제한적으로만 타당하다. 인위적인 자연 파괴에 앞서 자연계에서는 많은 부분이 자연 파괴가 있었음을 확인할 수 있었기 때문이다. 그렇기 때문에 자연계에 목적론을 부여하는 것은 지나친 과장으로서 도덕적으로 자연은 우리의 모범이 될 수 없다. 자연계에서는 인간에게 방향을 제시해주는 어떤 목적이나 내재적 가치도 없다. 또한 자연적 사건에 근거한 정당화 자체는 정당화라는 개념을 무의하게 만들 것이라는 점을 지적한다. 정당화가 필요한 것은 자연적 사건이 아닌 한에서 인간의 행위이기 때문이다. 따라서 인간 행위의 정당화 근거는 자연계로부터 찾을 수 없으며 자연은 인간의 표본이 아니다. 인간의 윤리는 인간에 의해 정립된 규범과 가치에 근거한다.

4. 현대 독일 환경철학 역사의 전개

1962년에 생물학자 카슨(Rachel Carson)이 『침묵의 봄(*Slient Spring*)』을 발간하면서 현대 생태학은 새로운 전환점을 맞이하게 되었다. 즉, 이 책은 생태 사상과 녹색 정치의 발전에 많은 파장을 일으켰다. 인간의 자연 파괴의 영향은 인간이 잘 알지 못하는 사이에 사용하는 농약과 살충제들이 자연계에 오랫동안 머물면서 야생 동물의 생식과 발육을 저해하여 급기야는 봄이 되어도 새가 우짖는 소리를 들을 수 없는 세상이 되고 말 것이라고 카슨은 경고한다. 그녀는 이 책에서 미시건 주립대 교정의 느릅나무를 좀먹는 해충을 잡기 위해 뿌려진 살충약 DDT가 먹이사슬을 통해 어떻게 종달새 소리를 들을 수 없는 고요한 봄을 가져왔는가를 생생하게 묘사하였다. DDT는 살충제나 제초제로 사용되는 화학 약품의 일종이다. 인류는 노동력을 절감하고 농업 생산성을 높이기 위해 이 약품을 마구잡이로 뿌렸다. 인간은 무분별한 농약의 사용으로 인해 생명체들이 사려져버린 미국 중부의 어느 마을에서 아무런 생명의 소리 없이 다가오는 정적의 봄을 가상적으로 그렸다. 그러나 이런 일들은 향후 미국의 수없이 많은 마을, 전 세계 어느 곳에서도 일어날 수 있다고 말한다. 카슨은 자연을 대상으로 취급하는 인간의 개발 행위로 인해 인간뿐만 아니라 많은 생명체가 이 지구상에서 사라질 수 있음을 표현했다(Rachel Carson, 이길상 옮김, 1990). 『고요한 봄』

은 대중뿐만 아니라 정치가들까지도 충격적으로 깨우쳐 캐나다 정부가 환경 대책을 서두르는 계기를 마련하였다.

환경과 관련된 과학 기술의 진보가 사회 발전의 가장 핵심적인 추동력이 된다는 기술낙관주의적인 기술결정론의 시각에 대해 시대의 흐름에 따라 규범적인 자각이 있어왔다. 최근 독일에서의 환경 문제는 전체적으로 기술결정론에 대한 불신에서 그 출발점을 두고 있다. 기술결정론은 인간이 원하거나 계획하는 것을 간섭하지 않고 기술의 전개와 그 결과를 고유한 법칙성으로 보는 데 있다. 기술결정론은 기술을 전개하는 데에서 강압성과 고유한 법칙성을 주장한다. 흔히 기술결정론은 독일을 비롯한 선진 자본주의나 전문적인 과학 기술의 엔지니어 과학자들의 주변에서 늘 우세하게 지배되어 왔다. 기술결정론적인 시각에 대한 반성적 자각은 1960년대 이후로 규범적 전환이 나타나면서, 기술화 과정의 결과들에 대한 수많은 부정적 증후군들을 인식하게 되었다. 우리가 기술공학을 이해하려 할 때, 기술에 대한 이론적 반성과 전통적인 엔지니어들에게서 발견한 것은 제일 먼저 규범적 전환의 징후군이었다. 이러한 반성적 논의는 이제 정신과학이나 사회과학에서만 한정되어 머무는 것이 아니라 광범위한 정치적 논의로까지 점점 확대시켰다. 즉, 규범적 전환은 엔지니어 과학에서만 수행되는 것이 아니라 사회의 정치적·문화적인 기술 이해로 파악하는 데서 나타난다.

1960년대부터 이러한 논의를 처음으로 시작한 인물은 독일의 **철학적 인간학자**로 알려진 셸스키(Helmut Schelsky)의 "기술결정론의 신화(Apothese)"(Helmut Schelsky, 1961)에서 찾는다. 이것은 이른바 테크노크라티(Technokratie) 논쟁이다. 셸스키의 기술 국가의 모델과 함께 시작한 기술결정론에 관한 논쟁은 처음으로 사회과학자와 철학자들을 중심으로 규범적인 기술 이해의 근거를 토대로 하여 전개되었다. 셀스키는 인간 중심적-사회심리학적 설명을 억지로 사태의 현상에 한정시키지 않았다. 그는 단지 언어나 사유의 수준에 머물지 않고 사회적-정치적 영역으로 형식화시켰다. 셀스키는 프랑스의 기술철학자인 엘뤼(Jacqes Ellul)의 기술결정론(Jacques Ellul, 1954)에 영향을 받고, 기술과 국가 간의 성장의 연관성에 관련된 구체적인 특징을 전개시켰다. 특히 1955년에 설정한 핵 문제(Atomfragen)에 관한 보고서에서 내각의 기술 상담 전문가들은 기술공학에 관한 연구를 다음 세대에게 전수해야 한다고 주장하였다. 즉, "핵의 힘은 광범위한 국가적 수단을 갖고 있는 중요한 기술공학이다. 이것이 없었을 때도 또한 단지 멀리서부터 이러한 바람에 상응하는 욕구가 확실히 있어왔다." 그러나 셀스키는 이러한 핵에너지 전개에 대한 연구 정책과 기술 정책에 대한 비판적 입장을 취했다. 여기서 무엇보다 핵에너지 기술의 비판적 관심은 핵위력의 책임성에 관한 경각심을 불러일으켰다는 데 있다.

1960년대 이전까지 생태학자들이 지녔던 환경 문제의 관심은 전 세계적으로 확대된 자본주의의 농업과 그에 따른 환경 훼손, 거대 자연림의 파괴와 하천의 변형, 인구의 급증 등과 같은 현상들에 대한 우려의 정도에만 그쳤었다. 1960년대 말 서구에서는 마르크스의 자본 산업 기술에 대한 비판적인 사고에 영향을 받고, 학생 운동을 통해 나타난 프랑크푸르트학파의 신마르크스주의가 점차적으로 주목을 끌었다. 이 학파의 대표적 인물인 마르쿠제(Herbert Marcuse)에 의하면, 현실화된 기술은 지배의 도구가 아니라 지배 그 자체에서 생성된 형태를 인식하는 것이라고 파악한다. 기술과 지배에 관한 이론의 복잡성은 다양한 환경 문제의 출발점과 근거를 제공한다(Hebert Marcuse, 1967. Vgl. Otto Ulrich, 1988 : 41-49). 그는 현대 기술 문명을 조장하고 있는 제도적으로 교묘하게 조작된 기술적 합리성이 인간 사회를 지배하고 있다고 파악한다. 기술은 추상적인 기술적 합리성으로 나타나며 곧 생산력으로 둔갑한다. 순수한 관념 속에서만 나타나는 추상적 기술 또는 기술적 합리성은 일정한 목적에 대해 무차별적이지 않다. 구체적인 합리적 기술과 그에 상응하는 목적은 상호 침투한다(황태연, 1996 : 420). 기술적 합리성에 관한 기술 지배의 성격은 다음과 같이 수행된다 : "점점 효율화되는 자연 지배를 야기하는 과학적 방법은 자연 지배를 매개로 하여 점점 효율화되는 인간에 대한 인간의 지배를 위한 도구들과 같은 순수 개념들을 제공한다. 오늘날 지배는 기술을 매개로 할 뿐만 아니라 기술로서 영구화되고 확장되어 나간다"(Hebert Marcuse, 1967 : 173). 그는 현대 사회의 합리성에 이중적 의미를 부여한다. 한편으로 과학적 경영과 노동 분업을 근거로 하여 정치·경제·문화적 측면의 원활한 운영, 이것을 통한 강력한 생산력의 향상, 그리고 이로 인한 높은 생활 수준을 얻는 것이다. 다른 한편, 더 이상 파괴적이거나 험악한 정도의 기업적 사유와 활동 공작이 합리적 경영의 가면을 쓰고 정당화되는 결과를 수반하는 것이다. 그리고 새로운 과학 기술의 합리성이 사회적 정당성을 획득해낸다. 이것을 통해서 지탱하는 조직들은 사회 지배의 새로운 양식이자 개인적인 삶의 전체로서 등장하게 된다Hebert Marcuse, 1967 : 161). 그리하여 그것은 동시에 새로운 혁명적 기술로부터 모든 해방과 인간화를 예기하는 것이었다. 특히 학생 운동은 기술 비판적인 사유 형태로 나아가는 데 많은 영향을 끼쳤다. 마르쿠제는 미국의 베트남 전쟁, 제3세계의 해방 운동, 기술적 지적 풍토와 사회의 책임성에 관한 연구와 관련된 환경 운동과 같은 학생 운동에서 커다란 자극을 받았다. 그는 동시대에 있었던 미국의 기술 논쟁에서 규범적 전환의 일부분을 받아들였다. 1960년대 중반부터 1970년대 초에는 베트남 전쟁에 대한 관심이 고조되면서 미국뿐만 아니라 세계 전역에서 거세게 반전 운동이 일어났다. 미군이 사용한 고엽제가 환경 문제를 발생시킨다는 이유로 많은 전문가들의 비판 대상이 되었다. 베트남 전쟁은 표면적으로는 자유 수호를 위한 것이었으나, 전문학자들은 베트남과 엘살바도르, 아프가니스탄과 중동 및 그 밖의 제3세계에 대한 미국과 소련의 개입이 단순한 이데올로기의 문제가 아니라 오히려 이 양대 국가의 경제가 의존하고 있는 제3세계의 자원을 보호하기 위한 신경질적인 반응에서 유래하는 것이라 평가했다(데이비드 페퍼, 이명우 외 옮김, 1989 : 37-38).

그 당시 미국에서 공공의 기술 논쟁에 관심을 끌었던 카슨 (Rachel Carson)의 저서로서 오늘날 생태계 논쟁의 고전이 된, 야생 동물에 대한 살충제(DDT)의 위험한 영향을 문제삼은 저서를 비롯하여 나더(Ralph Nader)의 결함 있는 미국 자동차의 안전성을 탄핵한 "소비자 변호(Verbraucheranwalts)의 비판"에 관한 저서에서였다. 이 저서는 기술공학의 평가(Technology Assessment)와 전문적인 윤리 논쟁에 대해 다루었다. 전통적인 생태학에서 환경 오염은 자연의 균형을 해치는 정도를 초과하는 인간의 간섭으로 간주되었다. 환경과 관련한 중요한 쟁점은 과학과 기술공학에 관한 것이다. 지금까지 우리 사회에서 지배적인 경향은 과학과 기술공학에 대한 낙관주의적인 관점이었다. 기술낙관주의적인 시각에서 본다면, 경제 성장은 무한히 가능하며 그 성장의 열쇠는 물론 과학인 것이다. 우리의 문화권에 속해 있는 많은 사람들, 특히 정책 결정 담당자들은 과학과 기술공학이 환경 문제를 해결할 수 있는 유일한 대안이라고 생각하고 있다. 환경 문제는 고도의 기술을 필요로 하는 것이기 때문에 그 해답을 얻기 위해 그 분야의 전문가들에게 의뢰하는 것이 합당하다고 말한다. 환경 문제에 대해 과학은 객관적이고 사실적인 답변을 제공할 수 있기에 환경 문제를 해결할 수 있는 강력한 대안으로 떠오르고 있다.

그러나 과학이 모든 것을 해결할 수 있다고 믿는 기술지향주의적인 낙관적 태도나 비관적인 태도도 서로 현격하게 다른 것은 아니다. 우리는 환경 문제의 더욱 빠른 해결책을 위해서 과학과 기술에 의존하기 쉽지만, 생태 위기는 더 이상 과학과 기술만의 문제는 아니다. 환경 문제는 우리가 무엇을 소중히 할 것이며, 우리는 어떠한 존재며, 우리는 어떠한 삶을 살아야 하는가, 바람직한 세계는 어떤 세계인가 하는 문제와 관련된다. 다시 말하면 환경 문제는 윤리학과 철학의 문제를 동시에 제기한다. 환경 문제에 윤리적이고 철학적 문제들을 고려하지 않고 과학과 기술에 의존한다면 새로운 문제를 다시 양산해낼 것이다.

우리 주변에 자연과 부존 자원이 한정되어 있다고 해도 과학은 현재 무한한 개발 능력을 갖고 있다. 과거에 심각했던 식량 문제를 품종 개발과 화학 비료 등을 통해서 해결하였듯이, 에너지 부족은 대체 에너지 개발로, 환경 오염은 부산물을 적게 산출하는 기술 혁신을 통해 산출할 수 있다는 낙관주의적인 견해다. 그러나 1970년대 이후로 낙관주의적 전망에 대한 회의가 점차 증가하였다.

1972년에는 스톡홀름에서 제1회 유엔환경회의가 소집되었다.

로마클럽(Club of Rome)에서 내놓은『성장의 한계(*The Limits to Growth*)』는 엄청난 충격과 파장을 몰고 왔다. 체계 이론적인 관점에서 미국의 매사추세츠 기술연구소(Massachusetts Institute of Technology : MIT)의 "지구상의 성장의 한계"에 대한 로마클럽의 연구를 통해서 인구 증가, 농업 생산, 천연 자원, 공업 생산, 오염 등의 다섯 가지 요소로 지구의 성장 가능성을 진단하고 새로운 인식을 제시하였다. 100년 이내에 이 다섯 가지 모두가 성장을 중지하고 인류는 심각한 생존의 위협에 봉착할 것이라 경고한다. 성장의 한계는 자원 고갈의 필연성을 중심으로 자연의 한계를 강력히 주장함으로써 새로운 발전 전략을 둘러싼 치열한 논쟁을 유발하였다. 이러한 상황을 바탕으로 1970년대는 대부분의 학문 분야에서 생태 위기를 다루는 생태학의 시대로 자리잡게 되었다(문순홍, 1992 : 46). 이 연구는 동서에 걸친 산업국의 실천적인 경제 방법의 일원으로서 부정적인 환경 영향을 공공의 의식으로 저변 확대하였고, 생태학의 동반자로서 정치적 운동으로 활성화시키자는 운동으로 제시되었다. 이러한 환경윤리학은 인간의 환경과 함께 자연과의 교섭에 관한 도덕적 가치 표상과 도덕적 원리와 규범의 정립을 대상으로 삼는 생명윤리학의 부분 영역이다.[10]

---

10) 철학자인 리차드 루틀리(Richard Routley)는 「새로운 환경 윤리가 필요한가?」(1973)란 논문에서 "자연은 인간의 지배를 받고 그리고 인간은 원하는 대로 자연을 다룰 수 있다"고 파악함으로써, 인간 이외의 자연적 존재와 전체로서의 자연이 도구적 가치(instrumental value)만 제공할 뿐임을 암시했다. 그 외에 생명 중심의 사상을 표방한 노르웨이 철학자 네스(Arne Naess)는 근본생태론을 주장하고 나섰다. 1973년에 「피상적 생태론과 근본적, 장기적 생태 운동」이라는 논문에서 네스가 생명평등주의를 제창한 이래로 근본생태론자들은 그 구체적인 내용에는 변화가 있었으나 꾸준히 생명주의를 표방해왔다. 안 네스는 「표피 생태 운동과 심층적인 멀리 보는 생태 운동 : 요약」(1973)이라는 논문에

1970년대에는 핵 발전이 과연 미래 에너지로 적합한가 하는 문제가 제기되면서 1980년대에 들어와서 바야흐로 환경 문제가 소련 체르노빌의 원자력발전소의 반사능 유출 사고를 시점으로 하여 전 세계적 규모로 확산되면서 다양한 형태로 나타난 시기

서 심층생태학주의 운동이 규범적인 것이라 주장한다. 즉, "생태학적인 활동가는 여러 생명의 방식과 형태에 대해 마음깊이 우러나오는 존중이나 심지어 숭배를 습득한다"고 언급하였다. 그가 주장한 심층생태학은 환경근본주의다. 심층생태학은 산업 사회가 일으킨 심각한 환경 파괴로부터 지구 생태계를 구하고자 한다면 우리의 인식과 가치 그리고 생활이 사회의 지배적 패러다임이 근본적으로 바뀌어야 한다고 강조한다. "나는 윤리나 도덕에 관심이 있는 것이 아니라 어떻게 세계를 경험하느냐에 있다. 근본생태주의가 심오한 한에서 그것은 윤리학이 아니라 우리의 근본적인 신념과 관련되어야 한다. 윤리학은 세계를 어떻게 경험하느냐에 따라 나온다." 그는 인간이 다른 생물에 비해 우위를 지녀야 할 아무런 이유도 없다는 입장에 서서 인간을 오히려 생태계의 암세포로 규정한다. 물론 현재의 인간이 그렇다는 말이다. 그는 자연 전체와 개인의 거리를 좁히는 것으로 "모든 생명은 근본적으로 하나다"라는 언명과 개인의 자아실현을 연결시킨다. 철학자 로스톤(Holmes Roston III)은 1975년의 「생태학적 윤리가 존재하는가」(1975)라는 논문에서 적합한 생태학적 윤리는 자연에서 좋음, 가치를 발견하는 데 의존한다고 주장했다. 로스톤은 이후 일련의 논문에서 자연이 사용하여야 할 단순한 자원으로서가 아니라 우리가 가치 있게 여기는 것의 원천을 찾고 초월적 순결함을 띤 존재의 요소적 흐름 속에서 관계성을 추구해야 한다는 것이다. 이어서 로스톤은 가치의 원천인 자연이 투영하는 자연으로서 스스로 내재적으로 가치 있음, 다시 말해서 내재적 가치를 갖는 자연적 존재의 원천으로서 자연이 객관적인 내재적 가치(intrinsic Value)를 가짐을 환경 윤리의 고전으로 간주될 저술에서 제시하고 있다. 자연의 가치와 관련하여 본격적으로 논의에 불을 붙인 것은 톰 레간(Tom Regan)이 1981년에 논문 「환경 윤리의 성격과 성립 가능성」을 발표한 데서 비롯된다. 그는 "가능한 미래 세대의 삶의 질을 포함해서 인간 삶의 질을 고양시키기 위해서 환경을 사용하는 윤리를 경영 윤리"라고 부르면서, 이런 경영 윤리는 환경 윤리일 수 없다고 말한다. 레간은 내재적 좋음의 정의가 잠정적이고 불완전함을 지적하면서 "자연적 대상의 내재적 가치는 의식적 존재가 그것을 알아채거나 그것에 이해 관심을 갖고 있거나 또는 평가하는 것에 독립적"이라고 언급한다. 이렇게 레간은 루틀리와 네스, 로스톤의 초기 글에서 암시한 자연의 가치를 가장 선명하게 부각시킨다.

라 할 수 있다. 계속되는 인구 증가, 열대 우림을 비롯한 야생 생태계의 파괴, 석유 기름 유출로 인한 해양 생태계의 파괴는 우리에게 더 이상 환경 위기를 방치할 수 없을 만큼 심각하게 피부로 다가오고 있다. 또한 환경 파괴가 누적되어 발생한 것으로 생각하는 지구 온난화 문제, 오존층 파괴, 산성비 등의 이상 기후 현상은 1980년대 전 지구적 환경 문제로 부상하였다. 특히 최근에 생태학적으로 가장 중요한 문제로 대두되는 환경 오염은 인간의 생활과 산업화에 의해 배출되는 유해한 물질로 인해 환경과 생물은 심각한 생태계의 파괴를 초래하면서 전 지구의 생태계의 위기로 크게 부상하고 있다. 20세기 후반의 산업 사회는 이른바 3P라 불리는 인구 폭발(population explosion), 기아와 빈곤(poverty), 공해(polution)의 첫 문자를 표시하고 있다. 2004년 전 지구의 63억 이상이나 되는 인구는 10년 안에 20%에 해당하는 10억이 증가할 것이며, 자연 자원이 파괴되고 고갈되리라는 전망은 인구 문제를 더욱 어렵게 하고 있다. 미래 세대를 괴롭히게 될 유독 물질은 전 세계적으로 점점 더 축적되어가고 있다. 세계의 야생 지역·산림·습지·산·초지 등은 황폐화되고 있으며, 기후와 대기·오존층 파괴·온실 효과 등으로 위협이 가중되고 있다. 현재 생태학은 우리의 정신적 근거에 토대를 둔 광범위한 과학 기술 문명의 비판이 되고 있다. 환경의 위기는 자연사(自然史)의 결과가 아니라 오히려 근대 문명의 결과에서 나타난다는 것이다.

독일의 생태학자 요나스가 『책임의 원리』(Hans Jonas, 1984, 이진우 옮김, 1994)를 출판한 1980년대 이후로, 독일엔지니어연합(VDI)은 현재 진행되고 있는 기술화의 전개에 대해 조정의 의무를 느껴 개인의 책임 의식에 그 주의를 환기시켰고, 기술의 질적인 문제에 대한 직접적인 책임과 기술 결과에 대한 일반적인 윤리적 책임을 구분하였다. 이러한 환경 내지 기술윤리론에 대해 독일에서는 1990년대 이후로 더욱 활발한 기술 이론과 실천 논쟁이 점차 더 가열되고 있다. 1991년 이후로 독일에서의 엔지니어들의 윤리적 논쟁은 베를린의 VDI의 공공적인 관점과 함께 "책임 속에서 엔지니어"들이라는 주제를 갖고 개최되었다. 이 논쟁에서 미래의 책임과 새로운 환경 윤리는 점점 더 지속적으로 전개되어가고 있는 기술화의 과정과 함께 더욱 필요성을 공감하였다. 이러한 사실에서 현재에 전개되고 있는 환경 윤리의 책임 개념은 단지 슬로건으로만 제시하려는 것이 아니고, 문화 비판적인 대상이나 더 나아가 정치적 논증으로 확대시키는 것이다.

일반적으로 환경 문제는 인간과 자연 환경의 도덕적 관계에 대한 체계적이고 포괄적인 설명을 제시하고 옹호하는 것이다. 환경 문제는 자연 세계에 대한 인간의 행동은 물론 도덕적 규범에 의해 지배되거나 지배될 수 있음을 가정한다. 환경 문제는 ① 이러한 규범들이 무엇인지를 설명하고 ② 인간은 누구에게 어떤 책임을 지고 있는지를 설명하고 ③ 이러한 책임이 어떻게 정당화되고 있는지를 보여주어야 하는 것이다.

요나스가 『책임의 원리』를 출판한 이후로 환경 윤리에 대해서 책임 개념을 활발한 논쟁의 근거를 제공하였다. 책임 개념은 각 영역에 따라 세분화하여 인식되어야 하며, 그 자체적으로 책임을 다룬다. 요나스는 기계에 의해 인간의 광대한 힘과 영향력을 행사하려는 것에 대한 책임의 주제를 새로운 의미에서 파악한다. 여기서 요나스는 존재와 당위, 사실과 가치의 구분을 새롭게 파악하였고 목적 개념을 중요하게 여긴다. 그는 이제까지의 모든 전통 윤리는 인간중심주의였다고 선언한다. 그는 윤리를 계획하기 이전에 내부의 자연 목적에 이행하고 목적론적인 근거 중심을 아리스토텔레스적인 자연철학과 관련된 윤리의 부분을 강하게 기억한다. 요나스의 모든 윤리의 역사주의적 인간 중심주의 평가는 다양하게 반복된다는 것이다. 특히 그는 반유토피아적 미래의 책임 윤리를 제시한다. 인간은 미래에도 여전히 존재해야만 하기 때문이다. 그의 미래 윤리의 첫 번째 원리는 형이상학에 있다. 인간의 존재론적 이념을 기초세우고 거기에서 의무를 도출한다 : "자연은 자기 자신을 위해서 유지하라." 생명 과정, 진화 과정은 전체로서 자연의 존재가 목적론적으로 발생한다는 것을 시사한다. 요나스의 입장에서 합목적성은 선 그 자체다. 그대의 행위의 모든 결과가 이 세상에서 진정한 인간의 삶의 영속성과 타협하도록 행위하라. 그렇기 때문에 요나스는 세대 간 윤리의 기초 부여로서 책임의 원리를 설명한다. 우리들이 그 위에 힘을 미치는 사상(事象)에 대한 책임, 관리자로서의 배려 책임이다.

비른바하(Birnbach)는 인간과 자연의 관계에 대한 전통적인 인간 중심적 관점에서 벗어난 답변을 묻는다(Dieter Birnbacher, 1991 : 279). 인간 이외의 생명체와 생명 존재, 생태계, 주변 경관, 생태계의 종류 혹은 전체적인 자기 목적의 특성을 지닌 것으로서 자연에 말을 건다. 그리고 본래적으로 생태윤리학은 자연윤리학을 지향한다. 이런 점에서 생태윤리학은 현재와 미래 인간을 파악하고 자연의 자기 목적을 지닌 특성과 모든 인간적 위협으로부터 자기 보존 요구를 지닌다. 처음부터 인간 중심적으로 본 생태적 에토스는 상상하기 어렵다고 지적한다. 이러한 생태윤리학적 에토스는 불가피하게 자연을 중심에 놓는다. 이러한 사실로 미루어볼 때 인간중심주의는 그것을 제외한 나머지 세 유형의 생태중심주의와 대립하고 있다(Dieter Birnbacher, 1991 : 280). 비른바하는 "자연에 대한 인간의 책임을 보편화할 수 있는 구상"으로서 순수하게 합리적으로 정초된 환경 윤리를 제안한다(Dieter Birnbacher, 1980 : 129). 즉, 비른바하는 자연에 대한 책임과 자연에 관련된 책임을 구분한다. 그에 의하면 자연에 대한 책임에 의해서만 우리의 행위가 자연에 대해서 의무를 갖는다는 것이다. 우리의 행위는 신과 같은 제3자가 아닌 자연 그 자체에 대해서 적용할 수 있는 의무를 갖게 된다. 예를 들어 아버지의 책임이 아이에 대한 책임을 의미하는 것처럼 자연에 대한 책임도 그렇게 되어야 한다고 말한다. 비른바하가 생태윤리학의 원칙을 둘러싼 논의에서 생태 위기로 인해 많은 전통적인 접근 방식들이 의문시되고 있지만, 생태 윤리의 문제 제기 또한 확고한 대안을 만들지 못하고 있다.

환경 문제와 관련하여 주목되는 윤리는 요나스 이후에 지속적인 미래 세대에 대한 윤리다. 미래 세대에 대한 윤리는 미래 세대에 대한 책임 또는 미래 세대에 대한 의무다. 이는 정책이나 개개인의 행위를 선택하는 데에서 미래 세대의 이익을 고려하는 것과 같은 윤리다. 미래 세대에 대해 중요시하는 입장에서는 자신의 자식이나 손자처럼 직접 자신과 혈연 관계가 있고 자신에게 가까운 자손의 이익뿐만 아니라 자신의 자식이나 손자와 같은 세대이기는 하지만 자신과 관계없는 사람들의 이익이나 아득히 먼 미래에 사는 사람들의 이익도 고려된다. 환경 문제와 관련하여 미래 세대에 대한 윤리 의식을 갖게 된 것은 비교적 최근의 일이다. 1960년대 이후 핵폐기물의 처리 · 대기 오염 · 수질 오염 · 화석 연료의 유한성 · 삼림 감소 · 인구 폭발 · 산성

비·오존층 파괴·지구 온난화 같은 환경 문제가 심각히 나타난 것에 기인한다(가토우 히사티케, 2001 : 117). 미래 세대에 대한 윤리의 근거는 ① 자기 만족이나 자신의 이익을 위해서라는 근거를 둔다. 일반적으로 미래 세대의 이익에 배려하는 것이 경제적 이익이나 자기 만족에 연결되는 경우에 환경 보호에 대한 강한 동기 부여가 주어진다. 그리고 그것은 개인의 경우뿐만 아니라 기업의 경우에도 마찬가지다. 환경 보호에 적극적인 기업이 증가해왔던 것은 환경 보호에 협력적인 것이 기업의 이익에 연결된다고 기업이 생각하게 되었기 때문이다. ② 자신의 덕성이나 도덕적 감수성의 향상을 위해서 혹은 자신의 인격의 가치를 향상시키기 위한 것이라 주장할 수 있다. 미래 세대의 이익을 고려하는 것이 우리들의 도덕적 감수성의 향상을 위해서 유익하다. 이와 같은 근거에 의해 미래 세대에 대한 윤리를 정당화할 수 있다. ③ 선조로부터 받은 은혜를 갚기 위해서라는 주장이다. 선조는 우리에게 아름다운 자연과 거주 가능한 환경을 남겨주었다. 그렇기 때문에 우리들도 그 은혜에 보답하여 자신들의 자손에게 아름다운 자연을 남기지 않으면 안 된다. ④ 미래 세대에 대한 공감이다. 일반적으로 특정한 타자에 대한 의무는 그 타자에 대한 공감으로부터 유래하는 것이 많다. 그러나 자신의 자식에게는 공감할 수 있더라도 만날 일이 없는 자손에게 공감하는 것은 어렵다. 그리고 자손의 불행을 절실하게 실감하는 것이 어렵다. ⑤ 온갖 세대의 이익에 대한 평등한 배려다. 이 원칙에 따르면, 온갖 세대에 속하고 있는 사람의 이익을 평등하게 고려해야 한다. 그러나 지금 자신은 어느 세대에 속하고 있는지 알지 못한다. 자신이 어느 세대에 속하고 있는지 알지 못한다고 가정했을 때, 지지할 수 없는 기본 정책이나 원칙은 공평하고 타당한 정책이라 말할 수 없다. ⑥ 미래 세대의 복지에 관한 주장이다. 환경 정책에 관해 행복의 총량의 최대화를 도모하는 공리주의를 전제로 하는 논의가 행해지는 일이 많다. 이와 같은 경우에 미래 세대의 행·불행이나 쾌고(快苦), 그리고 욕구나 이해가 고려되어 있다. 그러나 아직 존재하고 있지 않은 미래 세대의 쾌고·욕구·이익을 구체적이고 정량적으로 고려하는 경우에는 많은 문제가 발생한다. ⑦ 우리들에게는 미래 세대에 대한 일방적 책임이 있다고 주장할 수 있다. 우리들은 미래 세대에 대해 상호적인 의무가 아니라 일방적인 의무를 지닐 수 있다. 우리들의 현 세대인 인간에게는 자식에 대한 부모의 책임과 마찬가지로 미래 세대에 대한 책임이 있다.

현재 대중 매체는 생태학적인 위험과 환경 재해에 대해 연일 보도를 한다. 이러한 위험에 대한 보도 현상은 단지 인간의 자연에 대한 책임 의식의 한 단면일 뿐이다. 그동안 자연에 대립하였던 인간 행태의 정당성에 대한 신속하고 진지한 논증 절차가 필요하게 되었다. 생태주의자들은 한결같은 각 정부들이 추구하는 현실 속의 환경 정책에 대해 냉소적이다. 환경을 지배해서 관리의 대상으로 바꾼 것일 뿐 여전히 자연의 권리를 무시하는 사고의 산물이다. 이렇듯 환경생태학과 환경 문제에 대한 우리의 관심은 미국과 유럽을 중심으로 1990년대 이후로 거의 모든 윤리학자나 사회철학 교수들을 중심으로 현실에 근거한 이론과 실천 결합을 모색하는 작업을 꾸준히 해오고 있다.

□ 참고 문헌

가토우 히사티케(2001), 한귀현 옮김, 『환경 윤리』, 동남기획, 2001.

강학순(2000), 「하이데거의 근원적 생태론」, 『하이데거와 자연, 환경, 생명』, 철학과현실사.

김명식(2002), 「환경 위기의 원인」, 『환경, 생명, 심의민주주의』, 범양사 출판부.

김양현(1998), 「칸트의 목적론적 자연관에 나타난 인간중심주의」, 『철학』 제55집, 한국철학회.

김정현(2000), 「니체의 생명 사상」, 『생명과 더불어 철학하기』, 철학과현실사.

그룬트만, 라이너(1995), 박만준 외 옮김, 『마르크스주의와 생태학』, 동녘.

노희정(2002), 『환경 윤리학에서의 개체론과 총체론의 통합』, 한국교원대 대학원.

돈 아이디(1998), 김성동 옮김, 『기술철학』, 철학과현실사.

문순홍(1992), 『생태 위기와 녹색의 대안』, 나라사랑.

박이문(2002), 『환경철학』, 미다스북스.

박필배(2003), 「칸트의 자연관과 문화 ─ 환경 윤리학의 정초를 위한 시도」, 『칸트와 문화철학』, 철학과현실사.

서규선·문종길 편저(2000), 『환경 윤리와 환경 윤리 교육』, 인간사랑.

송명규(2004), 『현대 생태 사상의 이해』, 도서출판 따님.

진교훈(1988), 『환경철학』, 민음사.

양해림(2001), 「니체와 노자의 생태학적 자연관」, 『철학』 제69집, 한국철학회.

_____(2000), 「과학 기술 시대의 오디세이 ─ 호르크하이머와 아도르노의 『계몽의 변증법』을 중심으로」, 『디오니소스와 오디세우스의 변증법』, 철학과현실사.

이기상(2001), 「존재 역운으로서의 기술」, 『하이데거와 동양 사상』, 철학과현실사.

이진우(1998), 『녹색 사유와 에코토피아』, 문예출판사.

_____(1994), 「마르크스의 자연 개념과 생태학적 사회철학」, 『탈현대의 사회철학』, 문예출판사.

유진 하그로브(1994), 김형철 옮김, 『환경 윤리학』, 철학과현실사.

홍성태(1988), 「생태 위기와 생태주의 사회 이론의 전개 — 1970년대 이후 서구의 논의를 중심으로」, 『생태 사회를 위하여』, 문화과학사.

홍일희(2003), 『니체의 생철학 담론』, 전남대 출판부.

하그로브, 유진(1994), 김형철 옮김, 『환경 윤리학』, 철학과현실사.

황태연(1996), 『지배와 이성 — 정치 경제, 자연 환경, 진보 사상의 재구성』, 창작과 비평사.

휴즈, 도날드, 표정훈 옮김(1998), 『고대 문명의 환경사』, 사이언스북스.

페퍼, 데이비드(1989), 이명우 외 옮김, 『현대환경론』, 한길사.

Birnbacher, Dieter(1980), Sind wir für die Natur verantwortlich?, in : ders(Hg.), Ökologie und Ethik, Stuttgart.

Birnbacher, Dieter(1991), Mensch und Natur, in : Kurt Bayertz(Hg.), Praktische Philosophie. Grundorientierungen angewandter Ethik, Hamburg.

Carson, Rachel(1990), 이길상 옮김, 『침묵의 봄』, 탐구당.

Ellul, Jacques(1954), La Technique ou l'enjeu du siècle, Paris.

Habermas, J.(1973), Erkenntnis und Interesse, Frankfurt. a.M.

Heidegger, M. Die Technik und die Kehre, Neske : Pfullingen, 1962(이기상, 옮김, 『기술과 전향』, 서광사, 1993).

Höffe, Otfrid(1995), Moral als Preis der Moderne,-Eine Versuch über Wissenschaft, Tecnnik, und Umwelt, Frankfurt. a.M.

Jaeger, Werner(1934), Paideia, Bd.1, Berlin / Leipzig.

Jonas, Hans(1984), Das Prinzip Verantwortung, Versuch einer Ethik fur technologische Zivilisation, Frankfurt. a.M. (이진우 옮김, 1994, 『책임의 원칙 ; 기술 시대의 생태학적 윤리』, 서광사).

Kant, Immanual(1911), Grundlegung der Metaphysik der Sitten, Gesammelte Schriften, Akade-Ausgabe, Bd. 4. Berlin.

Kilga, B.(1984), Ökophilosophie, in : Zeischrift für Philosophie. Bd. 18.

Horkheimer, Max / Adorno. Th.(1947), Dialektik der Aufklärung, Philo-
    sophische Fragmente, Amsterdam.

Landmann, M.(1951), Geist und Leben : Varia Nietzschana, Bonn.

Hebert Marcuse, Hebert(1967), Der eindimensionale Mensch, Neuwied /
    Berlin.

Marx, K(1982), Das Kapital I, in ; MEW Bd. 23, Berlin.

_____(1958), Ökonomisch-philosophische Manuskrift, in : MEW, Berlin.

Meyer-Abich, Klaus Michael(1987), Naturphilosophie auf neuen Wege,
    in : Osward Schwemmer(Hg.), Über Natur, Frankfurt. a.M.

_____(1984), Wege zum Frieden mit der Natur,
    München.

Nietzsche, F,(1980), Sammelte Werk. Kritische Studienausgabe in : Banden,
    1. Coli / Montinari (Hg.), München / Berlin.

_____(1980), Bd. 5.

_____(1980), Bd. 11.

Ott, Konrad(1993), Ökologie und Ethik, Tübingen.

Rohbeck, Johannes(1996), Technologische Urteilskraft, Frankfurt. a.M.

Ropohl, Günter(1996), Ethik und Technikbewertung, Frankfurt. a.M.

Schelsky, Helmut(1961), Der Mensch in der wissenschaftlichen Zivilisation,
    Köln / Opladen.

Schmidt, Alfred(1993), Der Begriff der Natur in der Lehre von Marx,
    Hamburg.

Taylor, P. W. "The Ethics if Respect for Natur", in : Environmental Ethics,
    vol. 3.

_____(1997). Die Ehtik der Achtung für die Natur, in : Dieter
    Birnbacher(Hg.), Ökophilosophie, Stuttgart.

Otto Ulrich, Otto(1988), Technik und Herrschaft, Frankfurt. a.M.

Vischer, W(1993), Probleme der Umweltethik. Individuum versus
    Institution Zwei Ansaltzpunkte der Moral, Frankfurt. a.M.

Weizsäcker, C. F. v.(1997), Wohin gehen Wir? München 1997, 이신철

옮김, 2003, 『우리는 어디로 가는가』, 철학과현실사.

White, L.(1967), "The Historical Roots of our Ecological Crisis", in : Science. Vol.55.

제3장
니체와 노자의 생태학적 자연관*

1. 들어가는 말 : 니체와 노자의 자연관

21세기의 우리 현대인에게 니체와 노자의 생태학적 자연관은 어떤 화두를 지니고 있는가? 서구에서 대표적으로 디오니소스적 자연관을 언급하는 니체(Friedrich Nietzsche : 1844~1900)와 동양적 사유에서 무위자연을 말하는 노자(老子 : Lao Tzu : BC 4C~ ?)[1]는 어떻게 서로 연결 가능한가? 니체와 노자의 관

* 이 논문은 『철학』 제69집, 겨울, 한국철학회, 2001, 181-306쪽에 실렸다.
1) 노자의 출생 연도는 정확히 문헌상으로 제시된 바가 없다. 또한 그 견해도 노자가 실존 인물인지 혹은 가상 인물인지에 대해서도 학자들마다 의견이 상이하기에 정확히 알 수도 없다. 단지 춘추전국시대의 공자가 활동한 전후 시기로 추측할 뿐이다. 『노자』라는 책의 저작 시기와 노자의 인물에 대해 자세한 견해를 서술한 저서는 다음을 참조 : 김용옥, 『노자철학 이것이다』, 통나무, 1989, 125-164쪽 : 김충열, 『김충열 교수의 노장철학 강의』, 예문서원, 1995, 23-36쪽 : 이강수, 『노자와 장자』, 길, 1999, 17-20쪽.

계는 시기적 맥락으로 상당한 연대 차이가 존재하기 때문에, 양 자간의 관계를 다루는 것은 다소 무리가 따른다. 우리는 현 시점에서 니체가 아시아의 사상을 어떻게 이해하려고 노력하였는 가에 따라 니체의 문헌 속에서 드러난 아시아적 사유의 영향을 추측할 수 있을 뿐이다. 그러면 왜 우리는 니체와 아시아적 사유,2) 특히 노장 사상을 현 시점에서 그들의 유령을 불러내고 있는가? 그 이유는 현대인의 과학 문명에 지친 심신을 그들의 사상 속에서 위안을 찾고 현대의 관점에서 그들이 언급한 내용을 성찰하고, 21세기의 새로운 대안을 모색해보는 데 있을 것이다.

지금 우리는 노자가 그 당시의 시대적 상황을 통해서 환경을 의식하여 단지 그의 무위자연 사상을 전개하지는 않았을 것이라고 추측할 수 있다. 단지 현재의 관점에서 노자가 환경 친화적인 의식을 가졌다는 점에서 우리는 그의 사상을 한 발자국씩 더 접근할 수 있을 것이다. 또한 니체도 그 시대의 분위기로 미루어보아 환경에 그다지 커다란 관심을 보이지는 않았을 것이다. 단지 그는 도구화되어가는 인간의 오염되고 퇴락(頹落)한 정신을 질타하고 자연과 인간의 조화를 강조하였다는 데 있다. 즉, 니체와 노자의 사상으로 미루어보아 우리가 그들의 사상을 통해서 공통점을 끄집어낼 수 있는 요소는 시대적 간격 속에서 많은 차이가 존재한다. 그러나 그 중에서 공통적인 요소를 찾는다면 무엇보다 자연이라는 개념일 것이다. 이 자연이라는 요소

---

2) 니체와 아시아적 사유를 비교한 논문으로는 다음을 참조 : Rycgi Okoch, "Nietzsches Naturbegriff aus östlicher Sicht", in : *Nietzsche-Studien*, Bd. 17. 1988, 108-124쪽 ; ders., *Wie man wird, was man ist*, Darmstadt 1995, 45-64쪽 : Johann Figal, "Nietzsche's Early Encounters with Asian Thought", in : Graham Parkes(ed.), *Nietzsche and Thought*, The University of Chicago Press 1991, 51-63쪽.

는 인간이 과학 기술 문명을 받아들이면서 커다란 분기점을 형성하였기 때문이다. 니체는 과학을 "자연의 지배를 목적으로 삼고자 하는 자연 개념의 변화는 수단의 부류"(KSA 11, 194)[3]를 이루는 동시에 "자연과 세계 속의 인간으로서 느끼고자 하는 것"(KSA 2, 689)이라 말한다. 또한 "자연의 영적인 설명, 즉 형이상학은 교회나 학자들이 『성경』에서 행하는 것처럼 정령적(精靈的)으로 자연을 기술하는 것"(KSA 2, 28)이라 언급한다.

따라서 우리는 니체의 광범위한 저서 중에서 생태계의 관점을 선택하여 인간과 자연의 관계에 대해 제한하여 다룰 것이며, 노자에게서는 그의 사상의 기본적인 골격을 이루고 있는 무위 자연의 사상을 중심으로 그들의 메시지가 오늘날 어떤 의미를 지니는가를 추적해보고자 한다.

2. 계몽의 변증법의 선구자 니체

아도르노와 호르크하이머는 『계몽의 변증법』에서 계몽의 본질은 양자택일인데 이 양자택일의 불가피성은 지배가 불가피하다는 것과 똑같다고 본다. 즉, 인간은 언제나 자신을 자연에 굴복시킬 것이지 아니면 자연을 자신의 지배하에 둘 것인지를 선택해야 했다.[4] 계몽은 계몽 이상의 것, 즉 소외된 자연[5]에서 인

---

3) Friedrich Nietzsche, *Sämtliche Werke, Kritische Studienausgabe in 15 Banden*, München 1980 (이하 KSA로 생략하여 표기함).

4) Adorno / Horkheimer, *Dialektik der Aufklärung*, Frankfurt a.M. 1988, 38쪽 (이하 DA로 표기함). M. 호르크하이머 / Th. W. 아도르노, 김유동 외 역, 『계몽

지되는 자연이다. 자연의 함몰은 자연 지배에 원인이 있지만 정신이 없이는 존재할 수 없다. 스스로 지배임을 고백하고 자연 속으로 퇴각하는 결단을 통해 정신은 자신을 바로 자연의 노예로 만들어 지배하려는 요구를 분쇄할 수 있다(DA, 46).[6] 다시 말해 계몽은 자연의 지배로 이해하고, 결정적으로 왜곡된 것으로 생각될 수 있다. 따라서 자연은 객관화로서 이성 속에 나타나 있으나 자연의 관계를 방치하는 것이라 말할 수 있다.[7]

우리가 『계몽의 변증법』에서 계몽과 신화와 관련된 언어의 양자택일을 배제시켜버린다면, 계몽과 신화로부터 동일성의 동일성 및 비동일성으로 제시하는 것은 무의미하다. 첫째로 계몽은 신화를 통한 역사와 세계의 언어적 입장과 만난다. 즉, "이미 신화는 계몽이다"(DA, 6). 두 번째로, 『계몽의 변증법』은 계몽과 신화의 동일성에 근거를 두고 나타난다. 즉, 계몽을 단순히 신화와 대립하는 것으로 파악하였을 때, "계몽은 신화로 되돌아간다"(DA, 6). 즉, 하버마스가 파악한 바와 같이, 호르크하이머와 아도르노의 신화와 계몽은 은밀한 공범 관계를 형성하고 있

의 변증법』, 문예출판사, 1996.

5) 아도르노의 자연의 개념에 관한 자세한 고찰은 다음을 참조 : Thomas Link, Zum Begriff der Natur in der Gesellschaftstheorie Theorie W. Adornos, Köln 1986.

6) 계몽에서 지배의 원리는 두 측면, 외적·내적 자연의 지배와 사회적 지배의 두 측면에서 고찰된다. 계몽적 지배는 특히 사회적으로 조직된 체계와 관련되어 있고, 그 체계 아래서 외적 자연은 더욱 효과적으로 지배되었고 내적 자연은 세분화된 노동 분업을 통하여 더욱 일방적으로 강력히 억압되었다. "인류의 숙련과 인식이 노동 분업과 함께 분화됨으로써 인류는 인류학적으로 더 원시적인 단계에로 되돌려져야만 했다. 왜냐 하면 기술적으로 생활이 편리해짐에 따라 지배의 지속은 더욱 강력한 억압에 의해 본능을 고정시키기 때문이다"(DA, 52).

7) Günter Figal, *Der Sinn der Verstehens*, Stuttgart 1996, 98쪽.

다는 것이다. "이미 신화는 계몽이고, 계몽은 신화로 변한다." 그런데 호르크하이머와 아도르노에게서 계몽이 신화로 퇴보하게 된 원인은 이러한 퇴보의 목적을 위해 고안된 민족주주의적, 이교도적, 그 밖의 근대적 신화론에서가 아니라 진리에 대한 두려움 속에서 경직된 계몽에서 찾아야 한다는 것이다(DA, 3).

먼저 계몽의 과정은 자연의 탈사회화와 인간 세계의 탈자연화를 야기한다.[8] 계몽의 과정은 그 시초부터 자기 보존의 충동에 힘입고 있기 때문에, 이 충동은 이성을 불구로 만든다. 왜냐하면 자기 보존의 충동은 이성을 오로지 목적 합리적인 자연 지배의 본능적 지배의 형태로서, 즉 도구적 이성으로서만 요청하고 있기 때문이다.[9] 『계몽의 변증법』은 어떤 의미에서 계몽의 계몽[10]을 위한 프로그램이라 할 수 있으나, 그러한 계몽의 계몽은 역설적이게도 자기 모순적이다. 왜냐 하면 계몽의 계몽은 바로 그 계몽의 고유한 수단을 통해서만 실현 가능하기 때문이다.[11] 계몽의 프로그램은 세계의 탈마법화[12]였다. 계몽은 신화를 해체하고 지식에 의해서 상상력을 붕괴시켜버렸다. 이러한 견해는 실험철학의 아버지라고 불리는 베이컨에 의해 계몽의 동기들을 형성하였다(DA 9). 베이컨에 의하면, 미신을 정복한 오성은 탈마법화된 자연 위에 군림해야 한다는 것이다. 즉, 인간이 자연으로부터 배우고 싶어하는 것은, 자연과 인간을 완전

---

8) 하버마스, 이진우 역, 『현대성의 철학적 담론』, 문예출판사, 1994, 145쪽.
9) 하버마스, 같은 책, 141쪽.
10) 계몽의 계몽은 계몽의 부정성을 인식함으로써 계몽의 신화를 깨는 계몽이다.
11) 장은주, 「계보학적 사회 비판을 넘어서」, 『니체가 뒤흔든 철학 100년』, 한길사, 2000, 463쪽, Vgl. 하버마스, 같은 책, 149쪽.
12) 세계의 탈마법화는 애니미즘을 뿌리뽑는 것이다(DA, 10).

히 지배하기 위해 자연을 이용하는 법을 배우는 것이다(DA, 10). 여기서 니체는 베이컨적인 의미에서 힘의 의지를 근대적 인간을 자연과학과 자연의 기술을 받아들이고 특성화시킨다. 즉, 학문은 자연의 변화에 대해 자연을 지배하려는 목적의 개념 이라는 것이다.[13] 니체에게서 "학문이란 자연을 더욱 쉽게 계산 가능하게 만들고 결과적으로 지배할 수 있게 만들 목적으로 모든 현상들에 대한 공동의 기호 언어를 만들려는 시도다. 이러한 기호는 관측한 모든 것을 설명할 수는 없으나, 생기적(生氣的) 사건에 대한 간략한 기술일 뿐이다"(KSA 11, 209).

니체는 한편으로 계몽은 민족의 내부로 들어간다고 말한다. 거기서 모든 성직자는 속이 검은 족속임을 밝혀내며, 국가의 상황도 이와 비슷하게 폭로한다. 즉, 계몽의 과제는 군주나 정치가의 모든 행동이 의도적으로 거짓말한 것들을 들추어낸다[14] (Vgl. XIV, 206). 다른 한편으로 계몽은 과거에도 "훌륭한 통치 기술이었다. 그러한 실례(實例)는 중국의 유교, 로마 제국, 나폴레옹 그리고 세속과 권력에 관심을 보이는 교황권에서도 볼 수 있다. 인간을 통치하기 위해 왜소한 인간으로 만드는 것은 '진보'라는 이름의 명목으로 추구되었다. 계몽의 이와 같은 이중성이 역사의 근본 원리임이 드러남으로써 진보적인 사유로서 진행된 것이다(DA, 51). 그런데 진보는 자연의 강압을 분쇄할수록 더욱 깊숙이 자연의 강압에 빠져들며, 끊임없는 진보가 내리는 저주는 끊임없는 퇴보(DA, 42)로 나아간다. 니체는 모든 외적인

---

13) Friedrich Kaulbach, "Interpretation der Natur", in : *Nietzsche-Studien*. Bd. 10 / 11, 1981 / 1982, 443쪽.
14) Friedrich Nietzsche, *Kritische Gesamtausgabe Werke*, hg. von Colli und M. Montinari, Berlin 1967 (이하 전집 권수와 쪽수만 표기함).

힘으로부터 독립하는 것, 즉 계몽의 본질로서 규정된 조건이 없는 성숙(Mündigkeit)을 목표로 삼는다(DA, 123) 니체는 인간의 사회적 본질의 강압적 특성을 관찰하고 종교의 근원과 기능의 방법을 통찰한다. 즉, 진보적 사유는 역사적 권력의 종교에서부터 이념의 신화학에 이르기까지 투명하다(KSA 1, 309).[15] 따라서 호르크하이머와 아도르노에 따르면, 니체는 유토피아의 표피를 벗겨내어 그 본질을 적나라하게 들추어내는 데 있다는 것이다. 즉, 그 스스로 더 이상 왜곡하지 않고 왜곡을 필요로 하지도 않는 인간이라는 유토피아를 보여주는 데 있다(DA, 127). 호르크하이머와 아도르노는 『계몽의 변증법』[16]의 "오디세우스 또는 신화와 계몽"의 장에서 니체가 계몽의 선각자임[17]을 다음과 같이 말한다.

니체는 헤겔 이후 계몽의 변증법을 인식한 몇 안 되는 철학자 중의 하나다. 그는 지배에 대한 계몽의 이중적 관계를 형식화시켰다(DA, 50).

위 인용구에서 보듯이, 니체는 비판 이론을 형성하기 50년 전에 이미 계몽의 역사적 변증법을 인식하였다. 이러한 인식은 단

---

15) Vgl. Norbert Rath, "Zur Nietzsche-Rezeption Horkheimers und Adornos", in : Willem van Reijen(Hg.), *Vierzig Jahre Flaschenpost : Dialektik der Aufklärung 1947 bis 1987*, Frankfurt a.M, 1987, 83쪽.

16) 아도르노와 호르크하이머의 『계몽의 변증법』의 자세한 고찰은 다음을 참조 : 양해림, 「과학 기술 시대의 오디세우스 ─ 아도르노와 호르크하이머의 계몽의 변증법을 중심으로」, 『디오니소스와 오디세우스의 변증법』, 철학과현실사 2000, 215-242쪽.

17) 물론 『계몽의 변증법』의 선구적 역할은 니체와 세드(Sade)에게서 뿐만 아니라 칸트의 엄밀한 계몽의 수행에서 추정할 수 있다(DA, 10).

순히 18세기의 역사적 현상에 국한된 것이 아니라 모든 역사에 대한 고찰까지 확대된다.[18] 비판 이론이 형성되기 전에 니체는 이미 계몽의 변증법을 인식했으며, 그렇지만 루소처럼 소박하게 자연으로 돌아가자고 주장[19]하지는 않았다. 니체는 그의 초기 저작인 『비극의 탄생』에서 대상으로부터 완전히 독립된 정신이 어떠한 결과를 초래하면서 한쪽으로 치우친 기형적인 삶을 그 본보기로서 이를 생생하게 보여주었다.

특히 니체는 『비극의 탄생』에서 신화의 개념을 중요한 범주로 간주한다. 거기서 학문적인 사유의 황무지를 "압축된 세계상"으로 제시한다. 즉, 개인은 이 세계를 살아가면서 인간을 구성한다는 것이다. 여기서 두 개의 통일체는 서로 혼합되어 있으나, 통일체로서 세계의 몰락은 개인의 몰락을 의미하였고, 개인은 니힐리즘을 생성한다.

"그러나 신화 없이 각 문화는 그것들의 건전한 창조적인 자연력을 잃어버린다. 먼저 신화와 함께 바꾸어놓은 지평선은 모든 문화 운동으로 통일되어 완성된다. 모든 환상력과 아폴론적인 꿈은 비로소 신화를 통해서 정처 없는 방황 속에서 구출되는 것이다. 신화의 형상은 남몰래 어느 곳에서나 존재하는 귀신같은 파수꾼이어야 한다. 이 파수꾼의 보호 아래 젊은 영혼은 성장하고, 이 파수꾼에 의해서 인도되면서 남자는 자기의 인생과 투쟁의 신호로 이해하는 것이

---

18) Peter Pütz, Nietzsche im Lichte der kritischen Theorie, in : *Nietzsche-Studien*, Bd. 3. 1974. 183쪽.
19) 니체는 루소에게서 타당하다고 생각하는 것은 단지 『자연의 신화론』에서 라고 말한다(KSA 8, 405). 니체와 루소의 자연관에 관해 자세한 내용은 다음을 참조 : Palph-Rainer Wuthenow, Die große Inversion : Jean-Jacques Rousseau in Denken Nietzsches, in : *Neue Hefte für Philosophie*. 29(1989), 60-79쪽.

다. 비록 국가라고 하더라도 신화적인 기본 요소로서 그렇게 강력하게 서술할 수 없는 법칙을 알지 못한다. 국가는 종교와 연관되어 있고, 국가가 신화적인 여러 관념들에서 성장한 것이야말로 신화적인 토대가 되는 것이다"(KSA 1, 145).

니체는 신화적 세계에 대한 학문적 고찰만 한 것이 아니라 신화와 더불어 지나간 세계와 인간의 통일체를 다시 찾아 계몽화되고 역사적으로 형성된 의식을 잃지 않으려는 시도를 하였다. 특히 니체는 『비극의 탄생』에서 신화와 통일체의 관계를 개념적으로 파악한다. 그에게서 신화로 변화된 지평은 개인적인 의미에서 인간 본성의 현실적 조건이 된다.[20] 이미 앞에서 언급한 바와 같이, 그는 『비극의 탄생』에서 가장 의미 있고 중요한 주제를 신화라는 개념을 통해 파악한다. 『계몽의 변증법』에서 계몽은 신화와 이별한 학문이다. 게다가 비합리적인 지식뿐만 아니라 이론적인 학문적 신화를 또한 계몽에서 시도한다. 니체의 『비극의 탄생』에서 신화와 학문의 관계는 신화를 현실의 전체성 속에서 파악한다. 왜냐 하면 신화는 항상 현실의 전체성으로서 이해하기 때문에 인간의 전체이자 인간의 존재다.[21]

니체에게서 신화의 규정은 "무한 속을 응시하는 보편성과 진리성의 개별적인 실례로서 직관적으로 느낀다. 진정 디오니소스적 음악은 세계 의지의 보편적인 거울로서 우리 앞에 나타난다. 직관적으로 느껴진 신화는 음악이라는 거울 속에서 굴절하여 크게 확산되어 우리 감정에 영원히 진리의 모상으로 느껴진

20) Heinz Röttges, *Nietzsche und die Dialektik der Aufklärung*, Walter de Gruyter Berlin 1972, 39쪽.
21) Heinz, Röttges, 같은 책, 31쪽.

다"(KSA 1. 112). 여기서 니체에게서 음악은 도취의 예술 세계와 디오니소스적 영역에서 그 출발점을 이룬다. 디오니소스적 영역의 근본 경험은 "전율"(KSA 1, 28)과 격정적 경험의 근원적 고통과 기쁨이 동시에 존재한다. 그래서 디오니소스적 영역은 기쁨·슬픔·인식 속에서 자연의 과도함을 이야기한다(KSA 1, 40 : KSA 4, 40-41).[22] 따라서 니체는 디오니소스적 마력과 그 정체를 다음과 같이 묘사한다.

"디오니소스적인 것의 마력 아래서는 인간과 인간의 결합을 회복시키는 것만은 아니다. 인간에게 소외된 자연이나 적대시되고 혹은 억압되어온 자연도 그의 집을 나간 탕아(蕩兒)적인 인간과 다시금 화해의 제전을 축하하는 것이다. (…) 노래를 부르면서, 춤을 추면서, 인간은 스스로 더 높은 공동체의 일원이라는 것을 표명한다. (…) 인간은 이제 단순한 예술가가 아니다. 그는 이제 예술품이 되어버린 것이다. 즉, 모든 자연의 강렬한 예술력은 여기에 도취의 전율 아래 계시되며, 근원적 일자는 최고의 환희의 만족을 주는 것이다"(KSA, I, 29).[23]

니체의 초기 『비극의 탄생』의 저서는 예술의 입장에서 만난다. 세계는 "단지 미적인 현상으로서만 정당화된다"는 주장은 계몽가를 위한 예술을 포함하고 있다. 이것은 미학적 형이상학의 주체로 형성되면서 자연과 연관되어 나타난다. 즉, "내가 자

---

22) Vgl. Barbara Nauman, "Nietzsches Sprache aus der Natur", in : *Nietzsche-Studien*, Bd. 14, 1985, 130쪽.

23) 니체의 디오니소스적 예술관의 자세한 내용은 다음을 참조 : 양해림, 「니체의 디오니소스적 예술관(I), (II) — 비극의 탄생을 중심으로」, 『디오니소스와 오디세우스의 변증법』, 철학과현실사 2000, 42-90쪽.

연 속에서 강렬한 예술적 충동을 인정하고 그리고 충동 속에는 가상에의 그리움, 가상에 의한 구원의 불타는 그리움이 있다는 것을 인정하면 할수록, 형이상학적 가설을 인정하지 않을 수 없다"(KSA 1, 38). 그렇게 하여 니체는 자연의 심장부에서 디오니소스적인 도취의 우월함을 다음과 같이 말한다 : "과도함은 그 진실로서 벗겨지기 시작하였다. 모순, 즉 고통에서 태어난 환희는 자연의 심장부에서 나와 스스로를 말했다. 그리하여 디오니소스적인 것에 젖어 들어간 모든 곳에서 아폴로적인 것은 지양되고 멸망되었다"(KSA 1, 41).

하버마스에 따르면, 니체는 『계몽의 변증법』으로부터 탈피하고자 하는 모든 사람과 마찬가지로 분명히 평준화를 상실했다는 것이다. 현대는 특권적인 지위를 상실하였고 태고적 삶의 해체와 신화의 몰락과 더불어 시작된 합리화의 오랜 역사 과정 중에서 마지막 단계를 형성할 뿐이다.[24] 따라서 하버마스는 니체의 독창성은 단지 디오니소스적 역사 고찰에 있는 것만은 아니라는 것이다. 그리스 비극의 합창이 본래 그리스의 디오니소스적 의례에 근원을 두고 있다는 역사적 명제는 초기 낭만주의에서 이미 형성되었던 맥락으로부터 현대성 비판과 관련된 핵심을 획득한다는 것이다.[25] 하버마스의 이러한 현대적 해석에 따라 니체의 신화에 대한 신화의 상실을 다음과 같이 표현된다 : "충족되지 않은 현대 문화의 엄청난 역사적 요구, 헤아릴 수 없는 이질 문화, 쓸데없이 소모적인 인식욕, 이것이 지시하는 것은 신화의 상실, 신화적 고향의 상실, 신화적 모태의 상실이 아

---

24) 하버마스, 같은 책, 115쪽.
25) 앞의 책, 121쪽.

니고 무엇인가?"(KSA 1, 145) 무엇보다 "계몽은 신화를 종식시키고자 노력하며, 형이상학적 위안이 있던 자리를 현세의 조화, 즉 기계와 용광로의 신으로 대체한다. 다시 말해 이기심을 더 많이 충족할 목적에서 고안되고 이용되는 자연신들의 힘으로 신화를 대체한다. 또한 계몽은 지식을 통해 세상을 바꿀 수 있다고 생각하며, 과학이 인도하는 삶을 믿는다. 실제로 계몽은 개인의 인간들을 단지 몇 가지 해결 가능한 과제들만으로 꽉 짜인 틀 속으로 밀어넣는 힘을 갖고 있다"(I, 98). 바로 여기에 계몽의 **변증법이** 자리한다. 즉, 계몽은 과거의 신화를 파괴하지만 동시에 새로운 신화로 빠져든다. 계몽은 이성적이지만, 이성에 대한 계몽의 관계는 맹신일 뿐이다. 이성, 즉 과학을 사용함으로써 계몽은 이 세계를 끊임없이 개선하고, 개개의 인간들을 고결한 존재로 만들려고 하는 것이다."26)

3. 니체의 생태학적 자연관

니체는 그 당시 황폐화되어가고 있는 인간 이성에 대해 강한 비판을 가하면서 그의 저서의 여러 단편들이나 유고집(遺稿集) 등에서 인간의 탈자연화와 자연의 인간화를 주장하였다. 니체는 황폐화되어가는 자본주의에 고발을 하는 주요한 원인으로서 탈인간화와 탈자연화를 근거와 원칙을 명확히 제시하고 있다. 니체의 이러한 사유는 21세기 사유 담론에서 널리 언급되고 있는 생태학적 및 환경 의식의 사유로 전환하여 고찰할 수 있다.

---

26) Peter Pütz, Nietzsche im Lichte der kritischen Theorie, in : *Nietzsche-Studien*, Bd. 3. 1974, 186쪽.

인간이 자연을 억압하고, 자연의 내면과 외면을 구분하여 전개해온 근대화의 과정, 즉 근대 문명의 진보적인 과정은 오히려 인간의 내면 세계를 박약하게 만들었고 급기야는 야만 상태의 구렁텅이로 몰고 갔다. 니체는 "자연과학적 지식의 절대성과 그에 대한 맹목적 믿음, 자연의 억압에 기초해 기술적 물질 문명을 추진해나가는 문명의 발전 과정을 유토피아적·환상"27)이라고 힐난한다. 그는 인간에 대한 진보의 미신을 거부하였고, 그의 총체적인 관점은 종으로서의 인간은 진보하는 것이 아니라는 점이다. 또한 종으로서의 인간은 어떠한 다른 동물과 비교하였을 때도 결코 진보하는 것이 아니라고 주장한다.28)

니체는 자연과학적인 이성을 작은 이성이라 비판한다. 즉, 그는 "인간의 작은 이성의 도움으로 많은 물질주의적 자연 연구가들이 만족해하는 세계의 믿음, 즉 자연과학적인 진리의 세계에 대한 믿음에 만족을 보내는"(KSA 3, 625) 근대적 사유를 비판한다. 주지하다시피, 근대의 자연과학과 기술은 자연에 대해 힘의 우위를 현실화시키면서 줄기차게 지금껏 진행되어 왔다. 다시 말해서 자연과학의 대상은 관계의 총체성으로서 자연을 낚아채기 위해서 이성의 그늘 망을 조직해왔다는 점이다. 여기서 인간은 자연 법칙의 관계 망 속에서 다른 자연 법칙과의 영향 관계들을 인식하게 되면서 자신들의 자유로운 입장을 견지해왔다. 자연에 대해 근대적인 사유를 하는 인간은 자연을 기술하려는 자신들의 관점과 가능성을 계획해왔다. 따라서 근대 자연과

---

27) 김정현, 「니체와 계몽의 변증법」, 『니체 이해의 새로운 지평』, 철학과현실사, 2000, 253쪽.

28) Alwin Mittasch, *Friedrich Nietzsche als Naturphilosophie*, Stuttgart 1952, 205쪽.

학의 주체는 족쇄로 채워진 자연의 관점에 대해 입장을 세우고, 자연에 대한 지배의 의지를 수행해왔다.[29] 니체는 "우리는 다시 자연을 헤아린다(XI, 250, 272, III, 365). 우리는 모든 자연적 삶에 고립되어 있는 것이 아니다. 모든 자연과학은 인간을 인간학주의로 이해하는 것이다"(X, 272)라고 말한다.

니체는 『도덕의 계보』에서 자기 보존이라는 척도에 지향된 오성은 강자의 법칙만 통용하게 만들었다고 다음과 같이 질타한다 : "자연의 객관적 법칙이라는 것이 편견과 신화임이 드러난 이후에도, 자연은 단순한 물질의 덩어리로만 남게 되었다. 우리가 무엇인가를 인식할 뿐만 아니라 우리 자신에 대해서도 인식할 수 있는 어떤 법칙도 없음을 안다. 자기 보존이라는 척도가 인도하는 데에 따라 성장한 오성이 삶의 법칙을 자각하는 한, 그것은 강자의 법칙이다. 인류의 가장 큰 위험은 병든 자들이지 악한 자나 육식 동물적인 인간이 아니다. 처음부터 불행한 자, 내팽개쳐진 자, 분쇄된 자들이 그들이다. 그들은 가장 약한 자들로서 인간의 삶을 파헤치며, 삶과 인간과 우리 자신에 대한 우리의 신뢰에 의문을 제기하고 맹독을 퍼뜨린다."[30] 아도르노와 호르크하이머는 『계몽의 변증법』의 마지막 장에 걸쳐 니체와 사드를 장식하면서 서술하고 있다. 우리가 주목해야 할 점은 "자연은 결코 강자에 대한 약자의 보복 행위를 지시하지 않는다는 사실이다. 그러한 보복 행위는 머릿속에서나 가능할지 몰라도 육체의 영역에서는 불가능하다. 그러한 보복 행위를 하려면 약자는 그가 소유하고 있지 않은 힘을 사용해야 한다"(DA, 107). 우

---

29) Friedrich Kaulbach, "Nietzsches Interpretation der Natur", in : *Nietzsche-Studien*. Bd. 10 / 11, 444-447쪽.

30) Vgl. Nietzsche, *Genealogie der Moral*, VII, 433쪽.

리는 "강자로 하여금 강자로 나타나지 않기를 요구하고, 정복욕·제압욕·지배욕이나 적대·저항·승리에의 갈증을 포기하도록 요구하는 것은 약자로 하여금 강자로 나타나도록 요구하는 것만큼이나 어처구니없는 일이다"(DA, 123).[31] 이와 같이 "우리들이 자연을 관찰하는 방식은 너무나도 부정확하다. 그리하여 실제로는 정도의 차이일 뿐인데도 마치 자연 속에서는 어디에나 대립만이 지배한다고 여긴다. 이 잘못된 버릇으로 인해 정신적·윤리적 세계인 내적 자연마저도 항상 그와 같은 대립을 기준으로 이해하고 분리하고자 한다. 인간은 정도의 차이가 아니라 확연한 대립을 보고 있다고 착각함으로써 이루 말할 수 없을 정도로 수없이 많은 고통·교만·역경·소외 그리고 혹한 이 인간의 감각 속으로 밀려들어오게 되었다."[32] 니체는 자연을 인간과 대립시키며, 이성·지식·자연의 인간화를 다음과 같이 설명한다.

"우리는 목적 속에 살고 목적을 지니고 있다. 우리는 성취할 자연이 있다. 19세기의 지나치게 오만한 유럽인이여, 그대들은 미쳤다! 그대들의 지식이란 자연을 성취한 것이 아니라 오히려 그대들 자신이 자연을 죽여버렸다"(KSA 1. 313).

니체에 의하면, 인간이 인간에 대하여 잘못을 저질러왔듯이, 인간은 인간을 대할 때 똑같은 오류를 범하고 있다는 것이다. "자연의 인간화가 바로 그것이다"(KSA 10, 376 : KSA 12, 17). 니체에게서 "자연적인 것 — 악은 항상 자신에 대해 항상 커다

---

31) Vgl. Friedrich Nietzche, *Genealogie der Moral*, VII, 326쪽.
32) Vgl. Friedrich Nietzsche, III, 541쪽.

란 효과를 지닌다. 그리고 자연은 악한 것인가! ― 우리는 또한 자연적인 것을 본다. 게다가 우리는 비밀리에 너무나 자주 위대한 인간들이 생각해낸 인류의 위대한 성공자들을 추론한다"(KSA 3, 510). 니체에게서 "자연에 대한 학문은 인간의 가장 일반적인 능력과 관련된 인식이다. 우리는 자연을 해석하는 데 우리 자신을 그 안에 넣고 인간화된 자연을 인식하였다"(KSA 11, 115).[33] 그는 자연에 대한 인간의 오만과 자연 지배의 역사를 다음과 같이 비판한다 : "오늘날 우리가 자연에 대한 전체적인 입장을 세우고 자연에 대해 폭행이 자행되고 있는 것은 기계의 도움으로 인해서 그리고 주저 없이 기술공학의 발견에 힘입어 행해지고 있는 오만이다"(KSA 5, 357).

우리는 니체에게서 자연의 개념을 1881년의 주목할 만한 여러 단편들에서 찾을 수 있다.

"인간이 순수한 자연의 개념을 획득한 이후에 자연의 탈인간화와 인간의 자연화(Vernatürlichung)는 나의 과업"(KSA 9, 525)이며, "우리는 자연의 인간화를 해석한다"(KSA 12, 209). 우리는 "인간의 목적을 위해 자연을 침해(Bemächtigung)하였고, 이 세계를 인간화하는 것, 즉 우리를 점점 더 주인으로서 행세하려는 것이다"(KSA 9, 92). 우리가 "학문적이라고 하는 것은 자연을 정복하려는 의지로 봉사하는 것이다"(KSA 11, 209). 그러나 "인간의 의지와 목적은 전체적(Ganze)인 의도를 통해 성장시켜 나가야 한다"(KSA 11, 194). 니체가 인식했던 것처럼, 인간은 자연을 지배하려고 하지만, 자연을 억압하여 그 스스로를 소외화시켰고, 자연의 탈인간화로 나타난다. 무엇보다 니체의 이러

---

33) Vgl. 김정현, 「니체의 생명 사상」, 『생명과 더불어 철학하기』, 철학과현실사, 2000, 54쪽.

한 적용은, 근대 자연과학에서 요구한 이론적 직관을 통해 자유롭고 선입견 없는 삶을 고려한 것이었다. 이와 유사한 적용으로 그 당시 끼적거린 메모 속에서 자연의 개념을 또한 찾을 수 있다 : "새로운 방식의 계획으로 살아가기 위한 것. 가장 최근의 증후군의 첫 번째 명제에 관한 양식의 제1권은 인간의 탈자연화로"(KSA 9, 519) 나타난다.

"신을 믿으려는 근대 과학의 측면은 유기체로서 모든 것을 믿으려는 것이다. 나는 그것이 아주 싫다. 우리가 지상의 껍데기에서 지각하는 것, 즉 서구의 일반적으로 영원한 것을 만들려는 것은 아주 좀처럼 드물고, 형언할 수 없을 정도로 연역하거나 유기체적인 것이다. 이러한 것이 항상 자연의 탈인간화인가!"(KSA 9, 522)

니체는 인간의 자연화에 대해 절대적으로 그리고 갑작스럽게 방해물이 존재하고 있다(KSA 9. 529)고 외친다. 니체에 의하면, "인간과 철학은 태초에 자연 안에서 인간을 생각해냈다. 우리는 자연을 탈인간화하는 것인가!"(KSA 9, 532)라고 절규한다. 이렇게 니체에게서 자연의 개념은 비로소 신의 대립 개념으로 발견된 이후에 자연적이라는 낱말은 배척되어야 할 대상으로 간주하는 자연과학적 사유의 독단에서 시작되었다는 것이다(KSA 6, 181). 니체가 자연의 탈인간화와 관련하여 인간의 자연화나 순수한 자연의 개념을 전향하여 생각한 것은 무엇 때문일까?

우리가 이러한 단편들 속에서 그 개념들을 가능하게 연관시켜 이해하려고 시도하였을 때, 니체의 사유 과정은 점차적으로 분명하게 드러난다. 이미 초기의 단편들을 통해 니체는 그 연관성을 제시하고 있다 : "자연은 우리와 개인을 속이지 않고, 우리의 기만을 통해서 그들의 목적을 촉진시키지도 않고 오히려 개인은 개인적인 것에 따르는 모든 현 존재를 놓아둔다. 즉, 잘못된 처방을 적소에 놓는 것. 따라서 우리는 올바르기를 원하고 계속해서 자연은 거짓으로서 나타난다(KSA 9, 442). 이러한 니체의 자연에 대한 여러 생각들은 서양 전통의 영역과 서양적 사유의 한계에서 행해지고 있지만, 인간과 자연·자연과학적 사유의 전환점을 새롭게 제시해주었다.

4. 노자의 생태학적 자연관 : 무위자연

일반적으로 우리가 노자철학에 주의 깊게 관심을 가질 때, 그의 무위자연관과 유기체적 생태 및 환경에 대한 다양한 견해들을 언급한다. 21세기에 문명의 위기를 몰아넣는 생태 문제를 해결하려는 방식은 노자의 반문명적 사유에서 그 흔적을 찾는다. 다시 말해 현대의 관점에서 생태 문제의 해결은 문명적이고 인문적인 방식으로 추구해야 하지만, 노자나 초기 도가 사상은 반인문주의적, 반문명적 은자들로 규정하여 전개하고 있다는 사실이다. 노자에게서 우리가 얻을 수 있는 교훈은 "회귀해야 할 '품'으로서의 자연이 아니라 순종해야 할 '모델'로서의 자연"이라 할 수 있다.[34] 특히 우리는 노자의 무위자연 사상을 정치·경제·문학·예술 등 여러 측면에서 다양하게 조망해볼 수 있지만, 그 중에서 그의 "자연관은 환경 윤리의 기초를 마련하는 패러다임으로 적용될 수 있다."[35] 우리가 노자를 생태학적 자연

---

34) 최진석, 「도가의 자연관과 생태 문제 — 노자를 중심으로」, 『제34차 한국동양철학회 정기학술회의 발표논문』(2000. 2. 10).

관과 관련하여 설명할 때, 그 당시의 상황으로 보아 그의 자연 사상이 환경을 의식하여 자연 사상을 크게 염두에 두지는 않았을 것이라 추측할 수 있다. 이러한 추측에도 불구하고 그의 무위자연 사상이 현대의 생태학적 사유를 전개하는 데 친밀한 관련을 맺고 있다고 생각하는 이유는 무엇일까?

무엇보다 농업이 기본 사업이었던 동양 사회에서 인간과 자연[36]의 관계는 서로 친화적이었다는 측면에서 생태학적 사유의 근거를 찾을 수 있다. "농업의 번성은 변화하는 자연 운행과의 순조로운 화합이 전체의 인간 사회가 이루어야 할 과제였다."[37] 노자의 사상은 농부들의 관점에서 사물을 관찰하였기에 원시 사회의 단순성을 이상화하고 인간의 문명을 비난하였지만, 농부는 언제나 자연과 접촉하고 있기에 그들은 자연을 찬미하고 사랑하였다. 다시 말해 중국인은 역사상 주로 농민이었지, 목축이나 바닷가 생활을 하는 사람이 아니었다는 점이다. 농부는 자

---

35) 한면희, 『환경 윤리』, 철학과현실사 1997, 232쪽.

36) 노자의 『도덕경』 본문에서 자연이라는 개념은 5번(『도덕경』17장 : 悠兮其貴言, 成功事遂, 百姓皆爲我自然 : 23장, 希言自然 : 25장, 道法自然 : 51장, 道之尊, 德之貴, 夫莫之命而常自然 ; 64장, 以輔萬物之自然, 而不敢爲)밖에 언급되고 있지 않음에 비해, 왕필의 『노자주』에서는 36번이나 언급되어 있다. 36번의 언급 가운데 28번은 단독으로 사용되고 있고, 8번은 自然之氣니 自然之道 혹은 萬物之自然처럼 之 字를 매개로 하여 앞뒤로 다른 말과 연결되어 있다. 『도덕경』이나 왕필의 『노자주』에 나오는 자연을 우리말로 직역할 경우 '저절로 그렇게 됨'인데, 의역한다면 '자연스러움'에 가깝다(김학목, 「王弼의 老子注에서 자연과 명교에 대한 고찰」, 『도가철학』 제2집, 한국도가철학회, 2000, 262-263쪽). 여기서 자연의 개념은 무목적, 무의식적으로 일체 사물을 생성할 수 있는 도의 기능을 형용한 것이기에 명사가 아니라 형용사인 것이다(이강수, 「노자의 무위자연 사상」, 『도가 사상의 연구』, 고려대 민족문화연구소, 1984, 182쪽).

37) 송영배, 「유기체적 자연관과 동서철학 융합의 가능성」, 『인간과 자연』, 철학과현실사, 1998, 21쪽.

기가 심은 작물을 위해 최선을 다한 뒤에는 그것이 자라는 대로 기다리는 데 있다.[38] 이것이 의미하는 바는 농부는 자연을 거역하는 것이 아니라 자연의 순리에 순응하여 자기가 맡은 일을 충실히 수행한다는 것이다. 농부의 관점은 중국철학상 "되돌아가는 것은 도(道)의 움직임이다"[39]라고 한 것과 같이 철학의 내용과 방법을 한정시켰다. 사물의 변화를 다스리는 법칙 가운데 가장 근본적인 것은 어떤 일이건 "그 일이 극단에 이르면 반드시 되돌아온다." 즉, 물극필반(物極必反)이라는 뜻이다. 이 말은 노자가 한 말은 아니지만, 중국인들은 노자에게서 유래된 것으로 일반적으로 믿고 있다는 사실이다. 노자는 자연 법칙의 근본 원리를 앞에서 언급한 "되돌아오는 것은 도의 움직임이며", 커지면 가고 가면 멀어지고 멀어지면 되돌아온다"[40]고 말했다. 이 사상은 어떤 사물이든지 극단에 다다르면 반대로 언제나 되돌아온다는 의미다. 이것이 곧 자연의 법칙이다.[41] 이 말은 자연계의 모든 발전이 인간 상황에서는 물론 물질계의 발전까지 포함해서 오고감과 확장과 수축의 순환 패턴을 보여주고 있다. 다시 말해 현상계를 초월하여 우주의 본체에 도달하고 아울러 우주의 영원한 본체(소위 常道·常名)에 도달해야 한다는 것이다. 이것이 그가 선진 각 학파와 다른 점이다.[42] 노자에게서 인간적

---

38) 조셉니덤, 「동서의 과학과 사회」, 박성래 편저, 『중국 과학의 사상』, 전파과학사, 1979, 85쪽.

39) 『도덕경』 40章 : 反者道之動. 풍우란은 이 구절을 다음과 같이 표현하고 있다. "A complete is what the movement of the Tao" (Fung Yu-Lan, Trans. by R. Huges, *The Sprit of Chinese Philosophy*, Boston 1967, 63쪽).

40) 『도덕경』 25章 : 大日逝, 逝日遠, 遠日反.

41) 풍우란, 앞의 책, 131쪽.

42) 방동미, 남상호 역, 『원시 유가 도가철학』, 서광사, 1999, 269쪽.

행복은 인간의 자연의 질서에 순응해서 자발적으로 행동하고 자신의 직관적 지혜를 믿을 때 얻어지는 것이다.[43] 따라서 변화하는 사물들 속에도 항상 변화하지 않는 법칙, 즉 반자도지동(反者道之動)을 아는 성인은 무위자연의 삶을 추구한다.[44]

노자의 사상은 인간을 자연과 분리시키는 것이 아니라 자연의 일부분으로 본다는 점이다. 그래서 노자는 인간을 자연의 흐름에 순응토록 함으로써 환경 문제를 해결하는 데 이상적 모형을 제시하여, 생태 중심적 환경 윤리가 필요로 하는 현대 물리학 및 생태학의 형이상학적 해석을 적극적으로 뒷받침해주는 역할을 한다.[45]

조셉 니담(Joseph Needham : 1900~1995)은 그의 저서 『중국의 과학과 문명』 속에서 노자의 경험적 태도 때문에 노자의 사상이 중국의 과학 기술의 기반을 이루었다고 말한다. 니담에 의하면, 초기의 도가 철인들은 두 개의 기원을 갖고 있다는 것이다. 하나는 "황야나 산림이나 산 속에서 은거하여 거기서 자연의 질서[46]에 관하여 명상하고 그것의 무수한 현시(manifestation)를 관찰하는 것이며, 다른 하나는 중국 초기 문화에서 마주치는 고대의 샤먼과 마술가들의 신체들"[47]을 보는 것이다. 여기서 도

---

43) 카푸라, 이성범 외 역, 『현대 물리학과 동양 사상』, 범양사, 1985, 122쪽.
44) 이강수, 「노자의 무위자연 사상」, 『도가 사상의 연구』, 고려대 민족문화연구소, 1984, 189쪽.
45) 한면희, 「자연 환경에 대한 도덕적 고려」, 『철학』 제46집(1996년 봄호), 304쪽.
46) 자연의 질서를 따르는 자는 도의 물결을 타고 흐른다(J. Needham, *Science and Civilisation in China*, Vol II, 88쪽). 이러한 행동 방식을 도가에서 무위라고 부르며, 이 용어는 비행동을 뜻한다. 니담은 이것을 자연 질서에 어긋나는 행동을 삼가는 것이라 번역하고 있다.
47) J. Needham, *Science and Civilisation in China*, Vol, II, Cambridge 1956, 33쪽.

(道)의 궁극적인 존재는 모든 일상적인 대상 중의 하나며, 어떤 직접적인 목적을 갖는 활동성이나 도의 일부분에 관해서도 힘들이지 않는 현시성이다.[48] 또한 중국의 학자들은 자연의 비밀을 풀려고 노력해왔다는 것이다. 그들은 사물의 기본 원소들을 탐구해왔으며, 그 결과 물·불·나무·쇠·흙 등의 다섯 원소들로 이루어져 있다는 결론에 도달하였다. 이 근본 원소들은 중국철학자들의 자연과학적인 철학 체계의 토대로 기여했다는 것이다.[49] 니담은 이러한 요소를 장자의 「회남자」 구절에서 무위의 자연관을 다음과 같이 인용한다.

"무위는 아무 일도 하지 않으면서 침묵을 지키는 것을 뜻하지는 않는다. 모든 것을 그것이 자연스럽게 하는 바대로 허용해주라. 그러면 그 본성은 충족될 것이다."[50]

위 인용문에 보듯이, 노장 사상은 인간을 비롯한 만물의 본성이 생성될 때부터 전체로서의 자연과 유기적으로 연관되어 있다는 것은 이른바 무위자연설(無爲自然說)이다. 이때 무위는 문자 그대로 '행위하지 않음'이 아니라, 자발성에 기초한 '자연스러운 행위'다. 도(道)는 무위할 뿐 아니라 자연인 것이다. 이때 자연은 '스스로 그러함'을 뜻한다. 도는 사물들처럼 다른 어떤

---

48) Stuart C. Hackett, *Oriental Philosophy*, the University of Wisconsin Press 1979, 58쪽.

49) J. Needham, 같은 책, 297, Vgl. Song, Du-Yul, *Aufklärung und Emanzipation: Die Bedeutung der Asiatischen Welt bei Hegel, Marx und Max Weber*, Frankfurt a.M. 1972, 13쪽 : 양재혁, 『장자와 모택동의 변증법』, 이론과 실천, 1989, 44쪽.

50) J. Needham, 앞의 책, 68-69쪽.

존재자에 의하여 움직이지 않는다. 도는 무위자연하지만 그것에 의하여 일체의 사물과 사건들이 생성 소멸한다. 그래서 노자는 "도는 언제나 무위하지만 어떤 일도 그에 의해 안 되는 것이 없기 때문에 하지 못하는 것이 없다"[51]고 하였다. 그리고 도는 무위할 뿐 아니라 자연스럽다고 말한다. 그것은 동전의 양면과도 같아서 무위와 자연은 표리 관계에 있다.[52] 도는 다른 것에 의해 움직이는 것이 아니라 스스로 움직이며 어떤 감정이나 의도를 가지고 움직이는 것이 아니라 무심(無心)하게 움직인다. 이를 노자는 **무위자연**이라 부른다. 도는 무위자연하지만, 일체의 사물과 사건들은 그에 의하여 생성 소멸한다. 사물들을 그 자체로 보려면 도의 관점에서 보아야 한다. 왜냐 하면 도는 사물들의 근원적·전체적 원리이기 때문이다. 사물들을 도의 관점에서 보면 사물들을 단편적으로가 아니라 여러 측면 또는 전면적으로 보고 집착과 고정 관념에서 벗어날 수 있다.[53] 그렇다면 도란 어떻게 분화되고, 천상으로서의 일자와 어떤 관계에 있는가? 노자에게서 도로부터 만물이 생겨나는 과정은 하나(一)로부터 여럿(多)으로 분화하는 과정이다. "도는 하나를 낳고, 하나는 둘을 낳고, 둘은 셋을 낳고, 셋은 만물을 낳는다."[54] 즉, 도란 개방성의 발현, 그 기원적 사건에 대한 이름이다.

만일 사람이 자연에 어긋나는 행동을 삼가야 하며, 또한 니담이 말한 것처럼 '사물의 본성'에 그슬리지 않는다면, 사람은 도와 조화를 이루게 될 수 있기에, 그의 행동은 성공적일 수 있게

---

51) 『도덕경』 37章 : 道常無爲而無不爲.
52) 이강수, 「노장철학의 자연관」, 『동양 사상과 환경 문제』, 모색, 1996, 86쪽.
53) 이강수, 「도가 사상의 새로운 과학」, 『과학사상』, 1992 가을, 163쪽.
54) 『도덕경』 42章 : 道生一, 一生二, 二生三, 三生萬物.

될 것이다. 어쩌면 당혹스럽게 보이는 "무위로 모든 것이 성취될 수 있다"[55])는 것을 의미한다. 이와 같은 관점 및 태도의 전환은 노장 사상의 인위와 자연 사이를 구분하는 데서 근거한다. 이런 점에서 도가는 자연 천(天)과 인간 인위(人爲)를 엄격히 구분하였다. 자연적인 천은 인간 행복의 원천이요, 인위적인 것은 인간 고통의 근원인 것이다.[56])

  노자는 자연으로도 볼 수 있는 "도를 언어로 표현하면 이미 본래의 도가 아니다. 이름을 언어로 표현하면 이미 본래의 이름이 아니다. 무란 만물의 시초이고 유란 만물의 모태다. 그러므로 항상 무에서 오묘한 본래의 도를 관찰해야 하고 유에서 광대무변한 도의 운영을 살펴야 한다."[57]) 노자 『도덕경』 37장에는 "도는 늘 하는 것이 없다(無爲). 그러면서도 하지 않는 것이 없다(無不爲)"[58])고 하였다. 여기서 무불위(無不爲)는 저절로 두면 저절로 한다는 의미에서 자위(自爲)와 통한다. 그러므로 무위(無爲)는 곧 저절로 그렇게 된다는 의미에서 자연이고, 자위는 곧 저절로 말미암는다는 의미에서 자유다. 그래서 노자는 무위자연을 중시한다.[59]) 여기서 위(爲)는 자연적 흐름에 역행하는 인위적인 것이다. 따라서 자연을 거스르는 인간의 행위는 "인위적인 것으로 자연을 파멸시키고 일부러 생명을 파괴시키게 되지만, 도는 늘 자연스러운 행위여서 이루지 못하는 일이 없다."[60])

---

55) 無爲而無不爲矣. Vgl. F. 카푸라, 이성범 외 역, 『현대 물리학과 동양 사상』, 범양사, 1985, 139쪽.

56) 풍우란 저, 정인재 역, 『중국철학사』, 형설출판사, 1994, 39쪽.

57) 『도덕경』 1章 : 道可道, 非相道, 名可名, 非相名, 無名天之始, 有名萬物之母, 故常無慾以觀其妙, 常有欲以觀其微.

58) 『道德經』 37章 : 道常無爲而無不爲.

59) 임수무, 「도와 무위자연」, 『도가철학』 창간호, 한국도가철학회, 1999, 74쪽.

도는 무위할 뿐 아니라 자연이다. 자연은 "스스로 그러함"을 뜻한다. 도는 사물들처럼 다른 존재자에 의해서 움직이지 않는다. 도는 무위 자연하지만 그것에 의하여 일체의 사물과 사건들이 생성 소멸한다.[61] 따라서 노자는 도는 언제나 무위하지만 어떤 일도 그에 의해 안 되는 것이 없으므로 무불위하다. 또한 커다란 도는 포용력이 있다. 극단성은 도달하지 않는 곳이 없다. 만물은 그 때문에 생겨난다.[62]

노자는 『도덕경』 25장에서 "사람은 땅을 본받고, 땅은 하늘을 본받고, 하늘은 도를 본받으며, 도는 자연을 본받는다."[63] 위의 사실로 비추어보아 "도는 하늘과 땅과 삶이 모두 본받아야 할 표준이다. 본받는다는 것은 그것을 본보기로 삼아 생각하고 말하며 행동해야 한다는 뜻이다."[64] 특히 이 문장의 마지막 구절, "도는 자연을 본받는다(道法自然)"는 해석상의 논란거리[65]가 되어왔다. 문제는 도와 자연의 관계다. 많은 주석가들은 노자에게서 도가 자연을 동일한 것이거나 자연보다 상위의 개념이라고 풀이했다.[66] 그렇지만 도법 자연은 도가 자연을 그 본성으로 한다는 뜻이다. 즉, 자연을 표준으로 하여 스승을 삼는다는 뜻이다. 이것은 자연에 따라 생각하고, 자연에 따라서 말하고, 자연

---

60) 『도덕경』 37章 : 道常無爲而無不爲.

61) 이강수, 「도가 사상의 새로운 과학」, 『과학사상』 1992 가을, 제3호, 156쪽.

62) 『도덕경』 34章 : 大道氾兮, 其可左友萬物持之而生而不辭 … 以其終不自爲
大故能成其大.

63) 『도덕경』 25章 : 人法地, 地法天, 天法道, 道法自然.

64) 이강수, 『노자와 장자』, 길, 1999, 77쪽.

65) 이에 대한 자세한 고찰은 다음을 참조, 오상무, 「왕필 저작의 자연과 명교의
관계에 대한 재고」, 『철학』 제60집, 한국철학회, 1999, 56-57쪽.

66) 大濱皓, 임헌규 옮김, 『노자철학 연구』, 청계, 1999, 10장 참조.

에 따라서 행동한다는 것이다. 자연은 무위, 무대(無待), 무집(無執)을 가지고 이해해야 한다는 뜻이다. 일종의 자유면서 자재의 경지가 된다. 따라서 자연과 자유는 노자에게서는 같은 의미다.[67] 반면, 왕필은 노자의 자연에 대하여 "자연은 일컬음이 없는 말이며 궁극의 말이다"라는 주석을 붙였고, 도는 자연을 본받는다는 노자의 문장에 충실하였다. 따라서 자연을 도보다 상위에 두는 것이었다. "노자에 나타나는 자연은 우선 스스로 그와 같다"는 것이지만, 그 내용은 '도에 내재하는 필연의 힘'이며 도 작용의 자기 전개다. … 그래서 결국 도에 내재하는 리(理)를 자연이라 했다.[68] 이것은 도가 어떤 외재적 규칙을 따르지 않는다는 것, 도가 어떤 내재적 필연성에 의한 자기 전개 운동이라는 사실이다.[69]

노자의 자연은 우리가 말하는 자연 세계의 자연이 아니며, 또한 서양에서 말하는 자연주의도 아니다(Naturalism). 자연주의는 유물론과 서로 가깝고 이것은 일종의 유물주의며 자연과학이 대상으로 삼은 자연 세계를 가리킨다. 자연과학이 연구하는 것은 모두 물리 현상이고 그것이 지시하는 바의 자연은 물리 세계의 자연이다. 서양의 종교로 말하면 자연은 피조물이다. 즉, 하느님에 의하여 창조된 유한물로서 모두 자연에 속하고 하느님은 초자연이다. 자연과 초자연은 상반된다. 노자의 자연은 정신 생활의 관념이며, 자유자재하고 스스로 그러하며 어디에도 의존함이 없다.[70] 그러하기에 노자의 자연은 결코 외재적 자연

67) 임수무, 「도와 무위자연」, 77쪽.
68) 大濱皓, 『노자철학 연구』, 194쪽.
69) 최진석·김상환, 「노장과 해체론」, 『철학연구』 제47집, 철학연구회, 1999, 155쪽.

대상물을 가리키는 것이 아니고 자연스러움을 가리킨다. 따라서 자연성과 자연물은 다르다. 자연성은 영원한 반면, 자연물은 유한하다.[71)

노자는 이 세계, 즉 자연을 대립 항들, 즉 "유(有)와 무(無), 고(高)와 하(下), 음(音)과 성(聲), 장(長)과 단(短), 난(難)과 이(易), 전(前)과 후(後)의 사용 존재 근거"[72)가 되면서 단지 외부에 초월적으로 존재하는 것이 아니라 자연에 원래 내재되어 있는 "반(反)"이라는 운동력을 매개[73)로 교직(交織)되어 존재한다고 본다. 자연이 이렇게 이루어져 있다는 원리, 법칙 혹은 그렇게 이루어져 있다는 사실을 "도(道)"라는 말로 억지로 표현할 뿐이다. 다시 말해 노자에게서 만물은 "도"의 근원으로부터 연역적으로 발생되어 나오는 것이 아니라 대립 항들의 관계 형식으로 존재하는 것이다.[74) 그의 자연에 대한 이해는 "도"라는 범주에 함축되어 있다. "도"에 아무런 본질적 내용이 담겨 있지 않은 것은 이 "자연"이 그러하기 때문이다. 노자가 보는 자연은 그 원리상 모든 만물이 그 반대편을 향하여 열려 있어야 한다.[75)

만물은 자연의 흐름에 일치할 수 있는 본성을 갖고 있기 때문에 서로 자발적인 요인에 따라 운동한다면, 서로 다른 요인들과 조화를 이루면서 존재할 수 있다. 따라서 노자에게서 항상적이고 광대무변한 도의 무위자연은 생명 창조의 궁극적인 우주론

---

70) 모종삼, 정병석 외 역, 『중국철학 특강』, 형설출판사, 1985, 102쪽.

71) 정세근, 「무의 감응」, 『도가철학』 제2집, 한국도가철학회, 2000, 147쪽.

72) 『도덕경』 2章 : 故有無相生, 難易相成, 長短上形, 高下相盈, 音聲相和, 前後相隨, 恒也.

73) 『도덕경』 40章 : 反者道之動.

74) 최진석, 『도가의 자연과 생태 문제』, 3쪽.

75) 최진석, 같은 논문, 4쪽.

적 원리며 생물의 다양성과 희소성을 존중하는 생태학적 원리로 작용할 수 있을 것이다.

5. 맺음말 : 인간과 자연의 조화

우리는 이제까지 니체와 노자의 생태학적 자연관을 중심으로 살펴보았다. 그러나 우리가 이들의 생태학적 자연관을 명확하게 구분하는 일은 그리 쉬운 작업이 아니다. 이러한 생태학적 자연 개념의 범위와 깊이는 매우 복잡하게 전개되고 있기 때문이다. 단지 우리는 그들의 자연과학적 태도에서 자연에 순응하는 원리를 발견할 수 있을 뿐이다. 위에서 고찰한 바와 같이, 니체와 노자의 자연 개념은 역사적 전개 과정에서 본질적인 차이가 나는 것은 주지의 사실이다. 즉, 서구적인 자연 개념은 라틴어의 자연(natura)을 경유하여 그리스의 영혼(physis)에서부터 오늘날 자연과학적 의미의 자연에 이르기까지 광범위한 역사적 의미의 변화를 거쳐왔기에 그 개념을 일목요연하게 파악하기란 쉽지 않다. 우리 시대에서 자연과학적 사유 방식은 분명하게 객관화된 자연의 개념이 지배하고 있다. 우리가 위에서 고찰한 바와 같이, 니체의 자연 파악은 매우 비판적으로 시도하였고, 가능한 방법으로는 기원적인 의미에서 "되돌아가는 것(zurückzugewinnen)"[76]이었다. 노자는 도의 자연을 행위의 최고의 표준으로 삼았던 까닭에 법 자연(法自然) 또는 순(順) 자연을 말하였다. 즉, 법 자연은 자연에 따르는 것으로서 자신의 의도·목적·요구·선입관 등 일

---

76) Okochi Ryogi, "Nietzsches Naturbegriff", in : ders., *Was man wird*, was man ist, Darmstadt 1995, 52쪽.

체를 버리는 것이다. 요구가 있다는 것은 아직도 실현해야 할 것이 있다는 의미다.[77]

풍우란(馮友蘭)에 의하면, 노자 사상은 신비 사상의 체계면서 본질적으로 과학에 반대하는 입장을 취하지 않는다는 점에서 세계에서 그 예를 볼 수 없다고 말한다. 즉, 과학의 발달은 지구의 거리를 단축시켜놓았고, 중국은 이제 더 이상 사해(四海)에서 고립될 수 없었기에 산업화를 추진해야만 했다. 비록 서구보다 뒤지긴 했어도, 동양이 서양에 의해 침략을 당했다는 것보다는 중세가 근대에게 침략 당했다고 표현하는 것이 오히려 타당하다는 것이다.[78] 그러나 이것은 노자 사상에 한정되어 있는 것만은 아니다. 고대 과학에서 합리적인 것과 신비적인 것이 공존하고 둘이 서로 자극하면서 발전하는 예는 적지 않았다. 즉, 노자 사상을 신봉하는 사람들과 신비적인 과학과의 연결은 도교가 성립 이전부터 시작되고 있었다.[79] 또한 방동미(方東美 : Thomé. Fang : 1899~1977)는 중국철학의 일반적 특성을 포섭적 화해라고 규정한다. 중국인의 사상은 "자연·인간·인간의 문화적 성취"라는 세 가지 주제가 중심이 되어 왔다는 것이다. 동양은 서양인들이 자연을 이해하는 것과 같은 방법으로 자연을 이해하지 않는다는 것이다.

"자연은 우리에게 보편적 생명의 흐름이 자신을 드러내고 자연의 본래적 가치가 만물에 가득 차 있는 광대무변(廣大無邊)한 세계다. 자연은 자기 위에 또는 밖에 있는 어떤 것에도 제약을 받지 않는다

---

77) 이강수, 「노장철학의 자연관」, 『동양 사상과 환경 문제』, 모색, 1996, 87쪽.
78) 풍우란, 정인재 역, 『중국철학사』, 형설출판사, 1994, 46-47쪽.
79) 야부우치 기요시, 전상운 역, 『중국의 과학 문명』, 전파과학사, 1983, 77쪽.

는 의미에서 무한하다. 그것을 초자연이라 불러도 무방하다. 자연 그 자체는 무궁무진한 생기며, 삶의 의지로 충만해 있으나 결코 신의 능력에 손상을 주지 않는다. 왜냐 하면 신기한 창조가 계속해서 자연 속에서 이루어지기 때문이다. 또 인간의 생명은 전체적으로 우주 생명과 관통되어 있는 까닭에 자연과 인간 본성 사이에는 아무런 간격이 없다."[80]

중국인들은 서양인들이 이해한 것과는 다르게 자연을 이해하였다. 중국인들에게 자연이란 생명의 편재적 흐름이 그 자체를 드러내고 만물을 그 내재적 가치로서 실현시키는 무한한 영역이다. 자연이란 초자연이라 부르는 것의 밖에 있거나 위에는 어떠한 것에 의해서도 제약받을 수 없다는 의미에서 무한한 것이다. 방동미는 16~17세기에 자연의 이분화와 인간의 자연에 대한 예속화 이론이 선언되었을 때, 케플러, 데카르트, 갈릴레오, 뉴턴 등과 같은 위대한 과학자들이 그들의 타이탄적(Titanic)인 지식력을 과시하기 위하여 유럽 문명의 무대에 등장하였다는 것이다. 그 다음 세기에 자연을 정복하는 데 놀랄 만한 과학 기술의 섭취는 인간의 완전한 자연 정복을 입증하였다는 것이다.[81] 중국 문화의 탁월성은 인간 사회뿐만 아니라 자연계에서도 조화를 중시하는 데 있다. 오직 이러한 방법을 통해야 비로소 참된 내면적 정신이 환하게 드러날 수 있다. 인간 사회에서의 조화는 서양인들이 성취하기 어려울지 모르나, 중국인들에게는 어렵지 않은 문화적 우수성의 극치다.[82] 중국의 사상, 특

80) 방동미, 정인재 역, 『중국인의 생철학』, 탐구당, 1983, 23쪽.
81) 방동미, 같은 책, 21쪽.
82) 방동미, 같은 책, 36쪽.

히 노자의 사상은 도와의 합일을 이루게 되어 자연과의 조화 속에서 생을 누리며, 그가 원하는 모든 일마다 뜻대로 달성하는 것이다. 도의 길에 순응하고 천지의 자연 순리를 따르는 자는 전 세계를 쉽게 다루는 법을 알게 된다.[83] 니체는 서양과 아시아의 사유에서 동서의 화해를 다음과 같이 이끌어낸다.

"나는 러시아와 아시아 사람들에게서 평온한 요소가 균형을 이루기를 바란다. 이러한 것은 어디 곳에서나 다시 한 번 충분하게 인간의 특성을 수정한다. 나는 장래의 사상가에게서 수백 년 동안 지나온 유럽과 미국의 끈기가 아시아적 평온함이 상속되어 결합되기를 상상해본다. 이러한 결합이 세계의 수수께끼를 푸는 열쇠다"(IV-2, 17[53], 402).

위 인용문에서 니체는 아시아적인 평온함과 유럽의 끈기를 결합하여 화해하는 것이 이 세계를 극복해나가는 것이라고 본다. 앞 장에서 언급하였듯이, 니체는 디오니소스적인 일치를 인간과 자연이 화해하는 것으로 보았고 노자는 자연 속에 순응하여 자연의 삶에 따르는 것이라 보았다. 즉, 노자는 인간과 사회, 인간과 자연의 관계는 자연스러움을 따른다는 태도를 취한다.[84] 여기서 니체의 디오니소스적 화해는 다음과 같은 조화를 이루며 나타난다.

"개별자의 원리는 두 개의 상태에서 허물어뜨리고, 주체를 보편

---

83) 카푸라, 같은 책, 126쪽.
84) 진고웅, 「니체와 장자철학」, 『니체 이해의 새로운 지평』, 철학과현실사, 2000, 496쪽.

적이고 인간적인, 그리고 일반적이고 자연적으로 돌출한 힘 앞에 완전히 사라진다. 디오니소스적 축제는 인간과 인간을 연결하는 것이 아니라 인간과 자연을 화해시키는 것이다"(KSA 1, 554).

니체가 디오니소스적 축제에서 자연을 노래하고 가무를 즐기는 것을 찬양하고 있듯이, 노자도 자연을 노래하고 찬미한다. 즉, 노자는 20장에 "모든 사람들은 희희낙락하여 큰 소를 잡아 풍성한 잔치를 벌이는 것 같고 화사한 봄날에 누각에 올라 경치를 감상하듯 기뻐한다."[85] 우리는 여기서 니체나 노자는 자연에 근거를 두고 인간의 오만 불손함에 경종을 울려주고 있기에 반문명, 반인간을 말하였다고 할 수 있다.

결론적으로 니체와 노자의 생태학적 사유의 출발점을 찾는다면, 각기 역사적 맥락은 다를지라도 인간의 오염될 문명화를 염려하면서 인간의 이기(利器) 문명을 비판하고 인간의 입장에서가 아니라 자연의 관점에서 사물을 보고 그에 상응하는 조화의 원리를 내세웠다는 점에서 그들의 유사점을 발견할 수 있으며, 또한 현대에도 여전히 겸허하게 받아들여 경청하고 계승해야 할 이론이라 생각된다.

□ 참고 문헌

김용옥, 『노자철학 이것이다』, 통나무 1989.
김정현, 「니체와 계몽의 변증법」, 『니체 이해의 새로운 지평』, 철학과현실사, 2000.

---

85) 『道德經』 20章 : 重人熙熙, 如享太牢, 如春登臺.

_____, 「니체의 생명 사상」,『생명과 더불어 철학하기』, 철학과현실사, 2000.

김충열,『김충열 교수의 노장철학 강의』, 예문서원, 1995.

김학목, 「왕필의 노자주(老子注)에서 자연과 명교에 대한 고찰」,『도가철학』 제2집, 한국도가철학회, 2000.

니덤, 조셉, 「동서의 과학과 사회」, 박성래 편저,『중국 과학의 사상』, 전파과학사, 1979.

노자,『도덕경』.

대빈호(大濱皓), 임헌규 옮김,『노자철학 연구』, 청계, 1999.

모종삼, 정병석 외 옮김,『중국철학특강』, 형설출판사, 1985.

방동미, 정인재 역,『중국인의 생철학』, 탐구당, 1983.

_____, 남상호 역,『원시 유가 도가철학』, 서광사, 1999.

장은주, 「계보학적 사회 비판을 넘어서」,『니체가 뒤흔든 철학 100년』, 한길사, 2000.

정세근, 「무의 감응」,『도가철학』 제2집, 한국도가철학회, 2000.

진고응, 「니체와 장자철학」,『니체 이해의 새로운 지평』, 철학과현실사, 2000.

하버마스, 이진우 역,『현대성의 철학적 담론』, 문예출판사, 1994.

송영배, 「유기체적 자연관과 동서 철학 융합의 가능성」,『인간과 자연』, 철학과현실사, 1998.

야부우치 기요시, 전상운 옮김,『중국의 과학 문명』, 전파과학사, 1983.

양재혁,『장자와 모택동의 변증법』, 이론과 실천, 1989.

양해림, 「과학 기술 시대의 오디세우스 ― 아도르노와 호르크하이머의 계몽의 변증법을 중심으로」,『디오니소스와 오디세우스의 변증법』, 철학과현실사, 2000.

_____, 「니체의 디오니소스적 예술관(Ⅰ), (Ⅱ) ― 비극의 탄생을 중심으로」,『디오니소스와 오디세우스의 변증법』, 철학과현실사, 2000.

오상무, 「왕필 저작의 자연과 명교의 관계에 대한 재고」,『철학』 제60집, 한국철학회, 1999.

임수무, 「도와 무위자연」,『도가철학』, 창간호, 한국도가철학회, 1999.

이강수, 『노자와 장자』, 길, 1999.

_____, 「노자의 무위자연 사상」, 『도가 사상의 연구』, 고려대 민족문화연구소, 1984.

_____, 「노장철학의 자연관」, 『동양 사상과 환경 문제』, 모색, 1996.

_____, 「도가 사상의 새로운 과학」, 『과학 사상』, 1992 가을.

최진석, 「도가의 자연관과 생태 문제 ― 노자를 중심으로」, 『제34차 한국 동양철학회 정기학술회의 발표 논문(2000. 2. 10)』.

최진석·김상환, 「노장과 해체론」, 『철학연구』 제47집, 철학연구회, 1999.

한면희, 『환경 윤리』, 철학과현실사, 1997.

_____, 「자연 환경에 대한 도덕적 고려」, 『철학』 제46집(1996년 봄호).

카푸라, 이성범 외 역, 『현대 물리학과 동양 사상』, 범양사, 1985.

풍우란 저, 정인재 역, 『중국철학사』, 형설출판사, 1994.

Adorno / Horkheimer, Dialektik der Aufklärung, Frankfurt a.M. 1988.(M. 호르크하이머 / Th. W. 아도르노, 김유동 외 역, 『계몽의 변증법』, 문예출판사, 1996).

Du-Yul, Song, *Aufklärung und Emanzipation : Die Bedeutung der Asiatischen Welt bei Hegel, Marx und Max Weber*, Frankfurt a.M. 1972.

Figal, J., "Nietzsche's Early Encounters with Asian Thought", in : Graham Parkes(ed.), *Nietzsche and Thought*, The University of Chicago Press 1991.

Figal, G., *Der Sinn der Verstehens*, Stuttgart 1996.

Kaulbach, F., "Interpretation der Natur", in : *Nietzsche-Studien*. Bd. 10 / 11, 1981 / 1982.

Link, Th., *Zum Begriff der Natur in der Gesellschaftstheorie Theorie W. Adornos*, Köln 1986.

Mittasch, A., *Friedrich Nietzsche als Naturphilosophie*, Stuttgart 1952.

Nauman, B., "Nietzsches Sprache aus der Natur", in : *Nietzsche-Studien*, Bd. 14, 1985.

Needham, J, *Science and Civilisation in China*, Vol, II, Cambridge 1956.

Nietzsche, F., *Kritische Gesamtausgabe Werke*, Bd.1, Colli und M. Montinari (Hg.), Berlin, 1967.

_____, _____, Bd.3. _____

____, ____, ____.

_____, _____, Bd.4. _____

____, ____, ____.

_____, _____, Bd.5. _____

____, ____, ____.

_____, _____, Bd.6. _____

____, ____, ____.

_____, _____, Bd.9. _____

____, ____, ____.

_____, _____, Bd.10. _____

____, ____, ____.

_____, _____, Bd.11. _____

____, ____, ____.

_____, _____, Bd.12. _____

____, ____, ____.

Okoch, R. "Nietzsches Naturbegriff aus östlicher Sicht", in : *Nietzsche-Studien*, Bd. 17. 1988.

_____, *Wie man wird, was man ist*, Darmstadt 1995.

Pütz, P., "Nietzsche im Lichte der kritischen Theorie", in : *Nietzsche-Studien*, Bd. 3. 1974.

Rath, N., "Zur Nietzsche-Rezeption Horkheimers und Adornos", in : Willem van Reijen(Hg.), *Vierzig Jahre Flaschenpost : Dialektik der Aufklärung 1947 bis 1987*, Frankfurt a.M, 1987.

Röttges, H., *Nietzsche und die Dialektik der Aufklärung*, Walter de Gruyter Berlin 1972.

Stuart C. Hackett, *Oriental Philosophy*, the University of Wisconsin

Press 1979.

Wuthenow, P-R., "Die große Inversion : Jean-Jacques Rousseau in Denken Nietzsches", in : *Neue Hefte für Philosophie*, 29(1989).

Yu-Lan, Fung, Trans. by R. Huges, *The Sprit of Chinese Philosophy*, Boston 1967.

제4장
생태 위기와 책임 윤리의 도전*
— 한스 요나스의 책임 개념을 중심으로

1. 왜 인간 행위의 변화된 본질은 자연에 대해 새로운 책임 윤리를 요청하는가?

한스 요나스(Hans Jonas : 1903~1993)는 그의 가장 주목할 만한 도전적 저서인 『책임의 원칙』(1979)1)에서 현대 산업 사회

---

* 이 논문은 『철학』 제65집 겨울, 한국철학회, 2000, 241-267쪽에 실렸다.

1) Hans Jonas, *Das Prinzip Verantwortung, Versuch einer für die technolo-gische Zivilisation*, Frankfurt a.M. 1984 (이하 PV로 생략하여 표기함). 한글말 번역본 : 이진우, 『책임의 원칙 : 기술 시대의 생태학적 윤리』, 서광사, 1994 ; 이 저서는 '기술 문명의 윤리에 대한 이론적 시도'라는 부제를 내건 기술 윤리의 일부분으로서 생태 윤리학의 가장 선구적인 저서다. 요나스는 이 저서에서 "기술 윤리-논고(Tractus technologico-ethicus)"(PV, 9)의 시도라는 인간 행위의 윤리적 방향에 대해 근대 기술에 도전하는 광범위한 책임 윤리에 관한 서장의 막을 올렸다. 이 저서는 최근에 논의되고 있는 생태학적 책임 윤리에 가장 많이 언급되는 저서 중의 하나며, 현재 생태계의 위기와 기술 윤리 및 생태철학에 이론적 초석이 되고 있다.

의 위기 상황을 베이컨적인 유토피아에 대해 이별을 고해야 한다고 진단한다. 자연에 대한 인간의 과학 기술의 지배를 상징적으로 나타냈던 베이컨의 유토피아[2] 및 마르크스주의의 해방에 대한 유토피아는 이제 이별을 고해야 한다[3]는 의식에서 요나스의 책임 윤리는 출발하고 있다. 베이컨적인 유토피아가 자연에 대한 권력의 증대를 의미한다면, 마르크스의 유토피아는 무계급 사회를 뜻하였다. 요나스에 의하면, 마르크스의 기획은 자연의 지배라는 소박한 베이컨적인 유토피아를 사회 변혁의 유토피아와 결합시켜 베이컨적인 이상의 집행자로서 행사하였다는 것이다(PV, 256). 주지하듯이, 전 지구적으로 자연을 위협하고 있는 현상은 우리가 지금껏 가꾸어온 과학 기술 문명에 의해 잉태되었다. 요나스는 『책임의 원칙』 서문에서 베이컨의 유토피아의 결과에 대해 그의 예언자적인 메타포의 사상적 핵심을 다음과 같이 전한다.

"이제까지 전혀 알려지지 않았던 힘은 과학을 통해 부여받았고, 경제를 통해 끊임없는 충동을 부여받아 마침내 사슬로부터 풀려난 프로메테우스는 자신의 권력이 인간에게 불행이 되지 않도록 자발적인 통제를 통해 자신의 권력을 제어할 수 있는 하나의 윤리학을

2) 베이컨의 유토피아 및 유토피즘에 관한 자세한 문헌은 다음을 참조 : Otfried Höffe, *Moral als Preis der Moderne*, Frankfurt a. M. 1995, 49-72쪽 : Horst Gronke, *Epoche der Utopie*, in : Dietrich Böhler(Hg.), *Ethik für die Zukunft. im Diskurs mit Hans Jonas*, München 1994, 407-427쪽 : Jens Kurreck, *Primat der Furcht. Medizinische Gentechnologie und Prinzip Verantwortung*, in : Dietrich Böhler (Hg.), 앞의 책, 428-454쪽 : Lothar Schäfer, *Das Bacon-Projekt. Von der Erkenntnis, Nutzung und Schonung der Natur*, Frankfurt a.M. 1993 : 파울로 로시, 박기동 역, 『마술에서 과학으로』, 부림출판사, 1980.
3) Karl-Otto Apel, *Diskurs und Verantwortung*. Frankfurt, a.M. 1990, 179쪽.

요청한다. 이 책은 근대 기술의 약속이 위협으로 반전되거나 또는 적어도 후자가 전자와 밀접하게 연결되어 있다는 주제를 이 저서의 출발점으로 삼는다"(PV, 7).

여기서 그는 이제까지 전수받은 윤리학은 우리에게 어떤 새로운 답변을 주지 못했다고 비판한다. 왜냐 하면 기존의 전통 윤리학은 미래와 관련하여 책임 있는 윤리를 제공해주지 못했기 때문이라는 것이다. 몇 세기 동안 자연의 지배권을 행사해온 베이컨의 사상과 프로메테우스적인 열광이 지나간 오늘날, 이제 앞을 향한 고삐를 잡고자 책임 윤리를 정초하고자 한다(PV, 388). 그렇지만 프로메테우스적인 권력이 근대 과학과 기술에 반드시 커다란 영향을 행사한 것만은 아니다. 왜냐 하면 프로메테우스적인 권력이 과학의 성장 능력에 부당함을 이미 예견하고 있기 때문이다. 즉, 지금까지 인간은 자신의 권력에 관해 그 권력을 잘못 알고 있으면서도 여전히 자연을 지배하고 있었지만, 치료의 근본적인 근원은 아니었기 때문이다. 따라서 인간이 자연을 지배하기 위해 계속 위협을 가한다면, 인류는 엄청난 재난에 빠질 것이다.[4)]

요나스는 이 저서에서 인류가 발전시켜온 과학 기술로 인해서 삶의 여러 방식들이 획기적인 변화를 우리에게 가져다주었다고는 하지만, 그로 인해 환경 문제와 환경에 부담을 주는 많은 부정적인 사례를 더 많이 남겼다고 진단한다. 무엇보다 우리에게 전해 내려온 세계관의 가장 큰 변화는 인간의 기술적 간섭으로 인해 자연을 무참히 훼손시켰다는 점이다. 이미 자연은 돌

---

4) Wolf Schäfer, "Die Büche der Pandora. Über Jonas, Technik, Ethik und die Träume der Vernunft", in : *Merkur*. 43 (1989), 295쪽.

이킬 수 없는 피해와 훼손을 입었기 때문에 그 이전에는 전혀 상상할 수 없었던 자연의 가침성(可侵性)을 똑바로 인식해야 한다. 그 충격을 바로 직시하고, 21세기의 "환경 연구(생태학)는 사물을 체계화시키는 인과적 요소로서 우리들에게 전체적인 사유 방식을 크게 변화"(PV, 26)시키는 계기가 되어야 한다. 우리는 엄청나게 성장한 과학 기술의 권력으로 인해 이전보다 훨씬 더 윤리적인 책임을 필요로 하게 되었다. 인간이 의존하고 있는 많은 기술의 권력은 지구상의 인간뿐만 아니라 자연·동물 등 여러 종들을 망라하여 위협을 행사하고 있다. 그래서 자연은 인간의 행위와 인간의 책임 대상에 따라 훼손의 강약도 각기 다르게 나타난다. 따라서 "인간이 책임져야 할 자연은 진정으로 윤리 이론을 통해 새롭게 심사숙고해야 한다"(PV, 27). 주지하듯이, 상호 작용으로 영향을 받고 있는 과정이라든지 상호 작용을 통한 축적된 결과물, 생태학적 체계의 광범위한 침해 사례, 집단적인 행위와 책임의 결과 등은 인간이 모두 책임져야 할 대상이다. 무엇보다 인간은 엄청나게 성장한 과학 기술의 권력에 의존하고 있기 때문에 잠재적인 위협이 그 어느 때보다 항상 존재하고 있다. 또한 언제나 인간은 권력을 쥐고 있기 때문에 인간의 책임도 권력에 의존하여 행사하고 있다.5) 이러한 관점에서 우리는 도덕적 행위와 윤리 이론의 새로운 조건들을 좀더 분명하게 제시해야 하며, 또한 우리의 윤리적 권한을 바르게 인식해야 한다(PV, 29). 왜냐 하면 인간 행위의 본질도 시대의 흐름에 따라 변화하였기 때문에 변화된 인간 행위의 본질만큼이나 윤리의 변화를 강력히 요구하게 되었다.6) 구체적인 실례로서 요

---

5) Hans Lenk, Verantwortung für die Natur, in : *Allgemeine Zeitschrift für Philosophie.* 8 (1983), 7쪽.

나스는『책임의 원칙』의 제1장의 표제어에서 책임 영역의 범위를 "변화된 인간 행위의 본질"(PV, 13)로 파악하였고, 이 테제 아래서 인간 행위의 변화된 본질이 윤리에 변화를 꾀할 것을 요구한다. 다시 말해 우리가 권력의 요소와 함께 인간 행위의 본질도 아울러 변하였다는 것이다. 따라서 윤리학이 인간의 행위와 관련된다고 하였을 때, 인간 행위의 변화된 본성은 이미 윤리학의 변화를 요청하고 있다(PV, 15). 그런데 변화된 인간의 행위에서 기술의 권력은 이에 대한 책임의 역할을 강력히 요구한다.

요나스에게서 지금까지 전통 윤리학의 책임은 잘못된 행위에 관한 인과적 책임만을 의미하였고, 잘못된 행위는 행위자가 법적·도의적 책임을 지는 것을 뜻하였다.7) 다시 말해 이제까지의 전통 윤리학은 인간 중심적인 것으로서 모든 인간을 행위의 근접 영역(PV, 23)으로만 설정하여 주제를 삼아왔다는 것이다. 그에게서 그러한 서구의 전통 윤리학인 그리스적·유태교적·기독교적 윤리학 등을 인간중심주의적으로 제한(PV, 95)하는 것은 더 이상 그 타당성을 지니지 못한다. 왜냐 하면 근대와 더불어 자연은 생활 세계에서 이미 많은 영향을 받고 있기 때문에 인간들이 만들어낸 가공할 만한 기술공학은 새로운 책임의 역할을 요구하고 있다. 따라서 그는 전통 윤리학에 대해 다음과 같이 의문을 제기한다.

---

6) Anemarie Gethmann-Siefert, *"Ethos und metaphysische Eros. Zu den Grundlagen von Hans Jonas' Ethik der Verantwortung"*, in : H. Schnädelbach (Hg.), *Philosophie der Gegenwart-Gegenwart der Philosophie*, Hamburg 1993, 175쪽.

7) 구인회, 「행위와 도덕적 책임에 관한 고찰」,『철학연구』제47집, 철학연구회, 1999 겨울, 366쪽.

"새로운 종류의 인간 행위가 인간의 관심만이 아니라 그 이상의 것을 고려해야 한다면, 어째서 우리의 의무는 더욱 확장되고 모든 전통 윤리학에서 인간 중심적으로 제한했던 것이 더 이상 타당하지 않는 것일까?"(PV, 29)

자연이 인간의 기술에 의하여 복구할 수 없을 정도로 손상되었다는 사실은 이제 새로운 윤리학의 반성 대상이 되고 있다. 자연에 대하여 인간이 책임져야 한다는 관점은 전통 윤리학에서는 찾아볼 수 없는 새로운 요소임에 분명하다. 인간과 인간의 관계 항목들로 이루어진 윤리학은 **인간과 자연의 관계 항들로 새롭게 구성해야 한다.**8) 요나스는 현대 문명이 초래한 생태 위기를 극복하기 위하여 전통 윤리학의 한계를 네 가지9)로 지적하고 기술을 통해 새롭게 마주치고 있는 책임 있는 생태윤리학으로 새로운 방향을 설정하고자 한다. 하지만, 전통 윤리학의 인간 중심적인 단초가 새로운 책임 윤리를 위해 부정적인 측면으로만 전개되는 것은 아니다. 왜냐 하면 "인류가 존재해야 한다는 사실은 오로지 인간에게만 관계되는 첫 번째의 명법"(PV, 90)이기 때문이기도 하다. 이러한 관점에서 그는 인간의 기술 행위

---

8) 김진, 「칸트철학의 생태주의적 전회」, 『칸트와 생태주의적 사유』, 울산대, 1998, 286쪽.

9) 요나스에게서 전통 윤리학의 한계는 네 가지로 특징지을 수 있다. 첫째, 전통 윤리학은 인간이 외적인 세계와 교섭하는 테크네(기술)의 모든 영역은 의학을 제외하고는 가치 중립적이었다. 다시 말해서 비인간적 대상에 대해 윤리적으로 중요한 영역을 형성하지 않았다. 둘째, 전통 윤리학은 자기 자신의 교섭을 포함한 인간과 인간의 직접적인 교섭에 속하였으며, 따라서 인간 중심적이었다. 셋째, 행위 주체인 인간이라는 실체와 그 본질은 불변적인 것으로 인식되었으며, 그 자신을 변형시키는 기술(테크네)의 대상으로 파악하지 않았다. 넷째, 전통 윤리학에서 행복과 불행에 근접하는 시·공간적 행위 영역에 초점을 맞추었고 현재 중심적이었다(PV, 22).

를 통해 나타난 상황을 완전히 새로운 책임의 차원으로 다음과 같이 전개한다.

1) 자연이 우리의 권력을 인도하기 때문에 인간에 의한 자연의 가침성은 인간이 책임져야 할 대상이다(PV, 26). 자연의 본질은 인간의 권력에 의해 인도되고 있지만, 자연 스스로 어떠한 원인을 낳지는 않는다. 여기서 인간의 책임은 권력의 전제 조건이 되기도 하지만, 반드시 권력에서 나오는 것만은 아니다. 책임은 가장 원초적이고 대중적인 의미에서 존재의 가장 처음에 있는 권한에서 나온다(PV, 241).

2) 기술 영역에서 책임져야 할 행위는 지식을 요구하고 있으며, 향후 전개될 미래에 관한 행위의 결과에 따라 일치해야 한다. 지식은 우리가 행위하는 인과적 사실에 일치해야 하지만, 예견(豫見)할 수 있는 지식은 우리가 행한 행위에 힘을 제공하는 기술적 지식의 배후에 머물러 있던 곳에서 새로운 윤리적 의미로 다시 받아들인다. 즉, 예견할 수 있는 지식의 권력과 행위의 권력 사이의 첨예한 간격은 윤리적 문제를 초래할 수 있다(PV, 28).

3) 자연의 도덕적인 고유 권한은 자연 그대로 도덕적 요구를 함축하고 있기 때문에 **윤리는 형이상학**에 근거한다(PV. 29).

그런데 요나스에게 위의 세 가지 관점들은 명확한 이론적 토대를 세우는 게 그렇게 손쉬운 작업만은 아니다. 그가 주장하는 존재와 당위, 사실과 가치의 구분10) 등은 새로운 이론 과제에 접근하여 두 가지의 문제를 보충하여 제기한다. 즉, 새로운 행위에 부합하는 윤리의 기반은 무엇인가? 이 윤리가 부과하는 규율이 인간의 실천적 업무에 관철될 수 있는 전망은 무엇인

---

10) Lothar Schäfer, *Das Bacon-Projekt. Von der Erkenntnis, Nutzung und Schonung der Natur*, Frankfurt a.M. 1993, 155쪽.

가? 첫째 물음은 도덕의 원칙론이며, 여기서 공적(公的)인 행위와 관련되어 있는 원칙론은 **정치 이론**이다. 둘째 물음은 응용론에 해당한다(PV, 61). 필자는 요나스의 위의 두 물음 중 첫 번째 질문을 중심으로 하여 그의 책임 윤리를 살펴보고, 이제까지 국내에서 개괄적으로 논의되어 왔던 책임 이론의 차원[11]을 좀더 구체적으로 전개하여 요나스의 책임 이론이 우리에게 어떤 메시지를 전달하고 있으며 지금도 유효하게 적용될 수 있는지를 고찰해보고자 한다.

2. 왜 인간은 자연에 귀를 기울여야 하는가?

요나스가 진단하였듯이, 인간의 근본적인 목적[12]은 자기의 보존에 있다. 하지만, 인간은 자신들을 위한 무분별한 생산의 증가를 중단했을 때에야 비로소 진정 **자연의 침해**에서도 벗어날 수 있다는 사실을 상기해야 한다. 그러나 동·서양을 막론하

---

11) 요나스의 책임 이론에 관한 몇몇 국내의 논의는 다음을 참조 : 구승회, 「한스 요나스 : '책임의 윤리'의 자연철학적 기초」, 『에코필로소피』, 새길, 1995, 219-254쪽 : 구인회, 「행위와 도덕적 책임에 관한 고찰」, 『철학연구』 제47집, 철학연구회, 1999 겨울, 365-375쪽 : 김진, 『칸트와 생태주의적 사유』, 울산대 출판부, 1998, 258-275. 276-317쪽 : 이진우, 「한스 요나스의 생태학적 윤리학」, 『탈현대의 사회철학』, 문예출판부, 1993, 119-147쪽 : 임홍빈, 『기술 문명과 철학』, 1995, 261-272쪽.

12) 요나스에게서 인간은 자신의 생명을 보존하려는 자기 목적을 가지고 있다고 본다. '자기 목적'은 이 목적(생명 보존)이 다른 목적으로부터 파생되는 것이 아니고 어떤 다른 목적을 위해서도 아니며, 오직 하나밖에 없는 자기 자신의 생명을 보존하려는 일차적인 목적을 가지고 있다 (Hans Jonas, *Materie, Geist und Schöpfung*, Frankfurt a.M, 1988, 22쪽 : Vgl. 한정선, 「한스 요나스의 현상학적 생명 이해」, 『자연의 현상학』, 철학과현실사, 1998, 164쪽).

고 인간은 지금껏 기술 권력을 동원하여 비약적인 기술 문명을 꽃피어 오면서 도리어 자연을 줄기차게 위협해왔고 이미 많은 부분을 훼손시켰다. 이제 우리는 더 늦기 전에 모든 자연에 대해 책임을 느끼면서 지구의 전체적인 위협을 인식해야 한다. 인간은 그러한 지구의 위협에 대해 자연에 책임져야 할 충분한 동기가 있다. 우리가 자연과 관련하여 인간의 실존을 이야기할 때, 모든 생태계를 위협할 수 있는 기술들의 문제를 다시 성찰하게 된다.[13] 여기서 요나스는 과학 기술의 결과에 대해 "인간은 자연적으로 주어진 목적에 대해 존재 요청권을 충족하라"고 명령한다. 이러한 존재의 요청권은 목적성을 통해 보장되어야 한다. 자기 보존은 굳이 지시를 통해서 명령할 필요가 있는 것은 아니며 자신의 개인적인 쾌락 이외는 다른 설득을 필요로 하지도 않는다. 즉, 인간에게 자기 보존의 의욕은 언제나 존재하고 있으며, 개인에 따라 정도의 차이는 있을망정 항상 자신의 능력에 의해서 일을 행위한다는 사실이다. 그런데 "의욕 해야만 한다"와 "행위해야만 한다"는 개념이 자기 보존을 위해 반드시 필요한 것은 아니다. 왜냐 하면 이미 존재하고 있는 의욕은 자신의 행위를 자동적으로 수반하기 때문이다(PV, 158). 그러하기에 기술 행위에서 '할 수 있다'는 능력은 '해야 한다'는 실천적 당위를 포함하고 있으며, 인간의 내적인 구조는 존재에서 당위로 전개된다.

우리는 자연 그 자체를 목적론적이며 목적론적인 것 그 자체를 선(善)이라 말한다. 인간은 존재하는 모든 것 중에 가장 많은 목적을 지니고 있다. 거기서 인간은 자연의 자기 목적을 믿고

---

13) 돈 아이디 저, 김성동 역, 「기술과 인간 : 한스 요나스」, 『기술철학』, 철학과 현실사, 1997, 250-251쪽.

있는 행위자의 존재를 주시한다. 그에 의하면, 인류는 존재론적으로 자연의 실존적 근거에 의존하고 있다는 사실을 겸허하게 청취해야 한다고 강조한다. 자연의 보존에 대한 관심을 도덕적인 관심으로 변화시키는 마지막 관계 항의 설정이, 이미 자연 상태에 의존한 인간의 운명이라면, 모든 전통 윤리는 인간 중심적인 요소가 어디에든 남아 있다(PV, 27). 그렇지만 인간이 추구하고자 하는 21세기 기술 문명의 진정한 목적에 오히려 방해가 될 수도 있다. 따라서 그의 미래의 경고는 생태학적인 재앙이 일어나기 전에 좀더 강력한 수단을 통해 이제까지 정당화된 사실에 입각한 것도 예언자적인 충고를 제시한다. 여기서 그는 책임 윤리에 근거를 둔 과학 기술의 발달에 대한 불확실한 종말론적 환상을 공포의 발견술(Heuristik der Furcht)이라 부른다.14) 그는 공포의 발견술과 연결하여 인간의 형이상학적 토대에 근거를 둔 인간의 계속적인 실존의 의무를 선(善)에서 찾기보다는 불행한 예언을 적용함으로써 향후 인간이 처하게 될 운명을 진단한다. 즉, 미래에 있을 수 있는 심상치 않은 상황의 변화, 위험이 미칠 수 있는 전 지구적 범위,15) 인간의 몰락 조짐에 대해 윤리적인 원리들을 발견하는 것이다. 그는 이러한 원리에서 새로운 권력에 대한 의무들을 도출하여 공포의 발견술이라 명명

---

14) Jean-Claude Wolf, *Hans Jonas : Eine Naturphilosophie Begründung der Ethik*, in : A. Hüglt(Hg.), *Philosophie im 20. Jahrhundert*, Hamburg 1992, 231쪽.

15) 요나스는 앞으로 전개될 21세기의 과학 기술 시대에서 "위험은 실패보다는 인간의 욕구가 불러일으킨 성공에 기인한다는 것이다. 어느 정도 기술 윤리는 이러한 기술 행위의 내적인 애매성에 관여해야 한다"(Hans Jonas, *Warum die Technik ein Gegenstand für die Ethik ist?* in : H. Lenk (Hg.), *Technik und Ethik*, Stuttgart : Reclam 1989, 82쪽).

한다(PV, 7-8).

공포의 발견술은 블로흐(Ernst Bloch : 1885~1977)를 비롯한 마르크스주의의 진보사관이 표방했던 『희망의 원칙』과 비교하였을 때, 우리에게 좀더 선명하게 대비되어 다가온다. 블로흐의 『희망의 원칙』이 기술 발전에 의해 미래에는 인간의 본질이 완전히 실현될 수 있는 진보사관을 전제로 하였다면, 요나스의 공포의 발견술은 마르크스의 진보사관을 거부하고 기술 문명에서 드러난 기술 행위의 부정적 현상을 진단한다. 즉, 공포의 발견술은 인간의 유한성·분수를 아는 겸손한 전략·미래의 불행한 예측들을 그 주된 내용으로 삼는다(Vgl. PV, 391).[16] 다시 말해 공포의 발견술은 인간의 유연한(gemutmaßten) 유한성·분수를 아는 겸손함·미래에 관한 불행한 예측 등 기본적 특성들을 적용하는 것이다.[17] 요나스에게서 "윤리적 원칙론의 관념적인 지식과 정치적인 응용과 관련된 실천적 지식"(PV, 62) 사이에 있는 기술 행위의 장기(長期)적인 영향에 관해 논의한다. 이제 설명을 필요로 하는 사실 과학이 미래비교학(가설적 예견의 학문)의 발견술(PV, 63)을 필요로 한다. 이와 같이 그가 공포의 발견술을 적용하고자 하는 이유는 한편으로 가장 불행한 가능성들을 좀더 쉽게 알아볼 수 있도록 하는 것이며, 다른 한편으로 공포의 발견술을 매개로 하여 책임의 동기를 구축하고자 한다. 즉, 책임에 관한 동기의 문제로 내세운 것이 바로 공포의 발견술(PV, 63)이다. 가장 불확실한 가능성은 동시에 가장 많은 자

---

16) Vgl. 임홍빈, 『기술 문명과 철학』, 문예출판사, 1995, 271쪽.

17) Johannes Wendnagel, *Ethische Neubesinnung als Ausweg aus der Weltkrise? Ein Gespräch mit Prinzip Verantwortung von H. Jonas*, Würzburg 1990, 33쪽.

극을 불러올 수도 있다. 예언적인 일깨움이거나 불확실한 가능성에 대한 표상 및 암시를 통해서 그에 상응하는 감정을 만들어 보일 수 있다는 것이다.[18] 그 이전에 인간에게 전혀 필요 없던 행위가 현재에는 과도한 인간의 행위에 의해 위협적인 결과를 초래하고 있다. 그렇기 때문에 인간은 과학 기술의 부정적인 결과의 불행한 예언의 측면을 소홀히 하지 말고 신중하게 청취하여 미래를 설계해야 한다.

따라서 요나스의 공포의 발견술은 인간과 자연, 인간과 인간 사이에 가로놓여 있는 장벽을 허물고 책임의 관계망을 구축하는 것이다. 우리가 현 지구를 가장 불확실한 상황으로 예측하였을 때, 인간은 더 늦기 전에 근·현대 과학과 기술을 결합한 운명의 힘을 바로 인식하고 극복할 수 있는 통로를 찾아야 한다. 우리가 찾고자 하는 미래의 책임 윤리는 우리가 예견할 수 있는 인간의 왜곡된 사항들을 올바로 인식하고, 이런 불행한 일들이 발생하지 않도록 함은 물론이거니와 우리 스스로 인간과 자연을 보호할 수 있는 개념들을 새롭게 인지해야 한다. 역설적으로 들릴지 모르지만, 우리는 왜곡된 현 상황에 대해 올바른 인간상을 확보하기 위해서 어쩌면 인간에게 어느 정도 위협을 필요로 한다는 점이다. 그 이유는 위협이 우리에게 잘 알려지지 않는다면, 우리는 무엇을 진정 보호해야 할지 잘 알지 못하기 때문이다(PV, 63). 그래서 공포의 발견술은 황폐화되어가고 있는 자연의 훼손에 대해 인간에게 경종을 울려주어 **인간의 자연에 대한 책임 의식을 환기시켜주는** 역할을 한다. 다시 말해서 공포의 발

---

18) Walter Reese-Schäfer, *"Die nichtdiskursiven Modell von Hans Jonas und Hermann Lübbe als Gegenbild"*, in : ders., *Grenzgötter der Moral*, Fankfurt a.M. 1997, 214쪽.

견술은 객관적인 자연의 목적론을 보완하여 "구원의 예언보다는 불행의 예언에 더욱더 주의를 기울이는 것이다"(PV, 70). 그렇게 하여 불행의 예언은 합리적인 방법을 동원하여 그 적합성을 예측할 뿐만 아니라, 위험 가능성의 불분명한 상황들을 발견하는 것이다. 따라서 공포의 발견술은 진보의 기쁨에만 사로잡혀 있는 것이 아니라 불행의 예언을 통해서 새로운 전환의 계기로 작용할 수 있다는 것이다. 요컨대 그는 이러한 불행의 절차에 뒤따르는 공포의 발견술(PV, 8. 63)을 적용하여 현실적으로 보호할 가치가 있는 지구를 위협하는 대상을 발견하려는 것이다.19)

그렇지만 요나스의 공포의 발견술은 어느 측면에서 제한적인 의미에서만 납득하여 받아들일 수 있다. 우리는 무엇인가 위기에 처해 있다는 사실을 알 때, 비로소 무엇이 위기에 처해 있는가를 알게 된다(PV, 8). 왜냐 하면 우리의 존재는 어쩔 수 없이 그 밖의 다른 상황에 처할 것이기 때문이다. 즉, 우리에게는 악의 인식이 선의 인식보다 무한히 쉽다는 사실이다. 따라서 악의 인식은 선의 인식보다 더 직접적이며 설득력 있고 의견의 차이에 시달리지도 않으며 더욱더 가식적이지도 않다는 것이다. 예를 들어 질병을 보지 않고 건강에 대한 찬가를 읊을 수 없으며, 파렴치한 행위를 보지 않고서는 진실을 찬양할 수 없으며, 전쟁의 처참함을 알지 못하면서 평화를 찬양할 수 있는지 심히 회의적이다. 이런 관점에서 도덕철학은 실제로 무엇을 보호해야 하는가를 잘 알아내기 위해서 우리가 바라는 희망보다는 공포를 논의의 대상으로 더 삼아야 한다. 그러므로 공포의 발견술이 비

---

19) Wolfgang Erich Müller, Zur Problematik des Verantwortungsbegriffs bei Hans Jonas, in : *Zeitschrift für evangelisch Ethik*, 33-3 (1989), 207쪽.

록 선을 탐구하는 데 물론 마지막 수단은 아니라 할지라도, 상당히 유익한 단어임에는 틀림없는 것이다(PV, 63-64). 우리가 공포의 발견술을 탐구하려는 의도는 새로운 대상물을 찾아내어 서술하는 것뿐만 아니라 발견술에 의해 일깨워진 특별한 도덕적 관심을 그 스스로 알아차리게 하는 데 있다(PV, 392). 다시 말해서 요나스의 생태학적 신사고(新思考)와 자연에 대한 새로운 행위를 가능하게 하는 **도덕적 원칙**은 인간이 처하게 될 미래에 관한 종말론적 지식을 적용하고 있다는 점이다.[20] 그가 거듭 언급하고 있는 위험의 가능성에 관한 지식은 윤리적 원칙론에 사용되는 발견술적 결의론(決疑論)(Kasuistik)[21]의 목적에 충분히 부합하는 것이다. 이제까지 알려지지 않았던 도덕 원칙은 인식 가능한 결과의 확실성이 아니라 그 내용이었다. 그 도덕 원칙의 가능성은 반드시 필요한 것이자 새로운 진리의 접근 방식을 제시하는 것이다(PV, 67). 즉, 우리의 도덕적인 행위 가능성은 가설적으로 전제된 상황을 수용하는 것이거나 추측한 것을 결론을 내리는 것 일 수 있다. 하지만 **공포의 발견술**은 체계적으로 객관적인 자연 목적에 부합하는 데 있으며 기술공학의 결과에 대해 생태계의 체계를 새롭게 평가하는 데 있다. 주지하다시피, 과학 기술은 인간의 무분별한 개발과 남용으로 인해 인간이 지구상에 생존하는 데 위험할 지경에 처해 있다는 언급들

---

20) 이진우, 「한스 요나스의 생태학적 윤리학」, 『탈현대의 사회철학』, 문예출판사, 1993, 133쪽.

21) 결의론은 사전적인 의미로 사회적 관례나 법률, 교회·성전의 율법 등에 비추어 양심의 문제나 도덕 문제를 해결하려는 학문을 일컫는다. 요나스의 공포의 발견술은 이른바 책임의 발견술로 구성하기 위해 잘 알려지지 않은 미래에 불투명한 원리를 단지 요청하는 것은 아니다. 다만 그는 책임 윤리에서 도덕적 격률을 찾아내는 데 있다 (Annemarie Gethmann-Siefert, 앞의 책, 178쪽).

은 이제 삼척동자도 다 아는 사실이다. 이 지구상에 많은 위험의 요소를 잠재적으로 지니고 있는 과학 기술의 결과들이 공포의 발견술을 심각하게 인식하지 못할 수도 있다. 시작부터 공포의 발견술은 일정한 제한을 두고 전개하고 있지만, 이것은 인간이 현재뿐만 아니라 미래에도 많은 위험의 요소들을 도처에서 만날 수 있다는 상황을 분명하게 인지시키려는 것이다. 물론 대부분 기술공학의 결과나 자연 생태계의 상황을 주시하였을 때, 부정적인 평가만 항상 뒤따르는 것은 아니다. 다만 과학 기술의 부정적 평가를 근간으로 하여 어떻게 현 사회를 긍정적인 측면으로 진행할 것인지의 고민이 깃들어 있어야 한다.22) 그렇기 때문에 요나스의 공포의 발견술은 의심할 여지없이 어떤 경우에서든지 불행한 예언에 동의하여 미래에 닥쳐올지 모르는 불행을 예방하고자 한다.

3. 왜 이제까지 책임 개념이 윤리학의 중심에 서지 못했는가?

요나스는 『책임의 원칙』 4장 6절(VI)에서 "왜 이제까지 책임의 개념이 윤리학의 중심에 서지 못했는가?"(PV, 222)라는 물음을 진행시킨다. 이러한 물음에 대해 중요한 답변은, "책임은 권력과 지식의 기능이라는 사실이다. 여기서 권력과 지식의 상호 관계는 결코 단순하게 파악되지 않는다. 이전에 이 두 요소는 매우 제한되어 있었고 미래에 관해서는 대부분 운명과 자연 질서의 영속성을 위임해왔다"(PV, 222). 그 이전에는 개략적이나마 미래의

---

22) Heiner Hastedt, *Aufklärung und Technik*, Frankfurt a.M. 1991, 172쪽.

지평을 다루는 책임에 관한 어떤 주제도 다루지 않았다.[23]

이런 관점에서 우리는 그의 책임의 이론을 두 가지로 고찰할 수 있다. 그것은 책무의 합리적 근거를 마련하는 것이다. 즉, 구속력 있는 당위에 대한 요청권을 정당화하는 원칙과 의지를 움직일 수 있는 능력에 대해 심리적 근거를 제시하는 것이다. 무엇보다 어떤 주체의 행위가 주체에 의해 규정되도록 하는 것이다. 윤리의 객관적인 측면과 주관적인 측면, 즉 이성과 감정의 관계를 다룬다(PV. 163).

그는 여기서 책임의 개념[24]을 두 개의 다양한 의미로 구분한다. 이미 실행한 행위에 대한 인과적 책임 소재(Zurechnung)로서의 책임(PV, 172)과 행위되어야 할 것(Zu-Tuendes)에 대한 책임(PV. 174)이 그것이다. 즉, 책임은 분명히 이미 실행한 행위의 인과적 책임 소재를 회고하는 보고서일 뿐만 아니라 미래의 행위를 전망하는 의무를 뜻한다. 책임진다는 것은 우리가 행위한

---

23) O. P. Obermeier, "Technologische Zeitalter und Problem der Ethik", in : *Philosophische Jahrbuch*. 88 (1981), 436쪽.

24) 책임의 개념은 다양한 의미가 존재하지만, 아직까지 일반적이고 체계적으로 인정되어 수용하지 못하고 있다. 책임의 공통점은 인간 존재의 본질과 행복과 연관된 전체성·연속성·미래의 세 가지 개념으로 파악한다(PV, 184). 책임 개념은 고전적인 막스 베버의 이론을 위시하여 요나스의『책임의 원칙』이 불씨를 지피면서 지금에 이르기까지 많은 기술철학자·윤리학자·사회철학자들에 의해 활발히 연구되고 있다. 현재 논의되고 있는 책임 개념에 대해서는 다음을 참조 : Ch. Hubig(Hg.), *Verantwortung in Wissenschaft und Technik*, Berlin 1990 ; M. Gatzemeier(Hg.), *Verantwortung in Wissenschaft und Technik*, Wien 1989 ; O. Höffe, *Moral als Preis der Moderne*, Frankfurt a.M. 1993 : H. Lenk, *Über Verantwortungsbegriff und das Verantwortungsproblem in der Technik*, in : H. Lenk(Hg.), *Technik und Ethik*, Suttgart 1992 ; G, Ropohl, Das Risko im Prinzip Verantwortung, in : *Ethik und Sozialwissenschaft*, 1(1994).

결과나 우리의 자유로운 의지에서 나오는 것만은 아니다. 이러
한 책임은 여러 곳에 산재한 도덕의 전제 조건이기도 하지만,
도덕 그 자체만은 아니다(PV, 174).

먼저 인과적 책임 소재는 경험적이고 개인의 인과적 행위의
책임 개념과 동일시된다. 왜냐 하면 개인의 행위는 분명 개인적
으로 행위 하는 책임을 맡는 삶에 의해서 다루어지고 있기 때문
이다. 또한 개인이 이러한 책임의 종류25)를 도덕적인 의미에서
개인적인 것을 강조했기 때문에 책임 개념을 적용하는 것은 다
분히 경험적이다.26) 책임의 전제 조건은 인과적 권력이라 말할
수 있기 때문에 행위자는 자신의 행위에 대해 책임을 져야 한
다. 따라서 인간은 행위의 결과에 대해 책임을 져야 하며, 동시

---

25) 요나스는 책임의 종류를 다음과 같이 구분한다. ① **상호간의 책임과 일방적
책임**(비호혜적 관계) : 완전히 동등한 사람들 사이 및 수평적 의미에서 엄격한
의미에서 책임이 존재하는지에 관한 것이다. 이 책임은 일방성을 지니며(부모
와 자식 간의 비호혜적(nicht-reziprokes) 관계) 기회에 따라 임시적이지만 지
속적이다. ② **자연적 책임과 계약에 의한 책임** : 부모의 책임에서 볼 수 있듯이
자연적으로 존재하는 책임은 사전적 동의에 의존하지 않으며 취소할 수도 파기
할 수도 없다. 이러한 책임은 세계의 어느 곳에도 존재한다. 계약에 의한 책임
은 하나의 위탁을 주고받음으로써 생기는 책임이다. 예를 들어 어떤 직책의
위임은 내용과 시간에 따라 부과된 임무의 수행자가 바뀔 수 있다. ③ **스스로
선택한 정치인의 책임과 선택하지 않은 책임** : 자유롭게 선택한 책임은 먼저 선
택한 후에 선택한 책임 때문에 주어지는 것이며, 이는 책임을 완수하는 데 필요
하다. 스스로 선택하지 않은 책임은 힘의 영향권 내에서 이미 실행하고 있는
한, 최고선은 우리에게 선택의 여지없이 책임을 부과하며 의무에서 결코 해방
시키지 않는 것이다. ④ **특수한 책임과 총체적 책임** : 특정한 책임은 개인의 특
정 부분과 특정 시기에 한정되어 있다(예, 승객을 위한 선장의 책임, 의사의
진료 행위). 총체적 책임은 그 후에 무엇이 일어날 것이며, 어디로 이르게 될
것인가 등을 묻는 역사적인 것으로 운영된다((PV, 177-182).

26) Micha H. Werner, *"Dimensionen der Verantwortung : Ein Werkstattbericht
zur Zukunftsethik von Hans Jonas"*, in : D. Böhler(Hg.), *Ethik für die
Zukunft*, München 1994, 311쪽.

에 행위자에게 책임을 물어야 한다. 그렇지만 이러한 책임의 개념은 법적인 의미이지 도덕적인 의미는 아니다(PV, 172). 다시 말해서 요나스가 주제로 삼고 있는 책임의 개념은 형식적이고 이미 지나간 행위의 행위자에게 부여된 책임의 인과율로 전개된다는 점이다. 미래의 인간에 대해 권리를 미리 예견하여 그것을 존중하는 것은 태초부터 창시자가 갖고 있던 일방적 인과율이기 때문에 우리가 단지 특별하게 느끼는 책임일 수 있다. 여전히 책임에 문제를 제기하는 것은 그 이면에 항상 존재한다고 추측할 수 있는 권리에 대해 응답하는 의무다.27) 즉, 이것은 인간의 본질에 내재한 긍정할 만한 권리에 응답하는 의무(PV, 89)라는 사실이다. 따라서 그에서 도덕적 의무는 우선적으로 자연에 내재하는 목적과 가치를 보호하고 미래 세대의 존재에 대해 "형식적인 가능성"(PV, 239)으로 진행한다.

요나스는 행위해야 할 것에 대해 책임의 개념을 수용한다. 이러한 그의 책임 개념에 대한 수용은 기본적으로 도덕철학을 구성하려는 의미를 지니고 있으며, 또한 도덕적 주체는 모든 것에 대해 바라고자 하는 책임을 아울러 지닌다. 무엇이 과연 진정한 가치며, 무엇이 이러한 방식으로 주체의 권력으로 인도하고 있는가? 여기서 그는 인간이 행위되어야 할 것에 다음과 같이 기술한다.

"그 무엇을 위한 대상은 나의 밖에 놓여 있기는 하지만, 나의 권력에 의존하여 있고 또 그 권력에 의해 위협을 받음으로써 나의 권력의 작용 안에 있다. 나의 권력에 대해 그 대상은 그것이 존재하거

---

27) Ralf-Peter Koschut, *Das Prinzip Verantwortung nach Hans Jonas*, in : ders., *Struktur der Verantwortung*, Frankfurt a.M. 1989, 360쪽.

나 존재할 수 있는 바의 본질로부터 실존에 대한 자신의 권리를 대립시킨다. 그리고 실존은 도덕적 의지를 통해 권력을 자신의 의무로 받아들인다. 권력은 나의 것이고 이 사태에 대한 원인의 관계를 가지고 있는 까닭에 사태는 나의 것이다"(PV, 175).

위의 인용문에서 요나스는 기본적인 책임 개념을 요약해서 제시하고 있다. 그는 행위하는 것이나 바라고자 하는 개인적 책임을 도덕적 책임으로 환원시켰으며, 책임 주체와 책임 대상 사이의 이중적인 관계를 환기시켰다. 최근에 모든 생태 영역에 대한 인간적 배려를 소중히 여기는 것은 분명히 이러한 영역에 대한 권력의 확장과 연관되어 있으나, 그것이 파괴의 영역으로 확장하고 있다는 사실이다. 즉, 권력과 위험은 명백히 하나의 의무(PV, 248)라는 점이다.[28] 이러한 책임은 의무로 인정된 다른 존재에 대한 배려(PV, 391)에 근거를 두고 있다. 이른바 책임은 인간에 대한 신탁(信託)의 산물로서 인간에게 위탁한 내적인 자연이든 외적인 자연의 상태든 모든 생태 영역을 우리와 나 자신을 위해서 자기의 독자적 권리에 따르는 도덕적 청구권을 갖고 있는 것이 중요하다. 그렇기 때문에 윤리는 사유의 획기적인 전환을 요청한다(PV, 29). 더 나아가 생태계의 체계・자연・생명에 대해 인간의 책임을 더욱 필요로 한다. 특히 인간의 욕구는 그 밖의 다른 위협을 낳고 있으며 모든 생명체는 가능한 책임의 대상이다. 이와 같이 그는 근본적으로 인간과 인간의 책임・자연 상태의 책임・생태 영역의 책임・인류 미래의 생명과 자연에 대한 미래를 실천적으로 성찰해야 한다고 말한다. 궁극적으로 인간의 주체적 입장에서 자연의 무조건적인 외침은 "책임감

---

28) Vgl. Ralf-Peter Koschut, 앞의 책, 338쪽.

의 감정"(PV, 163)을 조화롭게 매개해야 하는 것이다.

앞에서 살펴본 바와 같이, 그는 지금까지의 규범 윤리의 적용에 대해 새로운 윤리를 요청하고 있다는 점이다. 그가 『책임의 원칙』에서 중점적으로 요구한 사항은 칸트 윤리와의 대결이다. 그는 아리스토텔레스나 칸트의 전통 윤리학에서 언급한 공통 감각 · 도덕적 감정 · 건전한 인간 오성 등이 항상 도덕적인 노선과 연결하고 있지는 않다는 것이다. 왜냐 하면 이러한 것은 현재뿐만 아니라 미래에 대해 연속적인 행위 결과 · 삶의 결과 · 연구 결과의 책임성 등을 고려해야 하기 때문이다.[29] 여기서 인간의 실존은 언제나 이미 전제 조건화되어 있어야만 하며, 이러한 실존에 대한 염려는 단지 의무를 통해서만 규정하는 것은 아니라는 점이다.[30] 즉, 그는 칸트의 기본적인 정언명법, 즉 "너의 격률이 일반적인 법칙이 되기를 원할 수 있도록 행위하여라"(PV. 36)는 경구를 새로운 유형의 행위 주체로 다양하게 변형시키고, 책임 윤리의 과제를 정언명법으로 파악한다. 새로운 정언명법은 인간 행위의 새로운 유형으로 다음과 같이 파악한다 : "너의 행위의 효과가 지상에서의 진정한 인간적 삶을 지속적으로 조화될 수 있도록 행위하라." 또한 이것은 부정적으로도 표현된다 : "너의 행위의 효과가 인간 생명의 미래 가능성에 대해 파괴적이지 않도록 행위하라." 이것은 다시 간단히 적용된다.

---

29) Dietrich Böhler, Hans Jonas -Stationen, Einsichten und Herausforderungen eines Denklebens, in : ders(Hg.), *Ethik für die Zukunft, 63-67쪽* : ders., *Hans Jonas -Stationen eines Denkens : Von der Hermeneutik zum "Prinzip Verantwortung"*, in : ders(Hg.), *Herausforderung Zukunftsverantwortung*, Münster 1992, 32-35쪽.

30) Micha Werner, *Dimension der Verantwortung, D. Böhler(Hg.), Ethik für Zukunft. Im Diskurs mit Hans Jonas*, München 1994, 330쪽.

"지상에서의 인류의 무한한 존속의 제 조건을 위험하게 하지 말
라." 이것은 다시 긍정적인 형태로 전환된다. "미래에 인간의 불
가침성을 네가 의욕하는 동반 대상으로서 현재의 선택에 포함하
라"(PV. 36). 의심할 여지없이 요나스의 이러한 새로운 정언명
법의 보충적인 형식은 칸트의 윤리학을 새롭게 해석하여 정언
명법의 보조적인 형식으로 취하고 있는 점이다.

　　이러한 근거는 개별적인 의무를 추론하여 선(善)에 대한 예언
을 하기 이전에 불행한 예언을 우선적으로 적용하여 의무로 삼
는다. 이것이 첫 번째의 미래 윤리에 관한 의무다.[31] 따라서 미
래 세대에게 삶의 기회와 의무를 확신하는 것은 오늘날 우리 자
신의 몫이며, 미래 세대를 위한 책임으로 인식하는 것이다.

4. 왜 자연의 존재론적 형이상학은 존재와 당위의 문제를 설정하는가?

　　요나스의 책임 개념은 인간이 기술을 통해서 내재적인 권력
을 갖추면서 전 지구에 많은 영향을 끼쳤기에 새로운 의미로 파
악해야 한다는 것이다. 여기서 우리는 그가 관심을 집중시킨 부
분이라 할 수 있는 존재와 당위, 사실과 가치의 구분을 주시하여
살피고자 한다. 그에게서 책임의 목적 개념은 그의 이론에 중요
한 역할을 하고 있지만, 존재는 당위에서 추론된다. 존재 안에
서 선(善) 또는 가치를 정립한다는 것은 흔히 말하는 존재와 당
위 사이에 다리를 놓는다는 것을 뜻한다(PV, 153). 존재와 당위

---

31) Lathar Waas, *"Hans Jonas und Prinzip Verantwortung"*, in : der., *Max
Weber und Folgen*, Frankfurt / New York 1994, 191쪽.

사이의 간격은 선과 관련하여 존재에 가치를 먼저 설정하였을 때, 현실 속에서 직접적으로 드러난 선에 대해 내재적인 요청을 중재한다. 무엇보다 그에게 책임의 개념은 **당위의 개념**을 함축한다. 무엇에 대한 존재 당위(Seinsollen)는 그 존재 당위에 대한 대응을 어떤 사람이 행한 행위의 당위를 함께 포괄하는 것이다. 말하자면 대상의 내적 권리가 먼저며, 존재의 내적인 요청을 하였을 때, 객관적으로 한 존재에서 다른 존재로 이행하는 인과성에 대한 의무를 설정한다. 객관성은 실제로 객체로부터 나온다. 하지만 우리가 도덕적 규정에 대한 타당성을 증명하려고 할 때, "존재론적" 당위를 증명해야 하는 것으로 환원된다(PV, 234). 여기서 존재론적 패러다임은 실제로는 분명하게 당위와 일치시키는 것이지만, 이 패러다임이 단순하게 당위의 개념으로 받아들이는 것만은 아니다(PV, 235). 다른 말로 표현하여, 세계의 존재 당위에 대한 물음은 이 세계의 창조자에 관한 어떤 명제를 종종 말한다. 신적인 창조자의 선에 대한 개념은 어떠한 존재 당위도 자신의 창조한 것에서 전제한다. 즉, 창조자는 세계가 존재해야 한다고 생각하였기 때문에 이 세계를 원하였다는 것이다(PV, 98). 위의 사실로 비추어볼 때, 요나스의 존재와 당위의 명법은 **형이상학적이고 존재론적인 이론**에 근거를 두고 진행한다. 왜냐 하면 그에게서 존재론적·형이상학적인 이론은 일정한 존재 이해에 의해서 존재와 당위의 관계를 새롭게 이해할 수 있기 때문이다.[32]

이런 측면에서 요나스는 존재론적·형이상학적에 대한 거시적 차원의 윤리(PV, 94)를 다루고 있다. 그가 논증하고자 하는

---

32) Lothar Schäfer, "*Selbstbestimmung und Naturverhältnis des Menschen*", in : Oswald Schwemmer(Hg.), *Über Natur*, Frankfurt a.M. 1987, 18쪽.

쟁점은 무엇보다 인간은 현재 및 미래에도 존재해야 한다는 소박한 관점에서 출발하고 있다. 그래서 그는 **자연의 존재론적 형이상학**을 설명하기 위하여 존재의 자기 긍정을 목적론적인 근본 구조의 방식으로서 인식한다. 여기서 누차 반복해서 언급하고 있는 것은 무조건적으로 인간이 언제나 존재한다고 하는 자명한 사실이다.[33] 왜 없음이 아니고 있음이며, 왜 자살이 아니고 생존인가의 문제는 형이상학에 근거한다(Vgl. PV, 8).[34] 따라서 그는 인간의 새로운 의무를 존재론적 논의로 끌어들이기 위해 존재와 당위, 원인과 목적, 자연과 가치에 대한 전통적 질문을 새롭게 정립한다(PV, 8).

주지하듯이, 자연의 목적은 가치에서 설정된다. 왜냐 하면 추구하는 목적에서 성취는 선이고 실패는 악이기 때문이다. 이러한 구분을 통해 가치 부여의 가능성이 시작된다(PV, 153). 자연의 목적은 목적 합리적이며, 목적 합리적인 것은 그 자체에서 선이다. 여기서 인간은 존재하는 모든 것에 최상의 목적을 지닌다. 이러한 계통의 출발점에 따라 하이데거가『존재와 시간』에서 주장하는 존재의 중심 개념에 도달한다. 모든 목적을 지니고 있는 존재는 스스로 찬성도 하며 무가치한 것에 대해 반대한다. 하지만 존재의 부정은 오히려 일종의 관심과 목적을 더 드러내기 때문에 이러한 존재에 대한 발언이 항상 반대에 부딪히는 것만은 아니다. 다시 말해서 존재가 자기 자신에 대해 무관심하지 않다는 사실은 모든 가치의 근본적인 가치이자 가장 처음을 긍

33) Klaus-M Kodalle, *"Verantwortung"*, in : Heiner Hastedt(Hg.), *Ethik. Eine Grundkurs*, Hamburg 1994, 181쪽.
34) 김종국, 「기술공학 시대는 새로운 형이상학을 요구하는가?」,『철학』제43집, 1995 봄, 한국철학회, 351쪽.

정하는 것이다(PV, 155). 따라서 윤리와 당위의 문제는, 전반적인 가치 이론에 대한 고찰을 아울러 필요로 한다. 단지 윤리와 당위 문제는 가치의 객관성으로부터 객관적인 존재 당위와 존재 보존을 의무의 구속력에 의해서 존재에 대한 책임의 문제를 추론한다. 인간의 존재 당위에 대한 윤리적 · 형이상학적 물음들은 이제 가치들의 지위에 관한 논리적 물음으로 전환된다(PV, 102). 그의 가치 이론은 한편으로, 인간과 가치의 이원론으로 전향하는 것을 뜻하며, 다른 한편으로, 인간과 자연과의 전회(轉回)를 의미한다.[35] 이러한 방식으로 요나스는 가치의 존재론적 긍정을 특성화시킨다. 책임의 의무는 책임의 대상을 통해서 "무엇이 존재하고 있는가?"라는 현 존재의 권리에서 나온다. 그리고 이러한 현 존재의 권리는 어떻게 그 기반을 두고 있는가? 이러한 물음에 대한 합리적인 근거는 먼저 자기에게 타당한 제1의 선(善)은 당위와 연결된다. 책임의 의무는 책임 주체로서의 존재이거나 책임 대상으로서의 존재로 환원된다.[36] 여기서 요나스의 책임 주체와 책임 대상의 분석은 하이데거의 『존재와 시간』의 존재 이론과 흄(David Hume)의 존재 당위 이론 및 오캄(Wihlim von Okahm)의 또 다른 형이상학((PV, 92)의 존재와 당위의 구분 사이에서 그 유사점을 발견한다. 위와 같은 계통은 다음과 같이 진행된다 : 존재와 당위 → 목적 → 가치 → 현 존재의 권리 → 책임의 의무가 그것이다.

요나스의 입장에서 궁극적으로 인류가 존재해야 한다는 사실은, 우리가 미래의 인간에 대해 책임을 지는 것이 아니라 인간

---

35) Heiner Hastedt, *Aufklärung und Technik, Grundproblem einer Ethik der Technik*, Frankfurt a.M. 1991, 169쪽.
36) Dietmar v. d. Pfordten, *Ökologische Ethik*, Hamburg 1996, 111쪽.

의 이념에 의거하여 책임을 져야 한다는 것이다. 다시 말해서 "인간의 이념은 왜 존재해야만 하는가?"에 대해 우리에게 말하고, "어떻게 인간이 존재해야만 하는가?"를 설명해주어야 한다는 것이다(PV, 91). 먼저 이러한 인간의 이념에 따르는 존재론적 책임은 인간의 일상적인 실존에 대한 책임을 위한 메타 기준으로 이행한다는 점이다[37]. 이것은 존재론적 이념, 즉 존재의 이념으로 표현된다. 도대체 왜 인류의 실존이 요청되고 있는가? 하는 물음의 근거에 대해 우리에게 역행하는 것이 있다면, 어떤 미래인의 존재 본질도 쉽게 받아들일 수 없다는 제1규칙이 있어야 된다. 따라서 인류가 현재나 미래에도 존재해야 한다는 사실의 명법은 오로지 인간에게만 관계되는 첫 번째 명법이다(PV, 90-91). 그러므로 책임은 인간의 이념에서 나타난 목적론적 정언명법(PV, 91)이다.[38] 그렇기 때문에 인간은 자연의 목적에 위배되는 행위를 해서는 안 된다. 인간이 자연에 종속되어야 하는 이유가 이런 정언 명령에서 나온 것이라면, 그것은 목적론적 도덕신학이라는 것이다.[39]

그런데 요나스에게서 인간에게 어느 정도 권리를 인정하는 것은 의무를 인정하는 것과 다르다. 권리는 정언명법에서 인간의 존재론적 이념이 나오는 것이며, 인간의 삶을 단지 의무로 수용하거나 한정하는 것만은 더욱 아니다. 책임이 우리에게 무엇인가 의무로 규정지었을 때, 책임은 당위 윤리 내지 의무 윤

---

37) Ralf-Peter Koschut, *Struktur der Verantwortung*, 360쪽.

38) Vgl. 구승회, 「한스 요나스 : '책임 윤리'의 자연철학적 기초」, 『에코필로소피』, 새길, 1995, 246쪽.

39) 구승회, 「환경 윤리와 생태철학 : 중간 결산과 전망」, 『철학과 현실』, 철학문화연구소, 1999 가을, 172쪽.

리의 맥락으로 이해할 수 있다. 그러나 책임이 행위 결과를 고찰하는 것으로만 파악한다면, 책임은 공리주의적 사유와 관계를 맺게 될 것이다.40) 결국 그에게서 책임은 한편으로 **당위나 의무론적**으로 논증이며, 다른 한편으로 자연의 **목적론적 구조**에 근거를 둔 새로운 범주의 정언명법으로 전개한 혼합 유형이라 할 수 있다.41) 이와 같이 요나스가 파악한 인간 행위의 법칙은 항상 어떠한 행위가 곧 성립될 것이라고 전제하는 행위의 이념만이 아니라 이념이 지향하는 내용의 실존을 주장한다는 점이다. 이런 점에서 그의 책임 개념은 "존재론적인 이념"(PV, 92)인 것이다. 따라서 그가 요구하는 미래의 책임 윤리에 수반하는 도덕 원리는 행동의 이론으로서 인간에 대한 의무들을 저버릴 수 있는 내부의 문제가 아니라, 오히려 존재에 관한 이론으로서 **형이상학**의 문제다. 바로 그러한 인간의 이념이 바로 형이상학의 일부분(PV, 92)으로 규명된다. 이렇게 하여 존재의 개념에 대한 전제 조건은 존재와 당위의 구분을 통해 형이상학을 반영하고 있다. 존재와 당위의 도그마가 존재에 관련된 특정한 개념을 전제하고 있는 것과 마찬가지로 형이상학적 진리는 지식의 개념을 기반으로 하고 있다(PV, 93). 요컨대 인간의 행위에서 "형이상학의 필요성"(PV, 94)을 요구하면서 한편으로 어떤 것은 존재하는 의미에서 당위론적인 존재의 이유를 경험하며, 다른 한편으로 이를 통해 정당화된 윤리학은 서양의 전통 윤리(그리스 유태교·기독교적 윤리학)를 구분한 인간중심주의에서 벗어나야 한다(PV, 94).

---

40) Vgl. Dieter Birnbacher, *Verantwortung für zukünftige Generation*, Stuttgart 1988.
41) Lothar Schäfer, *Das Bacon-Projekt*, 87쪽.

5. 맺음말 : 새로운 책임 윤리는 미래 윤리의 대안이 될 수 있는가?

　우리가 지금까지 고찰한 요나스의 책임 윤리는 우리 시대의 광범위한 문화 비판이자 동시에 기술 비판이라 할 수 있다. 앞에서 우리는 인간의 자연 파괴에 대한 생태학적인 환경·윤리 의식 및 책임 의식을 일깨운 그의 미래 세대의 책임 윤리를 살펴보았다. 앞에서 언급하였듯이, 요나스에게서 인간의 본질은 시대에 따라 변화하였기 때문에 윤리도 변화해야 한다고 주장한다. 이런 관점에서 그가 책임 윤리를 정초하고자 하는 근본적인 문제의 핵심은 "새로운 미래의 윤리"와 관련하여『책임의 원칙』을 설정하고 있다는 것이다. 다시 말해서『책임의 원칙』은 미래 윤리의 원칙이 조심성 있게 포함되어 있으며, 그 "책임 대상의 미래가 가장 본래적인 책임의 미래적 양태"(PV, 198)라는 사실이다. 특히 그가 새롭게 수용하려는 윤리의 중심 문제는 "도덕관"을 정립하여 구체적인 모델로 삼고, 윤리적인 근본 상황의 변화는 인간의 본성에 맞추어 우리의 삶 속에 구체화시키려는 작업이었다. 따라서 그의 중심적인 모델은 가장 중요한 미래의 도덕적 의무를 근거 짓는 것이었다.[42] 이러한 맥락에서 그의『책임의 원칙』은 자연과 인간의 도덕의 관계를 추가시켜 표현하였고, 거기서 자연과 인간의 관계 항을 다시 설정[43]하고 있다. 지금까지의 윤리적 의미와 타당성에 대한 그의 도덕적 질문

---

42) Vgl. Wolfgang Kuhlmann, *"Prinzip Verantwortung versus Diskursethik"*, in : ders., *Sprachphilosophie- Hermeneutik-Ethik*, Würzburg 1992, 227-228쪽.
43) Dieter Birnbacher, *"Natur als Maßstab menschlichen Handelns"*, in : D. Birnbacher (Hg.), *Ökphilosophie*, Stuttgart : Reklam 1997, 228쪽.

은 개인적인 도덕성에만 한정시키지 않는다. 즉, 그는 윤리의 범위를 개인적인 책임에서부터 집단적인 책임의 영역으로 점차 확충하고자 한다. 그가 자주 언급하고 있는 정언명법, 즉 "너의 행위의 영향이 믿을 수 있게 영원히 지상의 진정한 인간적인 삶이 되도록 행위하라"(PV, 36)고 하는 규범 윤리는 미래의 책임에 대해 심각하게 고민한 윤리 의식이라는 점이다.

그러면 그가 언급하는 자연에 대한 책임과 미래 세대를 위한 책임은 서로 어떠한 연관 관계를 맺고 있는가? 지구상에 널리 펴져 있는 생태계의 위기에 대해 새로운 책임 윤리를 갖고 도전하려는 그의 의도가 현 상황을 극복할 수 있는 이론적 대안이 될 수 있는가? 이러한 물음들은 쉽게 답변을 내릴 수 있는 상황은 아니다. 하지만 21세기의 새로운 밀레니엄 시대의 인류는 "향후 자연에 대해 어떤 태도를 취하는가에 따라 달려 있다. 궁극적으로 인간이 아직도 얼마만큼 행위를 더할 수 있는가가 아니라 자연이 얼마만큼 견딜 수 있는가의 문제"(PV, 329)가 더 심각하다는 사실이다. 온 지구가 세계 종말의 도래를 예견하고 있는 현 상황에서 인간의 과도한 승리는 승리자 자신을 위협한다는 것을 똑바로 인식해야 한다.44) 이런 점에서 그는 인간과 자연, 자연과 인간의 관계를 다음과 같이 말한다.

"오늘날 많이 논의되는 인간과 자연의 관계에 관한 물음에 핵심적 역할을 담당하는 것은 바로 살아 있는 것과 우리를 위해 어떤 생명도 가지고 있지 않은 것의 구별이다. 만약 우리가 자연에 대한 인간의 관계를 말하고 특히 자연에 대한 인간의 책임을 말한다면, 그것은 우리가 지각하는 은하계에 대한 책임을 말하는 것이 아니라

---

44) 이진우, 「기술 시대의 생명 윤리」, 『문학과 사회』 제33호. 1996 봄호, 296쪽.

지상의 사물들, 곧 지구 표면에 존재하고 있는 것과 유기체적 생명을 지닌 얇은 껍데기에 대한 책임을 말하는 것이다. 이 자연은 살아 있기 때문에 훼손될 수 있다. (…) 우리로 인해 실제로 위협받는 것은 오직 살아 있는 자연이다. 살아 있는 자연 안에도 아주 특별한 자연, 우리의 존재 자체인 그런 종류의 자연, 정신을 보여주는 종류의 자연이 위협받고 있다."[45]

태초부터 인간과 자연, 자연과 인간은 긴장과 대립 내지 화해의 상호 관계를 보이면서 오랜 역사 과정 속에서 지금까지 존재해왔다. 지금껏 인간은 자연에 의해 어떠한 제재를 받지도 않았고 모든 것이 허용되었던 까닭에 자신들의 창조적인 자유도 존재하였다. 그런데 이러한 창조적인 자유는 인간의 기술적 능력에 관한 요청 이외에는 어떠한 요구도 제기하지 않는다는 점이다(PV, 72). 계속해서 우리 인간이 자신의 목적만을 위해서 무리하게 자연을 착취한다면, 돌이킬 수 없는 파국을 맞게 될 것(PV, 329)이라는 사실은 분명한 현실로 다가왔다. 요나스뿐만 아니라 우리가 이러한 비관적인 생각을 하는 이유는, 생태 의식뿐만 아니라 그에 대한 책임 윤리 의식도 점점 더 희박해가고 있기 때문이다. 21세기의 불확실한 미래는 "생명에 대한 책임이 개인적이든 공동체든 간에 상관없이 직접적으로는 현재의 행위"(PV, 197)에서 비롯된다는 사실이다.

그렇지만 그의 통찰력 있는 책임 윤리가 주로 그가 "도덕의 원칙론과 동시에 응용론에 속하는 정치 이론에 적용"(PV, 61)해보고자 한 처음의 의도와는 달리 주체의 도덕적 각성에 의존

---

45) Ulich Boehm, 이진우 역, 「정신과 자연 — 바이체커와 요나스의 대담」, 『철학의 오늘』, 끌리오, 1999, 73-74쪽.

함으로써 사회·정치적 집단의 행위 방식을 적절하게 파악하지 못했다. 또한 책임의 문제를 존재와 당위라는 형이상학적인 추상적 측면으로 그 내용을 당혹스럽고 불분명하게 전개한 점은 비판과 동시에 새로운 관점의 고찰이 요구된다.[46] 다시 말하면, 책임의 문제를 인류의 실존이라는 문제로 거론하고 있으나 생태의 측면에서 보았을 때, 문제의 핵심을 제대로 파악하기가 어렵다는 점이다. 즉, 그의 생태철학이 환경 연구에 선구적인 이론적 초석을 마련했다고는 하지만, 책임 윤리 대한 존재와 당위, 사실과 가치의 관계가 환경 문제에 여전히 타당하게 적용될 수 있는지 여전히 비판의 대상으로 삼을 수 있다는 점이다. 그렇지만 우리는 이 글에서 그의 단점을 지적하는 데 초점을 맞추지 않고, 그의 생태학적인 『책임의 원칙』을 우리의 현실에 어떻게 긍정적으로 적용할 수 있는가에 주의를 기울여서 살펴보았다. 따라서 그가 전개한 미래의 책임윤리학은 현재 그를 추종하는 많은 연구자들을 비롯하여 다양한 측면에서 이론 작업을 수행 중에 있기에 동시에 많은 연구 과제를 안고 있다.

우리가 먼저 현재의 생태계의 위기의 관점에서 그의 『책임의 원칙』의 긍정적인 측면을 찾는다면, 현재 잔뜩 일그러진 이성의 자화상을 회복시켜 그가 기술 문명에 대한 책임 윤리의 출발점으로 삼은 정언명법인 "너의 행위의 영향이 진정으로 지상에서 인간적인 삶이 되도록 행위하라"고 언급한 대목이라든지 "너의 행위의 효과가 지상에서의 진정한 인간적 삶을 지속적으로 조화될 수 있도록 행위하라"는 경구는 인간의 지속적인 실존을 요구한다는 사실이며, 21세기에도 모든 사람들의 가슴속에 여전히

---

46) Vgl. 임홍빈, 『기술 문명과 철학』, 문예출판사, 1995, 43쪽.

피부에 와닿는 격률임에 틀림없다는 점이다. 또한 그의 『책임의 원칙』에서 개별적인 위험에 관한 조사와 관련한 "공포의 발견술"에 관한 시도는 불확실성을 다루는 여러 규칙들을 훌륭하게 소화하여 추천하였다는 사실이다. 주지하다시피, 인류는 좋은 것만을 청취하기 이전에 닥쳐올 불행의 예언에 귀를 기울여야 한다.[47]

. 요컨대 그의 미래의 책임 윤리관이 구체화된 정치적·실천적인 청사진을 선명하게 보여주고 있지는 못하였다고 하더라도, 책임 윤리에 대한 새로운 이론적 구축 작업은 현재 많은 철학자·윤리학자·사회학자·과학자 등을 중심으로 하여 그의 이론을 꾸준히 계승·발전시켜나가고 있다.[48] 따라서 우리가 요나스의 책임 윤리를 통해 21세기에 닥쳐올 미래 위기 및 생태 위기를 극복하려는 시도는 어느 하나의 소리에만 귀를 기울이는 것이 아니라 다양한 분야의 영역에 걸쳐 있는 담론들, 즉 정치·철학·사회과학·자연과학 등이 허물없이 만나서 귀를 기울여 청취하고 얼굴을 같이 대할 때, 우리의 미래의 대한 책임을 분명하게 인식하고 지각하는 일이 미래에도 여전히 중요한 과제라 하겠다.

---

47) Hans Jonas, *"Prinzip Verantwortung. Zur Grundlegung einer Zukunft-sethik"*, in : Angelika Krebs(Hg.), *Naturethik*, Frankfurt a.M. 1997, 175쪽.
48) 대표적으로 아펠(K-O, Apel), 회슬레(Vittrio Hösle), 비른바하(Dieter Birnbach), 벡(Ulrich Beck), 머레이 북친(Murry Bookchin), 바이체커(C F. Weizäcker) 등을 꼽을 수 있다. Vgl. Dietrich Böhler(Hg.), *Herausforderung Zukunftsverantwortung. Hans Jonas zu Ehren*, Münster 1992, 102쪽.

□ 참고 문헌

김종국, 「기술공학 시대는 새로운 형이상학을 요구하는가?」, 『철학』 제43
    집, 1995 봄, 한국철학회.
김 진, 「칸트철학의 생태주의적 전회」, 『칸트와 생태주의적 사유』, 울산
    대, 1998.
구승회, 「한스 요나스 : '책임의 윤리'의 자연철학적 기초」, 『에코필로소
    피』, 새길, 1995.
구인회, 「행위와 도덕적 책임에 관한 고찰」, 『철학연구』 제47집, 철학연구
    회, 1999, 겨울.
롯시, 파올로, 박기동 역, 『마술에서 과학으로』, 부림출판사, 1980.
돈 아이디, 김성동 역, 「기술과 인간 : 한스 요나스」, 『기술철학』, 철학과현
    실사, 1997.
뵈메, 울리히, 이진우 옮김, 「정신과 자연 ― 바이체커와 요나스의 대담」,
    『철학의 오늘』, 끌리오, 1999.
이진우, 「한스 요나스의 생태학적 윤리학」, 『탈현대의 사회철학』, 문예출
    판부, 1993.
이진우, 「기술 시대의 생명 윤리」, 『문학과 사회』 33호, 1996 봄호.
임홍빈, 『기술 문명과 철학』, 문예출판사, 1995.
한정선, 「한스 요나스의 현상학적 생명 이해」, 『자연의 현상학』, 철학과현
    실사, 1998.
Apel, K-O., *Diskurs und Verantwortung*, Frankfurt a.M. 1990.
Birnbacher, D., *"Natur als Maßstab menschlichen Handelns"*, in : D.
    Birnbacher(Hg.), *Ökphilosophie*, Stuttgart : Reklam 1997.
Birnbacher, D., *Verantwortung für zukünftige Generation*, Stuttgart
    1988.
Böhler, D., "Hans Jonas Stationen, Einsichten und Herausforderungen
    eines Denklebens", in : ders(Hg.), *Ethik für die Zukunft*, München
    1994.
_____., *Hans Jonas-Stationen eines Denkens : Von der Hermeneutik*

zum *"Prinzip Verantwortung"*, in : ders(Hg.), Herausforderung Zukunftsverantwortung, Münster 1992.

Erich Müller, W., "Zur Problematik des Verantwortungsbegriffs bei Hans Jonas", in : *Zeitschrift für evangelisch Ethik*, 33-3 (1989).

Jonas, H., *Das Prinzip Verantwortung, Versuch einer für die technologische Zivilisation*, Frankfurt a.M. 1984 (이진우 옮김, 『책임의 원칙 : 기술 시대의 생태학적 윤리』, 서광사, 1994).

_____., *"Prinzip Verantwortung. Zur Grundlegung einer Zukunftsethik"*, in : Angelika Krebs(Hg.), Naturethik, Frankfurt a.M. 1997.

_____., *Materie, Geist und Schöpfung*, Frankfurt a.M, 1988.

_____., *Warum die Technik ein Gegenstand für die Ethik ist?* in : H. Lenk(Hg.), Technik und Ethik, Stuttgart : Reclam 1989.

Gatzemeier, M.(Hg.), *Verantwortung in Wissenschaft und Technik*, Wien 1989.

Gethmann-Siefert, G., *"Ethos und metaphysische Eros. Zu den Grundlagen von Hans Jonas' Ethik der Verantwortung"*, in : H. Schnädelbach (Hg.), *Philosophie der Gegenwart-Gegenwart der Philosophie*, Hamburg, 1993.

Gronke, H., *Epoche der Utopie*, in : Dietrich Böhler(Hg.), *Ethik für die Zukunft. im Diskurs mit Hans Jonas*, München 1994.

Heiner H., *Aufklärung und Technik*, Frankfurt a.M. 1991.

Höffe, O., *Moral als Preis der Moderne*, Frankfurt a.M. 1995.

Hubig(Hg.), Ch., *Verantwortung in Wissenschaft und Technik*, Berlin 1990.

Koschut, R-P., *Das Prinzip Verantwortung nach Hans Jonas*, in : ders., *Struktur der Verantwortung*, Frankfurt a.M. 1989.

Kodalle, K-M., *"Verantwortung"*, in : Heiner Hastedt(Hg.), *Ethik. Eine Grundkurs*, Hamburg 1994.

Kuhlmann, W., *"Prinzip Verantwortung versus Diskursethik"*, in : ders., *Sprachphilosophie-Hermeneutik-Ethik*, Würzburg 1992.

Kurreck, J., *Primat der Furcht. Medizinische Gentechnologie und Prinzip Verantwortung*, in : Dietrich Böhler(Hg.), *Ethik für die Zukunft. im Diskurs mit Hans Jonas*, München 1994.

Lenk, H., *Über Verantwortungsbegriff und das Verantwortungsproblem in der Technik*, in : H. Lenk(Hg.), *Technik und Ethik*, Suttgart 1992.

_____., "Verantwortung für die Natur", in : *Allgemeine Zeitschrift für Philosophie*. 8 (1983).

Obermeier, O.P, "Technologische Zeitalter und Problem der Ethik", in : *Philosophische Jahrbuch*. 88 (1981).

Pfordten, v.d. D., *Ökologische Ethik*, Hamburg 1996.

Reese-Schäfer, W., "*Die nichtdiskursiven Modell von Hans Jonas und Hermann Lübbe als Gegenbild*", in : ders., Grenzgötter der Moral, Fankfurt a.M. 1997.

Ropohl, G., Das Risiko im Prinzip Verantwortung, in : *Ethik und Sozialwissenschaft*, 1(1994).

Schäfer, L., *Das Bacon-Projekt. Von der Erkenntnis, Nutzung und Schonung der Nartur*, Frankfurt a. M. 1993.

_____., "*Selbstbestimmung und Naturverhältnis des Menschen*", in : Oswald Schwemmer(Hg.), *Über Natur*, Frankfurt a.M. 1987.

Schäfer, W., "Die Büche der Pandora. Über Jonas, Technik, Ethik und die Träume der Vernunft", in : *Merkur*. 43 (1989).

Schnädelbach, H(Hg.), *Philosophie der Gegenwart-Gegenwart der Philosophie*, Hamburg, 1993.

Schwemmer, O.(Hg.), *Über Natur*, Frankfurt a.M. 1987.

Wolf, Jean-Claude, *Hans Jonas : Eine Naturphilosophie Begründung der Ethik, in : A. Hüglt (Hg.), Philosophie im 20. Jahrhundert*, Hamburg 1992.

Waas, L., "*Hans Jonas und Prinzip Verantwortung*", in : der., *Max Weber und Folgen*, Frankfurt / New York 1994.

Wendnagel, J., *Ethische Neubesinnung als Ausweg aus der Weltkrise? Ein Gespräch mit Prinzip Verantwortung von H. Jonas*, Würzburg 1990.

Werner, M. H., *"Dimensionen der Verantwortung : Ein Werkstattbericht zur Zukunftsethik von Hans Jonas"*, in : D. Böhler(Hg.), Ethik für die Zukunft, München 1994.

제5장
생태 위기와 베이컨의 유토피아적 기획*
― 한스 요나스의 베이컨 유토피아주의의 비판을 중심으로

1. 생태 위기와 베이컨적 이상(理想)

우리는 과학 기술의 무한한 개발을 통해 경제적인 물질의 무제한적인 생산에 심혈을 기울이고 있다. 이러한 결과로 인해서 최소한 물질적인 측면에서 한정시켜본다면, 세계의 선진 지역이나 한 사회 내의 일부 특수한 계층에게서 현대 사회는 유토피아에 근접해 있다고 해도 과언이 아니다. 그러나 다른 측면에서 볼 때 물질적 만족을 충족시켜준다고 해서 유토피아의 전망이

---

* 이 논문은 『환경철학』 제1집, 한국환경철학회, 철학과현실사, 2002, 99-130쪽에 실렸다. 요나스는 유토피아의 1차적 요구는 모든 사람들의 요구를 충족시킬 수 있는 물질적 풍요와 이러한 풍요를 취득하는 데에서의 기술적 용이함이라 말한다(PV, 327). 박이문 교수는 유토피아의 조건들로서 지적 축적, 기술적 발달, 물질적 풍요 등을 열거한다. 그러나 이러한 조건들을 갖춘 사회도 계층 간 불평등고 인간적으로 비정할 수 있다는 것이다(박이문, 『문명의 위기와 문화의 전환』, 민음사, 1997, 32쪽).

우리에게 한 발짝 가까이 다가왔다고 자부해도 좋을까? 왜 21세기에 들어선 인류는 장밋빛 희망의 사회가 도래할 것이라는 낙관적인 비전보다는 오히려 위험 사회의 불길한 예언들에 촉각을 곤두세워야 하는가?

무엇보다 현재 널리 확산되어가고 있는 다양한 위기의 징후군 중에서도 가장 심각한 양상을 보이고 있는 것은 전 지구상의 환경 문제 내지 생태 위기일 것이다. 20세기 중반 이후로 급속한 과학 기술의 현대성을 보여주었던 진보와 긍정의 유토피아(Utopia)는 유감스럽게도 몰락의 부정적 디스토피아(dystopia)라는 청사진을 우리 앞에 펼쳐보이고 있다. 다시 말해서 과학기술로 인한 문명의 진보가 인간의 거주지를 안락하게 해줄 것이라던 유토피아의 정신이 오히려 이 지구를 인간이 더 이상 살 수 없는 디스토피아의 암울한 세계로 점차 다가오고 있다는 사실이다. 우리에게 드러낼, "디스토피아의 미래상은 현존하는 모순과 위기가 미래에는 더욱 심화되어 극단적인 결과를 가져올 것이라는 예측이다."[1] 만약 그러한 가능한 세계의 종말과 몰락으로서의 미래가 곧 우리 앞에 닥친다면, 이 지구는 현대 사회의 어두운 구성 요소를 추가적으로 보탤 것이다. 이러한 부정적 상황은 이제 먼 미래의 예언만은 더 이상 아니게 되었다. 즉, 지금의 전 지구상의 생태 위기는 일반 시민들의 현실 속에서 실제적으로 불행하고 암울한 사건들을 도처에서 목격하고 있다는 점이다. 생태 위기는, 이제 인류는 물론 지구의 종말을 앞당길 뿐만 아니라 다양한 생명들의 멸종 등 광범위한 영역에서 나타날 수 있기 때문에 국소적인 부분을 넘어 전 지구적인 의사 소

---

1) 김명진, 「대중 영화 속의 과학 기술 의미지」, 『진보의 패러독스』, 당대, 1999.

통의 대상이 되었다.

이러한 현상은 우리가 이미 여러 신문·텔레비전·인터넷·전문 학술지 등 다양한 통로를 통해서 접하는 바와 같다. 따라서 생태 위기는 동·서양을 막론하고 사회적인(sozial) 문제이자 사회(Gesellschaft)의 문제로 확산되었다. 왜냐 하면 서구의 산업 사회는 그들의 경제 질서를 통해서 편향된 성장을 이제껏 강행해왔기 때문에 사회적 문제를 도처에서 심각하게 목격하게 되었다는 사실이다. 이러한 관점에서 생태 위기는 이제 서구 사회뿐만 아니라 우리 동양 사회까지도 깊숙이 파고들었다.

우리는 이러한 생태 위기 및 환경의 문제를 한스 요나스의 대표적인 저서인 『책임의 원칙』(1979)2)에서 그 이론적 근거를 찾을 있다. 그는 "이전에는 세계에 종말에 관한 판결로서 우리를 위협하였던 것이 종교였다면, 오늘날에는 고통 당하고 있는 지구 자체가 이 날의 도래를 예견하고 있다"고 말한다. 그는 특히 제5장 「오늘날의 책임 : 위협받는 미래와 진보 사상」(PV, 243)에서 과학 기술 시대의 원동력을 베이컨의 과학주의와 유토피아주의의 결합에서 찾고 있다. 요나스에게 전 세계를 포괄하고 있는 과학 기술 진보의 동력은 그 스스로 이미 유토피아를 함의하고 있다(PV, 8)는 데서 출발한다. 그는 위의 저서에서 베이컨적인 이상이 가져다줄 재앙을 경고하면서, 우리가 예측할 수 있는 생태학적 재난을 베이컨적 이상의 과잉에서 찾았다. 그는 우리가 종말론적 상황에 처하게 되어 총체적 재난의 임박한 상황 속에 살게 된다면, 위험은 자연 과학적·기술적 산업 문명의 비

---

2) Hans Jonas, *Das Prinzip Verantwortung. Versuch einer für technolo-gische Zivilisation*, Frankfurt a.M. 1984 (이하 PV라 생략하여 표기함). 한글말 번역본 : 이진우, 『책임의 원칙 : 기술 시대의 생태학적 윤리』, 서광사, 1994.

대화로부터 초래한 것으로 본다. 요나스에 의하면, 우리가 베이컨적 이상이라고 부르는 것, 즉 지식을 자연의 지배라는 목표에 맞추고 자연의 지배 통해 인간의 운명을 개선하기 위해 이용할 수 있도록 만든다는 기획은 지식이 자본주의에 실행되면서 처음부터 합리성이나 정당성을 소유하지 못했다는 것이다(PV, 251). 그에 따르면, 학문적인 기술을 통하여 자연을 지배하려고 하는 베이컨적인 이상이 내포하고 있는 재난의 위험은 그것의 성공 여부에 달려 있다고 본다. 그는 이러한 성공을 위해 **경제적인 것**과 **생물학적인 것**의 두 가지 종류를 분류한다. 첫째로 경제적 성공은 사회 전체와 자연 환경과의 신진 대사가 급격히 증가했다는 것이며, 두 번째로 생물학적 성공은 신진 대사를 하는 집합체의 수적 증가, 즉 최근 들어 이 지구상에서 기술 문명의 영향으로 인해 인구가 큰 폭으로 증가한 것을 의미한다(PV, 251).

필자는 요나스가 지적한 바와 같이, 이 지구상에서 생태 위기를 베이컨적 유토피아라고 부르는 것, 즉 인간의 주도하에 자연을 지배하고 인간의 운명을 개선하려는 시도가 오히려 역운(逆運)을 낳았다고 생각한다. 필자의 생각으로 요나스가 베이컨적 유토피아의 집행자로서 사회주의적 유토피아 비판에 대한 시도를 하는 것도 서구 사회에서만 한정된 이야기는 더 이상 아니라는 점이다, 가까운 실례로 우리 사회는 1960년대 이후로 근대화라는 명목으로 산업 개발의 경제를 무한히 빠른 속도로 진행한 결과로 인해 현재에 이르러서는 심각한 환경 문제의 증후군을 겪고 있다는 사실이다. 필자는 베이컨이 "아는 것이 힘이다"는 이성의 진보적 사유와 마르크스의 인간 해방의 유토피아도 인간을 중심으로 한 "자연 정복 전략" 이외에 다름이 아니라고 생각한다. 현 시점에서 베이컨의 경구나 마르크스주의의 사회주의적 유토피아는 한갓 지나간 낡은 이론만은 더 이상 아니다. 왜냐 하면 요나스를 비롯한 많은 과학자 내지 철학자들은 기존의 과학 이론 및 사회 이론의 틀을 갖고 그동안 미처 발견하지 못한 이론들을 통해 현대적 의미에서 새로운 요소를 발견하여 적용하고 있기 때문이다. 이러한 시점에서 요나스의 책임 이론은 생태 위기에 처해 있는 인류에게 현재 및 다가올 미래에 반성적 성찰을 제공해주는 것은 물론이거니와 체계적으로 기존의 이론들을 다시 종합하여 실천적 대책까지 제시해주고 있다. 즉, 그는 인류의 현 존재의 안락한 생존만을 말하지 않고 불확실한 미래의 생존까지도 어떻게 처신해야 하는지 진지하게 묻고 있다. 단지 필자는 요나스의『책임의 원칙』에서 드러난 베이컨의 기획이 심층적이지 못하고 개괄적으로 전개하고 있다고 생각한다. 그래서 필자는 베이컨의 인간과 자연 사이의 지배 관계 이론을 좀더 심도 있게 다루어봄으로써 베이컨의 과학 정신 속에서 나타난 자연의 정복관이 현재의 우리 현실에서도 여전히 타당한지 아울러 묻고자 한다.

따라서 필자는 이러한 베이컨의 유토피아적 이상 내지 기획에 입각해서 전개한 요나스의 미래의 책임 윤리를 중심으로 마르크스주의와 연관해서 검토하고, 결론 부분에서 요나스의 관점에서 베이컨의 유토피아주의를 비판적으로 고찰해보고자 한다.

2. 베이컨 유토피아의 집행자로서 마르크스주의

1989년 이후 사회주의의 몰락과 동시에 "새로운 사회주의로의 기획은 유토피아의 실종이었다. 40년 동안 공산주의는 유토피아를 꿈꾸며 살았지만, 이제는 공산주의 이데올로기의 하녀로 머물 수밖에 없었다."3) 그러나 아도르노가 지적했듯이, 유토피아라는 이상이 사회주의에서 완전히 사라지고 말았는가? 사회주의의 사회는 어떠한 수단과 방법을 동원하여 현재에 이익이 된다면, 그에 부합하는 유토피아의 이상을 수용할 자세가 되어 있지 않은가? 마르크스주의자들은 한편으로 유토피아적 사회주의를 부인하면서도, 다른 한편으로 과학적이고 실질적인 측면으로의 접근을 찬양한다. 이러한 유토피아주의는 서로 모순되는 개념은 아니었는가? 역사적으로 거슬러 올라가서 "유토피아 정신은 폴 라파르크와 윌리암 모리스에서부터 월터 벤자민과 에른스트 블로흐로 이어지는 좌익 세력에게서 여전히 살아 있었다는 점이다.4) 특히 블로흐(Ernst Bloch)의 『희망의 원칙』이나 만하임(Karl Mannheim : 1893~1947)의 『이데올로기와 유토피아』의 저서 등에서 유토피아의 정신은 역사적 과정을 통해 이미 대안적 삶의 가능성을 기획하기 위한 매체로서 복권하였다. 즉, 그들의 유토피아적 관점은 정치적으로 효과 있는 역사 의식 자체에 포함되어 있었다.5) 무엇보다 그들의 마르크스주의는 사회주의를 유토피아의 절정으로 표명하고 있다는 사실이다. 따라서 그들의 유토피아주의의 가장 명시적이고 급진적인 형식은 마르크스주의에서 발견할 수 있다는 생각이다.6)

---

3) 러셀 자코비, 강주헌 역, 『유토피아의 종말』, 모색, 2000, 28-29쪽.

4) 러셀 자코비, 같은 책, 45쪽.

5) 러셀 자코비, 강주헌 역, 『유토피아의 종말』, 모색, 2000, 164쪽.

6) Gianni Vattimo, *The Transparent*, Baltimore, Jahns Hopkins University Press, 1992, 62쪽.

그러나 고전전인 마르크스주의의 유토피아는 이제 역사적으로 이별의 전주곡을 울렸다. 이러한 고전적 마르크스주의의 유토피아에 강력한 비판과 새로운 반유토피아의 윤리를 제시한 것은 요나스의 『책임의 원칙』의 저서에서 찾아볼 수 있다.

요나스는 자신의 『책임의 원칙』 6장 3절의 1장에서 "베이컨 이상의 집행자로서 마르크스주의"(PV, 256)를 언급하면서 비판의 관점을 제기한다. 그는 현대 산업 사회의 위기 상황을 베이컨적인 유토피아에 대해 이별을 고해야 한다는 의식에서 그의 논의를 시작한다. 그는 우리가 자연에 대해 책임을 다하고, 자연을 보존을 하기 위해서라도 유토피아의 더 좋은 관계를 선취하려는 것에 이별을 고해야 한다고 말한다. 사상사적으로 우리는 베이컨에 의해서 과학 지식과 기술에 의한 자연 지배의 현상을 정식화하기 시작하였다. 요나스에 의하면, 베이컨의 유토피아가 자본주의와 결합하면서부터 그 합리성과 불가침성을 인간의 이성에 의한 합법칙성으로 파악하면서 자연에 대한 착취의 가능성을 무한히 열어놓았다는 것이다. 그러나 베이컨적인 힘의 논리는 결국 과학 기술 앞에서 인간을 무기력하게 만들었고 비인간적이고 반생명적인 문화를 창출하였다. 기술 권력은 자연을 인식대상으로 설정하였고 인간 행위의 규범적 체계로부터 분리하여 도덕감과는 무관하게 되었다. 그래서 인간은 종국적으로 기술 권력에 대한 통제력을 상실하게 될 심각한 위기 상황에 봉착하게 되었다.[7]

전 지구적인 미래관을 갖고 있는 마르크스주의는 기술과의 결합을 통해서 유토피아를 명백한 목표로 부상시켰다(PV, 9).

---

7) 김진, 『칸트와 생태주의적 사유』, 울산대 출판부 1998, 262-263쪽.

그러나 자연에 대한 인간의 과학 기술의 지배를 통한 베이컨의 유토피아 및 마르크스주의적 인간 해방의 유토피아는 이제 이별을 고해야 한다는 것이다. 베이컨의 유토피아가 자연에 대한 권력의 증대를 의미한다면, 마르크스의 유토피아는 무계급 사회를 뜻하는 것이었다(PV, 256). 마르크스주의의 유토피아는 생산수단의 공동 소유와 재화의 공동 분배를 근간으로 한 무계급 사회라는 점에서 그 어떤 착취도 허용하지 않는 것을 골격으로 한다.8) 마르크스주의의 유토피아는 미래에 도달할 이상 사회라는 측면에서 고도로 발전된 자본주의 체제 내의 생산력과 물적 토대를 기초를 해서만 구현될 수 있음을 강조한다. 동시에 이러한 이상 사회로의 접근은 자본주의 사회의 계급 투쟁과 프롤레타리아의 혁명의 방식을 통해서 가능하다는 사실은 이미 잘 알려진 바와 같다. 따라서 "혁명적 실천의 주체인 노동자 계급9)은 자본주의 체제에서 자생적으로 형성된다"10)는 사실이다. 마르크스주의에 따르면 이제까지의 환경, 즉 계급 사회에서의 인간은 지금껏 좋은 적이 거의 없었기 때문에 계급 투쟁을 통해서 무계급 사회가 비로소 선한 인간11)을 산출할 것이라는 강한 믿

---

8) K. Kautsky, *Thomas More und seine Utopie*, J. H. W. Diez Nachf. GmbH (1920), 151-162쪽.

9) 마르크스에게서 노동자 계급의 해방을 위한 조건은 모든 계급의 철폐라고 주장한다. 모든 사회 계급을 철폐하지 않고서는 프롤레타리아트가 그들 자신의 착취와 소외를 종결시킬 수 없기 때문에 그들의 해방은 필연적으로 모든 인류의 해방을 의미한다. 따라서 프롤레타리아트는 그들 자신을 하나의 계급으로 유지하려는 부르주아지와는 다르게 모든 계급 차별을 철폐함으로써 계급 통치를 철폐하는 것이다 (Karl Marx, *The Poverty of Philosophy*, in : Manifesto of the Community Press, Collected Work, New York 1976, 212쪽).

10) 선우현, 「끝없는 발전의 도정으로서 유토피아 : 새로운 유토피아의 모색」, 『시대와 철학』 제11권, 2000 봄, 한국철학사상연구회, 142쪽.

음을 갖고 있다. 이것이 마르크스주의의 본질인 유토피아다. 여기서 마르크스주의는 무계급 사회의 문화적 우월성을 강조한다(PV, 282). 실제적으로 마르크스에게서 무계급 사회의 도래와 자본주의 산업 문명의 위기는 최소한 두 개의 이론과 연결되어 있다. 하나는 자본주의의 위기 이론이고, 다른 하나는 프롤레타리아의 빈곤화 이론이다. 여기서 두 이론은 무계급 사회에 도달하기 위한 필연적인 예비 단계로 나타난다. 물론 마르크스의 유토피아를 전개하기 위한 연결 고리는 지속적으로 파악하는 것이 필요하다. 왜냐 하면 마르크스에게 무계급 사회는 산업적인 생산 방식에 머물러 있기 때문이며, 상품의 증대와 상품의 합당한 분배를 유독 물질적인 빈곤화에서 마주치기 때문이다.12) 무계급 사회의 목적에 도달하기 위한 생산의 제한은 그렇게 많은 언급을 필요로 하는 것은 아니다. 먼저 자본주의와 마르크스주의에서 두 이론 중의 하나는 완숙한 생산력으로 도달하기 위해 자연의 산업적인 이용을 통해 수익의 증가를 위해 애쓴다는 점이다. 더욱이 마르크스주의는 베이컨의 유토피아 이론이 의도하였던 더 좋은 최적격의 유산을 합법적으로 인정하는 것이다. 따라서 마르크스주의의 유토피아적인 기획은 인간의 **자연 지배**라는 소박한 베이컨적인 이상을 그 집행자로서 행사하고 있다는 사실이다(PV, 256). 이렇게 하여 자연의 지배라는 소박한 베이컨적인 유토피아는 사회 변혁의 이상과 결합한다. 여기서 마

---

11) 요나스에게서 선함은 이중적인 의미를 지닌다. 하나는 성격과 행동의 선함, 즉 도덕적 자질이고, 다른 하나는 초경제적 가치에서 생산성과 생산성의 품질, 즉 문화적 자질이다(PV, 282).

12) Lothar Schäfer, Das Bacon-Projekt, Von der Erkenntnis, Nutzung und Schonung der Natur, Frankfurt a.M. 1993, 125쪽.

르크스의 기획은 베이컨적의 혁명적 결실이라는 측면에서 인간을 좀더 쉽게 이해하는 데 가장 잘 부합할 수 있도록 가다듬고, 자본주의에서는 기대할 수 없었던 전체 인류를 상승시킬 것이라던 처음의 약속을 지키려는 것이었다(PV, 256-257).

그런데 이러한 마르크스주의의 기획 속에 생태 위기의 가능성들이 우리 주변에 아주 근접하게 놓여 있을 수 있다는 점이다. 왜냐 하면 마르크스주의는 전체 인류의 미래가 바로 목표이고 초점이 되기 때문에, 그 목표를 위해서 현재를 희생시킬 각오가 되어 있으며, 그러한 목적이 지배하는 곳에서는 어디에서나 희생을 강요할 수 있기 때문이다(PV, 254). 한쪽 측면에서 현재의 상황은 미래에도 예속되어 있으며, 다른 측면에서도 마르크스주의가 개별적인 것의 장점에 대한 집단적인 우위를 매력적인 사회적 단초로서 힘에 대한 힘[13]은 승리가 아니라 퇴보로서 나타날 수 있다는 점이다. 마르크스주의는 베이컨주의적인 자연 지배의 사상을 사회 개혁의 원리와 통합하여 무계급 유토피아주의의 사회를 목표로 해왔으며, 이 점에서 자본주의보다 더 효과적인 집행자라고 자처한다(PV, 256). 다시 말해서 마르크스주의의 근원은 베이컨적인 혁명이며 스스로가 선택받은 집행자, 자본주의보다 더 효과적인 집행자로 생각한다는 점이다. 자본주의가 가장 열악한 행위를 자행한 산업적으로 자연을 이용한 결과는 "인간을 이해시키는 데 가장 잘 부합하도록 통

---

13) 요나스는 기술화의 과정을 세 단계의 권력의 증대로 구분한다. 첫째는 자연에 대한 권력이며, 둘째는 권력의 상승에서 오는 권력의 예속화가 뒤따르는 것이며, 셋째는 권력에 대한 권력의 승리를 요구한다는 점이다(PV, 253). 그런데 권력에 대한 권력의 요청은 사회적인 방법으로 될 수 있는 것이지 개인적인 측면에서 전개될 성질의 것은 아니다.

제"하였지만(PV, 256), 마르크스주의의 목적을 설정하는 동기로 기술할 뿐이다. 그러나 요나스에게서 마르크스주의는 진정으로 베이컨적인 이상의 집행자로 이해되고 있기 때문에 부적합하다고 말한다. 왜냐 하면 마르크스에게서 자연 지배의 베이컨적인 이상이 사회의 형성과 더불어 병합하여 있기 때문에 그러한 결합은 새로운 사회의 형식을 생겨나게 한다. 즉, 베이컨의 이상이 마르크스주의의 목적 설정과 연결되었을 때 이에 부합된다는 점이다.

요컨대 마르크스주의는 "구원의 전달자라는 역할에서 재난의 방지자"(PV, 258)라는 역할로서 스스로가 탈바꿈하고 자신의 숨결인 유토피아를 포기했을 때 비로소 더 훌륭한 베이컨적인 이상의 주인으로서 자리매김할 수 있다.

3. 베이컨의 유토피아적 기획

호르크하이머와 아도르노는 『계몽의 변증법』(1947)에서 이성의 자기 보존과 자기 파괴는 서로 분간하기 어려울 정도로 중첩되어 있다고 말한다. 그들에게서 순수한 이성은 어떠한 결합이 없는 처리 방식을 말한다. 자연과 자아 사이의 화해를 외쳤던 유토피아는 혁명적 아방가드와 함께 자유로운 인간들의 결사라는 이념을 내걸고 독일 철학의 은닉처에서 빠져나오면서 합리성의 모든 것을 집중시켰다. 무엇보다 호르크하이머와 아도르노에게 현재의 이성은 휴머니티를 가장 합리적인 수단이라 부르면서 그리고 이성의 자기 보존을 신화라고 불러 지탄받았던 유토피아로부터 아무런 상처도 받지 않는다는 점이다.[14] 그들에게서 자연의 지배와 **유용성의 원리**는 베이컨에 의해 영향을 받고 전개하였다. 베이컨에게서 과학 지식의 힘은 자연을 지배하는 데 이용할 수 있는 수단 내지 도구로 파악하고 있으며, 이러한 과학은 인간과 자연을 조절할 수 있는 열쇠라고 이해한다. 단적으로 말해서 베이컨에게서 과학의 진정한 목표는 다양한 발견과 발명에 의해서 인간의 삶 자체를 윤택하게 하는 데 있었다. 우리가 실제로 자연 위에 군림하는 베이컨의 유토피아가 전 지구적인 차원에서 실현된 오늘날, 인간의 자연에 대한 정복은 인간의 강압에 의한 것이라는 사실이 명백하게 드러났다. 즉, 그것은 인간의 자연 지배 자체였다. 우리가 베이컨의 견해에 동의한다면, 확실히 인간의 우월성으로 자부할 수 있는 지식은 이제 자연 지배의 해체로 나아가야 한다. 그러나 현 세계에 대해 봉사하고 있는 계몽은 이러한 가능성 앞에서 대중의 총체적인 기만으로 변질되었다.15) 호르크하이머와 아도르노는 사람들이 자연에서 무엇인가 배우고자 원한다면, "어떻게 자연을 이용할 수 있는가"를 밝혀야 한다고 강조한다. 베이컨의 "유토피아적 기획"은 자연에 대한 권력으로서 지식과 물질적 풍요를 향상시키려고 이용을 하면서 그것의 성공 정도의 여부에만 관심이 있었다(PV, 251)는 점이다.

요나스는 마르크스주의의 "베이컨적 기획"이라고 했던 태도, 즉 인간이 갖고 있는 "지식의 목표에 대해 자연을 지배하려는 것에 두고, 자연의 지배를 인간의 운명을 개선하기 위해 이용하는 태도"(PV, 251)를 공유하고 있다고 비판한다. 마르크스주의

---

14) M. 호르크하이머 / Th. W. 아도르노, 김유동 외 역, 『계몽의 변증법』, 문예출판사, 1996, 134-135쪽.
15) 같은 책, 75-76쪽.

는 많은 사람들에게 자연에 대한 승리자의 태도라든지 강탈자의 태도를 버려야 한다고 말한다. 이러한 입장은 단지 단기간에 자신들의 이익을 고려한 근시안적 행위이지 장기적인 안목이 아니기 때문에, 인간의 자연 지배를 우려한 것으로 이해할 수 있다. 현재의 생태 위기라는 것도 무분별한 자연의 착취와 약탈에 의해 발생하였다기보다는 오히려 계획적이고 합리적인 행위가 이기의 더 근원적인 원인이 되었다. 요나스에게 책임의 물음은 근대적인 지식과 기술적인 적용하면서 엄청나게 성장한 기술의 권력을 통해서 준비되어온 것이라 말한다. 이제 우리 인간의 "힘은 스스로 막강하게 되었으나, 힘의 달콤한 약속은 위협으로 되었고, 구원의 전망은 계시록적인 전망으로 탈바꿈하였다"(PV, 253)는 사실을 주시해야 한다. 그 속에서 어쩌면 인류의 많은 위협들이 숨겨져 있는지도 모른다. 이러한 숨겨진 위협에 대한 권력 구조의 예속화 속에서 인간은 재차 이러한 의미의 중요성을 인식해야 한다. 주지하다시피, 위험은 자연과학적이고 기술적인 산업 문명의 비대화로부터 초래한다. 이러한 연관 속에서 "베이컨의 유토피아주의의 이론적 토대"[16]는 어떻게 형성되었는가?

베이컨은 「학문의 존엄과 진보」의 제2권에서 "자연의 경이에서 기술의 경이"로의 이행을 근거로 하는 보편적인 자연지(自然誌. natural history)라는 개념을 발견하고, 자연지와 실험지

---

16) 베이컨에 관한 역사적인 서술은 크게 두 가지 분파로 갈라져 내려온 논쟁에 의해 특징화된다. 한쪽 측면은, 베이컨을 '천한 실용주의주의자로 보는 사람들이고, 다른 측면으로는 그를 과학적 지식에 대한 사심 없는 평가자로 추켜세움으로써 이런 비난에 대항해서 베이컨을 옹호하는 것이 자신들의 의무라고 느끼는 두 부류다(파울로 로시, 「베이컨의 과학에서의 진리와 효용」, 김영식 편, 『과학 속의 역사』, 창작과 비평사, 1982, 117쪽).

를 진보의 선행 조건으로 들고 있다.17) 그리고 『신기관(新機關)』의 첫 구절에서 르네상스의 텍스트와 비교하여 자연의 새로운 의의를 다음과 같이 보여주고 있다.

"인간은 자연에 봉사하는 것, 자연을 해명하는 것으로서, 자연의 질서에 관해 실제로 관찰하고 정신에 의해 고찰한 것만을 행하고 이해한다. 그 안의 것은 모르며 또한 행할 수도 없다. 인간이 할 수 있는 일은 자연물을 결부시키고 분리해내는 것뿐이며, 그 밖의 일은 자연이 그 내부에서 진행시키는 것이다."18)

위 인용문에서 베이컨은 인간과 자연에서 실제로 행할 수 있는 것을 분리시켜 진행시킨다. 베이컨은 인간의 지식은 서술·시·철학·신학으로 분류하고, 기술은 인간과 자연에 관한 것으로 나누었다. 그는 자연지의 모든 사실을 빠뜨리지 않고 집대성할 목적을 가지고 있었다. 그런데 여기서 "자연에 대한 인간의 지배는 인간이 자연을 향해서 어떤 것을 실행할 때 가능한 것이 아니라 인간이 자연적 원함에 대한 정확한 지식에 의해서 자연을 자신의 목적을 위해 이용할 수 없을 때 가능하다는 것이다. 여기서 베이컨은 지식을 인식론적 차원으로 다루고 않고 실제적으로 활용 가능한 기술과 결합시켜서 생각했다는 점이다."19)

무엇보다 베이컨의 최대 관심은 소크라테스와 플라톤 이래의

---

17) 찰스 쿨스톤 길리스피, 이필열 역, 『과학의 역사』, 종로서적, 1983, 64쪽.
18) Novernom Organ, I, 1. 4쪽.
19) 이동희·문석윤, 「동서철학에서 자연과 역사의 의미」, 『인간과 자연』, 철학과현실사, 1998, 210쪽.

철학이 이제껏 추구해온 것처럼 이론적 구성에 대한 진보와 인간이 이루어놓은 진보의 여건을 분리하거나 반대하는 과정들을 반박하는 것이었다. 베이컨에 의하면, **진리 없는 실용성**이란 임의적이고 우연적이며 진보나 발전의 능력이 없다고 말한다. 단지 그는 실제적인 결과를 추구해온 것은 마술이나 연금술의 전형적인 방법들이라 언급한다. 여기서 실제적인 결과를 얻으려는 노력이 바로 마술사나 연금술사의 조작들로 지배하는 이론들이라는 것이다.[20] 이러한 베이컨에게서 자연과학적인 자연 지배는 정치적인 인식을 처음으로 제기하였다는 점이다. 그가 **아는 것이 힘**이라고 말했을 때, 이는 자연을 종교적으로 신성화하던 중세의 마술적인 사유[21]에 벗어나서 대상을 자연과학적인 인식의 틀로 바라보는 인간의 권력을 의미하는 것이었다. 다시 말해서 지식은 자연의 대한 지식을 말하는 것이었고, 그러한 지식이 인간 사회의 유용성을 위해서 자연의 지배를 목적으로 하는 것이었다.[22] 인간이 자연에 예속화시키려는 바로 그 시도가, 거꾸로 인간이 자연을 정복하는 것으로 되었다. 자연을 알기 위하여 우리는 먼저 자연에 복종해야 한다. 이것은 베이컨이 우리

---

20) 파올로 로시, 「베이컨 과학에서의 진리와 효용」, 김영식 편, 『역사 속의 과학』, 창작과 비평사, 1982, 129쪽.

21) 기독교는 3세기 초에 커다란 세력을 세 분야로 나누었다. 기독교 · 철학 · 마술이 그것이다. 기독교와 철학은 마술에 대해 공동 전선을 폈고, 상호간에 마술적인 실천에 대해 비난하였다. 특히 철학자들은 마술적 환상과 기독교의 기적을 동일시했는데, 많은 성인들은 마술을 비난함과 동시에 뛰어난 많은 지식을 제거해버렸다 (P. Rossi, *Francis Bacon ; From Magic to Science*, University of Chicago Press, 1968, 파올로 로시, 박기동 역, 『마술에서 과학으로』, 부림출판사, 1980, 24~25쪽).

22) Francis Bacon, *The Works of Francis Bacon*, Ed. Basil Montagu(London, 1825) Bd. I. 254쪽.

에게 준 하나의 교훈이다. 베이컨의 구호는 "자연 속에 어떠한 비밀도 남겨놓지 말라. 자연의 비밀을 하나하나 모두 확인하고도 그리스도의 구원을 이루자", 즉 그것은 "아는 것이 힘이다"였다. 그는 자연으로부터 신을 추방하고 오로지 자연을 지배하기 위한 방법론적인 탐색에 열중한다. 인간은 자신의 인지력(認知力)으로 인해 처음에는 자연을 체계적이며 철저하게 이해하는 방법을 배웠다. 그리고 그 결과로 인해 마치 사자의 동굴에 들어가 그 수염을 가지고 놀거나 자기에게는 어떤 해로움도 없이 사자의 꼬리를 흔드는 조련사와 같이 모든 방면에서 자연을 조정하고 이용할 수 있는 방법을 터득하게 되었다.[23]

베이컨에게서 인간 사회의 유용성을 위해 자연을 지배할 목적으로 하는 지식은 이미 과학 기술의 진보를 의미하는 것이었다. 서양의 고·중세 시대에서 진보의 사상은 낯선 것이었거나 종교적 구원의 차원에서 행해졌다.[24] 베이컨에게 과학은 학문의 유용성과 인간 사회의 진보를 자신의 신념으로 생각하였다. 즉, 그는 최후의 저서 『신아틀란티스(*Neu-Atlantis*)』[25]에서 유토피아의 계시를 받은 사람들이 즐겨 만들어내는 그곳에 자신의 꿈을 펼치면서 자연에 대한 탐구로서의 학문의 이상적인 조직화를 "살로몬의 집(Haus Salomon)"으로 표현한다. 그의 유토

---

23) 방동미, 정인재 역, 『중국인의 생철학』, 탐구당, 1983, 20-21쪽.

24) G. Böhme Am Ende des Baconschen Zeitalters, Frankfurt / M., 1993, 9쪽.

25) 베이컨의 『뉴아틀란티스』란 제목은 플라톤의 대화편인 『티마이오스』에 나오는 전설의 섬 아틀란티스에서 따왔다. 그는 유토피아는 저 잃어버린 대륙의 흔적에 있다고 말한다. 그 대륙은 티마이오스의 우주론적 비유에서 플라톤이 묘사한 최후의 철인 왕과 함께 장막 저편으로 사라졌다고 언급한다. 조난 당한 유럽인은 거기서 안전한 질서의 나라, 조화된 지식으로 가득 차 있고 분쟁과 질투가 없는 나라를 발견한다 (찰스 쿨스톤 길리스티, 『과학의 역사』, 65쪽).

피아의 국가인 "신아틀란티스"에서 "살로몬의 집"은 정치 조직에 버금가는 중요한 의미를 지니고 있다. 베이컨에게 "살로몬의 집"은 과학 기술의 사회화를 통해 인류의 상태를 훨씬 더 개선할 수 있다는 베이컨의 신념이 깃들어 있다.[26] 아틀란티스 섬에 세워진 "살로몬의 집"에는 모든 과학 분야가 체계적으로 조직되어 있다. 이러한 "살로몬의 집"에서 베이컨은 정치적 지배가 없고 각각의 과학자가 자유로이 공공의 복지를 위해 연구하는 새로운 모델을 전개하고 있다. "살로몬의 집"은 과학자들의 학문 분야가 아니라 사회적인 유용성에 따라 기후실험실, 양봉실험실, 과학실험실 등 적용 영역에 따라 설치된 많은 실험 연구실을 갖고 있다. 더 나아가 이 집은 지진이나 홍수, 가뭄 등 기상 이변을 예언하고 식물의 성장과 촉진, 동물의 성장 변화, 잡종의 생산, 새로운 예술의 금속품, 공중 위생에 기여하기도 한다. 유토피아적 환상의 섬인 아틀란티스에 세워진 "솔로몬의 집"은 과학과 기술의 진보를 통해서 인간의 자연에 대한 지배를 확충하기 위한 베이컨의 낙원에의 보편적인 믿음과 목적을 잘 대변하고 있다. "원인을 알지 못하면 그 작용과 결과를 알 수 없기 때문에 인간이 무엇을 안다는 것과 무엇을 할 수 있다는 것은 동일한 의미다. 자연을 복종시킬 수 있을 때 비로소 인간은 자연을 지배할 수 있다."[27] 따라서 인간에 의해 부여된 자연과학적인 인식의 틀에 따라 해석된 자연 법칙은 바로 인간이 자연을 지배할 수 있다는 자연에 대한 인간의 힘의 우위성을 뜻하는 것이었다.[28]

---

26) F. Bacon, übers. v. Bugge, Neu-Atlantis, Stuttgart, 1982, 9쪽.
27) Francis Bacon, Novum Organum, The Works of Francis Bacon, ed. by Basil Montague, Bd. 14. London 1827, 129쪽.

이러한 관점에서 베이컨은 확실히 과학과 기술의 진보로 인해 사회 관계와 인과 관계를 진보시킬 수 있다는 희망을 품고 있었다. 베이컨의 신과학 프로그램은 과학을 사회화하고 과학의 유용성이라는 관점에서 수행되었지만, 그의 이런 기대와 희망은 충분히 충족되지 못했다.29) 따라서 인간에 의해 부여된 자연과학적인 인식의 틀에 따라 해석된 **자연 법칙의 필연성**은 바로 인간이 자연을 지배할 수 있다는 자연에 대한 인간의 힘의 우월성을 뜻하는 것이었다.30)

베이컨은 주위의 여러 학파들이 주장하는 자연철학은 우리의 지식에 대한 유용한 관점을 제시해주는 것이 아니라 혼동과 불확실만 가중시키고 있기 때문에 학문의 발전이 더 어 이상 없다고 단언한다. 먼저 베이컨은 그 당시 학문의 주도권을 잡고 있던 아리스토텔레스주의의 자연철학에 대해 언어에만 의존하고 있을 뿐 실제로 현실 세계와는 다소 거리가 있으며, 비생산적인 삼단논법에 탐닉한다고 비난한다. 즉, 베이컨은 아리스토텔레스의 삼단논법은 진리를 탐구하기보다는 오히려 더 많은 오류를 강화시키고 있으며, 자연에 적절하게 적용할 수 없는 한계를 지녔다는 것이다. 따라서 그에게서 기존의 논리학을 대신할 만한 새로운 방법의 확립을 찾는 것이 선결 과제였다. 즉, 베이컨은 아리스토텔레스의 연역 논리의 절차를 완전히 뒤엎고 다른 방향의 길을 활짝 열어놓았다. 베이컨의 다른 방향의 길이란, 감

---

28) R. Brandt, "Bacon", J. Speck(Hg.), *Die Idolenlehre. Grundprobleme der großen Philsophie der Neuzeit I*, Göttingen, 1979.

29) 구승회, 『에코필로소피』, 새길, 1995, 26~27쪽.

30) R. Brandt, "F. Bacon : Die Idolenlehre", in : *Grundprobleme der großen Philosophie der Neuzeit I*, hrsg. von J. Speck, Göttingen 1979, 23쪽.

각 기관과 구체적인 사물에서 발견한 원리들을 이끌어내어 합리적인 상승의 과정과 연속적으로 중단되지 않는 절차를 거쳐서 보편적 공리에 이르게 하는 것이었다. 먼저 특수한 경우에서 비교적 낮은 단계의 공리는 다시 더 높은 중간 단계의 공리로 상승하여 마지막에는 가장 보편적인 공리에 도달하는 것이다.[31] 그는 플라톤주의에 대해서도 마찬가지로 비판을 가하면서 그것이 신학과 과학의 결합에 의해 이중적인 단점을 지니고 있는 허황한 이론의 철학과 이단의 종교를 낳았다고 공격하였다.[32]

그런데 베이컨의 마술과 연금술[33])에 대한 베이컨의 긍정적인 평가는 그것을 통해 인간이 노력할 궁극적 목적으로서 옛날의 전통을 부흥시키려는 욕구를 지닌 것이었다. 다시 말해 베이컨의 "마술의 목적은 자연철학에 대해 사변의 공허감으로부터 눈뜨게 해서 실험의 중요성을 상기시키는 것이었다. 또한 연금술의 목적은 자연적 실체에 감추어져 있는 이질적인 원소를 분리하고 추출하여 더럽혀진 것을 깨끗이 하고, 방해 당하고 있는 것을 풀어헤치며 미숙한 것을 성숙하게 하는 것이었다."[34] 만약 베이컨이 마술과 연금술에 관한 생각을 유보하고 있었다 하더라도, 그것은 탐구의 실험적 본성에 관한 것이 아니었다. 왜냐

---

31) Francis Bacon, *Novum Organum*, 125쪽.

32) 김영식, 『과학혁명』, 민음사 1985, 75-76쪽.

33) 베이컨의 연금술적 전통은 다음과 같이 두 가지의 개념에서 찾을 수 있다. 첫째로, 하나의 물체에서 다른 물체로의 전환을 주어진 물체에 다른 원소를 부가하면서 달성될 수 있다. 그래서 연금술사는 흔히 물체의 진화를 광범위한 형식으로 표현하였다. 둘째로, 실체의 속성은 자유로 부가되거나 제거하거나 교환할 수 있는 특수한 존재며 또는 분리 독립한 속성으로 간주되고 있다는 점이다 (파울로 로시, 박기동 역, 『마술에서 과학으로』, 부림출판사, 1980, 21쪽).

34) 파올로 로시, 『마술에서 과학으로』, 33쪽.

하면 발견의 과학이라는 것은 베이컨 자신의 방법에서도 아주 기본적인 것이었기 때문이다. 그는 자신의 신과학(新科學)의 모델로서 기계 기술에 관한 공동 연구를 하려는 의도들은, 르네상스의 연금술의 학문적 전통에서 한 발짝 물러난 것이었다. 왜냐하면 그의 과학은 개인적 연구가 아니라 조직적인 공동 연구로 방향을 바꾸고자 했으며, 그의 논리학이 새로운 진리 탐구를 가능하게 할 것이라는 강한 믿음이 있었기 때문이다. 따라서 그는 과학을 공동 연구로 간주하였으며 연속성 있는 실험도 진보를 확보하기 위한 방법으로 강조하였다.[35]

이러한 베이컨은 연금술과 마술에 대한 냉정한 비판은 마술과 연금술 대신에 실제적으로 적용할 기술적 지식이 더 공개적이고 객관적이며 인류의 복지를 위해서 협동적인 발전을 보여주었다는 것이다. 먼저 베이컨은 과학의 타락상에 대해 폐단을 지적하고, 우리에게 잘 알려져 있는 네 개의 우상[36]을 타파해야 한다고 주장했다. 그는 이와 같은 우상의 폐단에 대한 개선책을 제시한 새로운 방법이 귀납적 방법(inductive methode)[37]이었

---

35) 파울로 로시, 앞의 책, 33-35쪽.

36) 잘 알려져 있다시피, 베이컨의 네 개의 우상(idol)은 종족(tribe), 동굴(cave), 시장(market place), 극장(theatre)의 우상들이 그것이다. 그는 연금술과 마술은 주관과 선입견에 사로잡혀 있기 때문에 동굴의 우상에 속한다고 보았다.

37) 귀납적 방법은 많은 경험적 데이터를 분류하고 정리한 이후부터 참다운 지식을 얻어내는 방법이다. 어떤 문제에 대한 지식을 얻기 위해서는 그와 관련된 무수히 많은 경험적 사실들을 수집하고 분류하며 그것을 순서에 맞추어 정리해서 그것들로부터 처음에는 사소한 정리(定理)들, 후에 가장 일반적인 정리들을 얻게 된다. 그러나 여기서 취사선택의 방법은 중요하게 작용한다. 귀납적 방법의 결과들은 자연사(natural history), 실험사(experimental history)들이다. 예를 들어 열, 빛, 전기 등 여러 현상에 대해 경험적 사실들을 수집, 정리해서 얻어내게 될 참다운 경험적 지식들인 셈이다 (파울로 로시,『마술에서 과학으로』, 79쪽).

다. 즉, 힐(Ch. Hill)에 의하면, 베이컨의 귀납적 방법은 직관과 관찰을 통해 직접적인 경험에서 얻어온 것이지만, 무엇보다 책이나 학자들의 권위에 반대하는 것이었다. 요컨대 베이컨의 방법은 전통에 반대하고 개인적 경험을 추켜세우는 것이었다.[38]

17세기 과학자들은 확실한 지식을 신에게만 가능한 것이라 하여 자기들의 임무는 여러 특성의 형식(form) 이거나 본질이 아니라 그들 상호간의 관계에서 작용의 법칙을 추구하는 것이라 주장하였다. 그런데 베이컨은 중세적인 형식을 다소 추구하였는데, 이것은 사물의 정의, 곧 본질을 추구하는 것이며, 좀더 확실한 지식을 찾는 방법이었다. 이러한 태도는 17세기 과학, 즉 경험적 방법과는 다소 다르다는 견해다. 라센(R. E. Lassen)에 의하면, 베이컨은 근대적이기보다는 오히려 중세적이었으며,[39] 베이컨의 형식은 서술적 일반화 법칙이었지 과학적 법칙은 아니라는 것이다. 더욱이 베이컨의 과학은 주어진 사물에 하나의 새로운 특질, 또는 성질들을 일으키게 하거나 부가하고자 하는 연금술이지 새로운 방법에 의한 것은 아니었다는 것이다. 더욱이 베이컨의 과학은 주어진 사물에 하나의 새로운 특질이나 새로운 성질을 일으키게 하거나 추가시키고자 하는 연금술이었지 새로운 방법에 의한 것은 아니었다는 점이다. 다시 말해 베이컨의 과학적 이론과 가설에서 추출된 결과를 체계적으로 검증하려 했던 방법이, 실험이라는 근대적 개념까지는 도달하지 못했다는 것이다.[40]

---

38) Christopher Hill, *Intellectual Origins of the English Revolution*, Oxford 1965, 112쪽.

39) Robert E. Lassen, "The Aristotelianism of Bacon's Novum Organum", in : *Journal of history of Ideas*, XXIII, No. 4. 1962, 435쪽.

따라서 베이컨의 방법이란, 일반적으로 생각하거나 힐이 주장하는 것처럼 그렇게 경험적인 방법도 아니었고, 라센이 주장하는 것처럼 그렇게 중세적인 것도 아니었다. 베이컨의 귀납적 방법이란 철저한 경험론적인 아니라 다분히 합리적인 것이었다. 베이컨은 "귀납적 방법을 통해 사실에서 주워 모으는 개인적 방법이었다. 즉, 먼저 자기가 빼내온 실을 가지고 그물을 쳐놓고 먹이가 걸리기를 기다리는 거미의 방법이 아니라 화밀(花蜜)을 수집하되 그것을 자기 몸 속의 봉밀(蜂蜜)로 바꾸어 추출해내는 방법"41)이었다. 이런 관점에서 우리는 근대 과학의 선구자인 베이컨이 기계론적 철학을 승리하기 이전에 이미 기술에 대한 새로운 견해를 지지했다는 사실을 기억하는 것은 중요하다. 베이컨은 인간이 지상의 자연뿐만 아니라 천상의 자연과도 경쟁할 수 있음을 보여주기 위해 발견은 곧 새로운 창조요, 신의 작업을 모방하는 것이라 말한다. 그에 의하면, **인간이 사물을 지배하는 것은 전적으로 기술과 과학에 의존하는 것**이라 주장한다. 인간은 더 이상 아리스토텔레스를 추종하여 기술의 힘이 자연을 이길 수 없다고 낙심해서는 안 된다. 인공적으로 만든 것이 불의 태양과 같은 일을 할 수 없다거나, 인간은 진정한 화합물을 만들 수 없고 단지 혼합물만 만들 수 있다고 생각할 이유는 없었다. 그는 계속해서 기술은 오직 자연의 시녀며, 자연이 이미 시작해놓은 일을 완성하도록 도와줄 뿐이라는 아리스토텔레스의 의견을 강하게 거부하였다. 그는 오히려 기술이 자연을 기초로 하여 자연의 자력으로 생산할 수 있는 것과 마찬가지로

---

40) 나종일, 「Puritanism과 과학의 발전」, 『성곡논총』 제2집, 1971, 210쪽.
41) F. Bacon, Novum Organum, Aphorism, 155, Work, IV, 92-3쪽.

인간이 자연이나 물체의 운동을 이끌고 나갈 수 있어야 한다고 주장한다. 따라서 베이컨은 자연의 힘과 물체들은 단지 인간의 계획에 따라 좌지우지한다는 것이다. 다시 말해 베이컨은 인간의 설계를 성취하기 위하여 자연을 이용하면 그뿐이라고 주장한다. 따라서 베이컨에게서 인간이 자연을 지배한다는 것과 인간이 자연을 공손하게 복종해야 한다는 주장 사이에는 실제적 모순은 없었다.42) 왜냐 하면 "복종하지 않고서는 자연을 다스릴 수 없기 때문이다. 그러나 자연에 대한 인간의 간섭이 성공적이기 위해서는 인간이 자연의 근본 법칙과 부합되어야 한다. 그러므로 인간의 지식과 인간의 능력, 이 두 가지는 실제로 하나로 만난다. 그리고 조작이 실패하는 것은 그 원인들에 대한 무지에 기인한다."43)

베이컨의 열망은 자연의 지배를 얻어내고 인간의 유용성을 위해 자연을 획득하고자 했다. 그래서 그는 기술의 진보를 통해 과거와 현재에도 계속해서 이성의 확신을 증명하고자 하는 것이 그의 신념이었다. 단지 이러한 삶에 유용한 모든 기술이 인간 활동의 원동력이었다. 우리는 베이컨의 모든 관념들과 이와 유사한 다른 관점들 속에서 언제나 육체적인 몸으로 하는 직업과 지적인 작업 사이를 분리와 대립을 발견한다. 적어도 권력을 위한 지식을 원했던 베이컨은 육체적인 작업을 이론의 영역에서 나타난 결과를 갖고 그것을 응용하는 도구로서 지적인 작업에 종속시키려는 생각이 항상 지배적이었음을 발견하게 된다.44)

---

42) R. 호이카스, 손봉호 외 역, 『근대 과학의 출현과 종교』, 정음사, 1987, 75-76쪽.

43) Bacon, Novum Organum, I, aph, 3 : Novum Organum, I, 129쪽.

44) 파올로 로시, 「베이컨의 과학에서의 진리와 효용」, 김영식 편, 『과학 속의

베이컨은 사물의 본성과 인간의 지식의 결합은 언제나 가부장적인 것이었다고 말한다. 권력을 의미하는 지식은 인간을 노예화하거나 지배자들에게 순종하면서 그 한계를 제대로 인식하지 못한다. 그가 간직하고 있는 지식의 많은 사례들은 단순한 도구에 불과하다. 예를 들면, 라디오는 한 단계씩 승격된 인쇄기며, 급강하 폭격기는 더 효율적인 대포며, 무선 조정 장치는 더욱 믿을 만한 나침반이다. 인간이 자연으로부터 배우고 싶은 것은 자연과 인간을 완전히 지배하기 위해 자연을 이용하는 법이다. 오직 그것만이 유일한 목적이다. 자기 자신마저 돌아보지 않는 계몽은, 자신이 갖고 있는 자의식의 마지막 남은 흔적마저 없애버렸다.45) 주지하듯이, 베이컨을 가리켜 기술주의 시대를 살았던 최초의 인물이라 말들 하지만, 사람들이 그를 뒤따르는 데는 많은 시간이 필요로 하였다. 즉, 근대의 문화가 근대 세계관의 기술주의를 받아들이기까지는 150년이라는 세월이 더 요구되었다. 많은 기간이 경과되면서 사람들이 깨달은 것은 지식은 곧 권력이라는 생각과 인간은 진보할 수 있다는 희망이거나 가난이 커다란 악이라는 인식은 보통 사람들의 삶도 어느 누구 못지 않게 큰 의미를 가진다는 깨달음이었다.46) 따라서 베이컨의 유토피아 기획은 그 자신의 프로그램을 충분한 영역에서 잘 취사선택하고 활용하여 적절한 이론으로 적용할 수 있을 것이다.

역사』, 창작과 비평사, 1982, 116쪽.

45) M. 호르크하이머 / Th. W. 아도르노, 『계몽의 변증법』, 24-25쪽.

46) 닐 포스트먼, 김균 옮김, 『테크노폴리-기술에 정복당한 오늘의 문화』, 민음사, 2001, 60-61쪽.

4. 맺음말 : 베이컨의 유토피아주의 비판

필자가 앞 장에서 베이컨의 유토피아에 대하여 살펴보았지만, 유토피아주의적 에너지들이 고갈된 데에는 충분한 이유와 원인들이 있어왔다. 이런 점에서 더욱이 "고전적 유토피아는 인간다운 삶, 사회적으로 조직된 행복의 조건들을 화려하게 청사진을 설계해왔다. 19세기 이후로 정치적 대결에 가담했던 사회적 유토피아, 역사적 사유와 융합한 사회적 유토피아는 좀더 현실적인 기대감을 불러일으켰다. 이러한 것들은 자연과 사회를 합리적으로 통제할 수 있는 유망하고 확실한 도구로서 과학과 기술을 소개해왔다."[47] 우리는 21세기에 들어와서도 자본주의적인 유토피아의 사회를 과학 기술의 발달에 의해 실현될 수 있음을 텔레비전, 광고 등 대중 매체를 통해 언제나 접하고 있다. 르네상스와 더불어 시작된 인류의 과학 기술의 전망은 토마스 모어를 시작으로 하여 캄파넬라와 라이프니츠에 이르기까지 동일한 방향으로 진행되어 왔다.[48] 그러나 이러한 기대는 21세기의 현 시점에서 더욱 엄청나게 성장한 과학 기술의 위력과 일상적인 생활의 이해 관계가 서로 맞물려 도처에서 공포의 파노라마가 전 지구를 위협하고 있는 상황에 예의 주시해야 한다. 즉, 생태계의 파괴 및 이로 인한 위기감, 원자력발전소의 핵폐기물 처리나 방사능의 누수 현상, 핵에너지의 가공할 만한 위협, 무기기술공학의 급속한 진전, 생명 복제와 인간 행동의 생명공학에의 개입, 자료 수집과 새로운 의사 소통의 정보 통신 매체들은 기본적으로 모순적 결과들을 동시에 잉태하고 있다는 점이다.

---

47) 하버마스, 이진우 외 옮김, 『새로운 불투명성』, 문예출판사, 1996, 165쪽.
48) 임철규, 『왜 유토피아인가』, 민음사, 1994, 22쪽.

주지하다시피 요나스에 따르면, 현대 과학 기술이 과학 혁명 이전의 고전적 기술과는 본질적으로 다르다는 것이다. 그는 지식을 자연의 통제와 연결시켰던 베이컨적 이상은 그가 기술 속의 '제3의 군력'이라고 부르는 결과를 예견할 수도 통제할 수도 없다고 주장한다. 요나스는 현재 베이컨적인 지식으로부터 도출된 권력의 심각한 상황을 예상하지 못했다는 것이다. 실제로 지식의 권력은 자연에 대한 어떤 종류의 지배, 즉 자연의 집중적인 이용을 가져왔다. 그러나 동시에 자연은 기술의 권력, 그 스스로 전적으로 복종을 하였다. 권력은 스스로 움직이게 되고, 그 희망은 위협으로 바뀌며, 해방의 전망은 요한 계시록적인 재앙으로 바뀌었다(PV, 251).

우리가 앞에서 살펴본 바와 같이, 베이컨의 "아는 것이 힘이다"는 명제는 스스로가 자신의 지휘 아래 승리의 최고점에서 자신의 부족함과 자아 모순을 드러내버렸다. 다시 말해서 자기 자신에 대한 통제력을 상실하였으며, 그것은 바로 인간 스스로에게서부터 자연을 인간으로부터 보호할 수 있는 능력을 상실하였음을 의미한다. 자연과 인간을 보호할 필요성은 바로 기술적 진보의 과정에서 획득한 엄청난 권력의 규모가 어떻게 행사될지 불확실한 상황에서 점차 대두하게 되었다. 현 시점에서 우리가 요나스의 생태계의 위기에 주목하고자 함은 베이컨이 예측하지 못했던 지식이 대한 권력의 역설이 자연 지배를 성취했다고 할지라도, 그와 동시에 **자신에 대한 완전한 예속**이라는 결과를 가져왔다는 비판에 소홀해서는 안 된다. 끝없는 것처럼 보이는 자연에 직접적으로 행사하던 1차적 권력이 2차적인 권력으로 양도되었다. 더 이상 인간이 자연을 정복하여 인간을 해방시키는 것이 아니라 오히려 인간을 노예로 만드는 제2의 단계의 권력을 점점 더 요구한다는 사실이다. 그래서 오늘날 과학 기술의 힘을 제어할 수 있는 새로운 제3의 권력은 자연의 벽 앞에서 부딪히는 한계를 드러냈다(PV, 253). 따라서 인간의 힘은 더 이상 순수한 것이 아니라 권력자들의 힘에 의해 좌지우지되는 상황으로 변했다. 이런 점에서 지식의 권력의 거짓 소유자에게 자신도 종속시켜버렸으며, 최소란 자신의 의지조차도 없는 집행자로 만들어버리는 현실로 나타났다. 앞에서 언급한 바와 같이, 요나스의 『책임의 원칙』에서 드러난 베이컨의 '유토피아적 기획'은 마르크스의 진보화된 입장과 과학 기술의 발달로 인한 베이컨의 집행자로서의 마르크스적 유토피아의 기획이 어떻게 상호 연관되었는지를 비판적으로 고찰하는 데 있었다.

요나스에 의하면, 마르크스주의는 기술을 장악함으로써 자유를 무한히 확대하려는 프로메테우스적인 해방으로 보고 있다고 비판한다. 즉, 요나스에게서 "유토피아의 비판은 기술 비판의 극치"(PV, 388)로 묘사한다. 여기서 우리는 요나스가 지금까지 살펴본, 『책임의 원칙』의 여러 대목에서 언급한 유토피아주의 비판에 대해 겸허하게 받아들여야 한다. 또한 독일 철학자 회슬레(V. Hösle)가 언급한, "인간을 위협하는 위험은 사실상 인간도 유기체라는 사실을 인식하는 데 있으며, 위험의 범위는 인간이 최고의 유기체"라는 오만한 생각에서 비롯되었다는 진단에 귀를 기울여야 한다. 요나스는 이러한 마르크스주의에서 과학기술의 진보 개념을 중요한 한 부분으로서 설정하고 유토피아주의를 광범위한 범위 안에서 전개하였다. 즉, 그는 마르크스주의의 중요한 관점을 "윤리적 진보, 문명화된 진보, 과학화된 진보, 기술적인 진보"(PV, 287-297)로 파악한다. 여기서 요나스가 언급하는 마르크스주의적인 유토피아의 기획은 "유토피아의 도래를 곧 예고하는 것이 아니라 반유토피아"(PV, 50)의 사회가 다가올 수 있음을 경고한다. 왜냐 하면 우리가 지금까지 살펴보았듯이, 인간의 권력을 무한히 확대하여 자연을 지배하려는 목적과 의도를 멈추지 않고 과학 기술의 진보라는 미명 아래 여전히 권력의 행사를 계속 진행시킨다면, 디스토피아 사회의 도래는 먼 이야기만은 더 이상 아니라는 점이다. 물론 우리가 추구해야 할 21세기의 사회는 종말론적인 전망에 기인하고 있지 않다는 것은 분명하다. 이런 관점에서 요나스가 주장하는 "베이컨의 유토피아주의 이상"에서 드러난 어두운 예언적 함의는 결코 현 상황을 부정적이거나 적대적인 측면만을 부각시키는 데 있지는 않다. 지금 많은 환경 전문가들이 생태계의 위기를 언급하는 이면에도 인류의 지속적인 미래의 유토피아 사회에 대한 청사진일 수 있다. 단지 우리는 이 지구상에 거의 존재하지 않는 전체주의적 입장이나 전체주의의 잘못된 결과에 대해 요나스의 비판에 주의를 기울여야 한다. 즉, "인간이 이미 존재함"(PV, 361)에 대한 확신은 마르크스주의와 같은 약속 받은 치료를 하거나 윤리를 예언하지는 않는다는 것이다.[49] 이러한 관점에서 마르크스주의의 영역에서는 이제껏 사회적 관계에 따라 성장의 한계를 결정할 수밖에 없었다. 따라서 이러한 마르크스주의가 "베이컨적 이상"의 집행자로서 우리에게 나타나는 한, 진보라는 미명하에 기술로써 자연을 이용하려던 계략은 위험성의 정도가 이미 정점에 도달하였다. 필자는 위에서 살펴본 바와 같이, 지금까지 과학 기술의 제어할 줄 모르는 무분별한 진보가 결코 지구상에서 안락한 유토피아의 세계를 제공하지는 못할 것이라

---

49) H. Grinke, "Epoche der Utopie", D. Böhler(Hg.), *Ethik für die Zukunft. Im Diskurs mit Hans Jonas*, München, 1995. 405쪽.

확신한다. 우리가 과학 기술의 진보 이데올로기에 깊숙이 **빠져**서 헤어나지 못한다면, 인간의 이성은 더욱 과신하여 자연을 남용하고 침해를 가할 것이다. 이는 수백 년의 역사적 사실이나 지금까지 수많은 철학자, 과학자들의 진단에 의해서도 증명되었기 때문이다. 따라서 현재 과학 기술의 물질적 풍요가 결코 진보의 미덕은 더 이상 아니라는 점을 누구나 상기(想起)해야 할 것이다. 따라서 이성의 과신으로 초래한 지구상의 곳곳에 퍼진 생태 위기는 더 이상 베이컨의 유토피아적 기획을 집행자로서 추종하지 않는 것은 물론이거니와 그러한 베이컨의 유토피아적 기획은 21세기 사회 이론의 담론에서도 이미 그 설득력을 상실하였다. 궁극적으로 21세기의 유토피아는 베이컨적 유토피아의 기획이거나 그러한 집행자로서 마르크스주의가 아니라, 오히려 이러한 것들을 해체했을 때 좀더 바람직한 이상 사회가 우리에게 다가오는 것은 아닐까?

□ 참고 문헌

구승회, 『에코필로소피』, 새길, 1995.

김명진, 「대중 영화 속의 과학 기술 의미지」, 『진보의 패러독스』, 당대, 1999.

김영식, 『과학혁명』, 민음사, 1985.

김 진, 『칸트와 생태주의적 사유』, 울산대 출판부, 1998.

길리스피, 찰스 쿨스톤, 이필열 옮김, 『과학의 역사』, 종로서적, 1983.

나종일, 「Puritanism과 과학의 발전」, 『성곡논총』 제2집, 1971.

로시, 파울로, 「베이컨의 과학에서의 진리와 효용」, 김영식 편, 『과학 속의 역사』, 창작과 비평사, 1982.

박이문,『문명의 위기와 문화의 전환』, 민음사, 1997.

방동미, 정인재 역,『중국인의 생철학』, 탐구당, 1983.

선우현,「끝없는 발전의 도정으로서 유토피아 : 새로운 유토피아의 모색」,
『시대와 철학』제11권, 2000 봄, 한국철학사상연구회.

이동희・문석윤,「동서철학에서 자연과 역사의 의미」,『인간과 자연』, 철
학과현실사, 1998.

임철규,『왜 유토피아인가』, 민음사, 1994.

자코비, 러셀, 강주헌 옮김,『유토피아의 종말』, 모색, 2000.

포스트먼, 닐., 김균 옮김,『테크노폴리-기술에 정복당한 오늘의 문화』, 민
음사, 2001.

호르크하이머 / 아도르노, 김유동 외 역,『계몽의 변증법』, 문예출판사, 1996.

하버마스, 이진우 외 옮김,『새로운 불투명성』, 문예출판사, 1996.

호이카스, R., 손봉호 외 역,『근대 과학의 출현과 종교』, 정음사, 1987.

Bacon, F., übers. v. Bugge, *Neu-Atlantis*, Stuttgart, 1982.

_____, *Novum Organum, The Works of Francis Bacon*, ed. by Basil
Montague, Bd. 14. London, 1827.

_____, *The Works of Francis Bacon*, Bd. 1. Ed. Basil Montagu (London,
1825).

Böhme, G., *Am Ende des Baconschen Zeitalters*, Frankfurt / M., 1993.

Brandt, R., "Bacon", J. Speck(Hg.), *Die Idolenlehre. Grundprobleme der
großen Philsophie der Neuzeit I*, Göttingen, 1979.

Grinke, H., "Epoche der Utopie." D. Böhler(Hg.), *Ethik für die Zukunft.
Im Diskurs mit Hans Jonas*, München, 1995.

Hill, Ch., *Intellectual Origins of the English Revolution*, Oxford 1965.

Jonas, H., *Das Prinzip Verantwortung. Versuch einer für technologische
Zivilisation*, Frankfurt a.M. 1984 (이진우 옮김,『책임의 원칙 : 기술
시대의 생태학적 윤리』, 서광사, 1994).

Kautsky, K., *Thomas More und seine Utopie*, J. H. W. Diez Nachf.
GmbH (1920).

Lassen, R. E., "The Aristotelianism of Bacon's Novum Organum", in :

Journal of history of Ideas, XXIII, No. 4. 1962.

Marx, K., *The Poverty of Philosophy, in : Manifesto of the Community Press*, Collected Work, New York 1976.

Rossi, P., *Francis Bacon ; From Magic to Science*, University of Chicago Press, 1968 (박기동 역, 『마술에서 과학으로』, 부림출판사, 1980).

Schäfer, L., *Das Bacon-Projekt, Von der Erkenntnis, Nutzung und Schonung der Natur*, Frankfurt a.M. 1993.

Vattimo, G., *The Transparent, Baltimore*, Jahns Hopkins University Press, 1992.

제6장
인간과 자연의 아름다운 만남은 가능한가?*
── 새만금 갯벌 간척 사업**을 중심으로

1. 들어가는 말 : 인간과 자연의 조화

인간은 계획한 능력을 발전시키고 그에 따라 많은 기획을 꾀해왔다. 인간은 자연과 조화를 이루고 살아왔기 때문에 학습을 통한 인간의 노력들은 200만 년 이상 생태계의 안정을 위협하지 않고 지속되어 왔다. 사냥과 채취로 살아간 구·신석기 시대의 사람들은 자신들이 근본적으로 자연에 의존하고 있다는 점

---

* 이 논문은『과학사상』제48호, 2004년 제1권, 범양사, 2004, 90-112쪽에 실렸고, 부분적으로 수정·보완하였다.

** 간척 사업이란 갯벌을 방조제로 막고 이 갯벌에 농사를 짓도록 땅을 만들어내는 사업이다. 갯벌을 방조제로 막고 바닷물을 못 들어오게 하면 썰물 때만 드러나던 갯벌에 항상 드러든다. 그래서 뻘의 소금기가 빗물에 씻겨나가기 때문에 19여 년이 지나면 갯땅이지만 농사를 지을 수 있다. 갯벌의 수로였던 깊은 곳에는 빗물을 담아 농사를 지을 수 있다 (고철환,「새만금, 무엇이 문제인가」,『철학과 현실』, 철학문화연구소, 2001, 여름, 89쪽).

을 깊이 인식하고 있었다. 자연이 그들을 먹여 살렸기 때문에 그들은 자연을 부양했으며 숭배하기도 했다. 그러나 그 후 인간은 자연을 양육하고 재배하여 문화를 가꾸어나가기 시작하였다. 즉, 그들은 서로에게 배우기 시작하였고, 그러면서 자신의 집단에 대한 학습을 축적시킬 수 있었다.[1] 정치철학자 홉즈(Thomas Hobbes : 1588~1679)는 그의 고전 저서인 『리바이어던(*Levithan*)』(1651)에서 자연 상태를 "만인에 대한 만인의 투쟁"이라 표현한다. 그러나 이러한 표현은 생물학적이고 인류학적인 표현에 반하는 것은 아니다. 자연에는 투쟁이 존재하지만, 이는 질서의 일부다. 개체와 종의 개별적인 이해 관계는 도태를 통해 엄격한 질서를 지닌 조화로운 체계로 형성되었다. 수렵과 채취를 기반으로 하는 사회들은 이러한 자연 질서의 규제를 받았다. 크레타 섬의 미노스 문명 또한 자연과의 조화를 추구하였다. 남성 중심의 정복 문화는 모든 생명체에 대한 지배를 추구하였다.[2] 인간이 자연 상태에서 벗어나 문화를 가꾸기 시작하면서 고급 문화를 향유하거나 기술적이라고 특징지었던 성과물들은 인간과 자연의 조화를 추구하기보다 인위적이고 자연에 적대적인 것들이 많았다. 다시 말해 이제까지 인간의 창조적 특권이었던 것은 거의 대부분이 자연에서 빼앗은 산물들이었다. 이렇게 인간은 자연과의 유대 관계를 맺기보다는 회피하였으며, 오히려 새로운 창의력을 발휘할 때마다 자연으로부터 멀어

---

1) 밀브래스, 이태건 외 옮김, 『지속 가능한 사회 ― 새로운 환경 패러다임의 이해』, 인간사랑, 2001, 94쪽.

2) Andrew Bard Schmockler, *The Parable of the Tribes : The problem of Power in social Evolution*, Bakleley, Calif. University of California press, 1984, 20쪽.

져나갔다. 그렇게 오랜 세월 동안 이러한 적대 관계가 진행됨에 따라 인간의 비극도 서서히 시작되었다.[3] 한때 자연은 과학 기술의 힘들이 미약했을 때 인간을 지배해온 적이 있었다. 점차 인간은 과학 기술의 힘을 도구적으로 이용하여 인간과 자연 사이에 놓여 있던 힘의 역학 관계를 완전히 역전시켜놓았다. 21세기에 들어선 과학 기술의 힘은 자연이 더 이상 인간을 따라올 수 없을 만큼 한껏 강화되었다. 그래서 인간은 과학 기술에 의해서 이루어놓은 높은 생산성과 생활 수준을 성취하게 되었다. 그렇지만 점차 무모할 정도로 진행되는 인간의 자연에 대한 침해 현상은 생산성이 높은 기술일수록 아주 심하게 나타났다. 인간은 역사적으로도 그 유례가 없을 정도로 광범위한 규모로 자연을 마음대로 약탈하고 파괴하는 행위를 서슴지 않고 자행해왔다. 인간이 과학 기술의 지식을 동원하여 자연을 통제하기 시작한 것은 불과 150년 정도에 지나지 않는다. 그럼에도 불구하고 인간의 과학 기술이 자연에 끼친 부정적인 결과는 이루 헤아릴 수가 없다. 인간은 빠른 속도로 이 지구를 서로 경쟁이나 하듯이 더럽히고 있다. 인구 폭발, 산업에 따른 도시화 현상, 도시화로 인한 대기 오염, 수질 오염, 하수, 생활 쓰레기 등은 자연을 죽일 뿐 아니라 인간 스스로의 생명을 위협하고 있다.

우리가 21세기의 현 시점에서 과학 기술 진보의 결과로 나타난 많은 문제들을 논의해야 한다면, 현재 뜨거운 감자로 떠오른 새만금 갯벌을 둘러싼 환경 문제를 피할 수 없을 것으로 보인다. 애초에 새만금 간척 사업은 넓은 갯벌을 메워 논으로 만들려는 거대한 사업 변형에서 시작되었다. 그런데 문제의 쟁점은

---

3) 오스왈트 슈펭글러, 양우석 역, 『인간과 기술』, 서광사, 1998, 38쪽.

이 사업이 우리의 생존을 위해 어쩔 수 없이 택해야 하는 자연 개발이 더 이상 아니라는 사실에 있다. 인간의 행복만을 위해 자연을 무참히 파괴하는 것이 아무런 잘못도 없다고 생각하고 오히려 자연을 무한정 이용하고 착취하는 것을 자랑할 만한 힘의 원천으로 삼은 지난 세기의 행위 결과를 우리는 심각하게 반성하고 잘못된 행위에 대해 응분의 책임을 져야 한다. 그렇지 않으면 인간은 물론이거니와 자연도 공멸의 길을 함께 걸을 것은 자명한 현실로 바싹 다가섰기 때문이다. 따라서 환경 문제를 도외시하고 과학 기술의 효율적인 이용만을 발전의 척도로 삼았던 지난 정부와 노무현 참여 정부의 환경 정책에 반성을 촉구하는 의미에서 새만금 갯벌 간척 사업의 문제들을 고찰해보고자 한다.

2. 새만금 갯벌 간척 사업의 발단

과학 기술의 진보는 인간중심주의에 기인한다. 시작부터 논쟁이 되고 있는 새만금 갯벌 간척 사업은 인간중심주의의 극단에 서 있다고 해도 과언이 아니다. 주지하듯이, 새만금 갯벌 간척 사업4)은 만경강, 동진강 하구인 군산, 김제, 부안 앞 바다를 거대한 구조물로 막아 그 안의 갯벌을 논으로 만드는 사업으로서 내부 개발 면적은 4만 100헥타르 규모다.5) 새만금호는 만경

---

4) 새만금 사업은 萬頃江의 만 자와 金江의 금 자를 따서 金을 만(萬)만큼 새로이 만들겠다는 데에서 시작되었다.

5) 농림부, 『새만금 사업 추진 상황 — 새만금 사업에 대한 올바른 이해』, 2001, 3쪽.

강이 흘러드는 만경 수역과 동진강이 흘러드는 동진 수역으로 나누어진다. 만경 수역에는 전주와 익산시의 생활 하수와 산업 폐수가 흘러들고 있으며, 하수관거가 부실하여 평균 3미터마다 하나씩 홈이 발견되어 누수율이 55%에 이를 것으로 추산된다.[6] 새만금 갯벌 사업은 군산항과 고군산군도(古群山群島)와 변산 반도를 33킬로미터의 방조제로 이어 바다와 갯벌을 농토와 담수호로 만들고자 지난 12년 동안 공사를 진행해온 사상 최대의 사업이다. 이 사업 구역은 군산, 김제, 부안 등 2도시, 1군, 19읍·면·동에 걸쳐 있다. 이 사업에 의해 개발되는 면적은 여의도 면적의 140배인 4만 100헥타르며 이 중 토지 조성 면적은 2만 8300헥타르(우리나라 전체 논 면적의 2.5%), 담수호 면적은 1만 1800헥타르다. 사업 진척 현황을 보면, 2005년 현재 방조제 공사는 33킬로미터 중 92%의 사업 공정률을 보이며 4공구 물막이 공사가 끝난 이후 2.7킬로미터만 남기고 있다.[7] 현재 새만금 간척 사업은 서울행정법원의 공사 중단 및 보강 공사 허용에 따라 2호제 방조제 2.7킬로미터 구간에 대한 추가적 물막이 공사를 제외한 사실상 모든 공사가 예정대로 진행되었다. 2005년 1월 17일에 서울행정법원은 새만금 간첩 사업 논란에 대해 "사회적 합의부터 구하라"는 조정권고안을 내놓았다.[8] 이렇듯 우여곡절 속에서도 세계에서 가장 긴 33킬로미터의 방조제가 서해안의 유일한 천혜의 강 하구가 광대한 갯벌을 파괴하면서 진행되고 있다. 개발론자들이 주장하는 새만금 갯벌 사업의 찬성 논

---

6) 김정욱, 「새만금 둑은 터지고야 말 것이다」, 『환경과 생명』, 2003년 여름, 112쪽.
7) 「새만금 논란의 핵심」, 『한겨레』 신문, 2005년 1월 18일, 사설.
8) 「새만금 사회적 합의가 우선」, 『한겨레』 신문, 2005년 1월 18일, 8쪽.

거의 몇몇을 보면 다음과 같다.

첫째, 여의도 면적의 140배에 이르는 갯벌을 농지로 간척해 연간 전국 쌀 생산량의 2.7%에 달하는 14만 톤의 쌀을 생산하며, 이는 전북도민 200만 명이 270일 동안 먹을 수 있는 양이다. 담수호 조성으로 연간 10억 톤의 농업 용수를 확보한다는 간척의 논리다.

둘째, 이 사업은 교통 관광 면에서 경제적 이익과 새로운 생태계 조성 효과를 가져다준다. 방조제로 인해 군산-부안 간 교통 거리(66킬로미터)를 단축시켜 육상 교통 여건을 개선할 수 있다는 논리다.

셋째, 이곳에 10만 톤급 이상의 대형 선박이 들어올 수 있는 선착장을 개설하면 부산항에 하역하여 육로로 운송하던 화물을 이곳에서 운송할 수 있기 때문에 물류 비용을 절감할 수 있다.

넷째, 농업용으로 조성된 담수호와 호수 내의 갈대, 인근 갯벌에 텃새와 철새들의 새로운 서식지가 조성되어 철새 도래지 등 다양한 생물들이 서식하는 자연 환경을 제공하고, 바다와 변산 국립공원이 어우러진 종합 생태 관광권을 형성하여 관광 수입을 올린다.[9]

이러한 새만금 사업은 1980년대 초 쌀 흉작을 계기로 논의가 시작되었고, 1986년에 경제적 타당성 분석이 시작되면서 전두환 대통령에 의해 발의되었다. 그리고 이 사업은 당시의 정치 상황 속에서 부활한다. 노태우 민정당 대통령 후보는 1987년 12월 10일, 군산과 전주에서 새만금 사업 추진 공약을 발표하였다. 노씨가 대통령에 당선되면서 사업에 대한 논의가 본격화되었

---

9) 정재훈, 「새만금 논쟁에서 살펴본 생태주의」, 『과학사상』, 2002년 여름, 제41호, 99-100쪽.

다. 그렇지만 노씨가 대통령이 된 이후에도 상당 기간 빈 약속으로 남아 있었다. 왜냐 하면 애초부터 전북 유권자들의 표심을 잡기 위해 서둘러 만든 공약인 데다가 집행하기에도 규모가 너무 방대하여 사업비 조달이 힘들었기 때문이다. 특히 경제기획원은 대규모 농지를 조성하는 것보다 식량을 수입하는 것이 경제적이며, 부족한 농지는 기존 농지의 생산성을 높여 대응하고, 공업 단지로 활용하는 것도 인근 군장산업단지와 중복된다는 이유로 새만금 간척 사업에 반대를 해왔다.[10] 사업이 잘 진행되지 않자 1991년 7월 16일 당시 야당이었던 김대중 평민당 총재가 노태우 대통령과 영수 회담을 하는 자리에서 새만금 사업비의 추경 반영 약속을 받아냈다. 1989년 한국산업경제연구원이 경제성이 있는 것으로 평가함에 따라 1991년까지 관계 부처 협의, 환경 영향 평가, 공유 수면 매립 면허, 사업 시행 인가 등을 거쳤다. 무엇보다 이 간척 사업은 호남발전론이란 정치적 이유에서 실시를 촉구하였고 1991년 11월에 착공되었다.[11] 1992년 대선에서 김영삼 후보가 다시 새만금 간척 사업을 적극 추진하겠다고 약속하였고, 정주영 후보는 2년 내에 완공하겠다고 공언하였다. 1995년의 지방 자치 선거에서 유종근 도지사 후보는 새만금 지역을 복합 산업 단지로 만들고 다우코닝사를 유치하겠다는 안을 발표함으로써 전북도민들에게 새만금 간척 사업에 대한 잘못된 이해의 기대감을 유포시키는 데 일조하였다. 1997년 대선에서 김대중, 이인제, 이회창 후보가 모두 새만금 지역을 공업 단지로 발전시킬 것을 약속하였다.[12] 새만금 갯벌 간척

---

10) 문경민, 『새만금 리포트』, 중앙M&B, 2000, 193쪽.
11) 조홍섭, 「새만금 간척 사업에서의 정책 결정 과정 무엇이 문제인가」, 『제22회 토지문화재단 세미나 자료집』, 2001년 7월 21일, 3쪽.

사업은 1991년부터 시작되었지만, 시화호 오염이 사회 문제화된 1996년 이후 갯벌의 생태계 훼손과 수질 오염 문제를 둘러싸고 논란이 일어나면서 1999년부터 공사가 중단되었다.

1997년 이후로 시작된 새만금 간척 사업 반대 운동은 많은 세력을 규합해나갔다. 1998년에 새 정부의 부실 국책 사업 재정비 계획에 따라 진행된 감사 결과, 사업비가 "애초 1조 3000억 원13)의 4배가 넘는 6조 원에 육박하고 담수호 수질 대책이 필요하다는 지적이 나왔다. 반대 여론이 들끓자 정부는 급기야 1999년 4월에 환경 단체들의 요구로 민·관 공동조사단이 구성되어 새만금 사업의 공사를 중단"14)하고 환경청, 수질, 경제성 부분에 대한 전문가들의 견해를 듣고 사업 재개를 결정하였다. 14개월 동안 조사가 진행되었지만 합의를 이르지 못하고 국무조정실은 동진강, 만경강의 순차적 개발안을 제시했고, 정부는 결국 2001년에 사업을 강행하기로 결정하였다. 총 33킬로미터의 방조제 공사는 계속되어 새만금 반대의 목소리는 사회 한쪽으로 묻혀갔다. 그러던 중 2003년 2월 전주 국정토론회에서 당시 노무현 당선자가 새만금 갯벌 간척 사업의 농지 조성 목적은 재검토가 필요하다고 언급함으로써 새만금 사업을 둘러싼 논쟁은 새로운 국면을 맞았다.15) 이렇게 "10년 넘게 진행되면서 환경 파괴 논

12) 고철환, 「새만금 문제와 과학 기술의 정치 경제」, 『창작비평』, 2001 / 가을, 113호, 116-117쪽.

13) 새만금 사업은 2003년 5월까지 1조 4000억 원이 들어갔으며 73%의 사업 진척을 보이고 있기 때문에 사업 강행의 의사를 前 김영진 농림부 장관은 밝혔다 (http://www.pressian.com / 2003-05-20).

14) 김경애, 「정치 논리에 따른 탄생 논란 예고」, 『한겨레』 신문, 2001년 2월 27일, 6쪽.

15) 이상백, 「삼보일배를 넘어, 새만금을 넘어」, 『함께 사는 길』, 환경운동연합,

란을 일으켜온 새만금 간척 사업에 대해 법원이 공사를 잠정 중단하라는 집행 정지 결정을 내렸다."16) 이에 따라 1991년부터 시작된 새만금 간척 물막이 공사는 총 길이 33킬로미터의 구간 중 마지막 2.7킬로미터를 남겨둔 채 보강 공사가 진행중이다. 보강 공사는 2005년 10월까지 진행하다 11월부터 다시 공사가 진행하도록 계획되어 있다. 따라서 최종 물막이까지는 1년 안팎의 시간이 남아 있는 셈이다.

2000~2001년 사이의 각종 여론 조사에서 농업기반공사는 국민 대다수가 새만금 사업을 찬성하고 있다고 발표하였다. 즉, 여론 조사에서 KBS 94%, 『대한매일』 62%, 『한국경제』 91%가 찬성하고 있다고 말했다. 그러나 인터넷 웹사이트나 당시 MBC와 한국갤럽의 전화 면접을 통한 전국 여론 조사에서는 66.3%가 반대하고 당장 강행하는 것에는 83%가 반대하는 것으로 나타났다.17) 2003년 6월 3일에 (사)시민환경연구소가 설문 조사 전문 기관인 한길러서치에 의뢰해 실시한 새만금 전반에 걸친 국민 여론 조사에서 국민 10명 중 8명이 방조제 공사 중단을 원하는 것으로 나타났다. 국민의 81%가 반대 의사를 답한 반면, 공사 마무리를 원하는 의견은 17%에 불과했다. 새만금 갯벌 간척 사업 자체에 대한 의견도 반대가 66%로 찬성 27%보다 2.5배가량 높게 나타났다. 전북권은 간척 사업에 대해 77%가 찬성하는 것으로 나타나 국민 전체의 의견과는 상당한 차이를 보였다.18)

2003년 8월호, 27쪽.

16) 진재학 외, 「새만금 공사 잠정 중단」, 『한겨레』 신문, 2003년 7월 16일, 1쪽.

17) 신혜경, 「새만금 사업의 향방」, 『창작과 비평』, 2002 / 봄, 368쪽.

18) 이상백, 「삼보일배를 넘어, 새만금을 넘어」, 『함께 사는 길』, 환경운동연합, 2003년 7월호, 28쪽.

2003년 3월 28일에 부안 해창 갯벌에서 시작해 5월 31일 광화문에 이르기까지 800리 길, 65일간 이어진 문규현 신부(천주교 정의구현사제단), 수경 스님(불교환경연대 대표), 김경일 교무(새만금을 살리는 원불교 사람들), 이희운 목사(전북기독생명연대 사무처장) 등 네 성직자의 새만금 사업에 반대하는 세 걸음 걷고 한 번 땅바닥에 엎드려 절하는 고행은 강도 높고 눈물겨운 사투로 기억할 만하다. 영하의 기온에서 30도의 땡볕 더위로 계절이 바뀌었고 12만 번이 넘게 아스팔트 바닥에 그들은 온몸을 던졌다. 지금 죽어가는 생명을 살리려고, 죽이는 이들을 대신하여 석가와 예수와 소태산이 아스팔트에서 자연 파괴에 대한 참회의 절을 올렸다. 이번 삼보일배의 국토 대장정이 우리에게 주는 가르침은 실로 막중하다. 이 행렬을 이끈 성직자들은 인간의 이익을 위해 수만 년 형성해온 자연을 잘못 개발하면 나중에 이보다 훨씬 더 큰 재앙을 맞게 될 것임을 엄중히 경고한다. 또한 인간이 대자연의 생명과 어울려 살지 않고 이를 무참히 파괴한다면, 인간의 삶도 여지없이 파괴될 것임을 가르쳐주고 있다. 이러한 이들의 삼보일배 수행으로 새만금 갯벌 사업의 논란은 다시 우리 사회의 전면에 뚜렷이 부각되었다.

3. 새만금호를 보존해야 하는 이유

갯벌을 생성하는 데에는 4500~2만 년이 걸리지만, 파괴하는 데는 20년이 채 안 걸린다고 전문가들은 말한다. 갯벌이 사라지면 연안 해양 생물의 90% 정도가 먹이사슬이 끊기고 서식지를 잃게 된다. 해양 생태계를 지탱하는 기반이 갯벌인데 갯벌 중에서도 중요한 것은 강물이 흘러드는 하구 갯벌이다. 하구는 육상으로부터 유입되는 유기물이 많고 뚜렷한 환경 구배가 형성된 곳이어서 다양한 서식 공간이 형성된다. 하구는 풍부한 유기물과 적절한 은신처 기능을 하고 있어서 해양 생물들의 산란장으로도 활용된다. 또한 하구는 퇴적물과 공급이 왕성하게 이루어지는 곳이어서 넓은 하구 갯벌과 염습지가 발달한다. 이러한 하구 습지는 철새들을 비롯한 다양한 생물들의 이상적인 서식지가 된다. 우리나라는 "국토 면적의 3%가 갯벌이고 이 중 83%가 서남해안에 있다. 특히 전라북도 갯벌의 90%를 차지하는 것이 새만금 갯벌이다."[19] 새만금 갯벌은 전국 면적의 8%에 해당하며, 한강을 제외하면 마지막 남은 자연형 대형 하구 갯벌로서 해양산물의 산란, 회유, 생육의 터전이다. 즉, 갯벌은 생태계 먹이사슬의 출발지며, 어족 자원의 형성에서 중요한 역할을 수행한다.[20] 따라서 새만금 갯벌은 가치의 문제로 귀착된다. 새만금 갯벌은 몇몇의 가치를 다음과 같이 지닌다.

첫째, 새만금 갯벌은 조개 생산지다. 1996년에 전국 백합의 65.1%, 동죽의 81%, 맛 조개의 48.8%를 비롯하여 가무락, 큰 죽합, 개량 조개 등 하구에서 생산되는 조개류의 50% 이상이 전라북도에서 생산되고 있는데 대부분이 새만금에서 나왔다. 이 종들은 모래가 하구 환경이면서 모래가 적절히 섞여 있는 퇴적상을 선호하며 비교적 퇴적 환경 변화에 민감하다. 공사 직전 1989년의 생산량은 전국 1위를 차지하여 전국 생산량의 28%를

---

19) 박근형, 「대한민국 정부는 개발 독재 정신을 버리고 자연과 공존하라」, 『연세대 대학원 신문』, 2003년 6월 9일, 1쪽.
20) 김명식, 「새만금과 심의적 의사 결정」, 『환경, 생명, 심의민주주의』, 범양사 출판부, 2002, 284쪽.

차지하였다. 동죽, 어죽, 백합 등 이들 조개의 주생산지는 강 하구에 위치한 갯벌이거나 강에서 내려간 모래들로 구성된 해안의 모래 갯벌이다. 최근 1999년 이후에 생산량은 급감하여 전국 4위로서 11%를 차지할 뿐이었다.[21]

둘째, 새만금 갯벌은 동아시아 철새들의 마지막 보루다. 새만금 갯벌은 일반 조류 및 법적인 보호 대상인 물떼새, 도요새, 저어새, 노랑부리백로, 검은머리물떼새, 넓적부리도요새를 비롯해 한국 조류의 50%에 달하는 10만 마리 이상을 새만금 갯벌이 부양하고 있다. 한 실례로서 2001년 5월 초에는 새만금 지역에서 총 15만 4957마리라는 경이적인 숫자의 도요새가 발견되었다. 실제 새만금 갯벌을 이용하는 새는 수십만 마리에 이르며, 이러한 서식지는 새만금 이외에 다른 곳에는 남아 있지 않다. 따라서 새만금을 비롯한 서해안 갯벌은 저어새 등 멸종 위기 조류의 대규모 서식지이자 철새 중간 귀착지로 세계적인 보존 가치를 인정받고 있다. 담수화가 되면 이들의 서식지는 자연히 사라지게 된다. 특히 넓적부리도요새는 새만금 지역의 옥구 염전 주변 갯벌에서만 개체군이 발견되는 멸종 위기 종이므로 국제적으로 보호가 요청된다.

셋째, 새만금의 수질을 정화하여 바다의 적조를 막아준다. 갯벌은 그 자체가 자연 정화조로서 각종 오염 물질을 정화하는 기능을 갖고 있다. 갯벌은 하수처리장의 정화 능력보다도 몇십 배 높은 정화 능력을 가진다. 새만금 갯벌은 하루에 25톤의 유기물, 수십만 톤의 하수를 정화하는 능력을 갖고 있어서 하수처리장 역할을 한다.[22] 이전에 남해안에서만 관찰되던 적조 현상이 근

---

21) 제종길, 「갯벌에 대한 비판적 고찰」, 한국교회환경연구소 엮음, 『자연과 인간의 아름다운 만남』, 내일을 여는 책, 2002, 134쪽.

래에는 서해안 지역까지 침범하고 있다. 이는 서해안을 간척하면서 오염이 정화되지 않은 채 외해(外海)로 방출되기 때문이다. 『네이처(Nature)』에 실렸던 생태학자 오덤(E. Odum)은 새만금의 갯벌 정화 능력은 하수종말처리장 40개에 달하는 정화 능력을 보유한다고 말한다.[23]

넷째, 갯벌의 경제학적 가치는 논의 100배에 해당한다. 하구 갯벌의 생태적 가치는 1헥타르당 9990달러로 농경지 92달러보다 100배 이상의 가치를 지닌다고 과학 전문지 『네이처』는 지적한다. 간척 사업으로 외곽에 생겨나는 갯벌은 없어지는 갯벌 면적의 3%에 불과하다. 『네이처』에 나타난 농경지의 가치는 우리나라 여건과 다른 서구 현실에 적용한 것이라서 가치가 다소 다를 수 있다는 주장도 있다. 그러나 우리나라 갯벌의 가치를 환산하면 1헥타르당 384원의 가치를 지닌다. 1996년 해양연구소의 연구 결과 경제적 가치는 논보다 3.3배 크다. 이에 대한 다른 반대 의견도 있으나, 여기서 주목해야 할 것은 강 하구의 가치다. 농경지의 경우 경작 작물의 종류와 노동 강도에 따라 다르지만, 자연 하구의 생태적 가치는 전 세계적으로 크게 다르지 않다. 왜냐 하면 하구가 갖는 생태적 기능은 동일하기 때문이다.[24] 또한 전승수 교수(전남대 환경과학부)는 1997년 『네이처』에 실린 연구 자료를 인용하여 새만금 같은 하구의 환경은 전 세계 생태계 중에서 가장 가치 있는 것으로서 그 가치는 경작지 환경의 250배에 이른다고 밝혔다. 전 세계에 분포하는 강 하구

22) 김정욱, 「새만금 둑은 터지고야 말 것이다.」, 『환경과 생명』, 2003 / 여름, 111쪽.
23) 김명식, 앞의 책, 284쪽.
24) 제종길, 앞의 책, 135쪽.

환경은 전체의 0.35%에 불과한 매우 희귀한 환경이다. 2003년 2월까지의 조사 결과 갯벌은 아직 건강하게 유지되고 있었고 농림부의 방조제 완공 이후 갯벌 생성 주장들이 일부분 일어나고 있지만, 이는 하구 갯벌과는 질적으로 다르며 대규모로 갯벌이 생성될 수 있는 조건이 아니라는 것이다.[25] 독일환경연방청 아돌프 켈러만 연구팀장은 "독일과 네덜란드, 덴마크"는 유럽 최대의 갯벌인 와덴해 갯벌을 보호하기 위해 1978년부터 협정을 맺어 갯벌을 중단했다고 말한다. 와덴해 갯벌 주변에서 얻은 어업으로 연간 100만 달러 이상의 수입이 발생하고 있으며, 자연을 그대로 사용했을 경우 경제적 가치가 뛰어나다. 간척을 통해 얻은 수입은 일회성이지만, 갯벌을 보존함으로써 얻은 수익은 지속 가능하다고 주장한다.[26] 이렇듯 새만금을 간척하여 농지로 사용하든 공장 용지로 사용하든 경제성이 없을 뿐 아니라 환경 피해도 피할 수 없을 것이다.

4. 인간과 자연의 아름다운 만남

2003년 5월말부터 더욱 뜨겁게 환경운동연합을 비롯해 시민단체들의 주도로 시작된 새만금 살리기 국제 캠페인에 지구촌의 유력한 환경 단체와 인사들이 지지하고 나서고 있다. 최근 전 세계의 환경 단체들은 새만금의 중요성을 인식하고 있으며 매우 염려하고 있다고 말한다. 한국은 자연이 아름다운 나라로

---

25) 이상백, 「새만금, 4공구 물막이 공사 그 이후」, 『함께 사는 길』, 환경운동연합, 2003년 8월호, 21쪽.
26) 『한겨레』 신문, 2003년 7월 16일, 3쪽.

인식되고 있지만 이런 방식으로 발전을 추구한다면, 결국 미래에는 자연의 아름다움을 볼 수 없게 될 뿐만 아니라 궁극적으로 사회·경제적 발전도 지체될 것이라 충고하고 있다. 특히 국제사회의 인식은 노무현 대통령의 사회 변화에 대한 진취적인 태도를 높이 평가하고 있기 때문에 "새만금을 보호하는 것은 대통령의 결단에 달려 있다"[27]고 입을 모으기도 한다. 인간과 자연의 구별을 없애고 인간을 생태계의 일부로 파악하고, 인간과 자연은 결합되어 있을 뿐만 아니라 인간은 자연과 모든 차원에서 동등하다고 주장하는 심층 생태학자들의 주장이나 인간과 자연의 아름다운 조화를 추구하였던 유가의 동양철학 전통 속에서 생태 위기를 극복할 수 있는 소박한 지혜를 찾는 것은 그리 어려운 일이 아니다. 흔히 성숙한 시민사회란 단지 물질적으로 풍요로움을 지닌 사회를 의미하지 않는다. 물질적으로 조금밖에 갖고 있지 않다고 할지라도 기쁜 마음으로 타인을 배려하고 어울려 살아가는 사회여야 한다. 한 걸음 더 나아가 인간뿐만 아니라 자연적 존재를 소중히 배려하고 그들에 대해 책임을 질줄 아는 사회가 되어야 한다. 지금은 이웃과 자연과 더불어 공동체를 다함께 가꾸어야 할 시기다. 인간의 삶은 자연 안에서 이루어지고 있기 때문에 인간과 자연은 상생, 공존해야 함은 두말할 나위가 없다. 구딘(Robert E. Goodin)은 자연도 인간과 마찬가지로 보호받을 이익 관심을 갖고 있다고 파악한다. 자연은 인간의 이익을 대변할 의사 표현 능력이 없기 때문에 우리 인간들이 대신해서 자연의 이익을 보호 후견해야 한다는 것이다. "인간과 자연은 만나서 조화를 이루어야 한다"는 사실은 위에서 언급한

---

27) 이상백, 「새만금에 쏠리는 국제적 시선, 노대통령의 리더십 촉구」, 『함께 사는 길』, 환경운동연합, 2003년 8월호, 23쪽.

인용구들을 어렵게 빌리지 않더라도 이제 삼척동자도 다 아는 말들이 되었다.

지금까지 근대의 계획에 따라 계몽주의는 인간에게 정신적인 토대를 상당히 부여해왔다. 그런데 이성에 대한 강한 신념은 오히려 타자에 대한 억압을 가했다. 이러한 인간의 이성은 자연을 파괴하는 원인으로 밝혀지게 되었다.[28] 이미 잘 알려진 베이컨의 "아는 것이 힘이다"[29]라는 경구는 자연을 종교적으로 신성시하던 중세의 마술적인 사유에서 벗어나서 대상을 자연과학적인 인식의 틀로 바라보는 인간의 힘을 뜻하는 것이었다. 그가 말하는 지식은 자연에 대한 지식을 뜻하는 것이었고, 그러한 지식은 인간의 유용성을 위해서 자연의 지배를 목적으로 하는 것이었다. 주지하듯이, 인간은 지금까지 자연을 정복하려는 기획을 꾸준히 품어왔다. 자연은 오로지 인간에게 복종함으로써 자신의 가치를 이용하였다.[30]

그렇지만 그는 인간은 자연을 알기 위하여 먼저 자연에 복종해야 한다고 말한다. 이것은 베이컨이 우리에게 남겨준 하나의 교훈이다. 따라서 인간은 자연을 지배하기 위한 방법론적인 탐색에 열중하게 되었다. 베이컨의 유토피아적 기획은 인간의 자연 지배라는 소박한 이상(理想)을 갖고 있었다. 즉, 베이컨에게서 인간의 자연 지배라는 유토피아는 사회 변혁의 이상과 결합을 하였다. 베이컨의 유토피아적 기획은 유용성이라는 원칙을

---

28) Wolfang. Welsch, *Vernunft. Die zeitgenoessische Vernunftkraft und Konzept der transversalen*, Frankfurt. a.M. 1997, 30쪽.

29) 베이컨의 "아는 것이 힘이다"라는 유토피아적 기획에 대한 자세한 내용은 다음을 참조할 것 : 양해림, 「생태계의 위기와 베이컨의 유토피아적 기획」, 한국환경철학회, 『환경철학』, 철학과현실사, 2002, 99-127쪽.

30) Francis Bacon, *Novum Organum*, Bd. 28. London, 1983, 11쪽.

적용함으로써 인류에게 유용한 것은 문화에도 유용하다고 보았고, 그렇지 않은 것은 사치, 미신, 야만이라고 적대시하였다.31) 베이컨에 의하면, 인간은 언제나 자신들의 이익을 위해 자연을 마음대로 이용해야 한다고 강조한다. 지금까지의 과학은 자연에 대해 인간의 힘을 무한히 증대시켜 왔으며, 인간의 이성적인 힘은 자연의 정복을 이루어냈다.32) 인간이 자연을 기술의 힘을 동원하여 지배하려는 소망은 전적으로 실용적인 효용 가치 때문이었다. 한 실례로서 베이컨의 『새로운 아틀란티스(*The New Atlantis*)』라는 저서도 기술에 과학을 적용함으로써 기술적 진보와 생활 조건의 향상을 이루어내어 인간의 조기 사망과 빈곤을 줄일 수 있기를 희망하려는 소망에서 이루어졌다.33) 역사적으로 인간이 자연을 지배하려는 생각은 원시 사회부터 지금까지 언제나 있어왔다. 이러한 생각은 인간 사회에 새로운 형식을 생겨나게 하는 계기를 마련하였다. 베이컨의 이러한 이면의 주된 목적은 인류의 행복을 향상시키려는 것이었다. 따라서 그는 진정한 의미에서 과학의 합리적인 목표를 세우는 것이 새로운 인간의 삶에 봉사하는 자세라고 보았다.34)

단적으로 말해서 베이컨의 입장에서 그 당시 과학의 진정한 목표는 다양한 발명을 통해서 인간의 삶 자체를 풍요롭고 윤택하게 하자는 데 있었다. 지금의 현실 세계에서 인간이 자연 위에 군림하려는 "베이컨의 유토피아 정신"은 이미 실현되었을 뿐만 아니라 과도한 물질적 풍요를 누리게 되었다. 인간의 자연

---

31) 슈펭글러, 같은 책, 11쪽.
32) Hans Jonas, *Technik, Medizin und Ethik*, Frakfurt. a.M. 1985, 168쪽.
33) 머레이 북친, 구승회 옮김, 『휴머니즘의 옹호』, 민음사, 2002, 338-339쪽.
34) 포스트먼, 김균 옮김, 『테크노폴리』, 민음사, 2001, 57쪽.

지배는 지식의 힘을 동원하여 지구 도처에서 부여하지도 않은 권한을 마음대로 행사하고 있는 것이다. 더더욱 우리 인간은 기술의 힘을 이용하여 자연을 인간의 인식 대상으로 제멋대로 설정하고 있다. 그래서 그 결과 인간은 기술의 힘에 의해서 오히려 자연에 대한 통제력을 상실하게 될 정도로 심각한 위기의 상황에 놓이게 된 것이다. 생태철학자 요나스는 베이컨적의 유토피아적 기획[35]이라고 했던 인간의 자연에 대한 태도에 대해 강력한 비판을 가한다. 요나스에 의하면, 인간의 지식을 자연 지배라는 목표에 맞추고 자연의 지배를 통해 인간의 운명을 개선하려는 기획은 자본주의에 의해 지속적으로 추진되면서부터 합리성이나 정당성을 상실했다고 진단한다.[36] 요나스는 자연에 대한 강간 행위와 인간 자신의 문명화는 맞물려 있다고 본다. 그는 다음의 두 가지가 자연의 요소에 저항하고 도전한다는 것이다. 하나는 자연의 영역에 침투해 들어가 자연의 피조물들을 침투해 들어간다는 것이며, 다른 하나는 도시국가와 법률이라는 피난처를 통해 자연에 대한 내성을 구축한다는 점이다.[37] 요나스가 『책임의 원칙』(1979)에서 제시한 기술에 대한 윤리적 통제의 네 가지 원칙을 새만금 갯벌 사업과 연관하여 주목할 필요가 있다. ① 기술의 장기적(長期的)인 영향을 예측할 수 있는 더 나은 방법을 개발해야만 하고, ② 천국의 행복에 대한 예측보다는 불행한 최후의 심판에 대한 예언에 중요한 우선권을 둠으로써 나날이 증대되는 미지의 것들에 대해 신중하게 대처하여야

---

35) 김진, 『칸트의 생태주의적 사유』, 울산대 출판부, 1998, 251쪽.

36) Hans Jonas, *Das Prinzip Verantwortung, Versuch einer Ethik für die technologische Zivilisation*, Frankfurt. a.M. 1984, 251쪽.

37) Hnas, Jonas, 앞의 책, 18쪽.

하며, ③ 인류의 생존이나 기본권적 인간애가 결코 위험에 처하지 않게 해야 하고, ④ 우리 후손의 온당한 미래를 보장하는 것이 우리의 의무임을 인식해야만 한다.[38]

위에서 살펴보았듯이 진정 인간은 자연 속에서 무엇인가 배우기를 원한다면, 인간도 자연의 한 대상이며 개체에 불과하다는 생각을 겸허하게 받아들여야 한다. 이렇게 인간이 자연 지배에 대한 반성을 시작할 때야 비로소 인간과 자연은 이제까지의 지배와 복종의 대립된 주종의 관계에서 벗어나 평등한 관계로 거듭날 수 있을 것이기 때문이다. 우리가 자연에 대해 많은 관심을 기울이는 까닭은, 이 지구는 두말할 나위 없이 현 세대뿐만 아니라 미래 세대에서도 지속적으로 삶을 살아야 할 터전이기 때문이다. 주지하듯이 이제 엄청나게 성장한 과학 기술의 힘은 인간에 의한 자연의 지배를 완전하게 이루어냈다. 그렇지만 인간이 과학 기술의 지식을 동원하여 자연을 정복한 결과가 역으로 자연에 예속 당하는 결과를 낳았다. 이제 제동 장치 없는 인간 이성의 진보가 더 이상 만병 통치약이 아니라는 사실은 만천하에 명백하게 밝혀졌다. 따라서 인간에 의해 무한정으로 전개되고 있는 과학 기술의 힘은 모든 문명 세계와 자연과의 관계를 원만하게 해결하는 치료사는 더 이상 아닌 것이다. 따라서 과학 기술의 진보는 더 이상 경제적인 물질의 성장만 의미하는 것이 아니라 오히려 인간의 성숙한 도덕적 의미를 지니는 것으로서 인간이 마땅히 수행해야 할 바를 행하는 과정이나 상태를 지녀야 한다.

---

38) H. Jonas, 같은 책, 제2장, 63-101쪽 참조.

5. 맺음말 : 대안책의 제안들

현재 새만금 갯벌은 전라북도 주민들에게 주는 경제적 이득과 각종 오염 물질을 걸러내는 "생태적 중요성"[39]을 지닌다. 위에서도 언급하였듯이, 자연도 인간과 마찬가지로 자신의 권리를 가지고 있다. 인간은 이러한 자연의 권리를 인정하고 보전해야 할 임무가 있기 때문에 갯벌은 보전되어야 한다. 새만금 갯벌의 개발이 불가피하다면, 이제까지 개발한 것은 차치하고라도 나머지 갯벌은 자연 보존 지역이나 유네스코 보존 지역으로 지정해 보전해나갈 필요가 있다. 지금까지 새만금 간척 사업을 보완하기 위한 구체적인 대안책으로 제시된 안은 김석철 교수(명지대 건축공학)의 "환황해권 중심의 바다 도시 계획안"과 이

---

39) 생태학의 주요 원리는 다음과 같은 네 가지 법칙으로 정리할 수 있다. ① 생태학의 제1법칙 : 모든 것은 서로 연결되어 있다. 자연계에 존재하는 모든 것은 서로 연결되어 있다. 자연계에 존재하는 모든 것은 50억 년에 걸친 지구의 진화 과정 결과로서 복잡한 인과 연쇄를 맺고 있다. 이 인과 연쇄의 과정은 상당한 정도의 확대 / 강화의 가정을 포함한다. 따라서 한 곳에 약간의 이상만 있어도 그 영향력은 크고 멀리까지 미치며 오랫동안 지속될 수 있다. ② 생태학의 제2법칙 : 모든 것은 어디엔가로 가야 한다. 자연계에는 쓰레기라는 것이 없다. 자연계의 모든 것은 결코 사라지지 않고 끝없이 순환한다. 그러나 예를 들어 플라스틱은 이런 식으로 순환되지 않는다. 공업적 생산 과정과 그 생산물은 이렇게 자연의 순환을 운동을 깨뜨린다는 점에서 근원적인 문제점을 안고 있다. ③ 생태학의 제3법칙 : 자연이 가장 잘 안다. 자연계에 가해지는 주요한 인위적 변화는 어떤 것이라도 자연계에 해롭다. 자연계는 오랜 시간에 걸쳐 이루어진 복잡 미묘한 균형과 자기 보정의 체계를 교란시키게 된다. ④ 생태학의 제4법칙 : 공짜 점심이란 없다. 인간에 의해 무엇인가 제거된다면, 그것은 다른 것으로 반드시 대체된다. 이 과정에서 치러야 하는 대가의 지불은 연기될 수 있을지언정 피할 수는 없다. 그러나 어느 날 자연은 우리에게 그 대가를 일시불로 지불할 것을 요구할 수도 있다. 그것은 바로 지구 생태계의 대파국을 의미한다(B. Commer, 송상용 옮김, 『원은 닫혀야 한다』, 전파과학사, 1980, 30-50쪽).

필렬 교수(방통대 과학사)의 "풍력발전소의 건설안", 오창환(전북대 환경공학) 교수의 "새만금 신구상안" 등이 대표적이다. 이것을 대략 요약하여 살펴보면 다음과 같다.

첫째, 김석철 교수(명지대 건축학과)는 새만금의 미래를 다섯 키워드로 제시한다.

① 황해 : 해안 도시 공동체 ② 서해안 : 어번 클러스터(urban cluster : 도시 집적), 메가시티(mega-city) ③ 새만금-호남평야 : 도시연합 ④ 새만금-안바다 : 바다 도시 ⑤ 바다 도시-내륙 도시 : 중간 도시가 그것이다. 다섯 키워드는 새만금을 "새만금만으로 새만금 안에서만 보는 데서 더 나아가 새만금을 서로 연관된 더 큰 규모에서 바라보자는 것이다. 다섯 키워드를 통해서 해야 할 일이 무엇인지를 생각해보고 새만금-호남평야 도시 연합이 황해 도시 공동체에서 무엇인지를 찾아보려는 것이다."[40] 그는 현재의 새만금 사업으로 인하여 잃게 될 것은 한편으로 새만금이 가진 자연이고, 다른 한편으로 새만금과 호남평야와 전북의 더 큰 미래라는 것이다. 환경 단체들이 지난 수년간 보존을 주장해 온 갯벌은 새만금 사업으로 인해 잃게 될 자연 중에서 가장 직접적인 것이다. 만경강, 동진강이 바다로 흘러 들어가면서 생긴 하구 갯벌인 새만금은 세계에서도 보존 가치가 높은 인류의 자연 유산이다. 또한 새만금에서 호남평야와 전북의 미래를 기약할 수 있는 것은 그곳이 바다와 갯벌이 되어 있는 21세기 한반도의 전략적 요충지이기 때문이다. 바닷물이 유통되고 있는 새만금의 안바다를 황해공체의 요충지가 되게 할지, 호남평야, 도시 연합은 어떻게 실현할 수 있을지, 참다운 지방 분권을 이룰

---

40) 자세한 내용은 다음을 참조할 것 ; 김석철, 「새만금의 미래를 여는 새로운 시각」, 『창작과 비평』, 2002 / 겨울, 92-111쪽.

수 있는 전북의 발전 전략은 무엇인지에 대한 구상을 전제로 새 만금의 미래를 말해야 한다.41)

둘째, 오창환 교수(전북대 지구환경학과)의 새만금 신구상안 은 공동 연구로서 우선 물막이 공사를 중단하고 갯벌을 살리자 는 것을 전제로 한다. 크게 두 축으로 이루어지는데 하나는 신 항만과 축소된 복합 단지를 중심으로 산업 및 복합 단지를 중심 으로 산업 및 물류 전진 기지를 건설한다는 것이고, 다른 하나 는 방조제 미공사 구간을 다리를 연결하고 방조제 내외부에 해 양 생태 관광 특구를 만든다는 것이다. 전자는 간척 면적을 7분 의 1로 축소해 군산시 근처의 갯벌 12만 평을 매립하여 첨단 산 업 단지 및 영농 단지로 만들고, 군산항을 대신하여 방조제 한 가운데 신시도 일대에 신항만을 만들어 환황해권 시대를 대비 한다는 것이다. 후자는 천혜의 자연 조건을 관광 여권을 갖춘 고군산군도를 육지와 연결함으로써 내부에는 갯벌 공원, 외부 에는 바다 공원을 조성하면 세계적인 경쟁력을 갖춘 해양 관광 특구가 될 수 있다는 것이다.42) 오 교수는 방조제를 완전히 막 아 논으로 만들어버리면 새만금은 태안반도보다 경쟁력이 떨어 져 서해안 관광 벨트 중심 거리로서의 매력과 기능을 완전히 상 실할 수 있다는 것이다. 10년 안에 끝날지도 모르는 사업을 붙 들고 있는 것보다 10년 안에 개발이 끝날 수 있고, 새만금 지역 관광객 소비 지출로 인한 2015년 기준으로 생산 효과가 3조 682

---

41) 김석철, 「새만금, 호남평야, 황해도시 공동체」, 『창작과 비평』, 2003 / 가을, 291-292쪽 : 김석철, 『여의도에서 새만금으로』, 생각의 나무, 2003, 307-351쪽.
42) 오창환, 「새만금 보호와 전북이 진정한 발전을 위해 새만금 신구상」, 『지속 가능한 새만금을 위하여』, 제2차 한·독 공동 심포지엄 자료집, 2004년 10월 27일, 113-121쪽 : 이상백, 「삼보일배를 넘어, 새만금을 넘어」, 『함께 사는 길』, 환경운동연합, 2003년 7월호, 30쪽.

억 원, 고용 유발 효과가 7만 명, 소득 유발 효과가 8544억 원으로 예상되는 문공부의 사업안을 선택하는 것이 합리적이라 주장한다.[43]

유럽 최대의 국립공원인 독일 슐레스비히 홀슈타인 주 갯벌 국립공원의 연방환경청 생태연구팀장인 아돌프 켈러만은 "농업 생산성 향상으로 농지 활용 필요성이 없어진 갯벌은 자연 보호 지역으로 지정해 절대 보호하고 휴양 시설과 생태 체험 프로그램 등을 개발해 독일은 물론 세계적인 관광 명소로 떠오른 덕분에 갯벌 국립공원에 친근한 호텔을 뽑는 콘테스트가 열릴 정도로 지역 사회에서 중요한 몫을 차지하고 있다"[44]면서 갯벌의 관광 명소의 중요성을 지적한다.

셋째, 이필렬 교수(방통대 과학사 교양학부)는 갯벌도 살리면서 미래의 에너지 문제에 대비하자는 안이다. 지금까지 건설된 방조제에는 대규모 풍력 발전 단지를 만들어 전북을 한반도의 풍력 발전 중심지로 만들자는 큰 그림이다. 그렇게 하면 개펄도 살리고 방조제도 무용지물로 만들지 않을 뿐 아니라, 전북 발전을 환경 친화적이고 미래 지향적으로 이끌 수 있다는 것이다. 현재 건설된 방조제는 폭이 290미터, 길이가 29킬로미터나 된다. 바람도 1초에 평균 6미터로 풍력발전소를 돌리기에 충분하다. 이 방조제 양쪽에 15킬로와트 발전기를 350미터 간격으로 세우면 발전 용량 250메가와트 용량의 풍력발전소가 생긴다. 웬만한 규모의 화력발전소 한 개가 생긴다는 것이다. 비용은 5000억 원 정도로 새만금 사업의 10분의 1도 안 되는 자본이다. 500

43) http://www.pressian.co.kr / 2005-02-01.
44) 김경애, 「시행착오 끝에 역간척하는 유럽 안 보이나」, 『한겨레』 신문, 2003년 3월 5일, 29쪽.

메가와트의 풍력 단지에서는 초절약형 개발 비용으로 30만 가구의 전력을 충당할 수 있고 인구 수십만 도시를 유지할 수 있는 고용 창출 효과도 크다. 지금의 간척 사업이 10년 이상 개발에 투자했고 앞으로도 투자해야 하는 상황에서 투자 기간이 4~5년이면 완공되므로 갯벌의 희생과 불확실성이 없다는 점을 강조한다.45) 세계에서 가장 영향력 있는 민간 환경 기구로 알려진 월드워치연구소 회장인 레스터 브라운은 새만금과 관련해 "간척 사업으로 얻는 경제적 이득은 생태계 파괴로 잃는 손실에 비하면 하찮은 수준에 불과하다고 말한다. 그는 풍력 발전에서 대안을 찾는다. 덴마크는 전체 전기 생산량의 20%를, 북부 독일은 필요 전기의 40%를 풍력에 의존하고 있으며, 미국도 중서부 농촌 지역을 중심으로 풍력 발전이 급속히 보급되는 등 세계는 풍력 혁명중이라고 말한다.46) 그 외에도 "간헐적인 대안"47)들이 쏟아져나오고 있다. 이들이 제안한 새만금 사업의 대안들이 현실적으로 수용되기 위해서는 전문가들의 새로운 환경 영향 평가, 기술 평가, 경제 평가 그리고 무엇보다 반대론자나 찬성

---

45) 이필렬, 「새만금에 풍력발전소를」, 『시평』, 『한겨레』 신문, 2003년 6월 2일, 9쪽.

46) 권복규, 「뉴스 인물 — 브라운 월드워치연구소 회장」, 『한겨레』 신문, 2000년 11월 14일, 2쪽.

47) 고철환(서울대 해양학과) 교수는 새만금 사업의 대안으로 몇 가지의 원칙을 제시했다. 첫째, 새만금 갯벌 생태계와 이 갯벌 생태계에 뿌리를 두어 살아가는 인간을 하나의 단위로 취급한다. 둘째, 기존의 방조제를 그대로 이용하여 갯벌 생태계를 훼손하는 형식이 아닌 공학적 대안을 생각한다. 그래서 정부의 투자액도 지금까지와 같은 규모를 유지하도록 하여 지역 경제에 도움이 되도록 한다. 셋째, 지역 주민, 지방 자치 단체, 중앙 정부, 환경 단체 등의 이해 당사자들이 모두 합의할 수 있는 안(安)이어야 한다. 이를 위해서 서로를 이해시키는 관련 행사, 출판, 대외 협력 사업들을 펼친다(『교수신문』, 2003년 1월 7일).

론자들이 함께 공감할 수 있는 사회적 합의를 이끌어내야 할 것이다. 그러기 위해서는 정부 당국은 다양한 목소리를 수렴할 것은 물론이거니와 현 참여 정부가 표방하고 있는 공론화된 정책을 투명하게 펼쳐야 할 것이다. 그 귀착점에는 자연과 인간이 공존할 수 있는 환경 친화적인 정책이 뒷받침해야 함은 물론이다.

이제 새만금 갯벌 간척 사업의 식량 안보라는 사업 목적은 사실상 실종되었다. 1970년대 이래 농업 정책의 뼈대이자 갯벌 간척 사업의 최대의 명분이었던 쌀 증산 정책을 정부 스스로 폐기하였다. 새만금 공사 재개를 강행한 지 불과 3개월 뒤인 2001년 9월 정부는 쌀이 남아돌고 있으며 2005년 쌀 시장의 개방이 불가피하여 외국 쌀에 대해 가격 경쟁력이 없다며, 증산 정책 포기를 선언하였다. 그리고 2002년도에는 감산 정책으로 돌아섰다. 재배 면적 12% 감축 목표를 위해 벼 수매 값을 내려야 한다는 주장도 제기된다.[48] 우리 국민의 쌀 소비량은 1985년의 128 킬로그램에서 2004년의 81.8킬로그램으로 20년간 무려 36%나 줄어들었고, 10년 안으로 70킬로그램 수준으로 떨어질 전망이다. 우리나라의 쌀 의무 수입량이 10년 뒤에는 현재의 두 배인 약 41만 톤으로 늘어나게 된다.[49]

현재 법정에서 벌어지고 있는 새만금 법정 소송은 수질, 경제성, 환경 영향의 세 가지 주제가 주요 핵심 사항이다. 서울행정법원은 2003년 7월 15일 새만금 담수호의 수질이 적정한 수준으로 유지될 수 없기에 사업 목적을 달성할 수 없다는 개연성을 들어 방조제 공사의 잠정 중단 판결을 내렸다. 새만금 사업이

---

48) 김경애, 「바다 도시 새만금 힘 받는 대안론」, 『한겨레』 신문, 2003년 1월 29일, 25쪽.
49) 박진도, 「새만금 간척 사업과 쌀」, 『한겨레』 신문, 2005년 1월 28일, 19쪽.

농지 조성이라는 애초의 목적을 상실하였다면, 환경 영향 평가도 다시 시작하고 지역 특성이나 시대에 맞는 경제성 있는 개발이 무엇인지 원점에서부터 재검토해야 하는 것이 순서일 것이다. 새만금 갯벌은 농지보다 도시의 단위당 오염이 열 배 이상 높다는 주장도 있으며 일부 전문가들이 주장하듯이, 연구 관광 단지로 바뀐다고 하여 쉽게 수질 문제가 해결되는 것은 아니다. 삼보일배의 고행 때도 강행되던 공사의 발목을 잡은 것도 수질 문제였다. 그렇기 때문에 연구 관광 단지의 조성이나 바다도시의 계획안 등은 또 다른 수질 문제 및 환경 문제를 일으킬 수 있는 소지가 여전히 상존한다. 새만금 사업을 빨리 완공하라는 일부 전북도민들의 목소리도 만만치 않고 있으며, 이러한 방조제를 완성하고 매립을 하면 어떤 용도로 쓰든 좋다는 분위기도 있다고 한다. 그러나 다시 전북도민들에게 환상을 심어주는 계획을 세워서 또 다른 소모적인 논쟁의 소용돌이에 휩싸이게 해서는 안 될 것이다.

요컨대 우리 인간은 더 이상 자연을 인간의 종속 개념으로 바라볼 것이 아니라 자연 안에서 인간이 인간다워질 수 있다는 겸손함을 배워야 한다. 문제는 자연과 인간의 조화를 어떻게 실천하는가의 자세에 달려 있다. 환경 문제 해결의 실마리를 어렵게 만드는 것은 여전히 인간중심주의가 한가운데 자리잡고 있기 때문이다. 이런 측면에서 베이컨의 "과학 기술의 진보가 힘"이라는 발언은 현재에 와서도 한 치도 물러나지 않았을 뿐만 아니라 오히려 가속화하고 있다. 우리가 베이컨의 생각처럼, 인간이 여전히 자연을 지배해야 한다는 견해에 동의해야 할지는 모르지만, 그러한 생각은 이제 접어야 할 시점이 되었다. 따라서 새만금 갯벌 간척 사업은 동·서양의 자연사에서도 보여주고 있듯이, 자연은 더 이상 인간과 첨예하게 대립하고 있는 관계이거나 인간이 반드시 정복해야 할 대상이 아니라 자연과 인간이 아름답게 만나는 삶의 터전으로 자연스럽게 바뀌어야 한다. 그러기 위해서는 이제껏 인간의 욕망을 무한히 확대해온 물질적 욕망을 절제할 수 있는 지혜를 다같이 짜내고 정부는 공론화된 환경 정책으로서 시민사회의 의견을 겸허하게 경청하고 합의의 정치로 나아가야 할 것이다.

□ 참고 문헌

고철환, 「새만금 문제와 과학 기술의 정치 경제」, 『창작비평』, 2001 / 가을, 113호.
_____, 「새만금, 무엇이 문제인가」, 『철학과 현실』, 철학문화연구소, 2001, 여름.
김명식, 「새만금과 심의적 의사 결정」, 『환경, 생명, 심의민주주의』, 범양사 출판부, 2002.
김석철, 「새만금의 미래를 여는 새로운 시각」, 『창작과 비평』, 2002 / 겨울.
_____, 「새만금, 호남평야, 황해도시공동체」, 『창작과 비평』, 2003 / 가을.
_____, 『여의도에서 새만금으로』, 생각의 나무, 2003.
김정욱, 「새만금 둑은 터지고야 말 것이다」, 『환경과 생명』, 2003 / 여름.
김 진, 『칸트의 생태주의적 사유』, 울산대 출판부, 1998.
농림부, 『새만금 사업 추진 상황 ― 새만금 사업에 대한 올바른 이해』, 2001.
문경민, 『새만금 리포트』, 중앙M&B, 2000.
밀브래스, 이태건 외 옮김, 『지속 가능한 사회 ― 새로운 환경 패러다임의 이해』, 인간사랑, 2001.
북친, 머레이, 구승회 옮김, 『휴머니즘의 옹호』, 민음사, 2002.

정재훈, 「새만금 논쟁에서 살펴본 생태주의」, 『과학사상』 2002년 여름, 제
　　41호.
조홍섭, 「새만금 간척 사업에서의 정책 결정 과정 무엇이 문제인가」, 『제
　　22회 토지문화재단 세미나자료집』, 2001.
슈펭글러, 오스왈트, 양우석 옮김, 『인간과 기술』, 서광사, 1998.
양해림, 「생태계의 위기와 베이컨의 유토피아적 기획」, 한국환경철학회,
　　『환경철학』, 철학과현실사, 2002.
오창환, 「새만금 보호와 전북의 진정한 발전을 위해 새만금 신구상」, 『지
　　속 가능한 새만금을 위하여』, 제2차 한독 공동 심포지엄 자료집, 2004.
이상백, 「삼보일배를 넘어, 새만금을 넘어」, 『함께 사는 길』, 환경운동연
　　합, 2003년 7월호.
＿＿＿, 「새만금, 4공구 물막이 공사 그 이후」, 『함께 사는 길』, 환경운동
　　연합, 2003년 8월호.
제종길, 「갯벌에 대한 비판적 고찰」, 한국교회환경연구소 엮음, 『자연과
　　인간의 아름다운 만남』, 내일을 여는 책, 2002.
커머, 송상용 옮김, 『원은 닫혀야 한다』, 전파과학사, 1980.
포스트먼, 닐, 김균 옮김, 『테크노폴리』, 민음사, 2001.
『교수신문』, 2003년 1월 7일.
『연세대대학원신문』, 2003년 6월 9일.
『한겨레』 신문, 2000년 11월 14일.
＿＿＿＿＿＿, 2001년 2월 27일.
＿＿＿＿＿＿, 2003년 1월 29일.
＿＿＿＿＿＿, 2003년 3월 5일.
＿＿＿＿＿＿, 2003년 6월 2일.
＿＿＿＿＿＿, 2003년 7월 16일.
＿＿＿＿＿＿, 2005년 1월 18일, 사설.
＿＿＿＿＿＿, 2005년 1월 18일.
＿＿＿＿＿＿, 2005년 1월 28일.
Bacon, F., *Novum Organum*, Bd. 28. London, 1983.
Jonas, H., *Das Prinzip Verantwortung, Versuch einer Ethik für die*

technologische Zivilisation, Frankfurt. a.M. 1984.

_____, *Das Prinzip Verantwortung, Versuch einer Ethik für die technologische Zivilisation*, Frankfurt. a.M. 1984.

_____, *Technik, Medizin und Ethik*, Frakfurt. a.M. 1985.

Schmockler, A. B., *The Parable of the Tribes : The problem of Power in social Evolution*, Bakleley, Calif. University of California press, 1984.

Welsch, W., *Vernunft. Die zeitgenoessische Vernunftkraft und Konzept der transversalen*, Frankfurt. a.M. 1997.

http://www.pressian.co.kr / 2005-02-01.

http://www.pressian.com / 2003-05-20.

제7장
생명공학 시대의 인간 복제는
새로운 책임 윤리를 요청하는가?*
— 한스 요나스의 『기술 · 의료 윤리』를 중심으로

1. 들어가는 말 : 인간 복제의 찬반 논쟁 쟁점은 무엇인가?

21세기 들어오면서 뜨거운 감자로 떠오른 인간 복제[1]란 무엇인가? 우리가 흔히 말하는 인간 복제라는 의미는 체세포 핵 이식(somatic cell nuclear transfer) 기술을 이용한 생명 복제 기술을 인간을 대상으로 시행하는 것이다. 즉, 인간 복제는 난자에서 핵을 제거한 후에 복제될 사람의 체세포에 DNA를 주입하고, 이 난자를 자궁에 착상시킨다. 간단히 말해 생명 복제 기술을 인간에게 적용하는 것을 의미한다. 정자와 난자의 수정을 거쳐 태어난 아기는 유전자를 반씩 지니는 반면에, 복제아는 복제

---

* 이 논문은 『동서철학연구』 제27집, 한국동서철학회, 2003, 167-185쪽에 실렸고, 새롭게 수정 · 보완하였다.
1) 인간 복제는 크게 인간 개체 복제(human individual cloning)와 인간 배아 복제(human embryonic cloning)로 나뉜다.

된 아이의 유전자만 고스란히 건네받는다.

1997년 2월 24일 오후 4시 영국의 스코틀랜드(Scotland) 소재 에딘버러 근처 로슬린연구소(Roslin Institute in Edinburgh)에서는 생명공학자인 이완 윌머트(Ian Wilmut) 박사와 그의 연구팀들에 의해 인류 역사상 첫 체세포 복제 동물인 체중 6.6킬로그램의 건강한 "돌리(Dolly)" 암컷 양(洋)이 탄생하였다. 이 연구팀들은 6년생 암양에서 분화가 끝난 체세포의 핵을 채취하여 난자에 이식시킴으로써 그것의 동일한 유전자를 지닌 복제 양 돌리를 만드는 데 성공했다고 발표하였다. 윌머트 박사팀은 체세포 복제에 성공함으로써 "뉴턴의 중력의 발견이나 갈릴레오의 태양계 원리에 대한 설명에 비견"[2]되는 획기적인 업적을 이루어냈다. 흔히 이 실험은 유전자 조작에 대한 학문적 발견을 위한 것이 아니라 유전자 조작된 동물을 이용하여 의약품을 생산하려는 실용적인 목적을 위한 단계로 시도한 것으로 알려져 있다. 현재 배아 복제와 관련해서는 치료의 목적인가 아니면 생식 목적인가에 따라 치료 목적인 경우에는 제한적으로 이용하며, 그렇지 않은 생식 목적인 경우에는 배아 복제를 금지하는 것이 세계적인 경향이다.

인류의 첫 체세포 복제 동물인 돌리의 탄생 이후 쥐·염소·소·돼지 등의 동물 복제가 잇달아 성공하였다. 우리나라에서도 1999년 2월 서울대 수의학과 황우석 교수팀들이 젖소 "영롱이"와 그 해 3월 27일에 한우(韓牛) "진이"의 체세포 복제가 미국(쥐)과 일본 및 뉴질랜드(소)에 이어 세계에서 다섯 번째로 연이어 성공하였다. 그리고 황 교수는 2005년 8월 12일 개 복제

---

2) Andrew Kimbrell, *The human body Shop ; the Cloning, Engineering, and Markting of Life* (Washington D.C. : Regnery, 1997), 237쪽.

에 성공함으로써 또다시 세계를 놀라게 했다. 이러한 동물 복제의 성공은 인간 복제(human cloning)의 가능성을 이미 점치고 있기 때문에 우려를 자아내지 않을 수 없다. 따라서 현 시점에서 과학 윤리와 인간 복제의 허용 및 그 위험성 여부3)에 대한 찬반 양론이 다양한 시각에서 끊임없이 제기되고 있다. 즉, 인간 배아(胚芽)에 대한 찬반 논쟁4)은 계속 끊이지 않고 논의되고 있다. 선진국에서는 인간 배아 허용과 관련하여 대부분 배아 복제를 자궁에 착상해 인간 개체를 복제하는 것을 금지하고 있지만, 기타 의학적 연구는 허용하고 있다. 이는 지난 2000년 『사이언스』지는 "배아 복제 등을 통해 얻어지는 배아 줄기 세포는 3~5년 내 상용화되어 연간 300억 달러의 부가 가치를 낳을 것"5)이라는 전망을 한다.

---

3) 복제양 돌리를 탄생시킨 윌머트 박사는 인간 복제는 지뢰밭처럼 위험하기에 두 가지 이유로 반대한다고 하였다. 첫째로, 복제는 100개의 배아 중에 기껏해야 2~3개만 태어날 만큼 성공률이 매우 낮다는 점이다. 그만큼 유산될 비율이 높고 정상적으로 태어난다고 해도 얼마 못 가서 죽어버린다. 둘째로, 인간 복제가 정작 복제된 아이에게는 부당한 짐을 떠안기 때문이다. 그것은 가족의 관계마저 헝클어뜨릴 수 있으며 자신의 삶의 설계도에 따라 만들어졌기 때문에 복제된 아이는 정체성을 잃어버릴 위험성에 처한다 ("Clones : A Hard Act to Fellow", in : *Science*, Vol. 288. 9. June, 2000, 1722쪽). 또한 "복제된 인간은 자아정체성의 위기"와 "전통적인 의미의 가족 관계가 붕괴될 것"이다(김상득, 『생명의료윤리학』, 철학과현실사, 2000, 113, 115쪽).

4) 과학기술부 생명윤리자문위원회는 2001년 5월 18일 체세포 핵 이식에 의한 인간 배아 복제는 금지하되, 불임 치료 목적으로 체외 수정에 의해 만들어 "냉동 잉여 배아"를 허용하는 생명윤리기본법 기본 골격을 발표했다(『한겨레』신문, 2001년 8월 27일, 1쪽). 2004년 1월 29일 '생명 윤리 및 안전에 관한 법률(생명윤리법)'이 제정되어 2005년 1월 1일부터 시행에 들어가 있다. 2005년 3월 24일 정부 조직법 개정에 따라 정부 부처 조직 이름을 바꾸는 일부 개정이 이루어졌다.

5) Anne Mclaren, "Cloning : Pathways to a pluripotent Furture", in : Science, Vol. 288. 9 June 2000, 1780쪽. 2005년 시점에서 500억 달러(60조 원) 이상의

그러나 2001년 7월 미국 하원 의원들이 과학자들의 인간 복제 시도에 맞서 제동을 걸고 나섰다. 가결된 법안은 인간 복제 뿐만 아니라 배아 연구까지 금했다. 그 이유는 "좋은 의도에서 나온 인간 복제의 문호를 개방하면 복제 인간을 만드는 실험으로 이어질 것"[6]이라는 우려 때문이다. 조지 부시 대통령은 인간 배아에서 줄기 세포를 추출하는 연구에는 연방 정부 예산을 지원하지 않겠다고 발표했다. 이에 따라 미 국립보건원은 6000만 달러의 연구 기금을 19개 세포군 연구에만 배정하고, 79개의 세포군의 줄기 세포 연구에는 지원하지 않겠다고 발표했었다.[7] 미국 이외의 나라에서도 인간 복제에 대한 감시와 처벌에 나서는 가운데 인간 복제 프로젝트를 추진중인 과학자들은 여전히 뜻을 굽히지 않고 있다.[8] 인간 태아에 대한 정보가 훨씬 많아 동물 복제보다 인간 복제가 훨씬 쉽다는 정보도 계속 보고되고 있기도 하고, 반면에 현재 공식적인 동물 복제의 성공률이 2~5% 미만이라는 점을 들어 대부분 부정적 견해가 지배적이다. 즉, 인간 복제의 실험이 유산으로 끝나거나 기형아로 태어나는 비율이 지나치게 높은데다가 겉으로 보기에는 정상적으로 보일지라도 호흡계 및 순환계 등의 속병을 갖고 있어 오래 살지 못할 것이라는 주장이다. 또한 우리는 인간과 동물을 혼합한 잡종

의료 시장이 창출될 것을 꿈꾸며 배아 복제로 얻어지는 연구로 상업주의적 혜택을 예상하기도 한다.

6) 『한겨레』 신문, 2001년 7월 26일, 10쪽.

7) 『한겨레』 신문, 2004년 6월 22일, 21쪽.

8) 미국 하원은 2001년 7월 31일 모든 형태의 인간 배아 복제를 금지하는 법안을 찬성 265표, 반대 162표의 압도적인 다수로 의결했다. 하원은 이날 의결에 앞서 순수한 과학적 연구 목적의 제한된 경우에 한해서 허용하도록 한 법안 수정안을 반대 249, 찬성 178표로 부결시켰다(『한겨레』 신문, 2001년 8월 2일, 11쪽).

을 포함한 반인반수(反人反獸)의 괴물을 만드는 소위 키메라 (Chimera : 괴물) 기술이나 하이브리드(Hybrid : 잡종) 기술을 창조할 수 있다. "예를 들어 반은 침팬지이고 반은 인간인 반인 반수의 괴물이 실현될 수 있다. 또한 인간과 동물을 비롯한 혼합한 혼성 잡종이 의학 연구를 의한 실험 대상으로서 널리 이용될 수 있다"9)는 사실이다. "만약 이러한 기술들이 실제로 발전된다면 태아 살인에 못지 않은 심각한 윤리적 문제가 야기"10)될 수 있다. 우리나라의 경우 "생명 윤리 및 안전에 관한 법률"이 2004년 1월 29일 법률 제7150호로 공포되었다. 제11조(인간 복제)는 이종 간 착상은 금지되어 있으나 이종 간 교잡은 허용되고 있다는 데 심각성이 있다. 즉, 인간의 난자에 동물의 체세포를 융합하는 행위는 금지하면서 동물 난자에 인간의 체세포핵을 이식하는 행위를 금지하고 있지 않다. 이종 간 핵 이식을 법으로 허용하는 국가는 세계적으로 없다. 따라서 이종 간 착상은 물론 교잡도 당연히 금지되어야 한다. 그 이유는 위에서 언급하였듯이, 인위적인 이종 간 교잡은 새로운 종의 인위적 창출을 가져와 생태계를 파괴하고 교란시킬 우려가 다분히 있으며, 또한 인간 종의 정체성을 위협할 수 있다.11)

현재 선진국을 비롯한 각국의 정부 당국과 생명 공학자들 사이에 인간 복제에 관해 논란이 되고 있는 사안은 크게 두 가지로 구분할 수 있다. 전자는 배아 복제의 생명체 시기의 논쟁이

---

9) 제레미 리프킨, 전영택·전병기 역, 『바이오테크 시대』, 민음사, 2000, 23-24쪽.
10) 홍욱희, 「생명공학 시대의 생명 — 돌리 복제 그 이후」, 『과학사상』 제36호, 2001년 봄, 64쪽.
11) 자세한 내용은 다음을 참조 : 홍석영, 「생명 윤리 및 안전에 관한 법률에 대한 비판적 검토」, 『생명윤리』 제5권 1호, 2004년 6월, 13-23쪽.

며, 후자는 치료 목적의 유전자 조작 및 복제 허용 여부다. 전자의 생명체 시기 논쟁의 핵심은 임신 시작에서부터 원시 생명선(the primitive Streak)이 출현하는 수정 후 14일까지의 배아를 생명으로 볼 것인가에 초점이 맞추어져 있다면, 후자의 치료 목적의 인간 복제 허용 여부는 최근 미국에서 논란이 됐던 "선택적 임신"과 같은 각종 유전 질환 치료를 위한 유전자 조작과 인간 복제에 대한 허용의 여부다. 즉, 딸의 유전병을 치료하기 위해 유전자 검사를 통해 부모가 원하는 조건을 갖춘 아이를 선택적으로 선별하여 낳는 것이 윤리적으로 괜찮은가를 다루는 문제다.

무엇보다 인간 복제는 새 생명의 탄생이 갖는 중요한 의미를 지니고 있기에 인간학적인 것은 물론 현재나 미래의 사회학적, 실존론적 의미를 동시에 물어야 하는 복합적인 문제다. 즉, 현재 우리에게 인간 복제가 갖는 인간의 존엄성이란 무엇을 뜻하는 것이며, 사회학적 의미는 무엇이며, 더 나아가 인류의 실존론적 차원에서 현재 및 미래의 책임 윤리를 어떻게 물어야 하는가? 인간 복제는 이러한 여러 물음에 진지한 답변을 해야 할 것이며, 그 속에서 윤리적 문제가 판단되어야 한다. 즉, 인간 복제는 단지 개별적인 부분에서가 아니라 총체적인 관점에서 파악되어야 한다. 왜냐 하면 인간 복제에 대해 우리가 많은 염려를 하는 이유는 새롭게 생긴 수많은 인간들로 하여금 이제껏 존재해온 사람들에게 개인적으로든 집단적으로든 간에 모두 고통을 가져올 수 있다는 불안한 "우려"12) 때문이다. 생명 윤리의 철학

---

12) 인간 복제를 비롯한 생명공학에 관해 전형적인 대중들의 우려는 다음과 같은 요소들 때문이다. 한편으로, 환경이 인간의 건강에 미치는 악영향, 사회와 경제적 상황에 미치는 충격, 종교적·도덕적 가치, 규제와 감독의 문제 등이며, 다른 한편으로, 기술적 특성으로 야기되기도 하고 어떤 경우에는 가난한 나라

자인 요나스는, 그의『기술·의료 그리고 윤리 : 책임 원칙의 실천』(1987)[13]의 저서에서 전문화된 개별적인 윤리에 물음을 던진다. 그의 과학적이고 생명 윤리적인 물음들의 숙고는 중요한 의미를 지닌다. 요나스는 근대의 자연과학적인 연구 과정이 이론과 실천, 자연과학적인 인식의 전개와 그것들의 응용 사이에 차츰 경계가 사라져야 한다고 본다.[14] 즉, 자연과학적 연구의 자유로운 과정이 집단적으로 위협을 가하는 강도에 따라 의학적·유전학적인 인간성의 긴박감이 오늘날 책임의 주제와 만나게 된다고 말한다(TME, 10). 우리가 무엇인가 책임져야 할 의무에서 발견하는 요소는 더 이상 개별적인 개인이 아니라 집단적인 행위를 요구(Handlungsinstanz)하는 책임이라는 점이다(TME, 274). 여기서 중요한 점은, 인간 복제에 대한 책임이 개인적인 것이든 아니면 공동체적인 것이든 상관없이 직접적으로 현재를 뛰어넘어서 미래와 밀접한 연관 관계를 맺고 있다는 사실이다. 그렇기 때문에 인간 복제로 인해 발생할 위험의 요소들이 등장하게 된다면, 그 책임 대상에 대한 미래의 모습은 가장 본래적인 미래의 양태"(PV, 198)[15]가 될 것이다. 따라서 오늘날

의 자원을 부유한 나라가 약탈하는 문제 때문에 일어나기도 한다. 이러한 것들이 우리들의 딜레마인 것이다 (에릭 그레이스, 사이제닉 생명공학소 역,『생명공학이란 무엇인가』, 시공사, 2000, 187-188쪽 참조).

13) Hans Jonas, *Technik, Medizin und Ethik, Praxis des Prinzips Verantwortung*, Frankfurt. a.M. 1987 (이하 TME라 생략하여 표기함).

14) Micha H. Werner, "Hans Jonas's Prinzip Verantwortung", Marcus Düwell und Klaus Steigleder(Hg.), *Bioethik*, Frankfurt. a.M. 2003, 49-50쪽.

15) 요나스의 책임 이론에 대한 자세한 내용은 다음을 참조 : Hans Jonas, *Das Prinzip Verantwortung. Versuch einer für die techonologische Zivilisation*, Frankfurt. a.M. 1984, 177-182쪽 참조(이하 PV로 생략하여 인용함). 한글판 번역본 : 이진우 역, 책임의 원칙 : 기술 시대의 생태학적 윤리학, 서광사, 1994 ; 양해림,

기술의 운명화된 시대는 미래 세대가 맞이하게 될 "미래 인간의 가능성과의 관계"(TME, 275)를 맺고 있다. 따라서 "미래는 과거보다 더 근원적이다"(TME, 169).

요나스는 오늘날의 생명공학의 세기를 일컬어 나폴레옹이 "정치는 운명이다"라는 경구를 조금 바꾸어 "기술은 우리의 운명이 되었다"(TME, 21)고 선언한다. 우리가 최근 들어 가장 빈번하게 텔레비전, 종이 신문, 시사저널지, 인터넷 신문, 전문지 등 각종 매체를 통해 일상적으로 접하고 있는 생명공학은 다름아닌 기술의 산물인 동시에 우리의 운명을 좌지우지하게 될 가능성이 높아졌다. 왜냐 하면 동물의 복제가 이미 시작되었기 때문에 인간 복제의 기술은 과학 기술자들의 마음먹기에 따라 얼마든지 실패율을 좁혀서 연구·실험하여 현실화시킬 수 있다는 점이다.

이런 관점에서 우리는 요나스가 언급하는 생명공학 시대의 기술 의료의 내용들 중에서 그 범위를 한정하여 인간 복제의 존엄성과 관련하여 살펴볼 것이다. 또한 그가 『기술·의료 윤리』을 비롯하여 다른 여러 저서에서 주장하고 있듯이, 인간의 현재 및 미래의 책임 윤리에 대한 고찰이 인간 복제에 관련하여 지금 현 시점에서 우리에게 어떠한 의미를 주고 있으며, 향후 어떻게 전개될 것인가를 아울러 고찰하고자 한다.

2. 인간 복제는 인간의 존엄성을 침해하는가?

인간 복제가 일란성 쌍둥이에서 흔히 볼 수 있는 것임에도 불

「생태계의 위기와 책임 윤리의 도전 — 한스 요나스의 책임 개념을 중심으로」, 『철학』 제65집, 2000년 겨울, 한국철학회, 247-253쪽 참조.

구하고 인간 유전자의 인위적인 복제는 바람직하지 않다고 하는 이유는 무엇인가?

먼저 인간 복제는 실패율을 아무리 낮춘다고 해도 윤리적인 비난을 쉽게 피해갈 수 없을 것으로 보인다. 유산과 기형아의 출산에 대한 부담은 몇몇 부모만이 아니라 사회 전체가 짊어질 수밖에 없기 때문이다. 특히 복제아의 입장에서 보면, 무서운 도박일 수 있다. 나의 복제 인간의 유전자가 같다는 사실은 개인의 정체성까지 헝클어뜨릴 수 있다. 그렇게 될 때, 인간 복제는 인간의 존엄성을 모독하는 짓이 될 것이다. 인간 복제가 가장 문제시되는 측면은 인간의 존엄성을 침해한다는 점이다. "인간의 존엄성이란 인간을 단순히 자연적 사물처럼 취급하는 것이 아니라 인격적 존재로 대할 때, 인간만이 가질 수 있는 고유한 가치다."16) 종교계에서는 대표적으로 2005년 4월에 타계한 로마 가톨릭 교황 바오로 2세가 생명의 존엄성을 침해하는 복제 실험에 대하여 공개적으로 많은 비난을 가했으며, 영국 정부는 돌리 탄생의 주역인 에딘버러 로슬린연구소에 대한 자금 지원 중단 의사를 밝히기도 하였다. 1997년 5월 세계보건기구(WHO)에서도 인간 복제는 인간 권위에 대한 존경을 해치고 몇몇 기본 원리에 반하기 때문에 윤리적으로 받아들일 수 없음을 발표하였다. 유럽 국가들도 생물학·생명공학 그리고 의학 분야에서 인간 권위의 존중에 기초한 윤리적 기준을 근본적으로 제정하는 것이 중요하다고 보았다.17) 같은 해 파리에 본부를 둔 유네스코(UNESCO : 국제연합 교육과학문화기구)도 "인간 게

---

16) 이진우, 『인간 복제에 관한 철학적 성찰』, 문예출판사, 2004, 44쪽.

17) "Is cloning an attack on human dignity?", in : *Nature*, vol. 487, 19 June, 1997, 754쪽.

놈과 인권에 관한 세계 선언"을 통해 유전자에 관한 권리를 보호 대상으로 규정하였다.18) 먼저 제5조에 의하면, "인간 게놈과 관련된 연구, 치료 또는 진단하는 데 그에 따른 잠재적인 위험과 이익에 관한 사전의 평가가 선행될 것을 요구하였다." 제6조 항은, "그 어느 누구도 유전적 특성에 기인하여 인권을 침해하거나 침해하는 효과를 가지거나 기본적으로 자유와 인권 존엄을 침해하는 차별을 받아서는 안 된다"고 명시되어 있으며, 또한 제11조 항에서도 "인간 존엄에 위배되는 행위, 즉 인간 복제 등은 결코 허용되지 않는다"19)고 선언하였다. 유네스코는 인류를 보존하고 인종 차별을 막기 위해 유전공학과 복제에 대한 세계 윤리 규약을 마련할 것을 촉구하였고, 1999년 5월 유네스코 국제생명윤리위원회는 이에 대한 학술적 지원을 위해 파리에서 제1차 실무 회담을 열기도 했다.20) 또한 여러 나라에서 앞다투어 인간 존엄성에 관련한 인간 복제를 금지하는 법 제정에 나섰다. 미국의 경우, 돌리에 관한 윌머트 박사의 발표가 나간 이후에 클린턴 미국 대통령은 인간 복제 연구를 위한 연방 연구비를 지원하지 않기로 결정했으며, 인간을 복제할 목적으로 생명 복제 기술의 사용을 향후 적어도 5년간 금지하는 것을 골자로 한 법안 채택을 의회에 요청한 바 있다.21) 특히 클린턴 대통령은 양

---

18) 『동아일보』, 1999년 7월 22일자.

19) UNESCO : *Universal Declaration on the human Genome and Human Rights*, Paris, November, 11, 1997, 제5조, 제6조, 제11조.

20) 한겨레 21세기 특별 계획팀, 『새 천년 새 세기를 말한다 — 과학과 문명 2』, 한겨레신문사, 1999, 186쪽.

21) 이 법안은 다음과 같은 내용을 포함하고 있다. ① 체세포 핵 이식에 의한 인간 복제 금지 ② 동물 복제를 위한 체세포 핵 이식 ③ 기술의 허용 향후 5년간의 제한적 입법화, 즉 5년간 제한하고 그 이후 재검토한다.

의 복제는 기술이 인간 배아 복제에 사용될 수 있다는 점에서 심각한 윤리적 문제를 제기했다. 그는 생명윤리전문위원회에 90일 이내에 윤리적, 법적인 영향을 보고하라고 지시했다. 그 주에 영국의 인간유전학자문위원회 위원장 이완 캠벨(Ian Kampell) 경은 위원회가 새로운 복제 과학의 영향을 검토하기 위해 회의를 하고 있다고 발표했다.[22] 1999년 40개국으로 구성된 유럽 각료회의는 7월 1일 유전적으로 동일한 개체를 만드는 일체의 행위를 금지한다는 내용을 골자로 한 생물의학협의의 수정안에 합의하였다. 이렇듯 많은 사람들에게 적용되는 생명 복제 기술이 반윤리적이라고 보는 견해는 인간 복제가 의학적으로나 행복의 측면에서 유용성을 갖다준다고 하더라도, 근본적으로 **인간의 존엄성과 가치에 반하기 때문에 옳지 못하다는 것이다.**[23] 이렇게 우리 인간은 누구나 생명의 존엄성을 갖고 있다. 이러한 인간의 존엄성이 심각하게 침해받았을 때 치명적인 손상을 받을 수 있다. 그렇지 않기 위해서는 인간 자신을 수단으로서 아니라 목적으로서 대우해야 하는데 그렇지 못하다는 데에 윤리적 공포의 원인이 숨겨져 있다. 즉, "궁극적 가치로서 생명은 그 밖의 목적이나 가치를 위해서 도구적으로 조작할 수 없다는 데 있다."[24]

칸트는 『도덕 형이상학의 기초』에서 "행위 결과는 도덕하고는 상관없다. 행위의 옳고 그름은 정언명법을 충족시키는 규칙에 따를 것인지의 여부에 달려 있다"고 말한다. 칸트의 정언명

---

22) 매완호, 이혜경 옮김, 『나쁜 과학 — 근본적으로 위험한 유전자 조작 생명과학』, 당대, 2005, 290쪽.

23) Paul Ramsey, *Fabricated Man : The Ethics of Genetic Control*, Yale University Press, 1970, 73쪽.

24) 박이문, 「우주, 생명, 인간 — 인간 복제 기술 시대의 윤리적 명상」, 『이성의 시련』, 문학과 지성사, 2001, 35쪽.

법에 의하면, "당신은 보편적 법칙이 될 수 있는 격률에 따라서만 행동해야 한다"고 정식화하였다. 또한 "인간을 다루는 행위는 언제나 목적으로서 대해야지 수단으로서 취급해서는 안 된다"고 단호히 천명한다. 인간 복제의 창조는 칸트의 철학적 관점에서 표현한 것처럼, 윤리적 원칙에 대해 애매한 모순일 수 있다는 사실이다. 이러한 원리는 개인에게서 인간의 삶을 결코 수단으로 대하지 말고 항상 목적으로 생각해야 한다는 요구다. 인간 복제가 칸트의 정언명법에 일치하는가 그렇지 않은가를 판단하기는 쉽지 않다.

한편으로, 칸트의 견해에 의해서도 복제 기술의 사용이 모두 인간의 존엄성을 해치는 것을 의미하지는 않는다. 한편으로, "치료의 재료를 마련하기 위해서나 유전자 검사를 하기 위한 목적에서 인간 생명의 창조는 분명히 창조된 생명의 존엄성을 위해 창조한 것이 아니다. 게다가 개인은 전적으로 게놈(Genome)에 의해서만 결정되는 것이 아니라 가족·문화적·사회적 환경의 과정에서처럼 개인을 구성하고 있는 인간의 주변 환경에 많은 영향을 받는다"[25]는 점이다. 따라서 인간 복제가 일정한 목적을 갖는 경우 칸트의 정언명법에 부합될 수 있다는 가능성이다.

다른 한편으로, 인간 복제의 비윤리성을 강조하는 측면이다. 이 견해에 의하면, 인간 복제가 "인간을 수단으로 삼기 때문에 비윤리적"이기에 인간의 존엄성에 어긋난다는 것이다.[26] 여기서 인간의 존엄성은 서양의 기독교적 전통에 뿌리를 둔 실질적

---

25) Axel Kahn, "Clone mammals … clone man?", in : *Nature*, Vol. 386, 13 Match, 1997, 119쪽.
26) 이웅희, 「개체 복제의 허용 여부와 허용 기준에 관한 연구」, 『생명윤리』 제4권 제2호, 2003년 12월, 221-222쪽.

내용을 가진 인간상으로 다루어지기도 하고, 주체성이나 자기 결정의 개념과도 연관시킨다. 이러한 다양한 해석의 여지는 임신 중절, 안락사에서부터 유전자 및 출산에 이르기까지 폭넓게 반영되어 있다. 그렇기 때문에 인간의 존엄성은 사람들 간의 가치관의 갈등이라는 측면에서 서로 상충할 수 있다.[27] 여기서 인간 복제의 동기가 모두 복제의 도구화를 의미하지는 않기에, 그러한 종류의 모든 행위가 인간 존엄성의 침해를 초래하는 것은 아니라는 점이다. 단지 인간 복제가 일정한 사회 기능에 투입시키려는 의도, 즉 유전 연구 혹은 배아 연구를 위해서, 군인을 만들기 위해서 혹은 새로운 과학 엘리트를 양성하기 위해 인간 복제를 시작한다면 인간 생명은 실제로 물건처럼 마음대로 다루어지고 존엄성이 손상될 것이다.[28]

요나스도 많은 전문가들이 통상적으로 말하고 있듯이, 생명이나 인간을 복제하려는 근거는 우리가 유전적으로 원하는 것을 질적으로 우수한 유전인자를 얻으려는 것으로 파악한다. 더 말할 나위 없이 인간 복제의 주요 근거는 우수한 인자를 많이 복제하려는 데 있다. 다시 말해서 인간 복제의 의도는 단순히 일정한 목적을 이루기 위해서 이전의 우수한 전형화의 장점을 그 모델로 삼는 것이다(TME, 184). 예를 들어 우리가 존경하는 우수한 복제의 대상들, 즉 모차르트, 베토벤, 아인슈타인, 슈바이처, 미켈란젤로와 같은 우수한 두뇌의 소유자들은 현재에도

27) 황경식, 「게놈 프로젝트와 판도라의 상자」, 『과학사상』 제36호, 2001년 봄, 216쪽. Vgl. Kurt Bayertz, "Human Dignity : philosophical Origin and Scientific Erosion of an idea", Kluwer Academic Publishers, 1996, 73-79쪽.
28) 구인회, 「인간 개체 복제에 관한 윤리적 논쟁들」, 『생명윤리』 제1호, 한국생명윤리학회, 2000, 9쪽.

가장 최고의 사람으로 꼽힌다(TME, 186). 이제 돌리의 탄생으로 인간 복제는 이론이나 실천적으로도 모두 가능해졌다. 실제로 인간 복제의 실험이 미국의 클로나이드사나 이탈리아의 사설 연구소를 비롯하여 많은 생명공학 연구 단체들이 인간 복제를 이미 실험중에 있다고 발표하여 사회적 파장을 일으킨 바 있다. 이러한 현 상황에서 요나스는 인간 복제의 반대 논거를 인간은 목적으로 대우해야 한다는 인간 존엄성의 전제 위에서 출발한다.

 "모든 생명체는 자기의 고유한 어떠한 정당화도 필요 없는 목적이며, 이 점에서 인간은 다른 생명체에 비해 우선권을 갖지 않는다"(TME, 184).

 요나스는 인간도 다른 생명체와 별로 다른 것이 없으며, 자기 목적의 가치야말로 모든 인간적 가치의 원천이라고 본다. 이러한 시점에서 인간 복제의 윤리성에 대한 검토는 더욱 시급한 시점에 이르렀다.

 헉슬리(Aldous Huxley)의 공상 소설인 『멋진 신세계』(1932)는 유토피아적 의미에서 낙관주의적 인간의 사회를 이미 설계한 바 있다. 요나스에 의하면, 이러한 기술적 사유의 가치 자유로운 상상력은 한 인자에 대해 이제껏 인간 사육(Menschenzüchtung)의 꿈의 실현을 꾀하는 유전적 다양성을 파괴한다는 것이다. 즉, 특정 소수를 위해 불특정 다수가 배제됨으로써 유전적 획일화가 이루어지고, 이러한 획일화와 특성화는 인간성의 파괴로 이어지게 된다. 인간의 유토피아적 상상력은 한 인자를 대안적으로 선택하는 과정이듯이, 어느 측면에서 반드시 부정적인 것이 아니라 긍정적인 목적을 지닐 수 있다(TME, 177). 무엇보다 『멋진 신세계』에서 보여주고 있는 진지한 측면은 인간의 상상력을 동원하여 정보를 풍부하게 하여 사유의 실험을 시도하였다는 데 있다. 따라서 이 소설에서 실험한 결과는 그 내용 안에 추측할 수 있는 공포의 발견술적 기능을 부여했다는 데 있다(PV, 70).

요나스는 그의 『기술·의료 윤리』의 저서에서 미래의 인간 복제 및 책임 윤리에 대해 언급한다. 그는 현재의 생명공학에 대해 "윤리적 물음의 어려움"(TME, 163)[29]에 있다고 실토한다. 즉, 우리는 "과거의 어떤 실천적 경험이나 이론적 사유도 우리에게 도움이 되지 못할 정도로 매우 색다른 종류"(TME, 162)의 윤리적 물음을 촉발하게 될 것임을 확신한다.[30] 21세기의 현 시점에서 요나스의 『기술·의료 윤리』이론의 사례들이 다소 시기적으로 동떨어진 예언적인 측면을 지닐 수 있으나, 그는 현재 및 미래의 인간 실존의 측면에서 중요한 관점을 제시하고 있다. 요나스가 강조하고자 하는 인간의 존엄성은 향후 불길한 사건에 대한 예방적 성격을 다분히 띠고 있다. 즉, 요나스는 현재의 반성을 통해 쉽게 위험을 예측하기 어려운 과학 기술의 사회에서 미래에 대한 불행을 예언함으로써 문제 소지가 될 수 있는 상황을 사전에 예방하고자 한다.

요나스는 생명공학 내지 인간 복제의 기술은 인간 존엄성의 측면에서 "목적의 질문"으로 설정되어야 한다고 말한다. 무엇보

---

29) 요나스는 인간 복제의 허용에 대해서 다음과 같은 큰 범위 안에서 논의한다. ① 생명공학적 기술의 새로운 종류 ② 유전적인 조정 방법 ③ 부정적 또는 예방적인 우생학 ④ 긍정적인 우생학이 그것이다(TME, 163-179).

30) 이유택, 「요나스의 목적론적 생명철학과 인간 복제」, 이진우 외, 『인간 복제에 관한 철학적 성찰』, 문예출판사, 2004, 172쪽.

다 우리에게 목적의 가치와 선택은 아주 필요한 지혜다. 잘 알려져 있듯이, 전통적으로 기술은 엔지니어들이 자신들이 가진 기술을 이용을 실생활에 필요로 하는 목적을 이루어내는 것이다. 엔지니어들이 자신의 기술을 이용하여 무엇인가를 새롭게 구성하려는 시도도 그 자체에서는 본래의 목적을 지니고 있는 것은 아니다.

이와 마찬가지로 생명공학의 기술도 생명 현상과 관련되어 있기 때문에 자기 목적을 이루기 위해 정체(停滯)하여 머물 수만은 없다. 이런 점에서 요나스에 의하면, 인간이 자기 목적에만 머물러 있을 때, 생명의 고유성 및 존엄성을 경시할 수 있다는 것이다. 흔히 유용성은 인간을 위해 적용하는 것이라고 말한다. 인간은 자기 자신을 위해 기술을 이용하고 있다고 쉽게 말하지만, 이제까지의 모든 기술공학의 진보에 관한 공리주의적 의미 규정은 현실에 맞게 새로 기술되어야 한다. 그렇게 될 때, 요나스는 유전적으로 구성하고 있는 생명공학의 기술에 대한 평가를 새롭게 설정할 수 있다(TME, 169)고 언급한다. 이런 관점에서 요나스는 우리 인간은 성(性)의 변형된 역할에 대해 세심한 관심을 기울여야 한다고 강조한다. 장차 성의 변형된 역할들은 우리에게 잘 알려져 있거나 알려져 있지 않은 개체든 간에 모두 복제될 수 있을 것으로 예측할 수 있다. 지금까지 여성의 역할들은 도구적인 필요성에 의해 이용되어 왔다면, 남성은 여성처럼 생물학적으로 그렇게 이용해오지 않았다. 왜냐 하면 여성은 남성에 의해 생물학적 강압으로 인해 임신 당했을 때도 남성의 재생산을 위해 번식시키는 인간으로써 도구화하였기 때문이다(TME, 181)는 점이다. 여기서 여성의 역할은 체외 인공 자궁이 사용되는 것을 제외하고는 여전히 수단으로 남는다. 요나스는 이러한 유전적 실체에 대해 자의적으로 성을 변형하려는 행위는 목적을 이루고자 하는 것이 아니라 오히려 자연의 지배적인 전략을 위한 것이며, 그 계략을 임시 방편적으로 고착시키려는 것에 불과하다고 비판한다. 우리가 의도된 결과를 민감하게 받아들이려는 것은 이미 잘 알려져 있는 대상에서가 아니라 오히려 거의 잘 알려져 있지 않은 대상에서 나온다. 그렇기 때문에 이를 잘 파악하기 위해서라도 윤리적인 성찰과 더 잘 훈련된 교육을 필요로 한다(TME, 179). 따라서 인간에게서 인간의 궁극적 목적은 유전 정보의 자의적인 변형에 있는 것이 아니라 오히려 유전 정보의 자연스러운 변화를 거역하는 데 있다. 결국 인간은 언제나 "행위자 자신이 최선의 인간적인 좋음을 위해 행위"(TME, 162)해야 할 것이다.

3. 인간 복제는 새로운 책임 윤리를 요청하는가?

우리는 앞 장에서 인간 복제의 허용 여부는 인간의 존엄성에 반하기 때문에 인간을 수단으로서 대하고 목적으로 대우하지 않으면 항상 문제가 발생할 수 있다는 관점을 요나스의 『기술·의료 윤리』의 저서를 통하여 살펴보았다. 우리는 이러한 요나스의 인간 복제에 관해 책임의 차원에서 다양하게 질문을 던질 수 있다. 21세기의 생명공학 시대에서 요나스가 언급하고 있는 새로운 책임 윤리란 무엇인가? 어떤 의미에서 책임의 주제가 인간 복제와 관련하여 새로운 시대에 부합할 수 있는가? 그리고 어떻게 책임의 근거[31]가 우리 세대에서 요구하고 있는 새로운 윤리의 근거를 정립할 수 있는가? 이러한 책임의 주제가 전통적인 책임 개념과 어떻게 다른가? 위의 다양한 질문들은 물론 쉽게 답변할 수 있는 내용은 아니다. 먼저 요나스의 책임 윤리는 인간 실험(Humanexperiment)에 대해 의학적 연구를 결정하는 데서부터 시작한다. 요나스는 인간 실험에 관한 논쟁에서 실험자의 선택에 대한 윤리적 기준의 근거를 마련해야 한다고 말한다. 자유로운 연구는 도덕적으로 허용해서는 안 되며 인간의 실험은 그에 대한 타당성의 조건을 충분히 갖추어야 한다. 연구자는 실험자의 의무를 충분히 숙지해야 하고, 그 연구의 목적을 분명히 해야 한다(TME, 136).[32] 따라서 영향력 있는 사회기관은 어떤 문제가 발생했을 때, 합리적이고 과학적 절차 과정에 따라 그 책임을 연구자와 함께 떠맡아야 한다. 인간을 실험하는 행위의 영역도 도덕적인 힘을 얻을 때, 아주 자유롭게 직업적인 존중과 대우를 받으며 진행시킬 수 있다(TME, 107). 그럴수록 연구자 자신은 연구의 목적을 위해 그에 상응하는 실험결과를 더 잘 파악하고 그 정체성을 세심하게 검토해야 한다.[33] 그러나 이러한 이론적 연구는 책임의 주제에 잘 맞도록 실천적으로 적용하기란 그리 쉬운 작업이 아니다. 다만 책임의 주제가 어느 몇몇 개인에게만 적용하는 것이 아니라 집단적인 공동의 과제로 공유해야 한다. 따라서 기존의 과학과 가치 영역 사이의 관계를 근본적으로 새롭게 고찰하여 과학 정책의 방법을 구체

---

31) 요나스를 출발점으로 촉발된 책임 논쟁의 근본 문제에 관한 자세한 내용은 다음을 참조 : Ludger Heidbrink, "Grundprobleme der gegenwärtigen Verantwortungsdiskussion", in : *Information Philosophie*, August 2000, 18-34쪽.

32) Vgl. Micha H. Werner, "Hans Jonas's Prinzip Verantwortung", Marcus Düwell und Klaus Steigleder(Hg.), *Bioethik*, Frankfurt. a.M. 2003, 51쪽.

33) Wolf Schäfer, "Die Büchse der Pandora", in : *Merkur*, Heft. 4. 39.Jg. 1989, 298쪽.

화해야 한다(TME, 76).

그러면 요나스의 입장에서 책임의 개념은 무엇인가? 먼저 ①
상호간의 책임과 일방적인 책임 ② 자연적 책임과 계약에 의한
책임 ③ 스스로 선택한 정치인의 책임과 선택하지 않은 책임 ④
특수한 책임과 총체적 책임 : 특정한 책임은 개인의 특정 부분과
특정 시기에 한정되어 있다(예, 승객을 위한 선장의 책임, 의사
의 진료 행위). 여기서 총체적 책임은 그 후에 무엇이 일어날 것
이며, 그 책임은 어디로 향하게 될 것인가 등을 묻는 역사적인
사실로 진행된다. 특히 우리가 인간 복제를 미래의 가능성과 연
관시켜볼 때, 인간의 생명에 대한 책임은 총체적인 연속성을 지
닌다. 총체적인 책임은 역사적인 관점으로 접근해야 하며, 그
대상을 역사성 속에서 파악해야 한다(PV, 177-182)는 사실이
다. 따라서 책임의 개념은 총체적이고 영속적이고 역사적이며,
현재는 물론 미래의 지평까지도 포함되어야 한다.

지구상에서 살고 있는 인간은 다가올 미래에도 과학 기술의
발전이 지속적으로 전개된다고 할지라도, 인간을 단지 수단으
로서가 아니라 목적으로서 대우받아야 하며, 미래에도 계속적
으로 생존해야 한다는 의미다. 그렇기 때문에 이것은 인간의 현
재와 미래에 대한 인간의 책임 의식인 것이다. 그렇기 때문에
요나스의 책임 윤리는 "너의 행위의 효과가 지상에서의 진정한
인간적 삶을 지속적으로 조화될 수 있도록 행위하라"라든지
"너의 행위의 결과가 지구상의 인간의 삶에 대한 미래의 가능성
을 파괴하지 않도록 행동하라" 또는 "지상에서의 인류의 무한
한 존속의 여러 조건들을 위험하게 하지 말라"(PV, 36)고 언급
한 여러 경구에서도 쉽게 찾아볼 수 있다. 이제 인간 복제에 대
한 책임 윤리는 개인적이든 공동체든 간에 직접적으로 현재에

관해 행위하는 것이다. 더 이상 행위의 결과는 상황에 따르는 습관적인 기민함(Klugheit)이 아니기 때문에 우리는 좀더 성숙한 지혜를 갖고 능력을 발휘할 수 있도록 무엇인가를 새롭게 시도해야 한다(TME, 162). 이렇듯 요나스는 인간 행위의 결과에 대한 책임 윤리를 강조한다. "책임에 대한 요구는 권력 행위에 비례해서 증대"하기 때문이다(TME, 46). 따라서 우리가 요나스의 책임 윤리를 인간 복제와 관련하여 생각해볼 때, 단지 인간 복제는 한갓 개인의 이익과 공공의 이익 사이의 상충하는 문제가 아니다. 그러므로 책임 윤리는 사회를 분열로부터 건져내고, 개인을 해악으로부터 보호해야 하는 중대한 사명을 갖고 있다. 요컨대 우리는 미래의 선이나 유용성의 측면에서 인간이 필요로 하는 이익을 만들어내기 위하여 개인의 권리가 가공의 공공 이익에 양보하여 결과적으로 손상될 수는 없음은 명백한 것이다.[34]

따라서 요나스의 책임의 주제는 인간 복제의 관점에서 살펴보았을 때, "사회적·기술적 전개의 결과는 목적의 설정"(TME, 162)[35]을 어떻게 파악하느냐에 따라 각기 다르게 적용될 수 있다. 그래서 오늘날 과학 기술의 진보에 따른 완전히 새로운 권력(Macht)의 수단은 절대 선이 필요 없는 목적으로 설정되어가고 있는 상황이다(TME, 12). 기술 발전의 역동성이라든지 기술

---

34) Hans Jonas, "Philosophical Reflections on Human Experimentation", in : Daedalus 98, no.2, 1969, 230쪽.

35) 목적론은 크게 보아 세 가지로 나눈다. 첫째로 자연의 모든 유기체는 어떤 목적을 자기 안에 지니고 있다고 보는 내재적 목적론(아리스토텔레스), 둘째로 자연의 단계를 하부 단계에서 고등 단계로 나아가는 과정으로 보는 형상적 목적론, 셋째로 자연은 전체며 어떤 최고자에 의해 창조되었다. 목적 역시 그 존재자에 의해 주어져 있다고 보는 초월적 목적론이다 (F. J. Wetz, *Hans Jonas zur Einführung*, Hamburg, 1994, 79쪽).

의 권력이 점차 증대했다는 의미는 역설적으로 "미래에 대한 책임 윤리의 새로움"을 요청하고 있다는 반증이다. 요나스에 의하면, 오늘날 전개되고 있는 생명공학의 기술은 지식으로부터 가장 새로운 인간의 권력을 확장하게 되었다고 강조한다. 그러나 인간은 과거부터 현재에 이르기까지 생명공학의 기술에 관해서는 미래 인류의 유용성의 차원에서 연구에 몰두해왔으며, 인간 자신을 위해서만 투자해왔다(TME, 204). 그래서 인간의 권력에 대한 물음은 내적으로 기술과 함께 자연스럽게 결합되어 왔다. 이것은 "베이컨이 정식화"시켰던 것처럼, 과학과 기술은 자연에 대한 인간의 권력을 증대시켜온 것이다. 물론 인간에 대한 인간의 권력은 또 다른 권력 아래에서 자기의 타자를 정복해왔다(TME, 168). 흔히 우리는 그 "무엇을 위한 대상"은 나의 밖에 놓여 있다고 말하지만, 나의 권력에 여전히 의존해 있으며 또한 그 권력에 의해서 위협을 받음으로써 나의 권력의 작용 안에 있다. 나의 권력에 대해 그 대상은 존재하거나 존재할 수 있는 것의 본질로부터 실존에 대한 자신의 권리를 대립시킬 수 있다. 따라서 실존은 도덕적 의지를 통해 권력을 자신의 의무로 받아들인다(PV, 175). 이런 점에서 책임은 권력의 기능이며 권력을 갖지 않고는 어떠한 책임도 질 수 없다는 것을 암시한다. 우리가 어떠한 계획을 세워놓고 일정한 방향을 세우는 것도 권력에 대한 책임인 것이다. 그렇기 때문에 방향을 올바르게 세우지 못하는 사람은 또한 책임질 필요성을 갖지 못한다(TME, 272). 그러나 책임은 수치로 잴 수 있는 양적인 권력뿐만 아니라 그 질(質)적인 내용을 항상 동반해야 한다. 다시 말해 책임은 수량적인 방법뿐만 아니라 인간적 행위의 질적인 영역으로 나아가야 하는 것이다(TME, 273). 우리의 개별적인 행위는 별개라 치더라도 어떤 사회적 행위에 제한을 받는 경우 주위의 상황을 고려하여 새로운 책임 윤리를 요구하는 것이다. 따라서 새로운 권력의 종류는 새로운 윤리적 규정을 필요로 한다(TME, 273). 즉, 인간의 유전자 조작, DNA의 재구성과 같은 인간의 새로운 종류의 권력은 아주 다양한 부류의 가능성을 활짝 열어놓았다(TME, 282). 과학 기술의 급속한 전개 상황에 따라 현실적으로 유전 인자는 개인의 운명을 권력을 통해서 결정하게 되었다(TME, 191). 그래서 우리는 인간의 생물학적 · 유전학적 통제는 새로운 종류의 윤리적 물음을 던지게 되었다. 왜냐 하면 인간의 본성이 권력의 영역으로 제어할 줄 모르고 무한정 진행된다면, 더 이상 인간의 가침성이 자의적(恣意的)으로 자행되어서는 안 되기 때문이다(TME, 162). 우리의 윤리는 의무 · 계율 · 금지 목록 등에 새로운 조항들이 함께 부과되어야 하겠지만, 그렇다고 하여 옛날의 것이 쓸모 없는 것이 되어서는 안 된다(TME, 274). 요컨대 요나스에게서 인간 복제에 대한 생명 및 인간 존엄성의 의미는 새롭게 급부상하고 있는 과학 권력에 대해 어떻게 대처해나가야 하는지 책임의 주제를 통해 진지하게 묻고 있다.

4. 맺음말 : 예측 및 제안

우리는 앞에서 인간 복제를 언급할 때, 인간의 존엄성은 칸트가 언급했듯이 수단으로서가 아니라 목적으로 대우해야 하며, 그에 대해 개인적이든 집단적이든 개의치 않고 인간 행위 결과에 따르는 책임의 근거를 엄정하게 물어야 한다는 것을 요나스의 『의료 · 기술 윤리』를 통해 살폈다. 여기서 인간 복제는 흔히 대중들의 여론 조사에서 보여주듯이, 찬반 투표율로 단지 결정될 수 없는 복잡한 상황을 지니고 있다. 왜냐 하면 인간 복제로 인하여 미래의 예기치 못할 불행한 상황이 발생했을 경우에도 투표로 찬성하여 실행한 정책이 인간 사회에 엄청난 부정적 결과를 초래할 수 있기 때문이다. 이러한 측면에서 인간 복제는 "복제 기술의 의학적 유용성을 부정할 사람은 그리 많지 않을 것이나, 그 폐해를 예측하기 어려운 위험한 기술이다."[36] 그러면 우리는 이러한 인간 복제에 대해 현재와 미래의 책임 윤리를 어떻게 진행시켜나갈 것인가? 필자는 인간 복제로 야기될 수 있는 문제에 대해 다음과 같은 대안책을 제시해보고자 한다.

첫째, 인간의 체세포 복제로 인한 인간 복제가 초래될 때, 철학자·과학자·의료 전문가·법학자·종교계·시민 단체·여성 단체 등 여러 단체들의 논의가 소수 집단에서가 아니라 많은 단체에서 더욱 활성화되어 공론화하고 그에 상응하는 학제적 (interdisciplinary) 연대는 절실히 필요하다. 왜냐 하면 21세기 생명공학의 시대는 인간 복제를 비롯한 과학 기술의 행위의 결과를 한 개인이나 어느 한 부분의 전공 영역에만 맡겨 둘 수 없는 복잡한 사회적 양상을 띠고 있기 때문이다. 21세기 들어서도 생명과학이나 의학 기술의 발달이 지속적으로 전개되는 한, 그로 인해 초래될 수 있는 새로운 윤리적 문제들이 사회 곳곳에서 나타날 것은 자명한 현실이다. 그렇게 될 때, 우리는 생명공학에서 파생되는 여러 문제 해결을 위한 도덕적·사회적인 법제화의 기본적인 틀을 마련해야 한다는 당면 과제에 직면할 것이다. 더욱더 인간 존엄성의 측면에서 인간 복제는 의학자나 과학

---

36) 장춘익, 「생명과학 기술의 문화적 충격」, 『생명과학 기술 및 생명 윤리 연구의 현황과 한국의 대응 방안 연구』, 과학기술부, 1998, 106쪽.

자들에게만 전적으로 일임할 문제만은 더 이상 아니게 되었다. 이는 개인의 문제가 아니라 사회 전체의 관심사이기 때문에 각계 각층의 생명공학자·의학자·법학자·윤리학자·철학자·종교학자·시민 단체 등의 다양한 분야에 걸쳐 학제적인 연구 및 그에 상응하는 의견 수렴이 진지하게 논의되어야 한다. 인간 복제의 진행 상황은 정확히 그 앞을 예측할 수 없을 정도로 빠르게 진행되고 있다. 다시 말해서 우리는 인간 복제의 새로운 책임 윤리에 관한 이론적 작업을 어느 하나의 소리에만 귀를 기울이는 것이 아니라 다양한 분야의 영역에 걸쳐 진행되어야 한다. 따라서 서로 유사한 근접 담론들, 즉 정치·철학·사회학·자연과학·생명공학 등의 학제 간 연구 분야들이 함께 허물없이 만나서 귀를 기울이고 청취하고 얼굴을 마주 대할 때, 우리는 현재 및 미래에 대한 책임 윤리를 올바른 방향으로 전개해나갈 수 있다. 성공적으로 완수된 인간 게놈 프로젝트(Human Genome Project)의 저변에도 학제 간의 빛이 발했음은 물론이다. 따라서 요나스의 인간 복제에 대한 『기술·의료 윤리』는 학제적 공동 연구라는 측면에서도 여전히 중요한 메시지를 담고 있다.

둘째, 지금까지의 이성을 중심으로 한 서구 중심적인 인간관의 반성적 고찰이 필요하다. 현재 인간 개체 복제를 둘러싼 인간 복제의 논의도 이성을 매개로 전개되는 기술결정론적인 낙관주의적 사고다. 여러 세기 동안 서구 문명은 언제나 타문명도 그 속에 당연히 포함하는 것으로 생각해왔다는 점이다. 서구 사회도 이제 동양 사회와 다름없이 전 세계의 일부분이라는 사실을 인식해야 한다. 이는 요나스가 서구 문명을 비판한 바와 마찬가지로, 21세기 기술의 시대에서 서구의 운명은 옛날의 고전

시대를 이야기하지만, 그러한 서구의 정신도 세계의 조그마한 모서리에 불과했다(TME, 270)는 사실을 되새겨봐야 한다. 서구 문화의 파우스트적인 정신은 자신의 의지를 관철시키기 위해 끊임없이 합리성이라는 명목 아래 비합리적으로 새로운 것을 언제나 추구해왔다. 진정 지금까지 서구의 합리적 정신은 사물 세계에 대한 무한정한 권력(TMF, 23)의 확장을 보여왔지만, 새로운 의지를 결집해야 할 운명에 처하게 되었다. 하지만 21세기 과학 기술의 시대는 권력 의지의 표현으로 나타나면서 순수한 기술의 영역만 강조하는 것은 더 이상 아니게 되었으며, 그 권력은 이성의 한계에 직면하게 되었다.

셋째, 의학 기술의 급속한 발전으로 인해 인간 복제가 곧 현실화된다면, 미래의 윤리적 문제는 예측할 수 없는 심각한 갈등을 초래할 것이다. 즉, 한편으로 현재 눈부신 생명공학의 발전으로 인해 우리 인간은 인간의 물질적 행복을 가져다줄 수 있지만, 다른 한편으로 점점 윤리적 갈등이 첨예하게 진행될 수 있다. 우리가 이러한 후자의 부정적 상황을 예측할수록 인간의 행위 결과에 대한 책임의 역할은 더욱 중요한 요소로 작용하게 되었다.

넷째, 동물 복제 및 인간 복제가 불임 부부나 장기 이식, 질병 퇴치를 위한 약학적 연구, 노화 및 질병의 방지 등을 제공하는 긍정적인 측면이 있음에도 불구하고 인간 복제를 허용했을 때, 분명 대기업을 비롯한 많은 기업들이 상업적인 목적을 갖고 공리주의적 이윤 팽창을 노릴 것은 점점 현실로 다가올 것이다. 그로 인해 인간 복제로 발생되는 문제는 알게 모르게 선의보다도 악의적으로 남용될 소지가 충분히 있을 수 있다는 사실이다. 특히 동물 복제의 경우는 인간중심주의적 관점에서 인간을 위

한다는 명분으로 대부분 행해지고 있다는 것이 그 일례(一例)
다. 이제까지의 고전 윤리학의 관점에서 볼 때, 도덕적 책임은
개인의 책임 영역에 한정되었다면, 응용 윤리로 대변되는 생명
복제 및 인간 복제는 개인의 책임에만 한정하여 머무는 것이 아
니라 사회·정치의 집단적인 공동의 문제로까지 확산되었기 때
문에 책임의 사회화가 요구된다. 이는 거듭 도덕적 차원의 소박
한 책임의 소재를 묻는 것이 아니라 정부 차원에서 2005년부터
시행된 생명윤리법을 수정·보완하고 엄격히 관리할 것을 촉구
한다.

□ 참고 문헌

구인회, 「인간 개체 복제에 관한 윤리적 논쟁들」, 『생명윤리』 제1호, 한국
　　　생명윤리학회, 2000.
그레이스, 에릭, 싸이제닉 생명공학소 역, 『생명공학이란 무엇인가』, 시공
　　　사, 2000.
김상득, 『생명의료윤리학』, 철학과현실사, 2000.
리프킨, 제레미, 전영택·전병기 역, 『바이오테크 시대』, 민음사, 2000.
매완호, 이혜경 옮김, 『나쁜 과학 — 근본적으로 위험한 유전자 조작 생명
　　　과학』, 당대, 2005.
박이문, 「우주, 생명, 인간 — 인간 복제 기술 시대의 윤리적 명상」, 『이성
　　　의 시련』, 문학과 지성사, 2001.
양해림, 「생태계의 위기와 책임 윤리의 도전 — 한스 요나스의 책임 개념
　　　을 중심으로」, 『철학』 제65집, 2000년 겨울, 한국철학회.
이유택, 「요나스의 목적론적 생명철학과 인간 복제」, 이진우 외, 『인간 복
　　　제에 관한 철학적 성찰』, 문예출판사, 2004.
이웅희, 「개체 복제의 허용 여부와 허용 기준에 관한 연구」, 『생명윤리』

제4권 제2호, 2003년 12월.

이진우, 『인간 복제에 관한 철학적 성찰』, 문예출판사, 2004.

장춘익, 「생명과학 기술의 문화적 충격」, 『생명과학 기술 및 생명 윤리 연구의 현황과 한국의 대응 방안 연구』, 과학기술부, 1998.

『동아일보』, 1999년 7월 22일.

『한겨레』 신문, 2001년 7월 26일.

——————, 2001년 8월 2일.

——————, 2001년 8월 27일.

——————, 2004년 6월 22일.

한겨레 21세기 특별 계획팀, 『새 천년 새 세기를 말한다 — 과학과 문명 2』, 한겨레신문사, 1999.

홍욱희, 「생명공학 시대의 생명 — 돌리 복제 그 이후」, 『과학사상』 제36호, 2001년 봄.

홍석영, 「생명 윤리 및 안전에 관한 법률에 대한 비판적 검토」, 『생명윤리』 제5권 1호, 2004년 6월.

황경식, 「게놈 프로젝트와 판도라의 상자」, 『과학사상』 제36호, 2001년 봄.

Bayertz, K., "Human Dignity : philosophical Origin and Scientific Erosion of an idea", Kluwer Academic Publishers, 1996.

Heidbrink, L., "Grundprobleme der gegenwärtigen Verantwortungs-diskussion", in : *Information Philosophie*, August 2000.

Hans Jonas, *Das Prinzip Verantwortung. Versuch einer für die techonologische Zivilisation*, Frankfurt. a.M. 1984.

Jonas, H., "Philosophical Reflections on Human Experimentation", in : Daedalus 98, no.2, 1969.

——————, *Technik, Medizin und Ethik, Praxis des Prinzips Verantwortung*, Frankfurt. a.M. 1987.

Kimbrell, A., *The human body Shop ; the Cloning, Engineering, and Markting of Life* (Washington D.C. : Regnery, 1997).

Nature, vol. 386, 13 Match, 1997.

——————, vol. 487, 19 June, 1997.

Ramsey, P., *Fabricated Man : The Ethics of Genetic Control*, Yale University Press, 1970.

Schäfer, W., "Die Büchse der Pandora", in : *Merkur*, Heft. 4. 39.Jg. 1989.

Science, Vol. 288. 9. June, 2000.

UNESCO, *Universal Declaration on the human Genome and Human Rights*, Paris, November, 11, 1997.

Werner, M, H., "Hans Jonas's Prinzip Verantwortung", Marcus Düwell und Klaus Steigleder(Hg.), *Bioethik*, Frankfurt. a.M. 2003.

Wetz, F. J., *Hans Jonas zur Einführung*, Hamburg, 1994.

제8장
인간 배아 복제와 책임 윤리*

1. 인간 배아 복제의 논쟁점은 무엇인가?

현재 선진국을 비롯한 각국의 정부 당국과 생명공학자들 사이에 인간 복제에 관해 논란이 되고 있는 사안은 크게 두 가지로 구분할 수 있다. 전자는 인간 배아 복제(human embryonic cloning)의 생명체 시기의 논쟁이며, 후자는 치료 목적의 유전자 조작 및 복제 허용 여부다. 전자의 생명체 시기 논쟁의 핵심은 임신 시작에서부터 원시 생명선(the primitive Streak)이 출현하는 수정 후 14일까지의 배아를 생명으로 볼 것인가에 초점이 맞추어져 있다면, 후자의 치료 목적의 인간 복제 허용 여부는 최근 미국에서 논란이 됐던 "선택적 임신"과 같은 각종 유전

---

* 이 논문은 『범한철학』 제27집, 범한철학회, 2002, 203-227쪽에 실렸고, 수정·보완하였다.

질환 치료를 위한 유전자 조작과 인간 복제에 대한 허용의 여부다. 즉, 딸의 유전병을 치료하기 위해 유전자 검사를 통해 부모가 원하는 조건을 갖춘 아이를 선택적으로 선별하여 낳는 것이 윤리적으로 괜찮은가를 다루는 문제다. 여기서 우리는 특히 전자의 인간 배아의 생명체 시기 논쟁점을 한정하여 설정하고 과학자들의 책임 문제와 연관시켜 살펴볼 것이다. 그러면 인간 배아 복제란 무엇인가?

인간 배아 복제는 인간 개체 복제와 기술적으로 동일하다. 그러나 그 목적은 개체를 얻으려는 것이 아니라 완전히 분화되기 전의 배아 줄기 세포를 얻거나 그 과정을 연구한다. 다시 말해 인간 배아 복제는 수정된 배아의 초기 상태에서 인위적으로 세포를 분리시켜 유전적으로 동일한 개체를 발생시키는 것을 의미한다. 즉, 복제된 개체의 생존을 배아 상태로 한정하여 사용하는 것을 일컫는다. 이는 주로 "개체 탄생의 목적이 아니라 배아 단계의 초기에 잠시 존재하는 신비스러운 세포로 알려진 줄기 세포를 얻거나 배아의 형성 과정을 연구하기 위하여 체세포 핵 이식술을 적용하여 인간 배아를 복제하자는 것"이다.[1] 이것은 인간의 질병 치료와 연구 및 장기, 세포 공급을 위한 목적으로 행해진다. 즉, 인간 배아 복제는 복제된 배아를 성장시켜 줄기 세포를 추출·배양함으로써 이식 치료에 필요한 뇌 조직·근육·피부 등의 세포나 조직을 만들기 위한 것이다.[2] 인간 배아 복제는 1993년 조지 워싱턴(George Washington)대학의 한 연구소 팀에 의해서 처음으로 행해졌다. 수정된 배아를 이용하

---

1) 박은정, 「생명 복제 : "적극적 우생학"으로 가는 길이 열리다?」, 『생명공학 시대의 법과 윤리』, 이화여대 출판부, 2000, 286쪽.
2) 이진우, 『인간 복제에 관한 철학적 성찰』, 문예출판사, 2004, 34쪽.

여 인간을 복제하려는 기술은 인간 생명의 발생학적 과정 중에서 초기 단계에서 가능하다.[3] 먼저 배아는 언제부터 인간이라할 수 있는가의 문제는 생명 윤리 논쟁의 출발점이다. 즉, 생명 윤리의 논쟁의 출발점은 인간 배아의 도덕적 지위를 어떻게 설정하는가에 따라 다르게 나타난다. 인간 배아는 태어난 인간과마찬가지로 동등한 도덕적 지위를 갖고 있는가 아니면 배아의소유자나 원인 제공자인 부모의 의지에 따라 마음대로 좌우될수 있는가? 한쪽 측면에서는 인간 배아는 성인의 인간 존재와마찬가지로 도덕적으로 동등하다는 주장이며, 다른 한편에서인간 배아는 특별한 도덕적 지위를 갖고 있는 것이 아니기 때문에 그 소유자인 부모의 뜻에 따라 어떠한 과학적 실험에도 사용할 수 있는 유용한 물건일 뿐이라는 견해다. 다시 말해서 인간배아 복제에서 가장 논란이 되는 부분은 배아의 지위에 관한 것이다. 그래서 이러한 인간 배아에 대한 연구 찬반은 계속 끊이지 않고 논의되고 있다. 따라서 인간 배아에 대한 도덕적 지위의 관점은 **완전한 인간, 단순한 세포 덩어리, 잠재적 인간** 등 크게 세 가지로 나눈다.[4]

생명의 시작은 어디이고 생명의 종말은 어디쯤인가? 요즘 인간 배아 복제 논쟁은 생명의 연속성상의 현상과 맞물려 가장 많이 논의되는 부분은 14일론이다. 그러면 왜 이러한 논쟁은 시작되었는가? 흔히 우리가 14일론에 등장하는 원시선은 어떤 의미에서 생명의 여부를 구분하는 경계가 될 수 있는가 하는 점이다. 원시선이 인간의 생명을 결정하는 데 핵심적인 시점이라면,

---

3) 박충구, 「분자생물학에서 생명 복제까지」, 『생명 복제 생명 윤리』, 가치창조, 2001, 64-65쪽.
4) 인간 배아의 도덕적 지위에 관한 자세한 내용은 이 책의 제10장을 참조.

어떻게 원시선을 14일로 규정하여 생명의 규준으로 삼을 수 있을까?

생명옹호론자들은 생명은 수정에서 시작된다는 사실을 인정한다. 다만 그들은 배아의 발생 과정에서 그 배아가 개체성을 획득하는 경계가 있다는 점과 그 경계는 원시선이 나타나는 수정 후 14일이라는 점을 강조한다. 그 이전에는 하나의 배아가 일란성 쌍둥이로 분할될 가능성이 있기 때문에 이 시기까지의 배아는 아직 독립된 생명체라기보다는 하나의 세포 덩어리에 불과함을 시사하고 있다. 즉, 온전한 인간 생명의 시작은 수태 순간이 아니라, 14일 뒤 쌍둥이로 될 가능성이 사라졌을 때라는 것이다. 그래서 이들은 수정 후 14일 지나 일단 원시선이 나타난 배아 연구는 허용되어서는 안 되지만, 그 이전 시기까지의 배아에 대한 연구는 허용되어야 한다고 주장한다.[5] 즉, 14일 이전 시기의 인간 배아는 척추, 내장 등 신체 기관이 발생하지 않은 채 무한 세포 분열만 거듭하기 때문에 이 단계의 배아는 인간으로 간주하기 어렵다는 주장이다.[6]

그러나 사람의 생명이 한 생명으로 완성되는 시기가 언제인가에 대한 명확한 규정은 아직 분명하게 알려져 있지 않은 채 생명옹호론자나 생명반대론자들마다 제각기 의견이 분분하다. 14일론 반대론자들은 줄기 세포를 배아에서 추출하는 것은 배아를 죽이는 행위가 된다고 보는 반면에, 생명옹호론자들은 4~5일된 배아는 생명으로 볼 수 없으며 오히려 생명을 위한 연구에 기여할 수 있다는 입장이다. 이에 여성계를 비롯한 낙태 반

---

5) 피터 싱어, 「인간의 생명은 언제 시작하는가」, 구영모 엮음, 『생명 의료 윤리』, 동녘, 2004, 94쪽.

6) 전방욱, 『수상한 과학』, 풀빛, 2004, 176쪽.

대론자들과 가톨릭 등의 종교계는 반대론이 우세하다. 즉, 여성계와 가톨릭 등 종교계에서는 수정된 순간부터를 완전한 인간으로 보고 배아 연구 자체를 반대한다. 여성 단체들은 인공 수정, 배아 연구 등 생명공학의 기술에 대해 여성의 몸과 밀접한 관련을 맺고 있기 때문에 생명공학의 수혜자이자 대상자인 여성이 과학 기술 방향에 의견을 내는 것은 당연한 모성의 권리라며 논쟁에 적극 참여하고 있다.

그러나 대부분의 과학자들은 수정된 후 14일 이내의 미발육 상태인 수정란은 아직 완전한 인간이 아니라고 믿고 싶어한다. 그래서 과학자들은 신경이 형성되는 수정 이후 14일쯤부터를 "인간 개체"로 해석하고, 이러한 수정란 이후에 배아를 인간 개체로 간주하기 시작한다. 이러한 정의는 종래의 수정 방식이나 그 밖의 다른 절차에 의해서 나타난 배아 인간에 적용할 수 있다.[7] 점차로 인간의 정자와 난자가 결합한 수정란은 14일까지 분화한 뒤 210여 가지의 장기·기관으로 성장한다. 14일론은 대화와 타협으로 해결할 수 없는 난제이기도 하고, "여성의 자궁에 체세포 핵 이식체를 이식할 목적으로 체세포 핵 이식 기술을 이용하거나, 기타 다른 인간 복제 방법에 이 기술을 활용하는 것은 불법이라는 식의, 인간 복제를 금지하는 구체적 규정을 마련하는 쪽으로 논의를 좁혀야 한다"고도 주장한다. 과학자들은 "인간 냉동 수정란을 이용한 배아 줄기 세포 연구(embryonic stem cell research)는 배아 복제의 윤리적 논란을 피하면서 심장 조직·신경 조직·알츠하이머병·파킨슨병 등 불치·난치병을 극복할 새로운 의료 기술을 개발하는 유일한 길"[8]이라고

---

7) *Nature*, Vol. 412, 19 July, 2001, 255쪽.

말한다.

과학자들은 그동안 암·당뇨병·파킨슨병·알츠하이머병 등 불치병 환자의 배아 줄기 세포를 배양해 이식하면 완치가 가능하다고 주장해왔다. 실제로 과학자들은 줄기 세포를 이용해 심장 세포와 근육·줄기 세포를 만들어내는 방법을 쥐 실험을 통해 밝혀냈다. 다른 실례로 파킨슨병을 앓고 있는 환자의 경우를 살펴보면, 이 환자의 세포로부터 핵 치환을 통해 배아를 만들고, 배아 줄기 세포를 신경세포로 분화시킬 수 있다. 이렇게 얻은 세포를 환자 뇌의 질환 부위에 주입하게 된다. 핵 치환 기술을 이용하여 정상 세포로 만드는 일은 곧 가능해질 것이며, 파킨슨병뿐만 아니라 당뇨병, 백혈병 세포성 결함과 연관된 다른 질환에도 응용될 수 있다.[9] 즉, 과학자들은 줄기 세포=배아 줄기 세포=난치병 치료라는 등식을 보이며 긍정적으로 해석한다는 사실이다. 즉, 많은 의과학자들은 14일 이전은 세포 덩어리에 불과하다고 보면서 14일 이전의 초기 배아는 의학 연구 대상으로 삼을 수 있게 하자는 주장이다. 또한 참여연대 시민과학센터, 생명공학감시연대 등을 비롯한 시민 단체는 "불임 치료에 쓰고 남은 잔여 냉동 배아의 경우 수년이 지난 뒤에 공여자의 동의를 받고 철저하게 관리한다는 조건 하에 치료 목적의 의학 연구에 제한적으로 쓸 수 있다"[10]는 견해들도 보인다.

요컨대 생명의 시작이 14일의 원시선으로부터 시작된다면,

---

8) 『한겨레』신문, 2000년 11월 7일, 15쪽 ; "Wir sind besser als Gott", in : *Der Spiegel*, 20 / 2001, 240쪽.

9) 이언 월무트, 「돌리 : 생물학적 조절 시대」,『유전자 혁명과 생명 윤리』, 생물학사연구회 옮김, 아침이슬, 2004, 57-58쪽.

10) 『한겨레』신문, 2001년 5월 18일, 18쪽.

그 이전의 원시선이 나타난 배아도 인간의 생명임에도 불구하고 죽음을 당할 수 있다는 데 문제의 심각성이 존재한다. 이는 좀더 사려 깊은 연구와 폭넓은 생명 시작의 근원지를 새로 묻는 데서 출발해야 한다.

2. 인간 배아 복제의 허용 범위는 어디까지인가?

위에서 언급한 바와 같이, 인간 배아 복제는 그것이 성공했을 때 가져올 가공할 결과 때문에 종교계, 여성계는 물론 생명과학자들 사이에서 아직은 부정적인 견해가 지배적이다. 여기서 인간 체세포 복제에 의한 배아 연구는 인간 복제로 이어질 수 있어 윤리적·사회적 관점에서 국내외에 큰 논란을 일으키고 있다. 즉, 현재 인간 배아 복제가 갖고 있는 허용 범위의 인식은 다양하게 존재한다. 인간 배아 복제는 생명 윤리의 시점을 그 출발점의 근거로 두고 있기 때문에, 개인적인 혹은 개별적인 집단의 이해 타산에 따라 좌지우지되어서는 안 되며, 공공성의 확보와 사회 공론화 과정을 필히 수반해야 한다. 아직 사회 공론화 작업이 부족하고 종교계와 과학계 등에서 일치된 합의점을 빠른 시일 내에 찾을 수 없기에 공론화 과정이 더욱 어려운 처지다. 따라서 현재 인간 배아 복제가 21세기의 유토피아를 가져다줄 새로운 희망의 산업이 될지 아니면 디스토피아의 재앙의 산업으로 전개될지 아직 그 앞을 분명하게 가릴 수 있는 단계는 아니다. 그러나 계속적인 과학적 연구와 이에 상응하는 공론화된 의견의 담론 형성도 지속적으로 필요한 때다.

주지하듯이, 21세기 들어 가장 뜨거운 논란의 현장은 배아 줄기(幹세포 : embryonic stem cell) 세포 연구다. 배아 줄기 세포는 배반포(blastocyst)의 내부 세포군으로부터 유래한 세포계다. 배아에서 추출한 줄기 세포를 배양하면 인체의 피부·심장·뇌·근육·혈액·신경 등 조직을 형성하는 세포로 키울 수 있어 획기적인 의료 진전을 가져올 수 있다는 관점이다. 다시 말해 인간 배아 줄기 세포는 인체 내의 모든 조직 세포나 성장할 수 있는 세포로 이를 이용하면, 손상된 조직이나 장기를 복원할 수 있다. 암·당뇨병·파킨슨병·알츠하이머병·척추 부상 등 각종 질병 치료에 혁신을 가져올 것으로 기대한다. 이는 "인간의 몸을 구성하는 조직들로 분화하는 능력을 가진 인간 세포를 조직하여 백혈병·파킨슨병 등 환자의 장애 세포를 치료할 수 있는 정상 세포를 만들거나 더 나아가 한 개의 체세포로부터 자신을 위한 이식용 기관을 배양하는 것을 가능하게 할 수 있다"[11]는 것이다. 대뇌나 척수 신경이 손상을 받거나 퇴행성 질병에 걸려 신경 세포가 죽게 되면 파킨슨병·헌팅턴병·알츠하이머병 등 한 번 죽은 신경은 스스로 회복될 수 없게 되나, 이런 질병에 걸린 환자의 신경계에 태아의 조직 세포가 이식되면 다시 중추 신경계가 회복될 수 있다는 것이다.[12] 즉, 이러한 세포 연구는 신경 세포·심장 근육·파킨슨병·알츠하이머병·심장병 등을 가진 환자에게 유용하게 적용된다는 점이다. 이러한 치료 세포의 복제의 잠재적 이득은 엄청나게 클 것이나 아직 이러한 연구는 인간 복제에 활발하게 연관되어 있지는 않다.[13]

---

11) 박은정, 앞의 책, 286쪽.

12) 김상득, 『생명의료윤리학』, 철학과현실사, 2000, 63쪽 ; 제이 홀맨 엮음 / 박재형 외 역, 『의료 윤리의 새로운 문제들』, 예영커뮤니케이션, 1997, 100-113쪽.

13) Rudolf Jaenisch / Ian Wilmut, "Dont't Clone Humans!", in : *Science*, 30

여기서 줄기 세포는 다른 장기나 조직의 말단 세포로 분화하는 뛰어난 변신 능력을 지니고 있어서 난치병을 치료할 21세기 의료 혁명의 주인공으로 받아들여지고 있다. 연구자들은 뇌 질환의 파킨슨병 환자에게 줄기 세포를 넣어주어 뇌 세포를 되살리고 손상된 간이나 위의 세포를 재생시켜주는 "세포 공장" 구실을 할 것이라는 기대도 많다. 사람의 난자와 정자가 수정한 지약 5일이 지나면, 지름 0.1~0.2밀리미터 크기의 속이 빈 공 모양의 배아가 되는데 수정 후 6일째에 신체 각 기관으로 분화되기 직전의 세포인 줄기 세포가 형성된다. 즉, 이 배아의 안쪽에는 전능 세포라고 불리는 줄기 세포가 붙어 있다. 즉, 배아 줄기세포는 수정 뒤 2주 이내에 포배낭에 들어 있는 세포 덩어리로서 신체의 모든 조직을 만들어내는 기본적인 구성 요소다. 특히 뼈·뇌·근육·피부·장기 등 모든 신체 기관으로 전환할 수 있는 전능 세포 또는 만능 세포다. 이는 수정란에서 투명대와 영양막 세포를 제거하고 남은 내부 세포 덩어리로서 이를 분화하지 못하게 억제시키는 것이다. 내부 세포 덩어리는 내·외 중배엽으로 되어 있으며, 자연 상태에서는 마치 암 세포처럼 무한히 계속 분열하며, 분자 신호에 따라 우리 몸을 이루는 210여 개의 장기 어느 것으로도 분화할 채비를 갖추기 시작한다. 줄기 세포는 마치 암 세포처럼 무한히 분열하며, 분자 신호에 따라 우리 몸을 이루는 210여 개의 장기 어느 것으로도 분화할 수 있다.

배아 줄기 세포는 1980년 초 생쥐에서 처음 확립되었다. 1998년 이전까지 과학자들은 줄기 세포가 배아가 성장하는 짧은 단계에만 존재하고, 이들 몸에서 격리해서 살아 있게 하는 데는 특별한 장치가 필요하기 때문에 격리, 배양이 불가능하다고 믿었다. 하지만 1998년 11월 6일에 존스홉킨스대 존 기어허트(Hohn Gearhart) 박사와 위스콘신대의 제임스 토머슨(James Thompson) 박사 연구팀들이 줄기 세포 분리와 배양에 성공했다. 그들은 인간의 배아 줄기 세포가 신경·피부·근육·연골·뼈·내장 등 다양한 장기로 분화될 수 있는 전능성을 확인했다.[14] 즉, 인간 배아는 신경·혈액·근육·뼈 등 210여 개 가지 기능의 세포로 분화, 발전할 수 있기 때문에 전능 세포로 불린다. 다시 말해서 배아 줄기 세포는 전능성을 보유한 세포로서 특정한 환경 속에서 신체를 구성하고 있는 다양한 세포 및 조직으로 발생할 수 있는 능력을 갖고 있다. 그래서 배아에서 추출한 줄기 세포는 잘만 배양해 분화시키면 알츠하이머병, 백혈병 등 난치병 환자들을 대체 치료하는 조직 및 장기로 이용할 수 있다는 점이다. 갈수록 생명공학계가 인간 배아 줄기 세포 연구에서 치열한 경쟁을 벌이는 것도 이러한 줄기 세포의 엄청난 잠재력 때문이다. 국내에서는 1999년 박세필 마리아병원 기초의학연구소 소장이 세계에서 처음으로 냉동 배아에서 줄기 세포를 추출해내는 데 성공하였다. 세계 최초로 인간 배아 줄기 세포를 이용하여 심근 세포를 배양하는 데 성공했다. 그는 "앞으로 줄기 세포를 특정 기능의 세포로 배양·분화하는 기술이 줄기 세포 연구의 성패를 가를 것"이라고 말한다. 줄기 세포를 이용한 세포치료술이 이르면 5~10년 안에 실현되어 의술의 개념을 바꾸어놓을지도 모른다. 그러나 세포치료술이 배아의 줄기 세포를 얻고자 하지만, 자궁에 이식하면 인간 복제로 쉽게 이어

---

14) 전방욱, 『수상한 과학』, 풀빛, 2004, 165쪽.

질 수 있다는 사실이다. 이러한 논박을 피하기 위하여 이 연구는 불임 치료 기관에 냉동 보관중인 잔여 수정란에서 간 세포를 얻어 5년 뒤에 환자의 동의 아래 폐기될 수정란을 재활용하였다. 그래서 박세필 박사팀의 연구는 사람의 배아 줄기 세포를 이용한 실험에 대한 윤리적 논란을 불러일으켰다. 당시 수정 후 5년이 지나 폐기될 냉동 수정란을 이용한 것은 윤리적 비난을 피하려는 의도로 학계는 보았다. 배반포의 각 세포는 이후 210개 신체 기관으로 성장하기 때문에 이 단계의 배아를 인간 개체로 인정할 것인지가 생명 복제 윤리 논쟁의 핵심 사안이 되어왔다. 그리고 박세필 박사팀은 2002년 11월 1일 인공 수정란에서 추출한 배아 줄기 세포를 이용한 파킨슨병을 치료하는 기술을 세계 최초로 발견해냈다. 2002년 10월 30일에는 파킨슨병 유전자를 이식한 인간 배아 줄기 세포를 파킨슨병에 걸린 사람에게 이식해 2주 후에 쥐와 같은 수준의 운동 능력을 회복하는 데 성공했다고 확인하였다. 이제까지 외국 연구팀이 체외에서 분화된 생쥐의 신경 세포를 정상 쥐의 뇌에 이식해 세포가 살아 있음을 증명한 적은 있으나, 유전자가 조작된 배아 줄기 세포를 이식하여 질환 모델 동물을 치료한 것은 이 당시가 처음이라 보고한다.15) 한 단계 더 진전하여 2004년 2월과 1년 후인 2005년 5월 12일에 황우석·문신용 교수팀이 세계 최초로 사람의 난자와 체세포만을 이용하여 인간 배아 줄기 세포 배양에 성공하였다.16) 2005년 8월 23일 미 하버드대 연구팀이 여성 난자를 이용

---

15) 「인간 배아 이용의 파킨슨병 치료 세계 첫 개가」, 『한겨레』 신문, 2002년 11월 1일, 1쪽.
16) 황우석 교수팀의 인간 배아 복제 연구는 많은 윤리적 문제점을 안고 있다. 즉, 2004년 「사이언스」지(誌)의 논문에서 황우석 교수팀은 인간 배아 복제 줄기

하거나 인간 배아를 새로 만들지 않고도 배아 줄기 세포를 얻는 데 성공하였다.[17] 그런데 이러한 줄기 세포 연구들의 많은 문제점들은 연구 초기부터 너무 지대한 관심 속에서 진행되었다는 사실이다. 인간 배아 줄기 세포가 처음 확립된 이후로 세계적으로 이를 재료로 새로운 의학의 지평을 열겠다는 생명과학 회사들이 생겨났고, 걸음마도 못하는 배아 줄기 세포 연구는 협동과 공생의 길보다는 경쟁의 치열함에 놓이게 되었다.[18]

지난 2000년에 생명윤리위원회가 내놓은 생명윤리기본법은 체세포 복제 등을 이용한 인간 개체 복제를 일절 금지하였다. 또한 불임 치료 이외의 목적으로 난자를 채취하거나 인간 배아를 창출하는 행위도 금지되며, 아울러 그러한 방법으로 생산된 인간 배아와 줄기 세포에 대한 연구도 금지하였다. 단, 불임 치료 목적으로 체외 수정을 통해 얻어진 인간 배아 중에서 잔여분을 이용하는 인간 배아 연구는 한시적으로 허용되었다.[19] 2004

세포주를 확립하기 위해 16명의 여성으로부터 기증받은 242개의 난자를 사용했다고 밝혔다. 242개의 난자를 사용하여 인간 복제 배아 줄기 세포를 1개 만들었다. 2005년의 논문에서는 13명의 여성으로부터 채취한 총 185개의 난자에서 11개의 인간 복제 배아 줄기 세포주를 만든 것으로 나타났다. 황우석 교수팀의 연구를 학문적으로 자세하게 비판한 글은 다음을 참조 : 구영모, 「황우석 교수팀의 인간 배아 복제 연구의 윤리적 문제점」, 『철학과 현실』, 2005년 여름, 철학문화연구소, 62-73쪽 : 「인간 배아 연구, 이대로 좋은가」, 생명공학감시연대, 2005년 8월 25일 자료집 : 이충웅, 「인간 배아 줄기 세포 연구 — 흑백 시대로의 회귀」, 『과학은 열광이 아니라 성찰을 필요로 한다』, EjB, 2005, 217-235쪽, "사회 전체적으로 호응을 얻고 있는 황우석 교수의 인간 배아 복제를 통한 줄기 세포 연구에 대해 기독교, 유교, 천주교 등에서 한 목소리로 우려를 표명해 파문을 일으켰다"(http://www.pressian.co.kr / 2005.06.07).

17) 「난자 없이 배아 줄기 세포 생산 … 미 하버드대 연구팀 첫 성공」, 『동아일보』, 2005년 8월 25일.

18) 김계성, 「인간 배아 줄기 세포에 대한 다양한 관점과 현실」, 『철학과 현실』, 2005년 여름, 철학문화연구소, 2005, 55쪽.

년에 공포된 "생명 윤리 및 안전에 관한 법률" 12조 3항에 의하면 "핵이 제거된 인간의 난자에 동물의 체 세포핵을 이식하는 행위, 인간의 배아와 동물의 배아를 융합하는 행위 및 다른 유전 정보를 가진 인간의 배아를 융합하는 행위 및 이로 인해 생성된 것을 인간 또는 동물의 자궁에 착상시키는 행위"를 금지하고 있다. 17조 제2호의 규정에 의한 "희귀, 난치병의 치료를 위한 연구 목적 이외에는 체세포 핵 이식 행위를 해서는 안 된다"고 하여 일정한 연구 목적을 허용하고 있다. 2005년 8월 22일 인간유전체기능사업단(ELSI) 연구팀은 전국 20세 이상 1000명을 상대로 한 전화 설문 조사에서 국민 절반은 정자와 난자가 수정해 생긴 배아와 인공 수정으로 난자에 핵을 이식해 생산한 배아는 서로 다르다는 조사 결과가 나왔다. 응답자의 59%가 "두 배아의 명칭을 다르게 사용할 필요가 있다"고 답변했다. 또한 응답자의 3분의 2 이상이 배아를 연구 목적으로 사용하는 데 동의하는 편이라는 의견을 보이기도 하였다.[20]

위에서 언급한 바와 같이, 환자의 체세포를 복제해 만드는 방식의 배아 줄기 세포는 심장병·파킨슨병·척추 부상·알츠하이머의 치매 환자 등에게 심장 근육 세포·뇌신경 조직 등을 이식 거부 반응 없이 제공할 수 있어 난치 및 불치병을 해결하는 치료법으로 주목받고 있다는 점이다. 이러한 인간 배아 줄기 세

---

19) 생명윤리자문위원회는 2000년 12월 12일에 개최된 전체 회의에서 7가지의 논제를 제안했는데 생명 복제와 연관해 발췌하면 다음과 같다 ; 생명 복제 연구와 활용의 허용 범위 : 인간 개체 복제 인간 배아의 복제 인간 이외의 생물 복제와 종간 교잡 등 4) 인간 배아와 활용 범위(홍욱희, 「생명윤리자문위원회 활동에 대한 소고」, 『과학사상』 제38호, 가을로, 2001, 65쪽 : http//www.kbac.or.kr).
20) 이근영, 「수정 배아-체세포 이식 배아 다르다」, 『한겨레』 신문, 2005년 8월 23일, 10쪽.

포의 특징은 첫째로 자기 자신을 복제할 능력을 가지며, 둘째로 높은 수준의 "텔로머라이제(telomerase)"[21]를 발현하며, 셋째로 정상적인 염색체(46개)를 가지며, 넷째로 특수한 조건 하에서 처리(체세포 유래 배아 줄기 세포의 경우, 텔로머라이제 삽입 포함)하면 우리 몸 전체의 210여 개 장기로 분화할 수 있는 능력을 갖는 원시 세포를 갖고 있다.[22] 배아 줄기 세포 연구가 생명체인 배아를 대상으로 이루어져서 생명 윤리 논란을 피할 수 없는 데 비해서, 성체 줄기 세포 연구는 성체 세포를 대상으로 한다는 점에서 생명 윤리 논쟁이 커지면서 더욱 주목을 받고 있다. 그러나 새로운 연구 성과에도 불구하고 성체 줄기 세포 연구는 여전히 넘어야 할 산이 많다.

영국과 미국에서는 인간 배아 줄기 세포 연구가 의료 목적으로 이미 시행되고 있는데, 14일 이내 착상 전 수정한 단계까지는 연구가 허용되고 있다.[23] 조지 부시 미국 대통령은 2001년 8월 9일 인간 배아 줄기 세포 연구에 대한 연합 정부의 재정적 지원을 부분적으로 허용하였다. 그러나 자금 지원은 엄격히 제한하여 이루어질 것이라고 강조하면서 "연구에 사용되는 배아

---

21) 텔로머는 염색체 양끝에 특정 염기 서열들이 수천 번 이상 뒤풀이되는 독특한 구조와 길이를 지닌 부위를 말한다. 예를 들어 사람 세포 안의 염색체 말단에서 DNA는 "TTAGGG"라는 염기 서열이 천 번 이상 가량 반복된다. 그런데 아무런 유전자 기능을 하지 않는 이것이 점점 닳아 짧아질수록 생명은 노화와 죽음에 이르는 현상이 1980년대부터 점차 분명하게 관찰되기 시작했다. 1990년대 중반에 이 현상은 텔로머 가설로 정립됐고 노화, 수명을 설명하는 가설로 자리잡았다.

22) 박세필, 「배아 복제는 인간 복제와 구별되어야 한다」, 『emerge 새 천년』, 6월호, 『중앙일보』 새 천년, 2001, 74쪽.

23) 김유경, 「생물학적·의학적 관점에서 본 생명」, 『생명·환경·문화 8월 대토론회』, 제23회 토지문화재단 세미나(2001년 8월 18~19일), 15쪽.

줄기 세포는 불임 치료를 위해 배아 가운데 사용하고 남은 부분은 이미 파괴된 인간 배아에서 추출된 60개로 한정한다"[24]고 밝혔다. 미국을 비롯한 선진국에서는 인간 배아의 허용과 관련하여 대부분 복제 배아를 자궁에 착상하여 인간 개체를 복제하는 것을 금지하고 있지만, 기타 의학적 연구는 허용하고 있다. 이는 배아 복제 등을 통해 얻어지는 배아 줄기 세포는 3~5년 내에 상용화하여 연 300억 달러의 부가 가치를 낳을 것이라는 전망이 나올 만큼 배아 복제로 얻어지는 연구로 그 혜택이 크기 때문이다.

이미 줄기 세포 연구를 허용해온 영국은 2000년도 말에 인간 배아 복제를 허용하는 법안을 통과시켰다. 인간 배아 복제에 대한 구체적인 법적 기준을 세운 국가는 그리 많지 않다. 인간 배아 연구 관련법이 1980~1990년대에 유럽을 중심으로 만들어진 것과는 다르게 인간 복제에 관련된 법 제정은 아직 진행형이다. 현재 배아 줄기 세포의 연구에 대한 윤리적 비난은 각 나라마다 거세게 일어나고 있다. 가톨릭 등 종교계는 수정된 순간부터 생명체로 인정하기 때문에 줄기 세포를 채취하는 과정에서 배아를 파괴하는 것은 살인 행위이므로 강력히 반대하고 있다. 이러한 견해에 동조하는 나라도 많아서 독일·프랑스 등은 배아 복제는 물론 인간 배아 자체를 금지하고 있다. 특히 독일에서의 인간 배아 줄기 세포의 연구는 국가윤리협의회(German ethics council)의 반대로 지체되고 있다. 독일에서의 인간 배아 줄기 세포의 연구는 나치 시대 동안에 인간 연구의 남용이 있었기 때문에 아주 민감한 사항이다.[25] 그러나 독일의 연구 공동체

---

24)『한겨레』신문, 2001년 8월 11일, 10쪽.

(Deutschen Forschungsgemeinschsft)나 생화학자들은 배아 줄기 세포의 연구는 의료의 새로운 분파(Zweig)의 선구자로 보일 수 있기에 허용해야 한다는 입장이다.[26] 그래서 많은 독일 생명 공학 연구자들은 인간 배아 줄기 세포를 미국과 같은 국외의 나라에서 수행하기를 원한다고 밝힌다.[27] 그러나 독일에서 아직까지 의학 연구를 위한 통일된 법규가 없다. 단지 의약품과 의료 제품 실험을 위한 윤리위원회의 규준만 있을 뿐이다. 윤리위원회에서 끊이지 않는 비판은 범유럽적 차원에서 의약품법 개정 논의를 제기하는 요인이 되었다.[28]

유럽회의(Council of Europe)는 41개 회원국 중에서 프랑스 · 이탈리아 등 25개국의 비준으로 인간 배아 복제 금지에 대한 비준으로 법적 장치를 마련하여 2002년 3월부터 발표했다. 프랑스 정부는 지난 6월 인간 배아 복제 금지 법안을 의회에 제출한 상태다. 이스라엘은 작년에 인간을 대상으로 한 복제를 전면 금지했고, 일본도 엄격한 규제의 방향으로 가닥을 잡고 있다. 유럽에서는 유독 영국만 인간 배아 복제를 허용했다. 그러나 복제된 배아는 14일이 지나기 전에 폐기해야 하며 자궁에 착상시키는 개체 복제는 금지했다. 영국 정부가 치료 목적의 인간 배아 복제를 허용하기로 한 것에 대해 비판 여론이 유럽에서 들끓었다. 반대 의견들은, 영국의 결정은 목적이 수단을 정당화시킨다면 생명도 이용할 수 있다는 철학을 보여주는 것이며, 다른 목숨을

---

25) *Nature*, Vol. 411, 21 June, 2001, 875쪽.

26) "Wir sind besser als Gott", in : *Der Speigel*, 20 / 2001, 240쪽.

27) "Flaschenpost aus Übersee", in : *Der Spiegel*, 27 / 2001, 198쪽.

28) 구인회, 「독일에서의 인간 대상 의학 연구에 있어 윤리위원회의 역할과 기능」, 『생명윤리』 제5권 제1호, 2004, 26-27쪽.

구하기 위해서라면 어떤 생명도 희생할 수 있다는 생각이다. 이는 윤리·도덕적으로 심각한 결과를 초래할 것이라고 비판한다. 이러한 인간 배아 복제를 허용했을 때 우려되는 문제는, 태아의 복제 내지 개체 복제로 나아갈 가능성이다. 이는 미끄러운 경사길 논증(a slippery slope argument)에 근거하여 개입할 수밖에 없음을 시사한다. 배아 복제, 태아 복제, 개체는 하나의 연속성을 그리고 있다는 점이다. 비록 현 단계에서는 도덕적인 문제가 없어 보이는 특정한 방법이나 연구라 할지라도 일단 허용하게 되면 거기서 그 허용 범위가 그칠 수 없다는 주장이다. ① 일단 허용하게 되면 결국 제한 허용 범위를 제한할 수 없게 될 것이다. ② 부정적인 결과를 예측하기 힘들다는 것이 그것이다.29) 또한 월톤(Douglads Walton)은 미끄러운 경사길 논증의 본질적인 핵심을 다음과 같이 든다.

① 미끄러운 경사길 논변은 실천적 추론을 사용한다.

② 미끄러운 경사길 논변은 대화의 맥락에서 사용된다. 즉, 발의자와 응답자를 포함하는 쌍방의 관계에서 사용된다.

③ 미끄러운 경사길 논증은 경사길 논변은 결과에 대한 부정적 논증이다.

④ 미끄러운 경사길 논증은 조건부 논증이다.

⑤ 미끄러운 경사길 논증은 다양한 정도의 강점 또는 약점을 갖고 있지만, 완전히 오류인 경우는 드물다.

⑥ 미끄러운 경사길 논증은 종종 부담을 전가하기에 효율적이다.30)

---

29) 김상득, 『생명의료윤리학』, 철학과현실사, 2000, 123쪽 ; 임종식, 『생명의 시작과 끝』, 로뎀나무, 1999, 144쪽.

30) D. Walton, *Slippery Slope Arguments*, Oxford : Clarendon Press, 1992, 15쪽.

그러나 생명공학계에서는 인간 배아 복제는 의료적 목적과 상업적 이해에 의해 그 연구를 지속할 것으로 보인다. 우리가 일찍이 경험하지 못했던 인간 복제의 윤리적 문제와 그 가공할 잠재력은 심각하고도 위험한 예측 불허의 난제임에 틀림없다.

3. 인간 배아 복제와 책임의 문제

현재 인간 배아 복제에 대한 윤리적 논쟁은 과학자와 여성계, 종교계 등에서 논의가 되고 있으나 그에 대해 현재 및 미래의 책임 문제는 구체적으로 언급되고 있지 않다. 일반적으로 윤리적 판단은 인간 행위에 대한 가치 규범을 뜻한다. 가치란 인간이 지향해야 하는 목적을 수반한다. 만일 우리가 흔히 마주치는 가치가 충돌하지 않는다면, 윤리의 문제는 존재하지 않을 것이다. 예를 들어 개인과 공공의 이익이 충돌 할 때, 우리는 무엇을 우선해야 하는가? 윤리의 문제는 옳은 것과 그른 것, 좋은 상태와 나쁜 상태를 판단하는 가치 판단의 문제다. 즉, 윤리란 어떤 이유나 어떠한 사고에 의해 하나의 가치 판단이 정당화되는가를 탐구하는 학문이다. 즉, 어떤 행동이 옳은 것이고 그른 것이지, 어떤 상태가 좋은 것이고 나쁜 것인지를 정확하게 지시할 수 있는 도덕적 기준을 결정하는 문제를 탐구의 대상으로 한다. 여기서 현재 논의되고 있는 인간 배아 복제의 의료 윤리도 우리가 살아가는 데 일상적인 행위와 판단의 문제라는 점이다. 즉, 새로운 의료 윤리는 응용된 도덕철학으로서 기술의 문제를 이론적으로 파악하여 가치·규범·원칙을 분명히 표현해야 하며, 새로운 행위 가능성의 출발과 함께 진정으로 책임의 주제에 관심을 기울여야 한다.31) 이렇듯 생명공학 중에서 의료 윤리는 우리가 행하는 영역에서의 행위에 대한 판단을 다룬다. 이제 더이상 생명공학에서의 의료 행위는 윤리적 문제에 자유로울 수없다. 항상 문제가 되어온 생명 윤리의 논쟁은 두 개의 상이한수준으로 진행된다. 한쪽 측면은, 허락한 낙태의 시점이나 신경조직의 이식에 관한 허용과 같은 구체적인 문제다. 다른 측면은,한 대상에 대한 도덕적 판단, 즉 우리 행위의 대상들을 도덕적인 기준을 어떻게 체계화시켜나갈 것인가 하는 원칙적인 물음이다.32)

주지하듯이, 인간 배아 복제로 인해 초래될 수 있는 인간 복제는 이에 대한 구체적인 사회적·윤리적 책임의 문제와 관련하여 그에 상응하는 법적 안전망을 강력히 실행하지 않거나 미온하게 대처한다면, 미래 세대에게 커다란 짐을 안겨줄 것이다. 의학 기술의 급속한 발전으로 인해 인간 배아 복제가 이제 현실화되었고, 그에 대한 안전망을 마련하지 못한다면 향후 윤리적·사회적 문제는 더욱 심각할 것이다. 그리고 우리 앞에 인간배아 복제로 인해 그에 대한 부정적인 행위 결과들이 부과된다면, 우리 인간은 점점 윤리적 갈등에 둘러싸이게 될 것이다. 이런 상황이 도래된다면, 인간의 행위 결과에 대한 책임의 역할은더욱 중요하게 작용할 것이다. 일반적인 의미에서 행위의 책임은 헤아릴 수 있는 결과나 부주의와 관련되어 있다. 역할이나과제의 책임은 행위자의 사회적·제도적 상황과 밀접히 연관되어 있다. 그리고 보편적인 도덕적 책임은 개인적이고 집단적인

---

31) Kurt Bayertz, *GenEthik*, Hamburg, 1987, 19쪽.
32) Siep Ludwig, "Eine Skizze zur Grundlegung der Bioethik", in : *Zeitschrift für phildsophische Forschung*, Bd.50. 1996, 236쪽.

윤리적 양태로 옮겨간다.[33]

주지하듯이, 과학은 사회의 표현이고 과학은 인간만이 갖고 있다. 이러한 인간만이 책임질 수 있는 본질을 갖고 있다. 또한 과학자도 인간이기에 책임질 수 있는 본질이라는 사실이다. 그래서 과학과 인간의 관계는 과학 윤리적인 전망 속에서 조건화된다. 이제껏 과학자들은 과학적 진보의 결과에 대한 판단을 만족할 만하게 수행하지 못하였고, 비록 과학이 고유한 윤리나 가치 문제에 시간을 덜 투자한다고 해도, 책임 구조와 밀접히 관련되어 있다는 점이다.[34] 따라서 현재의 인간 배아 복제의 논쟁도 윤리나 가치의 문제가 발생했을 때, 과학자들이 동반 책임의 문제 의식을 갖고 문제의 본질에 접근해야 한다. 먼저 도덕적인 동반 책임은 개인적이고 개별적으로 이루어져야 한다.[35] 한 집단의 동반 책임만이 그 역할에 책임을 수행해야 한다. 특히 모든 책임은 법적인 범주로 파악하고 그것이 침해와 손상의 관점에서 올바른 판단을 내려야 한다. 도덕적인 동반 책임은 이미 법적으로 확정된 것이 아니라 때때로 법적인 규범에 해당한다는 점이다.

그러나 우리가 종종 언급하고 있듯이, 책임의 개념은 그렇게 명백하게 규정할 수 있는 성질이 아니다. 책임은 어떤 측면에서 우리의 목적에 따라서 문책을 당해야 함을 의미한다. 여기서 책임을 부과한다는 것은 어떤 사람이 다른 사람을 해로운 사건이

---

33) Ludger Heinbrink, "Grundprobleme der gegenwärtigen Verantwortungsdiskussion",: *Information Philosophie*, August 2000, 19쪽.

34) Jürgen Mittelstraß, "Forschung zwischen Wahrheit, Nutzen und Verantwortung", in: *Die Häuser des Wissens*, Frankfurt a.M, 1998, 83쪽.

35) Hans Lenk, *Wissenschaft und Ethik*, Frankfurt a.M. 1992, 182쪽.

나 바람직하지 않은 사건의 원인으로서 규정하는 것이다. 즉, 해로운 사건의 직접적인 원인이나 가장 가까운 원인의 사건에 대해 책임을 져야 한다는 것을 뜻한다.[36) 이러한 점에서 책임의 개념은 인과성과 밀접히 연관되어 있다. 우리는 ① 행위에 의한 결과가 인과적으로 영향을 받을 때, ② 행위의 결과를 예견할 때, ③ 행위를 기피했을 때,[37) 누군가가 행위의 결과에 대해 책임을 져야 한다고 말한다. 명백히 한 개인의 제한된 행위와 그 행위의 직접적인 결과를 논의할 때, 그 행위를 규정하는 것은 그렇게 어렵지 않다. 그러나 우리는 행위의 복잡한 구조를 갖고 있기 때문에, 한 개인에서부터 더 많은 사람들을 참여시킨다. 이러한 측면은 현재 인간 배아 복제를 논의하고 있는 시점에서 책임 윤리는 인과의 고리가 미래에도 지속적으로 펼쳐지게 될 생명 개입의 과학 행위[38)와 밀접하게 연관되어 있다.

요나스가 『책임의 원칙』에서 주장하는 바와 같이, 책임[39)은 목적 그 자체가 아니라 오히려 인간의 원인적 행위에 대한 형식적인 부담으로 이해한다. 책임은 스스로 목적을 설정하는 것인

---

36) 리차드 A 스피넬로, 황경식·이창후 역, 『정보 기술의 윤리』, 철학과현실사, 2001, 165쪽.

37) Kurt Bayertz, "Wissenschaft, Technik und Verantwortung", in : Kurt Bayertz(Hg.), *Praktische Philosophie*, Hamburg, 1994, 187-188쪽.

38) 요나스는 생명 현상을 "인간이 행위 하는 인식자"(75쪽), 즉 의식에서 내부 세계로 연결된 인과성이 일차적 측면은 규칙적이나 필연적인 연결이 아니라 힘과 작용이며, 우리가 외부 세계를 힘과 작용으로써 경험하는 원천은 감각 지각이 아니라 살려고 애쓰는 우리의 신체라고 말한다(한스 요나스, 한정선 역, 『생명의 원리』, 아카넷, 2001, 526쪽).

39) 요나스의 책임 이론에 대한 자세한 내용은 다음을 참조 : Hans Jonas, *Das Prinzip Verantwortung. Versuch einer für die techonologische Zivilisation*, Frankfurt. a.M. 1984, 177-182쪽. 한글판 번역본 : 이진우 역, 『책임의 원칙 : 기술 시대의 생태학적 윤리학』, 서광사, 1994.

아니라 사람들 사이에서 스스로 모든 인과적 행위에 대해서 해명을 요구할 수 있다는 전적으로 형식적인 책임 부담이다. 그것은 도덕적인 전제 조건이지만 도덕 그 자체는 아니다. 책임의 전제 조건은 인과적 권력이다. 행위자는 자신의 행위에 대해 책임을 져야 한다. 행위 결과에 대한 책임은 일차적으로 법적인 의미이지 도덕적인 의미는 아니다. 그 원인이 악행이 아니었고 결과가 의도된 것이 아니라고 하더라도 저지른 피해는 보상받아야 한다.[40] 그러나 책임 소재가 분명하고 결과가 예측할 수 없는 영역으로 사라지지 않을 정도로 행위와 밀접한 인과 관계가 있을 때만 그렇다. 따라서 책임의 가장 일반적이고 우리에게 근접해 있는 유형은 자기 행위의 결과나 그 결과에 대해 관계되어 있다는 것이다. 우리는 여기서 인과적 행위의 책임을 말할 수 있다. 그런데 책임져야 할 핵심적 문제는 단순한 행위의 인과성을 언급하는 것이 아니라 행위의 질(質)을 중요시한다는 점이다. 책임은 수치로 측정할 수 있는 권력이며, 이렇기 때문에 책임은 인간 행위의 범위를 헤아릴 수 있다(TME, 273).[41] 일반적으로 우리는 자기가 행위한 결과에 의해 최소한 그 행위에 대해 개인적으로 책임을 지거나 동반 책임을 진다. 책임은 종종 긍정적인 인과적 행위 결과의 책임을 통한 규칙의 경우를 말하는 것이 아니라 오히려 요란한 부정적인 측면을 말한다.[42] 예를 들어 최근 인간 배아 복제로 인해 인간 복제가 현실화된다면,

---

40) Hans Jonas, *Das Prinzip Verantwortung. Versuch einer für die techono-logische Zivilisation*, Frankfurt, a.M. 1984, 174쪽.

41) Hans Jonas, *Technik, Medizin und Ethik, Praxis des Prinzips Veran-twortung*, Frankfurt. a.M. 1987 (이하 TME라 생략하여 인용함).

42) Hans Lenk, "Verantwortungsdiskussion in der Technik", in : *Macht und Machtbarkeit der Technnik*, Stuttgart, 1994, 120쪽.

인간에게 부정적인 예측을 예견할 수 있다는 진단은 사회과학자들을 비롯해 많은 전문가들이 예의 주시하는 바와 같다. 행위를 수행하는 데 그것을 세심하게 관찰하였을 때, 어떤 행위는 주의해야 함을 회피하는 것일 수 있다. 또한 행위 없이도 부주의함은 부정적인 원인을 제공하게 되고 그렇게 될 때 책임을 부과시킨다. 그렇기 때문에 인간 배아 복제가 세심한 주의 없이 부주의하게 진행된다면, 부정적인 인과적 행위의 책임이 될 수 있다. 현 시점에서 요나스의 『기술·의료 윤리』 이론의 사례들이 다소 시기적으로 동떨어진 예언적인 측면을 갖고 있을 수 있으나, 그는 현재 및 미래의 인간 실존의 측면에서 중요한 관점을 제시하고 있다. 왜냐 하면 그의 인간 배아 복제에 대한 윤리적 고찰은 "우리가 무엇을 할 수 있고, 무엇을 요구할 것인가의 행위 결과의 고찰"(TME, 270)에 대해 많은 시사점을 제공해주고 있기 때문이다. 여기서 책임의 다양한 유형은 그 요소 사이의 관계의 종류와 뚜렷이 각인(刻印)된다. 무엇보다 연구자는, 인간 배아가 인간 복제로 초래될 수 있는지 판단함으로써 진정한 연구의 목적이 무엇인지를 잘 파악하고 그에 대한 정체를 밝혀내야 한다는 점이다.[43] 물론 이론적 연구를 통해 책임의 주제가 매사에 실천적으로 적용한다는 것은 쉬운 작업은 아니다. 단지 실천적으로 확산시키려는 책임의 주제가 개인에 한정하여 머무르지 않고 집단적인 과제로 확산되었을 때, 기존의 과학과 가치 영역 사이의 관계를 근본적으로 다시 고찰하고 과학 정책의 방법을 구체화시킬 수 있다(TME, 76). 따라서 책임의 주제는 인간 배아 복제의 관점에서 살펴보았을 때, "사회적·기술적

43) Wolf Schäfer, "Die Büchse der Pandora", in : *Merkur*, Heft. 4. 39. Jg. 1989, 298쪽.

전개의 결과는 목적의 설정"(TME, 150)을 어떻게 보느냐에 따라 달리 적용될 수 있다는 사실이다. 그래서 오늘날 과학 기술의 진보에 따른 완전히 새로운 권력(Macht)의 수단은 절대 선이 필요 없는 목적으로 설정되어가고 있는 상황이다(TME, 12). 여기서 책임과 관계된 핵심 주제는 누군가가 무엇인가를 책임진다는 것을 의미한다. **책임의 주체는 누구인가?** 전통적으로 책임 윤리는 행위자로서 단지 개별적인 개인에게 문제시되었다. 물론 전통적으로 책임은 형식적으로 개인에게 주안점을 두었고 내용적으로도 많은 경우에 강제적인 것을 필요로 하였다. 많은 경우에서 책임의 주체로서 행위자는 집단적이고 제도적으로 고찰된다. 예를 들어 대기업의 이념은 개별적인 계획자가 아니라 집단적으로 조직화된 계획을 맡은 팀에서 전개된다. 또한 인간 배아의 연구도 개인의 연구가 중심이 되어 개별적으로 진행되는 것이 아니라 생명연구소, 병원 기관 등을 중심으로 집단적으로 이루어지고 있다는 점이다. 그러면 어떻게 **책임을 지는가?** 그렇기 때문에 책임의 대상은 행위자가 수행한 명백한 행위를 진행하는 가운데서 나타난다. 광범위한 의미에서 행위는 최종적인 상황을 위해 처음 상황의 목적론적으로 설정한 것을 좀더 분명한 것을 얻기 위해 변경하는 것으로서 개념화된다. 그러나 책임의 특이한 특징은 이미 행위 그 차체에서 초래하는 것이 아니라 우리가 무엇 때문에 **책임을 지는가** 하고 묻는 데서 시작된다. 즉, 책임은 행위의 주체자가 의도하거나 의도되지 않은 결과에 의해서도 나타난다. 먼저 책임은 다른 개인이나 사물과 관계되어 있는 구체적이고 기본적인 행위 결과에서 진행된다.44)

---

44) Günter Rophol, "Neue Wege, die Technik zu verantworten", in : *Technik und Ethik*, Stuttgart, 1993, 157쪽.

다원화된 현대 사회에서 우리가 무엇인가 책임져야 할 의무에서 발견하는 요소는 더 이상 개별적인 개인이 아니라 집단적인 행위를 요청하는 책임이다. 요나스는 이러한 집단적인 위협에 따라 의학적 및 유전학적인 인간성의 긴박감이 오늘날 책임의 주제와 만나게 된다고 말한다(TME, 10). 이런 점에서 인간 배아 복제는 단지 개별적인 부분에서가 아니라 총체적인 관점에서 파악되어야 한다는 사실이다. 왜냐 하면 인간 배아 복제에 대해 우리가 무엇보다 염려하는 이유는 새롭게 생긴 수많은 인간들로 하여금 이제껏 존재해온 사람들에게 개인적 혹은 집단적으로든 간에 모두에게 고통을 안겨줄 수 있다는 불안한 "우려"[45] 때문이다. 즉, 현대 과학 기술이 미치는 영향력의 시공간적 광범위성도 전대미문의 것이 되었다. 현대의 과학 기술의 행위는 단지 개인이 아니라 원칙적으로 전체 인류, 그것도 종종 인류의 미래 세대에 적용되거나 될 수 있기 때문이다. 이는 다시 현대 기술 및 현대 과학의 수행이 개인이 아니라 집단의 차원에서 이루어진다는 사태에 대응한다는 사실이다.[46] 그렇기 때문에 21세기의 생명공학 시대는 인간 배아 복제에 대한 과학자들의 책임이 개인적이든 공동체적이든 개의치 않고 직접적으로 현재의 행위에서 이루어진다는 점이다. 다시 말해서 책임의

---

45) 인간 복제를 비롯한 생명공학에 관해 전형적인 대중들의 우려는 다음과 같은 요소들 때문이다. 한편으로, 환경이 인간의 건강에 미치는 악영향, 사회와 경제적 상황에 미치는 충격, 종교적·도덕적 가치, 규제와 감독의 문제 등이며, 다른 한편으로, 기술적 특성으로 야기되기도 하고 어떤 경우에는 가난한 나라의 자원을 부유한 나라가 약탈하는 문제 때문에 일어나기도 한다. 이러한 것들이 우리들의 딜레마인 것이다(에릭 그레이스, 사이제닉 생명공학소 역, 『생명공학이란 무엇인가』, 시공사, 2000, 187-188쪽 참조).

46) 김종국, 「사회적 맥락에서의 원칙 : 의료 윤리와 판단력」, 『철학연구』 제53집, 2001, 329쪽.

주제는 단지 개인적인 것뿐만 아니라 제도적이고 집단적인 과제로 확산되어야 한다. 따라서 이러한 행위의 본질은 개인적으로 환원되는 것이 아니라 사회적이고 집단적인 책임으로 설정해야 한다.47) 무엇보다 인간 배아 복제에 대한 책임이 개인적인 것이든 아니면 공동체적인 것이든 간에 직접적으로 현재를 뛰어넘어서 "미래"와 관계를 맺는다는 점이다. 향후 인간 배아 복제가 정당화된다면, 인간 복제의 기술의 첫 단계로 진행될 수 있고, 그렇게 될 때 "미래 인간 사회의 관심은 윤리적 계몽의 이데올로기화가 급히 요구"48)될 수 있을지도 모른다. 따라서 근본적으로 인간의 책임은 자연의 상황·자연의 미래·생명의 영역 그리고 인간의 미래의 삶으로까지 점점 더 확충되어야 한다.49)

요컨대 책임의 주제는 인간 배아 복제와 연관시켜볼 때, 생명에 대한 책임은 단지 개인적 차원이 아니라 총체적인 연속성을 지녀야 한다. 즉, 책임의 주제는 총체적이며 인류의 밝은 미래를 위한 영속적인 역사의 관점으로 접근해야 한다는 점이다. 따라서 책임의 과제는 총체적이고 영속적이고 역사적이며, 현재는 물론 미래의 지평까지도 포함되어야 한다.

---

47) Hans Lenk, "Über Verantwortungsbegriff und das Verantwortungs-problem in der Technik", in : ders(ed), *Technik und Ethik*, Stuttgart, 127쪽 ; ders, *Zwischen Wissenschaft und Ethik*, Frankfurt, 1992, 109, 122, 128쪽 ; Gottfried Seebaß, "Moralische Verantwortung in der wissenschaftlich-technischen Welt", in : *Zeitschrift für philosophische Forschung*, Bd. 48. 1994, 240쪽 ; Günter Rophel, *Technologische Aufklärung*, Frankfurt. a.M. 1991, 29쪽.

48) "Wenn ein Philosoph Minister wird …", in : *Information Philosophie*, März, 2001, 190쪽.

49) Hans Lenk, "Verantwortung für die Natur", in : *Allgemeine Zeitschrift für Philosophie*, 8. Jg. 1983, 8쪽.

4. 맺음말

지금까지 우리가 고찰하였듯이, 인간 배아 복제는 새 생명의 탄생이 갖는 중요한 의미를 지니고 있기에 사회학적, 인간학적인 것은 물론 현재 및 미래의 실존론적 의미를 동시에 물어야 한다. 즉, 현재 우리에게 인간 배아 복제가 갖는 인간 존엄성이나 사회학적 의미는 무엇이며, 더 나아가 인류의 실존론적 차원에서 현재 및 미래의 책임 윤리를 어떻게 새롭게 물어야 하는가?

인간 배아 복제는 이러한 여러 물음에 진지한 답변을 해야 할 것이며, 그 속에서 윤리나 가치 문제가 판단되어야 한다. 따라서 우리가 책임의 주제를 인간 배아 복제와 관련하여 성찰해볼 때, 단지 인간 배아 복제는 개개인의 이익과 공공의 이익 사이의 문제가 아니라 사회를 분열로부터 보호하고 개인을 해악으로부터 보호해야 하는 중대한 문제다. 따라서 우리는 미래의 선이나 유용성의 측면에서 이익을 만들어내기 위하여 개인의 권리가 가공의 공공 이익에 양보하여 결과적으로 손상될 수는 없음은 명백한 것이다.50) 이런 점에서 앞에서 언급하였듯이, 요나스의 인간 배아 복제에 대한 윤리적 고찰, 즉 "우리가 무엇을 할 수 있으며, 무엇을 요구할 것인가에 대한 행위 결과의 고찰"은 일깨워주는 바가 크다. 따라서 책임 윤리가 인간 배아 복제에 적용하였을 때, 현재 및 미래 세대에 대한 책임 윤리의 정립을 구체화시키는 작업은 절실히 필요한 시점이다. 그런데 최근에 종종 언급되고 있는 새로운 윤리란, 기존에 없던 이론을 새롭게 창출해내는 것이 아니라 기존의 윤리와 현재와 미래에 새롭게

---

50) Hans Jonas, "Philosophical Reflections on Human Experimentation", in : *Daedalus* 98, no.2, 1969, 230쪽.

부각된 과학 기술 윤리를 중심으로 합리적인 윤리적 논증의 근거를 마련해야 한다. 왜냐 하면 기존의 전통 윤리 이론만으로 최첨단 과학 기술 시대에서 기술 및 과학 윤리, 공학 윤리, 의료 윤리 등의 내용들을 전부 담아낼 수도 없기 때문에 이를 현실적으로 수용하는 "철학적 근거의 협약"51)을 마련해야 한다. 특히 인간 배아 복제는 어느 한쪽만의 일방적인 윤리가 아니라 현실 속에서 긍정과 부정을 동시에 담을 수 있는 새로운 윤리관의 정립이 필요하다. 그러나 이러한 윤리는 이론적 · 학문적인 고찰로만 머물러 있는 것이 아니라 사회 · 정치적인 실천 모델이 될 수 있도록 공론화된 학제적인(interdisciplinary) 틀이 빠른 시일 안에 마련해야 한다. 요컨대 책임의 궁극적인 원리는 모든 사람을 위한 좋은 삶이어야 한다. 이러한 삶의 원리는 유용성 · 복지 · 정의의 원리가 함께 결합되어야 한다. 다시 말해서 책임의 궁극적 원리는 "보편화 · 평등 · 정의와 같은 형식 윤리적 기본 원칙의 도움을 받아 일정한 행위 영역을 위해 규정"52)해야 된다는 점이다. 무엇보다 책임의 궁극적인 원리는 모든 사람을 위한 좋은 삶이어야 한다. 따라서 인간의 행위는 그 행위를 수행하는 개인에 의해서 최대의 행복을 산출하는 경우가 아니라 그 행위에 의해서 영향을 받는 당사자들에게 최대의 행복을 산출하는 경우가 옳다는 것이 강조되어야 할 것이다. 그러나 향후 인간 배아 복제로 인한 인간의 삶이 행복보다도 불행을 더 초래한다면, 이러한 인간 행위의 결과에 대해 누가 책임질 것인가?

---

51) Jürgen Mittelstraß, *Die Häuser des Wissens, Wissenschaftstheoretische Studien*, Frankfurt. a.M. 1998, 80쪽.
52) 구인회, 「유전자 조작의 윤리적 문제점과 과학자의 책임」, 『제13회 한민족 철학자연합대회 대회보3』(2000. 11. 24~25), 385쪽.

과학자들의 연구 행위인가, 이것을 집행할 정치가들인가? 따라서 지금이라도 더 늦기 전에 인간 배아 복제는 모든 인류의 이익을 위해 준비된 생명공학의 신중한 사려를 동반한 과학의 진보가 되어야 할 것이다.

□ 참고 문헌

김계성, 「인간 배아 줄기 세포에 대한 다양한 관점과 현실」, 『철학과 현실』 2005년 여름, 철학문화연구소, 2005.

김상득, 『생명의료윤리학』, 철학과현실사, 2000.

김유경, 「생물학적·의학적 관점에서 본 생명」, 『생명·환경·문화 8월 대토론회』, 제23회 토지문화재단 세미나(2001년 8월 18~19일).

김종국, 「사회적 맥락에서의 원칙 : 의료 윤리와 판단력」, 『철학연구』 제53집, 2001.

구영모, 「황우석 교수팀의 인간 배아 복제 연구의 윤리적 문제점」, 『철학과 현실』 2005년 여름, 철학과현실사.

구인회, 「독일에서의 인간 대상 의학 연구에 있어 윤리위원회의 역할과 기능」, 『생명윤리』 제5권 제1호, 2004.

_____, 「유전자 조작의 윤리적 문제점과 과학자의 책임」, 제13회 한민족 철학자연합대회 대회보 3(2000. 11. 24~25).

그레이스, 에릭, 싸이제닉 생명공학소 역, 『생명공학이란 무엇인가』, 시공사, 2000.

박세필, 「배아 복제는 인간 복제와 구별되어야 한다」, 『emerge 새 천년』, 6월호, 『중앙일보』 새 천년, 2001.

박은정, 「생명 복제 : "적극적 우생학"으로 가는 길이 열리다?」, 『생명공학 시대의 법과 윤리』, 이화여대 출판부, 2000.

박충구, 「분자생물학에서 생명 복제까지」, 『생명 복제 생명 윤리』, 가치창조, 2001, 철학문화연구소.

생명공학감시연대, 「인간 배아 연구, 이대로 좋은가」, 2005년 8월 25일 자료집.

싱어, 피터, 「인간의 생명은 언제 시작하는가」, 구영모 엮음, 『생명 의료 윤리』, 동녘, 2004.

스피넬로, 리처드 A., 황경식 · 이창후 역, 『정보 기술의 윤리』, 철학과현실 사, 2001.

윌무트, 이언, 「돌리 : 생물학적 조절 시대」, 『유전자 혁명과 생명 윤리』, 생물학사연구회 옮김, 아침이슬, 2004..

요나스, 한스, 한정선 역, 『생명의 원리』, 아카넷, 2001.

임종식, 『생명의 시작과 끝』, 로뎀나무, 1999.

이진우, 『인간 복제에 관한 철학적 성찰』, 문예출판사, 2004.

이충웅, 「인간 배아 줄기 세포 연구 — 흑백 시대로의 회귀」, 『과학은 열광 이 아니라 성찰을 필요로 한다』, EjB, 2005.

전방욱, 『수상한 과학』, 풀빛, 2004.

홀맨, 제이 엮음 / 박재형 외 역, 『의료 윤리의 새로운 문제들』, 예영커뮤니 케이션, 1997.

홍욱희, 「생명윤리자문위원회 활동에 대한 소고」, 『과학사상』 제38호, 가 을로, 2001.

『동아일보』, 2005년 8월 25일.

『한겨레』 신문, 2000년 11월 7일.

_____, 2001년 8월 11일.

_____, 2002년 11월 1일.

_____, 2005년 8월 23일.

Bayertz, K., *GenEthik*, Hamburg, 1987.

_____, "Wissenschaft, Technik und Verantwortung", in : Kurt Bayertz(Hg.), *Praktische Philosophie*, Hamburg, 1994.

Der Spiegel, 20 / 2001.

_____, 27 / 2001.

Jonas, H., *Das Prinzip Verantwortung. Versuch einer für die techonolo-*

gische Zivilisation, Frankfurt. a.M. 1984.

_____, "Philosophical Reflections on Human Experimentation", in : _Daedalus_ 98, no.2, 1969.

_____, _Technik, Medizin und Ethik, Praxis des Prinzips Verantwortung_, Frankfurt. a.M. 1987.

Heinbrink, H., "Grundprobleme der gegenwärtigen Verantwortungs-diskussion" : _Information Philosophie_, August 2000.

Information Philosophie, März, 2001.

Lenk, H., "Über Verantwortungsbegriff und das Verantwortungsproblem in der Technik", in : ders(ed), _Technik und Ethik_, Stuttgart.

_____, "Verantwortung für die Natur", in : _Allgemeine Zeitschrift für Philosophie_, 8.Jg. 1983.

_____, "Verantwortungsdiskussion in der Technik", in : _Macht und Machtbarkeit d er Technnik_, Stuttgart, 1994.

_____, _Wissenschaft und Ethik_, Frankfurt a.M. 1992.

_____, _Zwischen Wissenschaft und Ethik_, Frankfurt, 1992.

Ludwig, S., "Eine Skizze zur Grundlegung der Bioethik", in : _Zeitschrift für phildsophische Forschung_, Bd.50. 1996.

Mittelstraß, Jürgen "Forschung zwischen Wahrheit, Nutzen und Veran-twortung", in : _Die Häuser des Wissens_, Frankfurt a.M, 1998.

Nature, vol. 412, 19 July, 2001.

http://www.pressian.co.kr / 2005.06.07.

Rophol, Günter, "Neue Wege, die Technik zu verantworten", in : _Technik und Ethik_, Stuttgart, 1993.

_____, _Technologische Aufklärung_, Frankfurt. a.M. 1991.

Schäfer, W., "Die Büchse der Pandora", in : _Merkur_, Heft. 4. 39. Jg. 1989.

Science, 30 March, vol, 291, 2001.

Seebaß, G., "Moralische Verantwortung in der wissenschaftlich-technischen Welt", in : _Zeitschrift für philosophische Forschung_,

Bd. 48. 1994.

Walton, D., *Slippery Slope Arguments*, Oxford : Clarendon Press, 1992.

제9장
유럽에서의 인간 배아 복제에 대한 규제 법안*

1. 인간 배아 복제에 대한 유럽 각국의 규제 법제 상황

2005년 시점에서 인간 배아 복제에 대한 구체적인 법적 기준을 세운 국가는 그리 많지 않다. 인간 배아 관련법이 1980~1990년대 유럽을 중심으로 만들어진 것과는 다르게 인간 복제를 금지하는 법률은 국가별로 입법화하고 있지만, 관련법에 관한 제정은 아직 진행형이다. 특히 1990년에 독일은 비교적 강력한 신체형 조항을 담은 "배아보호법"을 제정하여 임신 이외의 목적으로 자궁 밖에서 배아를 성장시키는 행위를 금하고 있다. 이후 1997년 3월 21일, 독일연방의회(하원)가 만장일치로 인간 복제에 대한 연구 개발 금지를 결의하였다. 1990년에 "인간 생식과 배아에 관한

---

* 이 글은 '전북대 과학문화연구센터'의 연구발표회(2001년 12월 14일 : 전북대 수리과학관)에서, '유럽에서의 인간 복제에 관한 진행 사항'이라는 제목으로 발표한 내용을 부분적으로 수정·보완하였다.

법령"을 마련한 영국과 "인간 신체의 존중에 관한 법"(1994)을 제정한 프랑스 등의 유럽연합은 인간의 복제를 제도적으로 금하고 있다.[1]

그러나 배아 연구에 엄격한 법을 적용한 것에 비추어볼 때, 인간 복제에 대해서는 아직 느슨하게 진행되고 있다. 독일에서는 기존에 태아보호법이 있어왔기에 인간 복제를 금지해오고 있었다.[2] 이미 잘 알려져 있듯이, 생명공학에 대한 대중적 인식이 확산된 것은 1997년 2월, 영국 스코틀랜드의 에든버러 근처에 있는 로슬린연구소(Roslin Institute in Edinburgh)의 발생학자인 윌머트(Ian Wilmut) 박사에 의해 "돌리" 양이 탄생된 이후였다. 당시 미국의 클린턴 행정부를 비롯한 유럽 여러 나라의 정부들은 서둘러 윤리위원회를 만들고, 인간 복제 문제에 제도적으로 대응하기 위한 조처를 마련했다. 민간 차원에서는 1997년 제29차 유네스코(UNESCO : 국제연합 교육 과학 문화 기구) 총회에서 "인간 게놈과 인권에 관한 보편 선언"이 채택되었고, 초기에는 주로 인간 복제와 연관시키고 있었다.[3] 즉, 유네스코는 인류를 보존하고 인종 차별을 막기 위하여 유전공학과 복제에 대한 세계 윤리 규약을 마련할 것을 촉구하였고, 1999년 5월 유네스코 국제생명윤리위원회는 이에 대한 학술적 지원을 위해 1999년 5월 11~12일까지 파리에서 제1차 실무 회담을 열기도 했다.[4] 유럽회의(Council of Europe)는 독일과 영국을 제외한

---

1) 「생명공학 안전 및 윤리성 확보 방안에 관한 연구」, 과학기술부, 99-26(1999년 12월), 83-90쪽.

2) 김환석, 「생명공학의 규제 정책」, 『생명 과학 기술 및 생명 윤리의 연구 현황과 한국의 대응 방안 연구』, 한림대 인문학연구소, 1998, 172쪽.

3) 김동광, 「생명윤리기본법을 둘러싼 논의」, 『과학 기술 정책』, 제11권 제5호(통권 131호), 2001년 9·10월호, 37쪽.

41개 회원국 중에서 프랑스, 이탈리아, 스웨덴, 그리스, 룩셈부르크, 덴마크 등 25개국의 비준으로 인간 복제 금지에 대한 법적 장치를 마련하여 2001년 3월부터 발효했다. 프랑스 정부는 2001년 6월에 인간 복제 금지 법안을 의회에 제출하였다. 이스라엘은 1999년에 인간을 대상으로 한 복제를 전면 금지하였다. 유럽에서는 유독 영국만 연구 목적의 인간 배아 복제를 허용하였다. 유럽에서는 1990년 이후로 대부분의 나라가 "배아보호법" 혹은 생명 조작의 위험을 방지하고, 생명으로 조작하는 행위에 대하여 더욱 분명한 법률적 한계를 정하려고 노력해왔다.

이렇듯 1990년대에 들어오면서 많은 나라들은 생명공학 기술의 발전에 따른 부작용을 제어하기 위하여 다양한 입법 조치들을 취하고 있다. 유럽의 경우 제2차 세계대전 당시 히틀러 정권이 범하였던 우생학적인 인종 실험, 유태인에 대한 인종 차별적 대량 학살, 인체 실험, 동성애자 살해, 장애인 학대 등의 역사적 경험이 있기 때문에 인간에 관한 과학적 실험에 대해서는 아주 민감한 반응을 보이고 있다.[5] 무엇보다 현재 생명공학 논쟁의 초점은 인간 배아 복제에 집중되어 있다는 사실이다. 여기서 문제의 핵심은 수정 후 14일 이전의 배아에 관한 도덕적 입장이다. 조직이 형성되기 시작하는 2주일 이전의 배아는 생명체로 볼 수 없기에 복제를 허용하자는 것이 많은 연구자들의 주장이다. 그러나 복제된 배아는 14일이 지나기 전에 폐기해야 하며 자궁에 착상시키는 개체 복제는 금지하였다. 생명공학의 논쟁

---

4) Vgl.『한겨레21』특별기획팀,『새 천 년 새 세기를 말한다 — 과학과 문명2』, 한겨레신문사, 1999, 186쪽.

5) 박충구,「생명 복제에 대한 법적 조치」,『생명 복제 생명 윤리』, 가치창조, 2001, 125쪽.

중에서 임신 중절 문제가 배아를 생명으로 볼 것인가의 논란의 주 대상이라면, 인간 복제에서도 이와 유사한 쟁점이 되고 있다. 영국 정부는 과감하게 인간 배아 복제를 허용하기로 했으나 독일을 비롯한 유럽 여러 나라는 대체적으로 부정적인 견해다. 그렇지만 현재 인간 배아의 줄기 세포를 연구하려는 과학자들의 희망이 뜨겁게 달아오르고 있다.6) 즉, 줄기 세포는 다른 장기나 조직의 말단 세포로 분화하는 뛰어난 변신 능력을 지니고 있어서 난치병을 치료할 21세기 의료 혁명의 주인공으로 받아들여지고 있다. 이러한 세포의 연구는 신경 세포, 심장 근육, 파킨슨병, 알츠하이머병, 심장병 등을 가진 환자에게 유효하게 적용될 수 있다는 점이다.7) 2001년 11월 25일, 미국 매사추세츠 주의 민간 기업인 어드벤스트셀테크놀로지(ACT)는 초기 단계의 인간 배아 복제 줄기 세포 개발에 성공했다고 밝혔다. 이 회사는 모든 인간의 인체 기관으로 전환할 수 있는 줄기 세포의 종자로 쓰일 작은 공 모양의 세포들을 배양했다고 발표했다. 그 당시 실험이 파킨슨병에서 청소년 당뇨병에 이르는 각종 질병의 맞춤 치료 기술로 이어지기를 바란다고 말했다. 4~6세포기까지 자란 초기 단계 인간 배아의 복제 사실이 공식 확인된 것은 이번 연구가 처음8)이지만 많은 논란을 일으켰다.

2000년 초 유네스코 산하 국제생명윤리위원회(IBC)는 전문가들의 토론을 거쳐 그해 4월에 "의학 연구용 배아 줄기 세포의

---

6) 송상용, 「생명공학의 도전과 윤리적 대응」, 『생명공학 시대의 철학적 성찰』, 제14회 한국철학자대회보(별책 부록), 2001, 13쪽.

7) Rudolf Ian Wilmut, "Don't Clone Humans!", in : *Science*, 30. March, vol. 291, 2001, 25쪽.

8) 『한겨레』, 2001년 11월 27일, 18쪽.

사용"이란 제목의 윤리 권고안을 발표하였다. 유네스코의 권고 안에서 배아 줄기 세포 연구가 가져다줄 의료 혁명의 혜택과 무분별한 남발로 인한 생명 파괴의 이중성을 지적하면서, 생명 윤리는 하나의 국제 기준보다는 나라마다 사회·문화적 토양 위에서 이루어야 하는 과제를 안고 있다.9) 시험관 아기 탄생 이후에 배아 연구가 활발해지면서 유럽 대부분의 나라에서 1990년 대부터 배아 연구에 관한 법을 만들기 시작하였다. 그러나 최근 몇 년 사이에 떠오른 생명 복제와 배아 줄기 세포 연구 문제를 다룬 법은 거의 없을 정도로 지구촌 생명 윤리 논쟁은 현재진행형이다. 즉, 인간 배아 줄기 세포의 복제에 대한 구체적인 법적 기준을 세운 국가는 아직까지 그리 많지 않다는 점이다. 그렇기 때문에 현재 배아 줄기 세포의 연구에 대한 윤리적 비난은 각 나라마다 거세게 일어나고 있다. 가톨릭 등 종교계는 수정된 순간부터 생명체로 인정하기 때문에 줄기 세포를 채취하는 과정에서 배아를 파괴하는 것은 살인 행위이므로 강력히 반대하고 있다. 이러한 견해에 동조하는 나라도 많아서 독일·프랑스 등은 배아 복제는 물론 인간 배아 자체를 금지하고 있다. 독일을 비롯한 유럽에서는 인간 배아 허용과 관련하여 대부분 복제 배아를 자궁에 착상하여 인간 개체를 복제하는 것을 금지하고 있지만, 기타 의학적 연구는 허용하고 있다. 이는 배아 복제 등을 통해 얻어지는 "배아 줄기 세포는 3~5년 내에 상용화하여 연 300억 달러의 부가가치를 낳을 것이라는 전망"10)이 나올 만큼 배아 복제로 얻어지는 연구로 그 혜택이 크기 때문이다.

---

9) 『한겨레』, 2001년 5월 18일.

10) Anne Mclaren, "Cloning : Pathways to a pluripotent Furture", in : *Science*, vol. 288. 9 June, 2000, 1780쪽.

최근 영국과 미국에서는 인간 배아 줄기 세포 연구가 의료 목적으로 이미 시행되고 있는데, 14일 이내 착상 전 수정한 단계까지는 연구가 허용되고 있다.[11] 잘 알려져 있듯이 유럽에서는 유독 영국만 인간 배아 복제를 허용했다. 즉, 영국은 줄기 세포에 관한 한 연구의 자유를 현재 가장 폭넓게 허용하고 있는 나라다. 줄기 세포 연구에 대한 영국의 현재 입장을 가장 잘 보여주고 있는 문건은 2000년 6월에 영국 보건부에서 발간한『줄기세포 연구 : 책임 있는 의학 발전 — 줄기 세포 연구와 세포치환법의 발전에 따른 잠재적 의료 가치에 대한 보건장관의 전문가 그룹 평가 보고서』에서 잘 드러난다. 그러나 영국이 줄기 세포의 연구에 관용적 태도를 보인다고 해도, 복제된 배아는 14일이 지나기 전에 폐기해야 하며 자궁에 착상시키는 개체 복제는 금지했다. 1980~1990년대에 갖추어진 인간 배아 연구 관련법은 나라마다 조금씩 다르다. 제2차 세계대전 당시 생체 실험의 아픈 역사를 겪은 독일과 오스트리아 등은 배아 연구 자체를 엄격하게 금지하고 있으며, 영국은 배아 연구뿐만 아니라 연구 목적의 배아 복제까지 허용하는 가장 개방적인 법 체제를 갖추고 있다. 유럽은 이미 1980년부터 영국, 독일, 프랑스 등을 중심으로 생명공학 기술의 발달에 따른 부작용을 막기 위하여 생명공학에 관한 관련법들이 제정되어 시행되고 있거나 의회에 제출되어 있는 상태다. 미국과 영국 등 배아 연구를 허용하는 정책과 독일, 프랑스 등 엄격하게 제한하는 정책이 서로 대립하고 있다. 즉, 현재 유럽에서 배아 복제를 법으로 허용한 나라는 영국뿐이고 이를 금지한 나라는 독일, 아일랜드, 스위스, 오스트리아, 핀

11) 김유경, 「생물학적 · 의학적 관점에서 본 생명」, 『생명 · 환경 · 문화 8월 대토론회』, 제23회 토지문화재단세미나(2001년 8월 18~19일), 15쪽.

란드 등이다. 따라서 유럽에서의 인간 배아 연구에 관한 규제는 도덕적이고 윤리적 문제들에 관하여 서로 다른 관점들을 반영하고 있다. 상당수의 국가들은 아직 이러한 배아 문제에 관해 명백한 법률을 제정하고 있지는 않다.

이는 각 국가마다 배아 연구에 관해 새롭게 검토하는 가운데 법 제정의 작업을 진행중에 있으나, 앞으로도 지속적으로 변화의 정도가 큰 분야이기 때문에 공식적인 결정은 현재 유보하고 있는 입장이다. 우리나라도 대한의사협회가 인간 배아 연구를 제한적으로 허용하는 "생명복제지침"을 현재 서두르고 있는 중이다. 그러나 우리나라는 1983년에 "유전공학육성법"(현재는 생명공학육성법)을 제정하여 제15조에 "안전 기준을 마련해야 한다"는 막연한 조항을 두었을 뿐, 생명 윤리 문제에 아무런 규정이 없는 실정이다.12) 그러나 늦게나마 우리 정부는 2004년 1월 29일에 "생명 윤리 및 안전에 관한 법률(생명윤리법)"을 제정하여 2005년 1월 1일부터 시행에 들어가 있다. 2005년 3월 24일 정부 조직법 개정에 따라 정부 부처 조직 이름을 바꾸는 일부 개정도 이루어졌다.

영국은 "인간의 수정과 배아에 관한 법"(1990)에서 수정란 조작, 사용 등을 금지해왔으나, 정부가 지난해 인간 배아 복제 연구 허용 방침을 밝히고 이를 법률로 추진하고 있다. 그런데 영국 정부가 치료 목적의 인간 배아 복제를 허용하기로 한 것에 대해 비판 여론이 유럽에서 들끓고 있다. 반대 의견들을 보면, 영국의 결정은 목적이 수단을 정당화시킨다면 생명도 이용할 수 있다는 철학을 보여주는 것이며 그것은 다른 목숨을 구하기

---

12) 황상익, 『유전자 변형과 생명 복제』, 생명윤리학회·토지문화관(2001년 9월), 1쪽.

위해서라면 어떤 생명도 희생할 수 있다는 생각이어서 이는 윤리 도덕적으로 심각한 결과를 초래할 것이라고 비판한다. 프랑스는 인간 배아의 생성·취득·사용을 "인간 신체의 존중에 관한 법률"(1994)로 금지해왔지만, 정부는 지난해 말 국가윤리자문위원회의 제안에 따라 관련법 개정이 필요하다고 밝히는 등 전향적인 자세를 보이고 있다.

2. 유럽 각국에서의 인간 배아 복제에 대한 규제법제망

1) 독일의 경우

유럽의 국가 중에서 인간 배아 연구에 가장 엄격한 통제 정책을 고수하고 있는 나라는 독일이다. 독일은 유럽연합 회원국 중에서 인간 배아 연구를 금지하고 있는 4개 국가에 속한다. 독일의 "배아보호법(Gesetz zum Schutz von Embryonen)"은 1989년 8월 11일 연방 상원에 제출되었다. 이 법률은 1990년 12월 13일에 제정되어 12월 19일에 공포되었다. "배아보호법"의 입법 취지는 기본적으로 불임 치료의 수단으로서만 생식 기술을 인정하고, 장차 인간이 될 생명으로서의 인간의 배아를 다른 연구에 이용되는 것으로부터 보호하자는 것이다. 이를 위하여 의사와 연구자의 행위를 규제하여, 생식 기술의 부정 이용 등을 처벌 대상으로 한다. 특히 중요한 것은 인간의 생식 계열 세포를 인공적으로 조작하는 것은 의료 목적으로도 금하고 있다. 이에 따라 다음 세대에 영향을 미칠 생식 세포에 대한 유전자 치료는 전적으로 인정되지 않게 되었다. 이 법이 제정되기까지 독일의 연방의회는 공청회 등을 개최하여 포괄적인 입법안을 마련하는 데 많은 시행착오를 거듭하였다. 여야 간 및 연립 여당 내부에서 특히 대립되었던 문제는 인공 수정을 인정하는 문제였다. 소위 비배우자 간에 인공 수정에 의해서 서독에서만 3만여 명의 아이들이 탄생하였다. 당시 야당인 사회민주당은 대리모의 금지에 따라 유전학상의 모, 출산 모, 사회적 모가 다르다고 하는 모(母)의 구분이 인정되지 않는다고 한다면, 부(父)에서도 마찬가지로 배우자 이외의 정자에 의한 인공 수정은 인정되어서는 안 된다고 주장하였다. 당시 여당인 기독교민주당인 연립 여당 내부에서도 의견이 나뉘어, 자유민주당이 이에 대한 형사 처벌에는 반대하였고, 기독교민주동맹, 사회동맹은 배우자 이외의 정자에 의한 인공 수정은 인정되어서는 안 된다는 점에서 사회민주당과 같은 의견이었다. 제3차 정자의 문제와 혼인 이외의 인공 수정 문제를 규제하는 전체 계획을 수정하도록 요구하였다. 따라서 이 법은 1990년 12월 19일에 공포되었다.13) 영국이 배아 연구 허용을 입법화했던 1990년에 독일은 "배아보호법"을 제정해 배아 연구의 장애물을 쌓았다. 따라서 독일은 인간 배아를 보호하는 형사 특별법으로서 "배아보호법"을 만들어 1991년부터 시행하고 있다. 이 법의 조항은 인간 복제와 관련하여 배아를 가지고 실험하는 행위에 대하여 다양한 한계를 설정해두고 있다. 이 법에 따르면, 다른 배아, 태아, 살아 있는 자 또는 사망한 자와 동일한 유전 정보를 가지고 있는 배아를 발생시키는 인공적 조작을 하는 행위와 이런 배아를 여성에게 이식하는

---

13) 『외국의 유전공학 관련 법제』, 법무부, 1998, 160쪽.

행위를 한 자를 처벌하는 규정을 둠으로써 인간 복제 가능성을 일찍부터 차단하고 있다. 임신 이외의 목적으로 사람의 배아를 체외에서 계속 배양시키는 행위 자체가 처벌 대상이 되고 있다. 이 법은 배아도 생명의 잠재력을 지닌다고 보기 때문에 자궁에 이식하고 남은 배아에 대한 파격적인 연구를 일체 금지한다. 연구용 배아의 생산도 물론 금지된다. 따라서 독일에서는 임신 목적 이외에 체외 배양을 금지하므로 원칙적으로 잉여 수정란이 나올 수 없게 되어 있다.[14]

2000년 12월에 영국이 인간 배아 복제 허용 법안을 가결함에 따라 서서히 일기 시작한 독일의 생명 윤리 논쟁은 이 법안이 의회 총회 의제로 채택됨으로써 절정을 이루었다. 인간 생명이 시작되는 시점과 연구 대상으로서 인간 생명체의 한계선 등에 관한 의제는 의회 역사상 전례를 찾아볼 수 없이 심오하면서 결론을 얻을 수 없는 주제였다. 따라서 총회는 "배아보호법"의 완화에 관한 심의를 2002년 총선 이후로 보류한다는 결론만 얻은 채 폐회하였다.[15] 독일은 생명공학 연구의 범위를 확대하기 위해 새로운 법률안을 준비하고 있다.

(1) 배아 복제 금지

독일은 "배아보호법"에 의해 인간의 생식 세포의 유전 정보를 변형시키거나 조작하는 행위를 엄격히 금하고 있다. 이 법에 의하면, 인간의 생식 세포의 유전 정보를 인위적으로 변형시킨 사람은 5년까지 징역에 처할 수 있으며, 수정을 위하여 위의 일

---

14) 박은정, 「인체 및 인체 구성물 연구의 윤리와 연구 정책」,『생명 윤리』, 제1권 제1호, 한국생명윤리학회, 2000, 118쪽.

15)『한겨레』, 2001년 6월 12일.

을 행한 자에게도 똑같은 형벌에 처한다고 명시하고 있다. 또한 인위적으로 인간의 배아를 다른 배아나 태아, 산 자나 죽은 자의 유전 정보를 결합시켜 발생시키는 자, 그리고 이와 같이 발생된 배아를 여성에게 착상시키는 자에게는 5년의 징역이나 벌금형에 처하도록 하였다. 이와 같은 일을 행한 자에게 뿐만 아니라 기도(企圖)한 자에게도 동일한 형벌을 처한다고 하였다.16)

독일의 "배아보호법"은 생식 기술의 부당한 이용, 인간 배아를 파괴하는 모든 형태의 연구, 성, 선택, 사람의 정자나 난자 등 생식계 세포의 인위적 변경, 인간 복제, 잡종 인간, 대리모 계약을 형사 처벌 대상으로 삼고 있다. 출산 이외의 어떤 난자를 수정하는 모든 시도는 위법이다. 다만 정자나 난자 등 생식계 세포가 수정을 위하여 이용될 가능성이 없는 경우에는 실험에 이용할 길을 열어놓고 있다. 구체적으로 이 법의 5조 5항에 따르면, 각각의 다음의 경우에는 생식계 세포에 대한 조작 행위를 이용하고 있다.

1. 체외에 있는 생식 세포의 유전 인자에 대한 인위적 변경으로서, 수정을 위하여 이용되는 것이 아닌 경우.
2. 죽은 배아, 사람 또는 사체로부터 채취한 인체에 고유한 생식 세포의 유전 정보에 대한 인위적 변경으로서 ⓐ 생식 세포를 배아 태아 또는 사람에게 이식하거나 ⓑ 생식 세포로부터 생성하는 것이 아닌 경우.
3. 접종, 광선 요법, 화학 요법 및 기타 요법이 생식 세포의 유전 인자를 변경하기 위한 목적이 아닌 경우.

---

16) 박충구, 「생명 복제에 대한 법적 조치」, 『생명 복제 생명 윤리』, 가치창조, 2001, 126쪽.

또한 제6조(인간 복제)에 따르면

1. 사람의 배아를 다른 배아, 태아, 사람 또는 사망한 자와 같은 유전 인자를 갖도록 인위적인 조작을 한 자는 5년 이하의 자유형 또는 벌금에 처한다.
2. 제1항에 규정된 배아를 부녀에게 이식한 자도 제1항의 형과 같다.
3. 이 조의 미수범은 처벌한다.

(2) 키메라(괴물)와 하이브리드(잡종)의 창조 금지

독일에서는 어떠한 인간 복제나 동물과 인간 사이의 유전 정보를 조합하여 새로운 종의 탄생을 시도하는 모든 행위를 엄격히 금하고 있다. 인간의 배아를 이용하는 것을 포함하여 다른 류의 유전 정보를 종합하는 일, 즉 인간의 배아를 다른 부류의 유전 정보를 갖고 있는 배아 세포와 조합하여 종(種)의 변화를 초래할 수 있는 행위, 또한 종의 변화를 초래하기 위하여 인간의 난자를 다른 동물의 정자와 결합시켜 수정시키거나 짐승의 난자를 인간의 정자와 결합시켜 수정하는 행위를 한 자에게는 5년의 구금이나 벌금형에 처한다고 규정하고 있다. 이와 같은 정도의 형벌이 인간의 배아나 다른 유전적 정보를 갖춘 복합 배아를 여성에게 혹은 동물에게 전이시키는 행위, 그리고 인간의 배아를 동물의 자궁에 이식하는 행위를 한 자에게 내려질 것을 규정하고 있다.17) 이러한 법의 내용을 간추리면 다음과 같다.

제7조(잡종 인간)
1. 다음 각 호의 행위를 시도한 자는 5년 이하의 자유형 또는 벌금

---

17) International Digest of Health Legislation, vol. 42. No.1(1991), 60-63쪽 : 박 충구, 앞의 책 재인용, 126쪽.

에 처한다.

① 최소한 한 개 이상의 사람의 배아를 이용하여 여러 유전 인자를 갖는 배아를 하나의 세포 결합체로 결합한 자.

② 배아의 세포와 다른 유전 인자를 가지며, 배아와 결합되어 계속 발생 분화할 수 있는 사람의 배아와 결합시키는 자.

③ 사람의 난자를 동물의 정자로 수정함으로써, 또는 동물의 난자를 사람의 정자로 수정함으로써 분화 가능한 배아를 생산하려는 자.

2. 다음 각 호의 행위를 시도한 자도 제1항의 형과 같다.

① 제1항의 행위에 의하여 생성된 배아를 ⓐ 여성 ⓑ 동물에 이식하는 행위.

② 사람의 배아를 동물에 이식하는 행위.

2) 영국의 경우

영국은 2000년 말에 인간 배아 연구에서 더 나아가 인간 배아 복제까지 제한적으로 허용하는 법안을 통과시켜 지구촌의 생명 윤리 논쟁에 더욱 불을 지피고 있다. 복제 양인 "돌리"의 성공 이후에 영국 하원 과학기술위원회(House of Commons and Technology Committee)가 조사하여 내놓은 보고서에는 "돌리" 복제 파문에 따른 잠재적 이익보다는 위험이 크다는 지적과 함께, 실험적인 동물 탄생의 성공이 인간 복제의 탄생으로 이어져서는 안 된다는 전제 하에 의회가 인간 복제 금지를 다시 한 번 분명히 해야 한다는 결론을 내리고 있다. 이 권고에 따라서 "인간 유전학에 관한 보건 및 산업 관련 장관들의 자문에 응하는 '인간유전학 자문위원회(Human Genetics Advisory Commission)'가 만들어졌다."[18] 영국은 1990년 11월 1일에 공포된 "인간 수정과 배아에 관한 법(The Human Fertilization and Embryology Act)"은 이 법의 제정 목적을 다음과 같이 밝히고 있다.

첫째, 인간의 배아(embryo)와 배아의 성장에 관하여 규정을 두기 위한 것이며, 둘째, 배아와 생식체(gamete : 정자와 난자)에 관한 일정한 실험을 금지하기 위한 것이며, 셋째, 인간의 수정 및 배아에 관한 관할 관청(Human Fertilisation and Embryology Authority)의 설치 운영을 위한 것이며, 넷째, 특정한 환경에서 법적으로 자의 부모로 취급되는 자에 대하여 법적으로 규제하기 위한 것이며, Surrogacy Arrangements Act(1985)를 개정하기 위한 법이라고 밝히고 있다.[19] 이는 누구든지 허락을 받지 않고 인간 배아와 관련하여 인간 배아를 만들거나 보존하거나 이용하는 것을 금하고 있으며, 다음과 같은 사항은 결코 허락할 수 없음을 명시하였다.

① 배아를 여하간의 동물 속에 착상시키는 행위.
② 배아를 보존시키거나 이용하는 행위.
③ 배아의 핵을 다른 사람의 세포에서 취하여 바꾸어 넣는 행위나 후속적으로 발생시키는 행위.

위와 같이 영국은 잠정적으로 인간의 배아를 이용한 모든 생명 공학적인 조작을 금함으로써 인간의 존엄성을 침해하지 않고 이를 지키는 데 초점을 맞추고 있다. 여기서는 동물의 배아나 핵 혹은 세포를 생성하는 행위는 명시하고 있지 않기 때문에 동물들에 대한 생명 발생학적 실험은 암묵적으로 허락되어 있

---

18) 박은정, 『생명공학 시대의 법과 윤리』, 이화여대 출판부, 2000, 291쪽.
19) 『외국의 유전공학 관련 법제』, 171쪽.

는 셈이다. 이 법에 따르면, 재생산 연구에 대한 심사 기구의 허가에 따라 기증자의 동의를 받아서 연구할 수 있게 되었다. 단, 배아 기증에 대해서는 대가를 지불하지 못하게 했다. 배아 연구를 공식적으로 허용하는 나라들은 수정 후 혹은 난자에 체세포 핵이 이식된 지 14일까지로 연구 기한을 못박고 있다. 이 법에서는 배아 세포핵 이식 복제술을 명시적으로 금지하고 있다. 배아 분할은 이식을 위한 배아 수의 증가 목적을 제외한 연구 목적으로 허용했다. 허가에 따라 인간 배아를 연구에 이용하는 경우에도 수정 후 14일까지로만 한정했다. 연구가 아닌 치료 목적의 배아 복제나 인간 개체 탄생 목적의 인간 배아 복제는 금지된다. 즉, 인간은 오직 원시선이 출현하는 14일 이전의 연구 행위에 대해서만 부여될 수 있다. 왜냐 하면 이 시점에서 각 배아에게 고유한 개체적 발전이 시작된다고 보기 때문이다. 또한 영국은 자궁에 이식하고 남은 배아만 가지고 연구하는 것이 아니라 더 나아가 연구용 배아 생산도 허용하고 있다. 다만 이때도 배아를 다른 종에 이식하는 연구, 핵 이식 연구, 배아 세포에 대한 유전자 변형 연구는 금하고 있다.[20] 이 법의 집행을 담당하는 "인간 수정 및 배아관계국(HFEA: Human Fertilization and Embryology Authority)"은 1999년 3월 쥐아기 발표가 나오자 이 방법 사용 역시 HEFA의 허가를 받아야 한다는 점을 신속히 밝혔다.[21] 영국은 "인간수정 및 배아법"의 관련 내용 중에서 이 법에 의해 규율되는 활동은 다음과 같다.

---

20) 박은정, 「인체 및 인체 구성물 연구의 윤리와 연구 정책」, 『생명 윤리』, 창간호, 115쪽.
21) 구영모, 「복사되는 인간? ― 생명 복제 기술의 의미를 묻는다」, 『당대비평』, 1999, 여름호, 179쪽.

제3조 배아에 관련된 금지 조항

1. 누구도 인간 수정 및 배아관계국(HEFA)의 허가가 있는 경우를 제외하고 ⓐ 배아의 생성을 초래하거나 혹은 ⓑ 배아를 보존 또는 이용해서는 안 된다.

2. 누구도 ⓐ 여성의 신체에 인간 배아 이외에 어떤 살아 있는 배아 혹은 ⓑ 인간 생식 세포(gemetes) 이외의 어떤 살아 있는 생식 세포를 주입해서는 안 된다.

3. HEFA의 인가는 다음의 경우를 허용할 수 없다.

   ⓐ 원시선(primitive streak)이 나타난 이후의 배아를 보존하거나 이용하는 경우

   ⓑ (인간) 배아를 다른 동물에 주입하는 경우

   ⓒ 기타 규제 법안이 금지하는 (인간) 배아의 보존 혹은 이용하는 경우

   ⓓ (인간) 배아 세포의 핵을 다른 인간의 세포, 배아, 그 다음의 단계로 발전한 배의 세포로부터 채취한 핵으로 치환하는 것

4. 위의 3-ⓐ에서 원시선은 배아가 보관된 기간을 계산하지 않고 생식체(정자와 난자)가 혼합된 날로부터 14일이 경과하기 전에 배아에서 나타나는 경우를 의미한다.

제4조 생식에 관련된 금지 조항

1. 누구도 HEFA의 인가 없이 ⓐ 어떤 생식 세포를 보관하거나 ⓑ 남성과 여성 모두에 대해서 의료 처치가 금지되어 있거나 다른 여성의 난자를 이용할 수 있도록 의료 처지가 규정되지 않는 한 여성의 의료 처지 과정에 남성의 정자를 사용할 수 없으며, ⓒ (인간) 생식 세포와 동물의 살아 있는 생식 세포의 융합도 시행해서는 안 된다.

2. 규제 법안이 금지하는 상황에서 생식 세포의 보관이나 사용을 허가할 수 없다.

3. HEFA의 인가 없이는 규제 법안에 명시된 조건 이외에 어떤 경우에도 여성에게 정자와 난자를 주입하지 못한다.
4. 위의 3에 의하여 만들어진 규칙은 그러한 상황에서 여성의 체내에 정자와 난자를 주입하는 것만을 허가하는 것과 관련하여 이 법 제12조 내지 제22조가 규칙으로 규정될 수 있는 같은 정도의 변경이 효력이 있다고 규정할 수 있다.
5. 이 조나 제3조에 규정된 활동들은 "이 법에 의해 규율되는 활동"[22]이라 표현된다.

위에서 언급한 바와 같이, 영국은 1990년 제정한 "인간수정 및 배아에 관한 법"에 의거하여 수정 후 14일까지의 배아에 대한 연구를 이미 허용하고 있다. 그러나 이러한 허용은 생식과 관련한 치료와 특정 진단법에 대한 연구에 제한되어 있으며 줄기 세포는 이 속에 포함되지 않았다. 2000년 8월 영국 정부는 보건부의 권고안을 수용하여 "인간수정 및 배아에 관한 법"의 연구 및 치료 목적의 배아 복제 허용을 포함한 수정 법안을 의회에 제출하기로 방침을 정한다. 사실 영국 의료계는 줄기 세포용 배아 연구를 허용해줄 것을 이미 수차례 공식적으로 요구해왔으나 사회 종교 단체의 반대를 의식한 영국 정부는 "인간수정 및 배아에 관한 법"의 제한 규정에 따라 이 요청을 거부해온 바 있다. 이런 입장 변화 배경에는 최근 관련 연구의 급속한 진전으로 이 기술이 지닌 엄청난 의료적·경제적 잠재력이 가시화됨에 따라 인간 복제 기술을 가장 먼저 개발한 영국이 정작 이 기술의 수혜자 대열에서는 탈락할지도 모른다는 깊은 우려감이 자리잡고 있는 것으로 보인다. 나아가 복제 분야에서 세계 최상

---

22) 『외국의 유전공학 관련 법제』, 1998, 183-185.

급의 기술을 갖춘 영국이 이를 이용하여 배아 줄기 세포 연구의 주도권을 확보하기 위한 시도로도 보인다. 돌리를 탄생시킨 로슬린연구소의 사이먼 베스트 박사가 "무한한 발전 가능성이 있는 생명 복제 연구 경쟁에서 영국은 타국에 뒤떨어지게 될 것"[23]이라고 정부의 조치를 비판한 것은 영국 과학계의 이러한 심정을 잘 대변하고 있다. 영국 정부는 곧 "인간수정 및 배아에 관한 법"의 개정안을 의회에 상정했고 의회는 2000년 12월 19일에 소속 정당에 관계없이 진행된 양심 투표에서 366 대 174의 압도적인 표차로 통과시켰다.[24] 기존의 법에서는 자발적으로 기증된 인간 배아를 사용하는 연구는 엄격히 제한된 다섯 가지의 목적 (불임치료법의 발전, 선천성 질병의 원인 탐구, 유산 원인 탐구, 피임 기법의 발전, 유전적 비정상의 검사)을 위해서만 허용하였다. 이번 개정안은 초기 단계 배아를 성인시 출현하는 질병(병에 걸리거나 손상된 조직 또는 장기의 치료, 미토콘드리아 질병의 치료)에 대한 연구 — 즉, 줄기 세포 연구를 위해서도 사용할 수 있도록 확대한 것이다. 배아 연구에 대한 감독 기관(HFEA)은 생식용 복제를 위한 연구를 앞으로도 결코 허용하지 않을 것이지만, 기존에 금지되었던 14일까지의 배아에 대한 치료 목적의 복제 연구(제3조 3항의 ⓓ)는 이번에 허용하기로 하였다.[25] 이로써 영국은 체세포핵 치환 기술로 만들어진 배아 복제를 사용하여 줄기 세포 연구를 법적으로 연구할 수 있는 최초의 나라

---

23) 『동아일보』, 1999년 6월 25일.

24) Eliot Marshal, "Use of Stem Cells Legally Murky, But Hearing Offers Hope", in : *Science*, vol. 282. 11. Dec. 1998, 1962쪽.

25) 김환석, 「인간 배아 연구의 윤리적 쟁점과 국제적인 규제 동향」. http://kbac.or/Mat05.htm.

가 되었다.[26] 이번의 개정안은 치료용 배아 복제의 허용을 처음으로 검토하기 시작한 지난 1998년의 HFEA 및 HGAC(인간유전학전문위원회)의 공동 보고서에 의해 정부의 수석 의료 기관인 Liam Donaldson이 전문가 그룹에 의탁하여 작성한 2000년 8월 15일의 최근 보고서가 바탕이 되어 만들어졌다. 그런데 주목해야 할 것은 이 Donaldson Report에서는 배아 복제를 포함한 줄기 세포 연구가 철저하게 "인간수정 및 배아에 관한 법"의 틀에 따라 신중히 추진될 것을 원칙으로 천명하면서, 아래와 같은 9개 항의 건의를 담고 있다.

① 인간 질병과 그 세포기초치료법에 대한 이해를 증진시키기 위해 배아(시험관 수정 혹은 세포핵 치환에 의해 창출된)를 사용하는 연구는 1990년에 제정된 "인간수정 및 발생학법"의 통제에 따라 허용되어야 한다.
② 체외 수정이나 핵치환법을 이용하여 생성한 배아를 연구하는 것을 허용해야 한다.
③ 연구용 배아를 창출하는 데 사용되는 난자 또는 정자를 기증한 개인들에게는, 장차 만들어질 배아가 줄기 세포 추출을 위한 연구 프로젝트에 사용될 수 있음을 가리키는 구체적인 동의가 구해져야 한다.
④ 미토콘드리아(mitochondrial) 질병(난자에 생기는 유전적 질병)에 대한 이해와 치료를 위해 인간 난자에 세포 핵 이식 기법을 사용하는 연구는 "인간수정 및 발생학법"의 통제에 따라 허용되어야 한다.
⑤ 배아 줄기 세포를 포함하는 연구의 진척은 적정한 기구의 감독

26) 박희주, 「한국의 생명 복제 논쟁」, 『생명 윤리』, 제3권 제1호, 한국생명윤리학회, 2002, 55쪽.

을 통해, 그 연구가 과연 기대한 이익을 제공하는지 그리고 어떠한 우려 사항이 발생하지 않았는지를 지속적으로 확인해야 한다.

⑥ 인간성인 세포(체세포)를 다른 동물 종의 살아 있는 난자와 결합하는 것은 허용되어서는 안 된다.

⑦ 세포핵 치환에 의해 창출된 배아를 여성의 자궁에 이식하는 것(이른바 생식용 복제)은 형사 범죄로 간주되어야 한다.

⑧ 배아 줄기 세포를 치료에 사용하는 것을 허용하는 법률이 필요한가에 대해서는 앞으로 지속적인 검토를 받아야 한다.

⑨ 정부 산하의 연구심의회(Reserch Councils)는 줄기 세포 연구 사업을 추진하도록 하며 연구용 줄기 세포의 수집 센터 설립의 타당성을 검토할 것을 촉구한다.

위 보고서에서 나타난 중요한 사실은 핵치환술에 의한 배아 창출의 필요성을 설명한 부분이다. 이 보고서는 핵치환술을 "성체 세포의 핵을 리프로그램하는 메커니즘을 알아낼 수 있는 수단"으로 파악하고 이러한 연구의 목표는 결국 "배아를 창출할 필요 없이 줄기 세포를 개발하는 것"[27]이라고 밝히고 있다. 따라서 배아 복제도 궁극적으로는 성체 줄기 세포로 나아가기 위한 한시적이고 과도기적 수단으로 파악하고 있다는 사실에 주목한다.

3) 프랑스의 경우

프랑스에서는 첨단 의료 기술 전반에 걸쳐서 공통의 윤리 원칙에 입각하여 포괄적으로 규제하는 입법을 마련하였다. 프랑

---

27) 박희주, 앞의 논문, 59쪽.

스는 1980년대까지만 해도 배아 연구를 허용했다가 1994년에 제정된 "인간 신체의 존중에 관한 법(Respect of Human Body, Law No. 94-653)"은 법을 개정해서 시험관 내 배아 연구를 일체 금지하는 정책을 채택했다. 다만 예외적으로 부부로 결합하는 남녀가 동등한 경우 그들 배아에 대해서 치료 목적으로, 그리고 배아에게 해롭지 않은 범위 안에서 연구가 가능하다. 이러한 연구의 뒷받침은 약 10년간의 논의와 준비를 거쳐 진행되었지만, 1994년까지 3개의 법률을 제정하면서 실현되었다. 이는 흔히 "생명윤리법"이라 칭한다. 이러한 "생명윤리법"에 따라 인간 태아 연구가 금지되었다. 1994년 7월 1일 법률 제548호(보건 분야의 연구를 목적으로 하는 기명 데이터의 처리에 관한 정보 처리 정보 파일 및 제 자유에 관한 1978. 16.의 법률 제17호를 변경한 법률), 1994년 7월 29일의 법률 제653호(인체의 존중에 관한 법률), 그리고 법률 제654호(인체의 구성 요소 및 산출물의 제공 및 이용, 생식에 대한 의료적 개조 및 출생 전 진단에 관한 법률)가 그것이다. 프랑스에서는 첨단 의료 기술의 규제에 대해서 어느 나라보다도 포괄적인 윤리 원칙의 체제를 법제화하고 있다. 인간의 장기, 조직, 세포, 혈액, 유전자, 배우자, 수정란의 취급 등을 일괄하여 공통의 규칙 아래 두는 입법은 프랑스 이외에는 볼 수 없다.28) 즉, 프랑스는 이 법에 의해, 인체와 그 구성 요소 및 산출물과 더불어 인간 유전자의 전체적 혹은 부분적 구조에 관한 지식이 특허의 대상이 될 수 없다(제7조)는 것을 분명히 밝히고 있다.

최근 1997년 2월 28일 국가윤리위원회는 프랑스 대통령이 지

---

28) 「외국의 유전공학 관련 법제」, 5쪽.

시한 "돌리" 양 복제에 따른 법적 문제를 두고 의료 연구를 위해 인간 태아 연구에 대한 금지 조치를 완화할 것을 건의하였다. 이 국가윤리위원회는 수정란을 냉동시킨 부모가 더 이상 냉동을 원하지 않을 때, 그것을 가지고 배아의 줄기 세포 연구는 허용하도록 하자는 권고안을 내놓았다. 그 후의 관련된 개정안들은 생식 기술의 사용을 출산 목적의 경우로 제한하고 있다. 이 연구는 그것이 해당 배아에게 직접적인 이익이 되거나 생식의학의 향상에 기여하는 경우에만 수행될 수 있다. 프랑스의 "인간 신체의 존중에 관한 법"의 내용의 핵심을 간추리면 다음과 같다.

제1절 인간의 종의 보호에 관하여
제511조의 선별의 조직화를 목적으로 하는 우생학적 처치를 하는 행위는 20년의 징역에 처한다.

제2절 인체의 보호에 관하여
511조의 9 생식 세포를 조정하거나 보존하는 시설에 의해 보증되는 수당의 지급을 제외하고 대가를 받는 생식 세포를 취득하는 행위는 어떠한 행위든지 5년의 금고 및 50만 프랑의 벌금에 처한다.
어떠한 행태든지 간에 대가를 받고 생식 세포의 취득을 용이하게 하기 위하여 주선을 하는 행위 또는 제공을 받는 생식 세포를 유상으로 제3자에게 양도하는 행위는 전 항과 같은 형에 처한다.
제511조의 10 생식 세포를 제공한 개인 또는 남녀 및 그것을 수령한 남녀를 한 번에 특정할 수 있는 정보를 누설하는 행위는 2년의 금고 및 20만 프랑의 벌금에 처한다.

제3절 인간 배아 보호에 관하여

제511조의 15 어떠한 행태로든 대가를 받고 인간의 배아를 취득한 행위는 7년의 금고 또는 70만 프랑의 벌금에 처한다. 어떠한 형태로든 대가를 인간의 배아를 취득하는 것을 용이하도록 하기 위하여 주선한 행위 또는 인간의 배아를 유상으로 제3자에게 주는 행위는 전 항과 같은 형으로 처한다.

제511조의 16 보건의료법 제152조의 5에 규정한 요건을 준수한 경우를 제외하고 인간의 배아를 취득한 행위는 7년의 금고 및 70만 프랑의 벌금에 처한다.

제511조의 17 산업 또는 상업의 목적으로 생체 외의 인간 배아를 만드는 행위는 7년의 금고 및 70만 프랑의 벌금에 처한다. 산업 또는 상업의 목적으로 인간의 배아를 사용하는 행위는 전 항과 같은 형에 처한다.

제511조의 18 연구 또는 실험의 목적으로 생체 외에서 인간 배아를 만드는 행위는 7년의 금고 및 70만 프랑의 벌금에 처한다.

제511조의 19 보건의료법 제L152조의 8의 규정에 의하여 배아에 관한 조사나 실험을 하는 행위는 7년의 금고 및 70만 프랑의 벌금에 처한다.

제511조의 20 보건 의료법 제L162조의 16에서 말하는 허가를 얻은 경우를 제외하고 출생 전 진단을 하는 행위는 2년의 금고 및 20만 프랑의 벌금에 처한다.

제511조의 21 착상 전 진단에 관한 보건의료법 제L162조의 17 규정에 위반한 행위는 2년의 금고 및 20만 프랑의 벌금에 처한다(이하 생략).

제1절에서는 인간의 신체에 대한 경외의 원칙 하에 어떠한 류의 형태로도 침해하는 것을 금하고 있다. 제2절과 제3절에서는 인체 및 인간 배아의 보호에 주안점을 두고 있으며 이를 위반했을 경우 7년 금고 및 70만 프랑의 벌금을 부과하고 있다.

4) 덴마크의 경우

덴마크에서는 1987년 의회가 윤리위원회(Ethical Board)를 인간유전학과 관련된 의료 활동의 규칙을 제정하고 의회와 정부에 생명 윤리에 관한 자문을 하는 역할을 하도록 하였다. 덴마크는 1992년 6월 26일에 공포된 법 제503호에 의해 다음과 같은 행위가 금지되어 있다는 점을 명시하고 있다.

① 유전적으로 동일한 인간을 출생시키는 목적의 실험.
② 유전학적으로 다른 배아를 자궁에 착상시키기 위하여 조합하거나 나누는 목적의 실험.
③ 다른 종의 유전적 정보를 섞어 잡종을 만드는 실험.

이와 같은 조항의 의미는 인간 복제를 금하고, 인간의 배아를 이용한 실험을 금할 뿐 아니라, 잡종을 만들거나 인간의 배아를 동물의 자궁에서 배양하는 행위를 금한다는 것이다.[29] 『법No. 460』(1997년 6월)은 치료, 진단 그리고 연구와 연관된 인공 수정을 규제하고 있다. 이 법의 25조는 배아 연구에 대하여 명시적으로 언급하고 있다. 배아 연구는 오직 체외 수정의 향상이나 착상 전 진단 기술의 향상이 목적일 경우에만 허용된다.

5) 스위스의 경우

인간의 출생 의학과 관련된 1990년 10월 18일에 제정된 스위

---

29) International Digest of Health Legislation, vol. 43., No.4(1991), 758-760쪽 ; 박충구, 앞의 책 재인용, 128쪽.

스 법에 의하면, 다음과 같은 사항들이 명백히 금지된다.

① 자궁의 조작, 살아 있는 배아들의 실험 그리고 태아들을 조정하는 행위.
② 배아나 태아 그리고 그것들의 일부를 연구 목적으로 사용하는 행위.
③ 복제, 괴물의 창조, 종(種) 간의 잡종 교배.
④ 체외에서의 생명을 창출하는 행위.

따라서 스위스에서는 인간 생명의 기초 단위에서부터 조작하거나 연구하는 일, 그리고 복제하는 일을 근원적으로 봉쇄하고 있다고 볼 수 있다.[30] 스위스는 이 기술의 사회적, 윤리적, 법적 영향의 중요성을 인정하여 국민투표를 통하여 연방 헌법 차원에서 인간 배아 복제를 묵시적으로 금지하는 규정을 마련하였다.

6) 유럽의회(Council of Europe)의 경우

유럽의회는 인권·기본적 자유·의회제 민주주의라는 기치 아래 유럽 공통의 가치 원리를 촉진시키기 위해 가맹국 간의 더욱 긴밀한 통합을 실현하는 것을 목적으로 1949년 5월에 창설되었다. 본부는 프랑스의 스트라스블에 위치하고 있으며, 유럽의회는 유럽 인권 규약(1950)의 준수를 보증하기 위하여 유럽인권위원회와 인권재판소의 운영을 중심으로 국방을 제외한 거의 모든 정책 과제를 다루고 있다.[31] 이러한 폭넓은 활동의 일환으

---

30) International Digest of Health legislation, vol. 44, No.2(1993), 256-257쪽 ; 박충구, 앞의 책 재인용, 128쪽.

로 유럽의회는 1970년 말 이후로 생물학, 의학의 발전이 초래하는 문제와 인권 보호와의 균형을 검토하는 시책을 권고하고 결의해왔다. 주요한 결의로 "장기 이식과 수혈에 관하여"(1978, 1979), "유전자 공학과 인간의 유전 형질의 보호에 관하여"(1982, 1984), "인간의 수정란과 태아의 이용에 관하여"(1977, 1983), "체외 수정에 관한 결의안"(1989), "인체 실험"(1990) 등이 있으며 후에 이것은 조약의 주요한 핵심 사항이 된다. 한 실례로, 유럽의회는 1989년 "유전공학에 관한 결의안"을 통과시켰다. 이 결의안에 의하면, 인간 배아는 보호받을 필요성이 있으며, 자의적인 실험에 사용될 수 없음을 밝히고 있다. 또한 1989년에는 "체외 수정에 관한 결의안"도 통과되었다. 이 결의안은 자궁 이식이 가능한 배아의 수를 제한하고 있으며 체외에서의 유전자 실험 금지를 요구하고 있다. 1997년 유럽의회가 통과시킨 "복제에 관한 결의안"은 인간 복제의 경우 어떠한 상황에서도 어떤 사회에 의해서도 결코 정당화되거나 용납될 수 없음을 규정하고 있다. 이러한 유럽의회에서는 1996년 11월 "생명 윤리 조약", 즉 "인권과 생의학에 관한 조약(Convention on Human Rights and Biomedicine)"을 채택하였다. 이 조약은 1997년 4월 4일부터 가맹국의 서명이 시작되었는데, 독일과 영국을 제외한 프랑스, 스웨덴, 덴마크, 이탈리아, 그리스, 핀란드, 아이슬란드, 룩셈부르크 등 22개국이 서명하였으며, 이 중 3개국에서 비준을 완료하여 발효하였다. 이 조약은 인간 복제 금지에 관한 세계 최초의 생명 윤리에 관한 국제 법규로 알려져 있다. 최종안은 각료위원회에서 1997년 11월 19일에 채택되었으며, 이에 따라

---

31) The Council of Europe : achievement and activities, Council of Europe Publishing, March 1996.

인간 복제가 원천적으로 금지되었다. 현재는 41개 회원국 중에서 프랑스, 이탈리아 등 25개국의 비준으로 인간 배아 복제 금지에 대한 비준으로 법적 장치를 마련하여 지난 3월부터 발표했다. 유럽 이사회가 "인권과 생의학에 관한 조약"을 추가하여 채택한 "인간 복제 금지 의정서" 제1조의 내용은 다음과 같다. "살아 있는 자든 사망한 자든 다른 인간과 유전적으로 동일한 인간을 탄생시키고자 하는 여하한 개입은 금지된다." 이 조항에서 다른 인간과 "유전적으로 동일한" 인간이라는 단어는 다른 사람과 동일한 유전자 세트(nuclear gene set)를 공유하는 인간을 의미한다. 법안의 제18조는 체외에 있는 배아(체외 수정란)에 대한 실험 연구, 즉 1. 법률에 의해 체외에 있는 배아에 대한 실험 연구가 허용되는 경우에는 배아의 적절한 보호를 확보한다. 2. 실험 연구 목적인 인간 배아의 제조는 금지한다.[32] 그리고 1997년 5월말에 유럽위원회(European Commission) 산하의 생명윤리자문단은 인간 복제에 대한 어떠한 시도도 금지되어야 하지만, 단 동물의 복제는 허용되어야 한다고 발표하였다. 유럽의회가 1997년에 채택한 권고안의 요약문은 다음과 같다.

① 모든 개인이 자신의 유전적 동일성을 가지도록 하는 동시에 인간 복제를 금지시키도록 권고할 것.
② 인간 복제에 대한 세계적인 금지를 표명할 것.
③ 연합 내의 참여국들이 인간 복제를 금지하는 형법적 조치를 취할 것.
④ 회원국 안에서 인간 복제 연구 프로그램을 후원하고 있는지 감시할 것.

---

32) 「외국의 유전공학 관련 법제」, 265쪽.

⑤ 생물학 혹은 생명공학과 의학의 영역에서 인간의 존엄성을 지키려는 윤리적 규범과 토대를 확정할 것.

⑥ 인간의 존엄성과 권리를 직접적으로 옹호하는 일을 사회적 이익이나 시민적 이익에 절대적으로 우선하는 것으로 여기고 세계적으로 이러한 가치를 타당하게 만드는 일에 협력할 것.

⑦ 유전공학의 적용에서 윤리적 관점의 중요성을 강조할 것.

⑧ 인간 유전자 연구와 관련된 영역에 대한 연구에 종사하는 연구자들과 의사들은 인간 복제와 같은 정황에 빠져들지 않도록 할 것.

⑨ 과학자들과 정부 기관은 유전자 기술공학의 발전에 관한 정보를 공개할 것.

⑩ 인간의 건강과 종(種)의 보존 그리고 동물 종족의 보존을 위하여 공동적으로 동물 복제에 관한 규제를 엄격히 통제할 것.

7) 오스트리아의 경우

배아의 연구는 "출산의학법"(1992)에 의해 규제되고 있다. 이 법의 중심 원칙에서 생식 의학은 단지 출산의 목적을 위한 안정된 이성 생식 관계 안에서만 허용한다는 것이다. 배아의 연구는 금지되고 있다.

8) 핀란드의 경우

핀란드의 "의학연구법"(1999)은 배아 연구를 쟁점으로 다루고 있다. 이 법은 배아 연구에 대해 14일의 시간 제한을 설정하고 있다. 어떠한 배아의 연구를 행하기 전이라도 배아 부모의 동의를 반드시 얻어야 한다. 이 법은 순전히 연구를 목적으로 배아를 창출하는 것을 금지하고 있다.

9) 이탈리아의 경우

1997년 법에서 인간 혹은 동물의 복제를 목표로 하는(간접적으로라도) 모든 형태의 실험 또는 개입을 금지했다.

10) 스페인의 경우

1998년 "보조 생식 기술에 관한 법"은 부모의 동의 하에 14일까지의 연구를 허용하고 있다. 연구는 반드시 진단적 성격의 응용 연구이거나 치료 목적이어야 한다. 치료 목적이 아닌 연구는 단지 죽은 배아에 대해서만 수행할 수 있다.

3. 맺음말

지금까지 우리는 앞에서, 유럽에서의 인간 복제에 대한 규제 법안을 살펴보았다. 인간 배아 복제에 대해 규제하는 법까지는 분명하게 제정하지 않았으나 생명 복제의 안전과 윤리 문제를 적절히 해결할 때까지 정부 정책으로 일시적인 연구 중지 내지 연구 지원 중지를 결정한 나라도 많다. 이처럼 법적인 규제를 해야 한다는 여론이 현재로서는 대체적으로 우세하다. 그러나 구체적으로 살펴보았을 때, 생명 복제 연구나 그 기술의 적용을 일체 금지한다는 방식의 규제보다는 좀더 구체적인 허용 한계를 정하는 법적 기준을 설정하려는 움직임이 지배적이다. 일반적으로 인간 복제, 즉 인간 개체 탄생의 목적을 위한 복제 연구나 그 기술을 이용하여 키메라나 하이브리드 등의 괴물 및 잡종 인간을 시도하는 복제 기술의 이용은 절대로 금지해야 하지만, 생명 복제의 연구를 위해 초기 단계의 인간 배아를 복제하거나 인간 유전자 및 세포 복제, 동식물 복제 등은 허용하자는 의견도 만만치 않다. 생명공학계에서는 인간 배아 복제는 의료적 목적과 상업적 이해에 의해 그 연구를 지속할 것으로 보인다. 종국적으로 우리가 일찍이 경험하지 못했던 인간 배아 복제의 윤리적 문제와 그 가공할 잠재력은 심각하고도 위험한 예측 불허의 난제임에 틀림없다.

□ 참고 문헌

구영모, 「복사되는 인간? ― 생명 복제 기술의 의미를 묻는다」, 『당대비평』, 1999, 여름호.

김동광, 「생명윤리기본법을 둘러싼 논의」, 『과학 기술 정책』, 제11권 제5호(통권 131호), 2001년 9·10월호.

김유경, 「생물학적·의학적 관점에서 본 생명」, 『생명·환경·문화 8월 대토론회』, 제23회 토지문화재단세미나(2001년 8월 18~19일).

김환석, 「생명공학의 규제 정책」, 『생명 과학 기술 및 생명 윤리의 연구 현황과 한국의 대응 방안 연구』, 한림대 인문학연구소, 1998.

과학기술부, 「생명공학 안전 및 윤리성 확보 방안에 관한 연구」, 과학기술부, 99-26(1999년 12월).

박은정, 『생명공학 시대의 법과 윤리』, 이화여대 출판부, 2000.

_____, 「인체 및 인체 구성물 연구의 윤리와 연구 정책」, 『생명 윤리』, 제1권 제1호, 한국생명윤리학회, 2000.

박충구, 「생명 복제에 대한 법적 조치」, 『생명 복제 생명 윤리』, 가치창조, 2001.

박희주, 「한국의 생명 복제 논쟁」, 『생명 윤리』, 제3권 제1호, 한국생명윤리학회, 2002.

법무부, 『외국의 유전공학관련법제』, 법무부, 1998.

송상용, 「생명공학의 도전과 윤리적 대응」, 『생명공학 시대의 철학적 성찰』, 제14회 한국철학자대회보(별책 부록), 2001.

황상익, 『유전자 변형과 생명 복제』, 생명윤리학회 · 토지문화관(2001년 9월).

『동아일보』, 1999년 6월 25일.

『한겨레』, 2001년 5월 18일.

_____, 2001년 6월 12일.

_____, 2001년 11월 27일.

『한겨레21』특별기획팀, 『새 천 년 새 세기를 말한다 ― 과학과 문명2』, 한겨레신문사, 1999.

International Digest of Health Legislation, vol. 42. No.1(1991).

_____, vol. 44, No.2(1993).

Marshal, E., "Use of Stem Cells Legally Murky, But Hearing Offers Hope", in : *Science*, vol. 282. 11. Dec. 1998.

Mclaren, A., "Cloning : Pathways to a pluripotent Furture", in : *Science*, Vol. 288. 9. June, 2000.

The Council of Europe : achievement and activities, Council of Europe Publishing, March 1996.

Wilmut, R. I., "Don't Clone Humans!", in : *Science*, 30. March, vol. 291, 2001.

제10장
착상 전 유전자 검사와 인간의 미래*
― 하버마스의 자유주의적 우생학 비판을 중심으로

1. 들어가는 말

21세기 "유전공학의 발전"[1]은 인간의 능숙한 행위 가능성을
발전시켰을 뿐만 아니라 새로운 유형의 간섭을 가능하게 하였

---

* 이 논문은 『생명 윤리』, 제5권 2호, 한국생명윤리학회, 2004년 12월, 1-15쪽에
실렸다.
1) 흔히 유전공학의 기술은 크게 유전자 검사(Präimplantionsdiagnosik : PID)
및 선별, 복제, 재조합의 세 종류로 나눈다. 그런데 이들 모두는 우생학적 목적
으로 사용될 수 있다. 무엇보다 유전자 선별 기술은 인공 수정된 여러 배아들
중에서 우수한 형질의 유전자를 가진 배아를 검사, 선별하여 자궁 속에 주입함
으로써 이 배아만 인간으로 태어나게 하는 방식으로 이용될 수 있다. 이러한
유전자 검사 및 선별 기술은 이미 활용 단계에 와 있다. 유전자 검사 및 감식
과정은 사전과 사후 절차 전반에 관한 상담은 필수적이다. 유전자 검사의 대상
자가 미성년자, 정신질환자, 한정치산자인 경우는 특별한 보호를 받아야 한다
(박은정, 「생식의학과 유전자 진단 및 치료의 문제점」, 『생명공학 시대의 법과
윤리』, 이화여대 출판부, 2000, 225쪽).

다. 또한 생의학과 유전공학 기술이 결합되면서 착상 전 유전자 검사(Preimplantion Genetic Diagnosis : PGD / Präimplations-diagnosik : PID) 기술이 가능하게 되었다. 향후 장기를 배양하고 질병 치료의 목적으로 유전자를 조작하여 새로운 유형을 간섭할 수 있을 것이라는 가능성이 제기된 지 이미 오래다. 무엇보다도 유전자공학의 발달로 주목받고 있는 분야는 유전자 진단과 유전자 치료다. 주지하듯이, 유전공학은 생명의 부분을 다루고 있기 때문에 인간 행위의 신중한 판단을 요구한다. 즉, 유전공학은 생명과학, 의료 문제, 생태학 등과 더불어 광범위한 윤리적 문제들을 다룬다. 이러한 유전공학은 생명 윤리의 두 가지 관점에서 진행되고 있다. 하나는 임신 중절의 시기 및 신경조직의 이식 허용에 관한 세부적인 문제에 관한 것이며, 다른 하나는 어떤 대상에 대한 도덕적 판단을 행위의 대상에 적용했을 때 어떻게 판단해야 되는지에 관한 아주 원칙적인 수준의 물음이다.2) 유전공학은 좋고 나쁨의 윤리적·도덕적 문제들이 여전히 존재한다. 기술적으로는 어느 특정한 유전자를 찾아내거나 특정한 부분만 없애는 일이 가능하기 때문에 유전자 조작을 의료에 활용하는 행위가 자연스러운 일처럼 진행되고 있다. 예를 들어 나쁜 유전자들은 변형시켜서 그 기능을 더 이상 못하게 함으로써 유전병을 치료할 수 있다. 현재 부족한 유전자는 채울 수 있으며 그 유전자를 자유 자재로 처리할 수 있는 기술 수준까지 접근해 있다.3) 미국이나 유럽의 많은 국가들은 국가위원회 및 자문위원회의 조사 그룹의 단계를 지나서 실제적인 법률

---

2) Landwig Siep, "Eine Skizze zur Grundlegung der Bioethik", in ; *Zeitschrift für philosophische Forschung*, Bd. 50. 1996, 236쪽.

3) 무라카미 카즈오, 김원신 옮김, 『유전자 혁명』, 사람과 책, 1999, 200-201쪽.

을 제정하는 단계로 들어갔다. 우리나라도 2003년 12월 29일에 "생명 윤리 및 안전에 관한 법률(안)"이 국회를 통과하여 2004년 1월 29일에 법률 제7150호로 공포되었다. 특히 여러 국가의 입법 자들이 사회에서 문제시되는 해결책을 찾기 위해 고심해왔던 가장 중요한 정책 문제 가운데 하나는 인간 배아의 이용에 관련된 것이었다. 여기에는 임신 중절, 시험관 수정, 착상 전 진단, 유전 자 선별 검사, 성별 선택, 줄기 세포 연구, 생식적 복제와 연구 목적, 생식 세포 공학 등이 포함된다.4)

최근 진행되고 있는 인간 배아의 생명체 시기 논쟁에서 원시 생식선(The primitive Streak)의 논쟁은 단지 그와 결부된 위험 때문만은 아니다. 향후 유전공학이 발전하고 유전자 치료의 성 공 사례가 늘어난다면, 착상 전 유전자 검사는 유사한 유전적 질병의 예방을 목적으로 하는 체세포에 대한 유전적 간섭을 허용하는 방향으로 점점 확대될 것이다. 흔히 유전적 특징의 변화를 의도할 목적으로 간섭을 허용하는 것은 참여자들의 개별적인 선호에 내맡기는 **자유주의적 우생학**을 옹호하기 위한 논변으로 사용되어 왔다. 우리는 유전공학의 발전 가능성이 크면 클수록 우리는 과거에 "우생학(eugenics)"5)이라는 명목 아래 히

---

4) 프랜시스 후쿠야마, 송정화 옮김, 「미래를 위한 정책」, 『Human Future 부자의 유전자 가난한 자의 유전자』, 『한국경제신문』, 2003, 306쪽.

5) 인간 우생학의 창시자인 갈턴(Frnacis Galton)은 다윈이 주장하는 체계적인 선택적인 교배로 종들을 바꿀 수 있다면, 인간도 종족이 개선되도록 교배할 수 있다고 생각하였다. 그는 다른 품종을 개량하듯이 우리 자신의 품종을 개량하자. 인류의 최상의 종족만 자손을 가지고 최악의 종족은 자손을 남기지 말자. 1885년에 그는 이러한 교배를 우생학(eugenics)이라는 새로운 이름으로 불렀다(매트 리들리, 하영미 외 옮김, 「우생학」, 『게놈』, 김영사, 2001, 344쪽). 우생학이란 개념은 그리스어의 eugen'es의 귀족 출신(von edler Abkunft)에서 추측된다. 갈톤은 이러한 명칭과 연결하여 과학적 운동으로 전개되면서 1900년에

틀러와와 나치에 의해 악용된 전례를 상기해야 한다. 즉, 유전자 검사를 바탕으로 유전자 소질에 근거한 새로운 인종 차별의 문제, 유전자 정보의 이용과 관리에 관한 유전자 사생활의 보호 문제 등이 그것이다.6) 21세기의 유전공학은 두 개의 서로 다른 염기 서열의 예측 불가능한 결합으로 귀결되었던 우연적 생식 과정을 조작 불가능하다고 생각했던 이제까지의 견해는 과학 기술의 진전에 따라 가능하게 되었다. 착상 전 유전자 검사와 인간 배아 연구의 주제는 매우 복잡한 문제다. 이렇게 위의 연구들은 그렇게 간단히 처리될 수 있는 문제가 아니기 때문에 더욱 심도 있는 논의를 필요로 한다.

착상 전 유전자 검사는 배아에 대한 아직 미숙한 단계에서 예방 차원의 유전학적 검사를 가능하게 한다. 이 절차는 우선 유전적 질병에 걸릴 위험을 피하고 싶은 부모에게 권장된다. 경우에 따라서는 시험관 속에서 연구된 배아는 모태에 다시 착상시키지 않는다. 또한 "배아 줄기 세포(embryonic stem cell)의 전능성(全能性)에 대한 연구는 예방의학의 전망"7)을 고조시킨다. 과

독일에서는 프로테스탄트들인 프뢰츠(Alfred Ploetz)와 샬마이어(Wihlem Schallmayer)가 공동으로 작업을 시작한다(Kurt Bayertz, GenEthik, Hamburg, 1987, 46쪽). 1900년에 이르러 우생학이 대중적 인기를 얻으면서 유진(Eugene)이라는 이름이 크게 유행하였고, 계획된 교배에 대한 대중적 환상이 고조되어 우생학학회가 영국 전역에서 자주 열렸다(매트 리틀리, 같은 책, 345쪽).

6) 정상기·명재진, 『생명과학 기술의 응용과 기본권 보호적 한계』, 집문당, 2003, 57쪽.

7) 착상 전 유전자 검사는 인간 자신의 실존의 생물학적인 토대와 관련된다. 여기서 계획하고 있는 인간 배아의 줄기 세포 연구는 자기 도구화라는 관점에서 문제를 제기한다. 하버마스는 인간 배아의 줄기 세포 연구는 양육이나 자기 최적화의 관점에서 이루어지지 않는다고 본다. 그러나 이 연구는 처음부터 배아 세포 덩어리에 대한 도구화의 태도를 요구하고 있다는 것이다. 배아의 줄기 세포가 연구의 목적을 위해 생산되고 가공된다면, 출생을 지향하는 인간 존재

의 생산이나 소질의 조작과는 전혀 다른 종류의 행위다. 이 연구의 행위는 인격체가 되기 이전의 생명체에 대한 사물화의 관계며 우생학 행위들에서와 마찬가지로 동일한 태도를 요구한다(하버마스, 장은주 옮김,『인간이라는 자연의 미래』, 나남출판, 2002, 156-157쪽). 또한 사람들이 잉여의 배아를 연구하는 목적을 위해 사용하는 것과 동시에 그와 같은 도구화를 위해 생산하는 것 사이에는 도덕적으로 볼 때, 어떤 심각한 차이가 드러나는 것은 아니다(하버마스, 같은 책, 157쪽). 정치적 관점에서 이미 존재하는 줄기 세포의 수입만 허용하는 것은 배아 연구의 범위와 기간을 더 잘 통제할 수 있기 위한 지렛대일 수 있다(하버마스, 앞의 책, 158쪽).착상 전 유전자 검사는 배아의 선별적 선택을 통해서 향후 성장 가능성을 진단하며, 줄기 세포의 연구는 배아 복제를 통해서 얻어지는 실험실에서 인간의 모든 세포를 만들 수 있는 세포와 조직을 생산해낼 수 있는 꿈의 전능(全能) 세포다. 주지하듯이, 요즘 가장 뜨거운 논란의 현장은 배아 줄기(幹세포 : embryonic stem cell) 세포의 연구다. 배아 줄기 세포는 수정 후 4~5일 후에 나타나는 배반포(blastocyst)의 내부 세포군으로부터 유래한 내세포피(inner cell mass)의 세포계다. 이는 다능한 세포(pluripotent)로서 외배엽, 중배엽, 내배엽층의 다양한 세포와 조직을 발생할 수 있는 세포다(김철근, 「생식 줄기 세포와 미래 의학」, 한국생명윤리학회,『줄기 세포 연구와 생명 윤리』, 2002년 봄철학술대회 자료집, 18쪽). 사람의 난자와 정자가 수정한 지 약 5일이 지나면, 지름 0.1~0.2㎜ 크기의 속이 빈 공 모양의 배아가 되며 수정 후 6일째에 신체 각 기관으로 분화되기 직전의 세포인 줄기 세포가 형성된다. 즉, 이 배아의 안쪽에는 전능 세포(totipotent cell)라고 불리는 줄기 세포가 붙어 있다. 전능 세포는 하나의 완전한 개체로 발생해나갈 수 있는 전능의 성질을 가지는 세포로서 난자와 정자의 수정 이후 8세포기까지 세포가 이러한 성질을 갖는다. 이 시기의 세포를 각각 분리하여 자궁에 이식하면 하나의 완전한 개체로 발생해나갈 수 있다. 하버마스는 다능한 줄기 세포와 전능한 줄기 세포의 통상적인 구분은, 인격체가 되기 이전의 인간 생명에 대해 단계를 지워서 보호해야 한다는 그런 생각에 의존할 바로 그런 경우에 상대화된다는 점을 지적하는 데 만족하고 싶다고 말한다(하버마스, 앞의 책, 158쪽). 환자의 체세포를 복제해 만드는 방식의 배아 줄기 세포는 심장병, 파킨슨병, 척추 부상, 알츠하이머의 치매 환자 등에게 심장 근육 세포, 뇌신경 조직 등을 이식 거부 반응 없이 제공할 수 있어 난치 및 불치병을 해결하는 예방의 치료법으로 주목받고 있다는 점이다. 분명히 착상 전 유전자 검사와 인간 배아 줄기 세포의 연구는 유전학적 목적을 오용될 수 있다. 그러나 지금의 논쟁에서 보듯이, "그 외의 모든 것들이 강압적이다. 도덕적으로 문제화되는 것은 도덕적 상황이나 우생의 진단에 관한 물음, 출생 전 삶의 권리" 등이다 (Ludwig Sieg, "Moral und Gattungsethik", in : *Deutsche Zeitschrift für Philosophie*, Bd. 50. 2002, 116쪽).

학계와 의약계 및 정치권 등은 조만간 장기 이식의 공급 부족 상태가 특정 장기 조직을 배양해냄으로써 극복할 수 있을 것이며, 장기적인 미래에는 심각한 유전적 질병들을 유전자에 대한 교정 간섭을 극복할 수 있을 것이라 전망한다. 인간 생명 복제 및 착상 전 유전자 검사와 관련하여 현재 세계적으로 진행되고 있는 법적, 윤리적 논의의 핵심은 첫째, 인공 수정을 위해 생성된 인간 배아를 모체에 주입, 착상시키기 전에 유전 질환 내지 유전적 결함 유무를 밝히기 위하여 배아로부터 분할, 추출된 세포에 대한 유전체 검사를 허용할 수 있겠는가에 관한 **착상 전 유전자 검사**의 문제며, 둘째는 배아에서 추출된 줄기 세포의 유전의학적 연구를 위해 인간 배아를 소비하는 것이 과연 정당화할 수 있겠는가 하는 **소모적 배아 연구**(verbrauchede Embryonenforschung)의 문제다. 이러한 유전공학의 발전과 전망에 따라 철학적, 윤리적, 법적인 조망도 더욱 필요로 하게 되었다. 독일의 사회철학자 하버마스(Jürgen Habermas : 1929~)는 최근 그의 『인간이라는 자연의 미래(*Die Zukunft der menschlichen Natur*)』(2001)[8]라는 저서에서 유전공학의 착상 전 유전자 검사에 대해 다양한 분석을 시도한다. 따라서 우리는 위의 두 가지 윤리적 문제를 중심으로 하버마스의 유전공학에 관한 자유주의적 우생학의 자율적인 개인 사이에서 나타나는 문제점들을 짚어보고 그 대안책을 고찰해볼 것이다.

---

8) Jürgen Habermas, *Die Zukunft der menschlichen Natur*, Frankfurt, a.M, 2001(이하 DZN이라 생략하여 표기함), 장은주 옮김, 『인간이라는 자연의 미래』, 나남출판, 2002.

2. 유전자 선별 검사 및 착상 전 유전자 검사

유전공학이 급속히 발전을 보임에 따라 우리는 새로운 "질병 유발"의 유전자가 밝혀졌다는 소식을 종종 듣는다. 그에 따라 유전 질환의 목록들도 점점 길어지고 있다. 마찬가지로 우리는 과거에 자발적이거나 문화적인 속성으로 이루어진다고 생각했던 인간의 행동 중에서 많은 것들이 유전자의 산물이었다는 보도를 접한다. 유전자 돌연변이가 수많은 질병의 발생에 중요한 역할을 한다는 것을 이해하게 되었다는 측면에서 분명히 놀라운 진전이다. 현재 수많은 질병들이 특정한 유전자의 돌연변이와 단단히 연결되어 있다. 가장 단순하고 명확한 사례는 유전자 하나의 이상(異狀)으로 인해 나타나는 장애다. 유전자와 관련이 있다고 알려진 많은 질병들, 즉 심장병·발작 정신병·당뇨병 등에서 현재의 지식이 지닌 한계가 더 뚜렷이 나타난다. 이런 점에서 우리는 유전적 위험을 파악하는 데는 매우 숙달되어 있지만, 중요한 의료 혜택들을 받게 될 예상 시점은 시간이 흐를수록 더 늦어지고 있다.9) 무엇보다 유전자 검사로 인한 심리적 두려움보다도 더 근본적이고 심각한 문제점은 흔히 유전적 차별이다. 왜냐 하면 유전적 차별은 정상적인 인간 유형과는 다르다는 이유만으로 개인이나 가족을 차별하는 것을 암시하고 있기 때문이다. 현재 건강에 아무런 문제가 없는 사람일지라도 유전자 검사를 통해 미래에 언젠가 특정 질병에 걸릴 가능성이 높을 수 있다고 예측한다. 예방의학의 차원에서 행하는 유전자 검사가 개인의 건강과 가족 계획에 도움을 준다는 본래의 기능을

---

9) 이블린 폭스 켈러, 이한음 옮김,『유전자의 세기는 끝났다』, 지호, 2002, 97-98쪽.

벗어나서 사회적으로 알게 모르게 유전적 낙인을 찍히는 역할을 할 수 있으며, **우생학적 목적**에 사용될 수 있다는 점이다. 유전적 차별은 이런 이유만으로 직장에서 해고하고 보험을 못 들게 하는 등의 행위를 할 수 있다.[10] 예를 들어 어떤 아이가 에이즈 병원체에 대한 항성의 유전 형질을 갖고 태어난다면 어떻게 결정을 내리겠는가? 이러한 결정은 더 이상 생각할 겨를도 없이 시급히 남모르게 포기 내지는 폐기되어야 할 대상인가? 자식에게 환경에 적응할 수 있는 장점을 마련해주려는 부모의 간절한 소망은 거의 억제할 수 없는가? 이러한 경우들은 "부모들에게 더 이상 미룰 수 없는 시점이 될 수도 있으나 생식 세포의 발전 과정을 조작하는 일을 거부해온 사회라면 우연적인 결정을 내릴 가능성"은 여전히 높다.[11]

최근 들어 착상 전 유전자 검사에 의해 선천성 유전 질환 등을 가진 배아를 찾아내어 임신에서 배제시키고 있다.[12] 착상 전 유전자 검사란 체외 수정을 통해 생성된 배아를 자궁에 임신을 목적으로 하는 착상을 시키기 전에 그 유전적 결함을 알아내기 위해 행해지는 최근의 기술을 뜻한다.[13] 이는 보통 6주 내지 10 세포기 단계에 있는 배아에 대해 그 중의 하나 또는 두 개의 세포를 배아나 이후의 착상에 아무런 해를 주지 않는 방법으로 떼

---

10) 장대익, 「유전공학에 대한 인문사회학적 성찰」, 과학철학 교육위원회 편, 『과학 기술의 철학적 이해』, 한양대 출판부, 2003, 223-224쪽.

11) 구인회, 「유전공학에 대한 비판적 이해」, 『생명윤리의 철학』, 철학과현실사, 2002, 147쪽.

12) 유호종, 「우생학적 배아 선별의 정당성 고찰」, 『ELSI 연구』 제1권, 2003년 10월, 137-138쪽.

13) Bonnie Steinbock, "Preimplantion Genetic Diagnosis and Embryo Selection", A Campanion to Genetic, Burley and Harris, 2002, 175쪽.

어내어 그 세포를 갖고 진단을 한다. 이 단계는 여러 배아를 대상으로 결함이나 질병에 대한 유전자를 검사해 선별하는 기술로서 "맞춤 아기"로 가는 시작 단계다. 이렇게 추출된 세포의 DNA를 검사하여 염색체의 이상 유무, 유전자의 돌연변이, 반성유전 질병의 유무를 확인할 수 있다. 실제로 유전자 선별 검사는 이미 특정 유전 질환의 가능성이 있는 부모의 예비 자녀에 대해 시행하고 있다. 향후 많은 사람들은 유전공학의 발달로 인해 부모가 성별·지능·외모·머리카락·눈·피부색, 이런 특성들을 기준으로 선별하고 선택적으로 배아를 선별하고 선택적으로 이식할 수 있도록 허용하는 방향으로 전개할 것이라 예측한다. 유전적 질환을 가진 배아는 폐기되고 이상이 없는 배아는 임신을 위해 착상이 이루어질 것이다. 착상 전 유전자 검사는 심각한 유전적 질병을 가진 아이에 대한 위험을 피하기 위해 출생 전 진단과 임신 중절을 대체할 수 있는 기술로 개발되었다.14) 아직 기술적으로는 완전하지 않지만 "분자생물학의 빠른 발전 속도"15)를 고려한다면, 일종의 배아 세포를 갖고 정밀한

---

14) 황만성, 「인간 유전자적 해석의 법적 문제」, 『ELSI 연구』, 2003년 10월, 92쪽.
15) 1950년에 DNA의 구조가 발견되고 유전 암호를 풀어냈을 때 유전자 과학은 최고조에 달했다. 하지만 그 이후에도 생물학자들은 유전공학을 가능하게 해준 두 가지 중요한 문제를 해결하는 데 20년이라는 세월을 보냈다. 하나는 DNA의 염기 서열 분석이라 알려진 DNA의 이중 나선 구조에서 유전 요소의 정확한 염기 배열을 알아내는 것이고, 다른 하나는 유전자 접합으로 미생물에서 추출한 특수한 효소를 이용하여 DNA를 잘라내고 결합시키는 것이다 (Ho, Mae-Wan, Genetic Engineering–Dream or Nightmare? Gateway Books, Bath, U.K, 1998, 42쪽). DNA의 이중 나선 구조와 자기 복제 메커니즘이 발견된 이후로 분자생물학자들은 10년이란 세월을 고심한 끝에 이 질문에 대한 대답을 찾아냈다. 이 연구는 제임스 왓슨과 프랜시스 크릭이 앞장서서 이끌었다 (Fritjof Capra, 강주헌 옮김, 「가지 않는 길 — 전환점에 서 있는 유전공학」, 『히든 커넥션』, 휘슬러, 2003, 230쪽).

유전적 분석이 가능하다는 것은 의심할 여지가 없어보인다. 따라서 착상 전 유전자 검사는 많은 논란의 여지가 있음에도 불구하고 널리 이용될 것으로 예측한다.16) 착상 전 유전자 검사의 주된 논점은 태어나지 않은 생명체를 보호할 의무를 저버리고 인간의 배아를 인위적으로 선별하는 과정에 길을 열어준다는 것이다. 가장 절박한 문제들은 의사들이 인간 배아를 수정, 착상시키는 것을 허용해주도록 압력을 넣고 있으며, 향후에 어떤 병리적 결과가 진단되었을 때 지체 없이 이들 배아들은 유산시킬 권리를 요구한다는 점이다.17)

하버마스는 착상 전 유전자 검사의 경우 태어나지 않은 생명에 대한 보호와 아기를 원하기는 하지만, 만약 배아가 일정한 건강상의 기준을 만족시키지 못한다면 착상을 포기하려고 하는 보모의 선호 계산이 충돌한다고 본다. 이 갈등이 갑작스럽게 휘말리게 된 것은 아니다. 다만 부모는 배아에 대한 유전자 검사를 허락했기 때문에 그러한 충돌은 처음부터 감수하는 것이다 (DZN, 57). 그의 착상 전 유전자 검사의 적용은 다음과 같은 여러 규범적 문제들과 연결시킬 수 있다. 흔히 착상 전 유전자 검사에 대해 주저하게 만드는 요인은 배아를 선별해서 배양하는 것과 그 선별 방식의 문제 때문이다. 즉, 딸의 유전병을 치료하기 위해 유전자 검사를 통해 부모가 원하는 조건을 갖춘 아이를 선택적으로 선별하여 낳는 것이 윤리적으로 괜찮은가를 다루는

---

16) Jeffrey R Botkin, "Ethical issue and practical problems in preimplation genetic diagnosis", in ; *The Journal of Law, Medicine & Ethics*, vol. 26 Issue 1 : Spring 1998, 17-18쪽.

17) Hans Lilie, 이민식 역, 「착상전 유전자 진단과 배아 연구」, 『형사정책연구 소식』 제63호 1 / 2월호, 2001,

문제다. 배아의 선별은 일방적일 수밖에 없고 또한 유전자 치료를 위한 간섭의 경우와는 다른 치료를 받고 있는 환자의 입장 표명을 최소한 사후에라도 검토할 수 있다는 것이 전제될 수 없기 때문에 배아를 도구화해서 다루기 쉽다. 이렇게 배아를 수단화한다면 진정한 의미의 인격체는 전혀 생성되지 않을 수 있다. 한 실례로 독일의 입법자들은 단지 착상 전 유전자 검사와 소모적 배아 연구를 금지시켰을 뿐만 아니라 다른 나라에서는 허용된 치료 목적의 복제, 대리모 및 안락사와 같은 것들도 금지시켰다(DZN, 46) 또한 미국의 생물학자 리 실버(R. Silver)에 의하면, "현재 배아선별법은 극히 일부 부모들에 의해 극히 적은 수의 질병 유전 형질만을 가려내기 위해 사용되고 있다는 것이다. 배아선별법에 대한 사회의 영향력은 한동안 미비할 것이다. 그러나 확실히 배아 선별은 미국 문화 속에 자리잡을 것이다"[18]는 예측이다. 현재의 상황에서 이에 대한 대처 방안은 매우 요원할 수 있다. 향후 모든 아이는 출생 시기부터 동일하게 높은 능력을 지닌 선택된 유전 인자를 받을 뿐 아니라 건강과 행복과 성공에 대해 똑같이 보장받을 수 있는 사회가 이루어질 수 있겠는가?

최근 인간 배아의 연구는 착상 전 유전자 검사 기술 개발에 도움을 줄 수 있을 것으로 예측한다. 현재 착상 전 유전자 검사는 융모막 검사나 양수 검사보다 비용이 많이 들지만, 착상 전 유전자 검사를 함으로써 융모막 검사나 "양수 검사"[19]로는 피

---

18) R. 실버, 하영미, 이동희 역, 『리메이킹 에덴』, 한승출판사, 1998, 297쪽.
19) 유전병을 조기에 발견하기 위해 태아기 유전자 검사(prentental diagnosis)를 하였을 때, 이와 연관하여 어떠한 도덕적 평가를 내려야 하는가? 태아가 가지고 있는 유전병을 검사하기 위해서는 흔히 양수 검사, 초음파 검사, X-ray 검사가 사용된다. 그 중에서 양수 검사(amniocentesis)를 의료계에서는 일반적으로 선호한다. 이 검사는 우리나라에서 많이 알려져 있고 이 검사법을 산모들

할 수 없는 임신 말기의 임신 중절 상당 부분을 줄일 수 있다는 견해가 있다. 여기서 양수 검사는 두 가지의 도덕적 문제를 지닌다. 첫째, 본래의 좋은 목적에서 벗어나 악용되기 때문에 도덕적 비난의 대상이 된다. 예를 들어 태아의 성을 구별하는 데 사용되어 필요하지 않는 성을 가진 태아를 임신 중절로 죽여버리는 나쁜 결과를 초래하고 있다. 둘째, 양수 검사 결과로 인해 태아가 유전병을 가졌다는 사실이 확인될 때 태아를 낙태시켜도 괜찮은가 하는 것이다.

주지하듯이, 착상 전 유전자 검사를 허용할 것인가의 문제는 많은 윤리적, 법적 논란을 안고 있다. 모든 배아에 대해 착상 전 유전자 검사를 허용한다면, 특별한 질환이나 이상이 없음에도 불구하고 부모가 원하지 않는다는 이유로 배아를 자궁에 착상시키지 않거나 임신 중절을 시킬 가능성이 높다. 이런 점에서 착상 전 유전자 검사를 전적으로 허용하는 것은 많은 부작용을 낳을 가능성이 여전히 존재한다. 그러나 가계로 유전되는 것이 확실히 인정되고 있으며, 예방이 가능한 유전 질환의 경우에는 착상 전 유전자 진단의 필요성이 존재하고 있으며 실제로 행해지고 있다.[20] 그렇기 때문에 시민과 시민사회 단체, 정치적 공론장 그리고 의회에서는 착상 전 유전자 검사의 도입을 잠재적 피해자가 부당하게 생기지 않도록 도덕적으로 그리고 법적 안

이 많이 이용한다. 이 검사는 자궁으로부터 태아를 보호하는 양수를 추출하여 태아의 상태를 검사하는 방법이다. 예를 들어 다운증후군(Down's syndrome)을 비롯하여 여러 유전병을 미리 발견하는 데 효과적이라 인정받는다. 이러한 양수 검사가 태아의 유전병 유무를 미리 발견하고 적절한 대책을 세우는 데 한정한다면, 도덕적으로나 의학적으로 별 문제 없이 권장할 수 있을 것이다(김영진, 「유전공학과 도덕적 문제」, 구영모 엮음, 『생명 의료 윤리』, 동녘, 1999, 167쪽).

20) 정규원, 「인간 배아 복제의 법적 문제」, 『의료법학』 제12권 제2호, 2001, 81쪽.

전망과 사회적 합의를 이루어야 한다. 따라서 착상 전 유전자 검사는 배아 연구의 경우와 다소 다르게 **미래의 인격체**에 대해 심각한 고통을 그대로 방치할 수 없기 때문에 윤리적, 도덕적 고려의 주된 대상이다. 이제껏 생명 윤리의 여러 문제들은 인간 본성에 대한 심층적 진단과 성공적 치료가 확대되어온 것과 연결되어 있다. 하지만 유전공학은 선택과 소질의 변화를 의도하고 있으며, 미래의 유전자 치료를 목적으로 하는 연구는 새로운 도전을 의미하고 있다. 향후 미래 세대는 여전히 자신이 영위하는 삶의 유일한 주체로서 이해된다. 미래 세대의 유전공학은 도덕과 법의 평등주의적 전제에 맞지 않는 그런 상호 인격적 관계에 만족해서도 안 될 것이다. 그렇기 때문에 우리는 착상 전 유전자 검사의 선별을 통해 자신이 선호하는 자기 도취에 집착하여 규범적이고 자연스러운 실존의 토대에 대해 무감각하게 되는 것을 감수하는 그런 사회에 살아서는 더욱 안 될 것이다. 그러기 위해서는 이에 필요한 사회적 안전 장치의 제반 요건을 학제적 연구 및 보완 작업을 통해 법적 안전망을 서둘러 시행해야 한다.

3. 소모적 배아 연구

1) 인간 생명의 도구화

착상 전 유전자 검사는 인간 생명의 존엄성과 밀접히 연관된다. 즉, 인간의 생명은 유전자 검사를 한 이후부터 향후 성장 여부를 결정하였을 때, 심각한 인간 생명의 존엄성을 경시하는 현상으로 나타날 수 있다. 현재 유전공학에서 논란이 되고 있는 배아를 이용한 연구의 경우 목적 / 수단 사이의 비례성 방법이 적용된다. 그러한 연구의 자유를 제한하는 법률이 제정된다면, 기본권(연구의 자유)의 제한(법률)이라는 수단이 과연 배아 인간의 존엄과 가치, 생명권, 신체를 훼손 당하지 않을 권리, 혼인과 가족 생활의 보호 등과 같은 다른 헌법적 법익의 보호를 목적으로 하여 비례적인 관계에 놓일 수 있는지의 여부를 법적, 윤리적으로 심사해야 한다.[21] 카스(Kass)는 "모든 인간은 원초적으로 도덕적 평등성을 가졌다"는 원리와 "유전적으로 결함이 있는 태아는 태어나서는 안 된다"[22]는 원리가 정당화될 수 없다는 것을 근거로 하여, 단지 유전병을 가졌거나 유전병을 앓을 가능성이 높다는 이유만으로 태아를 낙태시키는 것은 결코 정당화될 수 없다고 주장한다.

현재 많은 나라에서 착상 전 유전자 검사에 대한 소모적 배아 연구는 생명 옹호와 선택 옹호의 추종자들 사이에서 아직 태어나지 않은 인간 생명의 도덕적 지위에 관한 논쟁이 한창이다. 하버마스는 착상 전 유전자 검사에 대한 주저하게 만든 요인을 소모적 배아 연구의 비교적 오래된 망설임에 비해 더 직접적으로 정당화할 수 있을 것인지를 묻는다. 특히 소모적 배아 연구와 착상 전 유전자 검사의 허용 여부를 둘러싼 철학적 논쟁은 임신 중절의 논쟁과 얽혀 있다. 임신 중절은 산모의 건강을 고

---

21) 김선택, 「과학 연구의 자유와 한계」, 유네스코 한국위원회 편, 『과학 연구 윤리』, 당대, 2001, 65쪽.

22) Leon Kass, "Implications of Prentatal Diagnosis for the Human Right to Life", reprinted in Thomas A. Mappes and Jane S. Zenebaty. ed. *Biomedical Ethics*. McGraw-Hill Book Company, 1981, 464-468쪽.

려하여 의학적 증후가 있을 때 법적으로 허용된다(DZN, 56). 하버마스는 실험실에서의 순수한 실험적 행위나 소모적인 처리는 일반적으로 출생을 의도하고 있지 않다는 것이다. 그런데 소모적 배아 연구가 병을 고친다는 치료적 관점을 통해서는 정당화될 수 없다. 왜냐 하면 치료적 관점은 2인칭 인격체와의 치료적 관계와 연결되어 있고 올바르게 이해된 치료적 관점과는 별개이기 때문이다(DZN, 120).

하버마스는 인간의 과학 기술의 위험과 한계를 지적한다. 소모적 배아 연구는 아직 확실하게 예견할 수 없는 과학 기술의 진보에 대한 효용성과 이익의 기대 때문에 **인간의 생명을 도구화**하려는 발상에 대한 혐오는 복잡한 설명을 필요로 한다. 그러한 혐오 중에서 배아가 시험관에서 생산되었다고 하더라도 미래 부모들의 장래의 자식이고 그렇지 않다면 아무것도 아닌 것이다(DZN, 119). 하버마스는 이미 댐은 붕괴되었으며, 유전자 연구가 더 이상 윤리의 이름으로 막을 수 없는 대세임을 인정하면서도 "하나의 인격체가 되기 이전 단계의 **인간 생명을 도구화**함으로써 인류는 파멸의 길로 접어들 수 있다"(DZN, 120)고 우려한다. 따라서 우리는 배아의 생명을 하나의 사물처럼 임의적으로 다른 목적을 위해 도구화시켜서는 안 된다.

하버마스는 한편에서 철학적 관점에서 인간 존엄성의 논변은 처음부터 인간 생명에 대해 확대하는 관점을 바람직하지 못하다고 본다. 다른 한편에서 인격체가 누리는 무조건적으로 타당한 인간 존엄성과 원칙적으로 다른 것들보다 앞서 고려해야 할 배아의 생명 보호 사이의 법적 구별은 결코 윤리적 목표 갈등을 둘러싼 출구 없는 논쟁에 대한 해답을 제시해주지 못한다는 것이다. 왜냐 하면 인격체가 되기 이전에 인간 생명의 평가는 다양한 가치들 중의 단지 하나의 가치는 아니기 때문이다(DZN, 114). 유럽회의(Concil of Eupope)의 생명 복제에 관한 법률에 의하면, "유전적으로 동일한 인간을 고의적으로 복제함으로써 인간을 도구화하는 것은 인간의 존엄성에 반하는 것이며 의학과 생물학을 남용하는 일이다"[23]고 규정한다.

> "인간 생명이 일정한 조건을 만족시켜야 태어날 수 있고 유전 검사 이후에야 비로소 존재할 만하고 성장시킬 만하다고 인정하는 것이 인간 생명의 존엄성에 부합하는가?"[24]

하버마스가 주장하고 있듯이, 우리에게 착상 전 유전자 검사의 합법화에 대해 주저하게 만드는 요인은 배아를 선별해서 배양하는 것과 선별 그 자체의 방식이다. 배아의 선별은 일방적일 수밖에 없다고는 하지만, 유전자 치료를 위한 간섭의 경우와는 다른 치료를 받고 있는 환자의 입장 표명을 최소한 사후에라도 검토할 수 있다는 것이 전제될 수 없다. 그렇기 때문에 배아를 도구화 / 수단화하여 다루는 것은 신중해야 한다(DZN, 117). 우리가 인간 생명의 존엄성을 말하는 것도 인간이라는 개념 속에 생물학적 의미의 영장류로서의 인간(homo sapiens)을 일컫기 때문이다. 이러한 의미에서 유독 인간의 생명만 존엄한 것이라 주장할 수 없다. 인간이 도덕적인 뚜렷한 근거를 세우지 못하고 단지 생물학적으로 영장류에 속한다는 사실에만 의거해서 인간

---

23) Council of Europe, *Draft Additional Protocol to the convention on Human Rights and Biomedicine, On the Prohibiting of Cloning Human Beings*, Doc. 7884. July 16, 1997.

24) R. Kolleck, *Präimplantionsdiagnostik*, Tübingen, 2000, 214쪽.

생명의 절대적 존엄성만 내세운다면 백인종에 속한다고 해서 백인의 우월성을 내세우는 인종차별주의와 다를 바가 없기 때문이다. 따라서 "인간 생명 존엄성의 근거는 합리적이고 자의식을 지닌 도덕적 인격으로서의 인간에게서 찾아야 한다."[25]

여전히 필자는 인간의 생명을 선택의 목적에 따라 마음대로 행위를 해도 좋은 것인지에 관한 의문을 제기한다. 우리는 흔히 칸트의 도덕 원칙으로서 표명했던 두 정식화를 일반적으로 이해할 수 있다. 칸트에게 정언명법의 목적 정식은 "너는 모든 사람을 너의 인격에서 뿐만 아니라 다른 모든 사람의 인격에서도 항상 동등한 목적으로 다루어야 하며, 결코 단순히 수단으로 취급하지 말라"[26]는 요구를 담고 있다. 치료의 재료를 마련하기 위해서나 유전자 검사를 하기 위한 목적에서 인간 생명의 창조는 단지 생명의 존엄성을 위해 창조한 것이 아니다. 더욱이 개인은 전적으로 유전체(Genome)에 의해서만 결정되는 것이 아니라 가족적, 문화적, 사회적 환경의 과정에서처럼 개인을 구성하고 있는 인간에 의해 많은 영향을 받는다. 한쪽 측면에서 인간의 존엄성은 서양의 기독교 전통에 뿌리를 둔 실질적인 내용을 지닌 인간상으로 다루어지기도 하며, 다른 측면에서 주체성이나 자기 결정의 개념과도 연관된다. 이러한 다양한 인간 존엄성에 관한 해석의 여부는 임신 중절, 안락사에서부터 유전자 및 출산에 이르기까지 폭넓게 반영되어 있다. 따라서 필자는 착상전 유전자 검사는 인간의 존엄성에 관한 가치관의 갈등이라는

---

25) 황경식, 「철학의 응용으로서 생명의료윤리학」, 『철학 구름에서 내려와서』, 동아출판사, 2001, 58-59쪽.

26) I. Kant, *Grundlegung zur Meahphysik der Sitten*, Weischdel Werkausgabe, Bd. VII. 61쪽.

측면에서 서로 상충하여 나타날 수 있다. 즉, 칸트의 의무론(義務論)과 밀의 공리주의의 윤리학적 원칙들은 현재 논의되는 생명공학에 첨예하게 대립될 수 있다. 하버마스는 칸트의 의무론의 윤리적 원칙을 고수한다.

칸트의 의무론은 인간 본성이나 인간 목적에 대한 실제적인 단언에 의존하지 않는 윤리 체계를 도출하고자 한다. 칸트 자신은 그의 도덕 법칙이 인간 이외에 다른 합리적인 행위자도 적용될 수 있다고 생각하였다. 칸트의 노선을 계승하는 의무론은 인간의 목적을 인간 본성이나 다른 어떠한 근원부터 도출하든지 간에 인간 목적에 대한 실제적인 이론은 존재할 수 없다는 전제로부터 시작한다. 칸트는 최소한 존중을 받을 만한 가치가 있는 본질적인 인간의 특질을 도덕적 선택을 할 수 있는 인간의 능력에 기초한다고 주장했다. 인간은 지능과 재산·인종·성별 등이 달라도 모두 도덕 법칙에 따라 동등하게 행동할 수 있다고 보았다. 인간이 존엄성을 갖고 있는 인간만이 자유 의지를 갖고 있기 때문이라 하였다. 자유 의지는 단지 자유 의지에 대한 주관적 환상이 아니라 자연적 결정론과 일상적 인간 관계를 초월하는 실제적인 능력을 의미한다. 바로 이러한 자유 의지의 존재에서 인간은 항상 목적 그 자체며 결코 수단으로 대우받을 수 없다는 칸트의 유명한 명제에 이르게 된다. 칸트의 주장은 자연의 영역과 자유의 영역에 의해 결정되지 않은 인간적 자유의 영역이 존재한다는 이원론을 바탕으로 하고 있기 때문에 자연과학자들이나 유물론자들에게는 인간의 존엄성을 쉽게 받아들이지 못한다. 왜냐 하면 대부분의 자연과학자들은 우리가 자유 의지라고 믿는·것은 사실상 환상에 불과하며, 모든 인간의 결정은 궁극적으로 물질적 요인으로 귀결된다고 믿고 있기 때문이다.

칸트가 여전히 필연의 왕국에 속하는 것으로 파악한 진화론적 관점에서는 우연의 왕국에 속하는 것으로 바뀌었다. 칸트는 『도덕 형이상학의 기초』에서 다음과 같이 말한다 : "선의지를 제외하면 심지어 이 세상의 어느 것도 절대적으로 선이라고 할 수 있는 것은 아무것도 없다."[27] 칸트의 본체의 세계는 자연의 인과 관계로부터 자유로우며 정언명법의 근거를 이룬다. 이는 도덕을 자연의 개념으로부터 완전히 분리시킨다. 칸트에 의하면, 도덕적 대리인으로서 인간은 본체 또는 스스로 존재하는 것이다. 따라서 언제나 수단이 아닌 목적으로 인간을 대우해야 한다고 칸트는 주장했다. 이제 유전공학은 조작 불가능한 자연이라는 토대와 자유 왕국 사이의 경계를 허물고 있다. 그래서 하버마스는 내적 자연과 관련된 우연의 확대를 우리의 선택 공간을 한층 넓혀서 "도덕적 경험의 전체 구조"(DZN, 53)로서 변화시키려는 주위 환경의 다른 유사한 경우들과 다르다는 것이다. 우리가 칸트와 함께 자연의 개별적인 창조의 의미를 실존과 활동력 속에서 도덕적인 본질로 보았을 때, 그것을 통해 우리는 인간 본성의 더 나은 향상을 요구할 수 있다. 물론 그러한 창조의 완수는 무엇보다 캘빈주의적 흐름(베이컨, 로크 등)인 근대적 자연 지배의 계획을 위한 것이었다. 재생산된 복제와 배아 연구의 치료를 위한 변호는 메이어(Verena Mayer)에게서 발견할 수 있다 : "우리는 인간의 본성적 측면을 윤리적 의무의 완수라는 칸트적인 논증에서 찾을 수 있다."[28] 칸트의 견해에 동조

---

27) Immanuel Kant, *Foundation of the Metaphysics of Morals*, trans. Lewis White Beck, 1959, 9쪽.

28) Verena Mayer, "Was würde Kant zum Klonen sagen?", in : *Information*

하여 하버마스는 "너는 인간성을, 너의 인격에 대해서 뿐만 아니라 다른 모든 인격체에, 언제나 동시에 목적으로 다루어야지 결코 수단으로 이용해서는 안 된다"(DZN, 97-98)는 주장을 반복한다.[29] 이러한 목적 정식은 모든 인격체를 자기 목적으로 다루면서 그들 모두 안에서 인간성을 존중해야 한다는 특별한 규정에서 그리고 타당한 규범을 통해서 보편적 동의를 얻을 수 있어야 한다는 이념이 드러나 있다(DZN, 97). 그렇지만 오늘날 초기 배아의 생명 보호에 대해 여성의 자기 결정권에 더 우선권을 인정하고 있는 자유주의 진영이 분열하고 있다. 하버마스는 의무론적 직관을 따르는 사람들은 배아를 도구적 범위로 취급해도 좋다는 공리주의적 인증(Unbedenklichkeitsattesten)에 아무 거리낌 없이 참가할 수는 없다는 것이다(DZN, 57). 따라서 하버마스는 21세기의 정언명법은 모든 사람들에 대해 일반화 가능한 가치 지향에 도달하기 위해서는 상호 주관적으로 공유되고 있는 우리-관점을 위해 1인칭 인격체의 관점을 포기할 것을 제안한다(DZN, 97). 칸트가 도덕 원칙을 표명했던 정언명법의 목적 정식은 모든 인격체를 언제나 수단으로서 다루고 목적으로 또한 결코 수단으로서 이용하지 말라는 요구를 담고 있다. 상호 작용의 참여자들은 갈등하는 경우에도 그 상호 작용을 의사 소통적 행위의 태도를 가지고 지속해야 한다. 그들은 서로 인격체에 대한 참여자나 관찰자의 관점에서 그를 대상화하고 자신의

Philosophie, 3. 2001, 22쪽.

29) 하버마스와는 다르게 인간의 존엄성을 도구화하는 것에 대한 문제점들을 구체적으로 지적한 논문은 다음을 참조 : Eric Hilgendorf, 김영환 / 홍승회 옮김, 「남용된 인간의 존엄 ― 생명 윤리 논의의 예에서 본 인간의 존엄이라는 논증점의 문제점」, 『법철학연구』 제3권 2호, 2000, 259-284쪽 참조.

목적을 위해 도구화하는 대신에 어떤 것에 대해 서로 이해에 도달하려는 의도를 갖고 대해야 한다(DZN, 96).

하버마스는 소모적 배아 연구가 허용되어 인격체가 되기 이전의 생명에 대한 보호를 소홀히 한다면, 자유주의적 우생학으로 나아가는 길을 닦게 될 것이라 비판한다. 무엇보다 인간 배아 연구와 착상 전 유전자 검사는 인간의 배양이라는 전망과 밀접히 연결된 위험의 실례들을 보여주기 때문에 우리의 신경을 자극하기에 충분하다(DZN, 122). 따라서 착상 전 유전자 검사를 통해 우생학적으로 프로그램화된 사람들은 자신들의 유전적 소질과 원형적인 특징에 대해 일정한 목적을 갖고 영향을 끼치겠다는 의도에 따라 조작되었다는 생각 속에서 살아갈 수 있다(DZN, 95). 그렇기 때문에 우리가 규범화에 대한 규범적 평가를 하기 이전에 도구화에 훼손될 수 있는 척도를 해명해야 한다. 따라서 하버마스는 착상 전 유전자 검사에서 질병 치료라는 현실적 명분과 생명 불가침이라는 도덕적 원칙 사이의 싸움에서 어느 한편을 들지 않는다. 다만 현재의 추세대로 갈 때 언젠가는 부모들이 자식의 출생에 앞서 "유전자 슈퍼마켓 쇼핑"을 통해 부모 자신들의 뜻에 맞추어 자식에게 유전자를 집어넣는 상황이 올 것을 우려한다. 그럴 경우, 태어날 아이가 자라면서 운동 선수가 되기를 희망한다면 음악 재능만을 투입해준 부모를 원망하는 기이한 상황이 올 수도 있다는 것이다. 이런 관행이 확산될 경우 개인들의 자기 운명 결정권과 민주적 의지를 형성해가는 사회적 틀이라는 서양 사상의 근본 토대는 혁명적 변화를 겪게 될 것이라고 그는 지적한다. 인간의 운명을 자기 자신이 결정하는 것이 아니라 그 부모가 결정하는 시대가 다가오고 있기 때문이다. 그러한 시대가 된다면, 향후 우생학 연구를 금지할 경우에 많은 사람들이 우려하는 위험은 사라질 수 있는가? 착상 전 유전자 검사가 확산될 경우 세상에서 가진 자와 못 가진 자 사이의 분열이 유전자 조작으로 인해 더욱 심화될 것이다. 처음에는 사회의 각 계층 사이에 이러한 간격이 나타날 것이다. 그러나 만약 복제 유전자 기술이 현재 컴퓨터 기술에서 볼 수 있듯이, 질병 치료라는 명분으로 넓게 확산된다면 중산 계층도 경제적으로 감당할 수 있는 시기가 앞당겨질 수 있을 것이다. 또한 "사회적 그리고 이성 간의 교류가 폭넓게 특수한 계층을 넘어서 이루어진다면, 전 지구상에서 유전적 장점들을 골고루 이용하게 될 것이다."[30] 요컨대 인간 존엄성의 관점에서 유전자 검사를 처음부터 인간의 생명에 확대하려는 시도는 좀더 많은 전문가들의 다양한 의견 수렴을 통해 사회적 합의를 이끌어내야 할 것이다. 필자는 인격체가 누리는 다른 재화들보다 앞서 고려되어야 할 배아의 생명 보호 사이의 법적 구별은 결코 윤리적 목표 갈등을 둘러싼 출구 없는 논쟁에 대한 해답을 제시해주지 못한다고 생각한다. 왜냐 하면 인격체가 되기 이전의 인간 생명에 대한 평가는 다양한 가치들 중의 하나의 가치가 아니기 때문이다. 그렇기 때문에 유전자 차별은 단지 윤리적 논쟁에 머물지 않고 향후 인권 침해를 방지하고 그에 대한 법률적 안전 장치 및 보완 작업[31]을 통해 서둘러 법을 시행해야 한다.

---

30) 구인회, 「생명공학 윤리의 쟁점」, 『생명의 위기』, 푸른 나무, 2001, 146쪽.
31) 생명 윤리의 안전에 관한 법률의 집중 점검에 관한 논문은 다음을 참조할 것 : 김장한, 「생명 윤리 및 안전에 관한 법률의 분석」, 홍석영, 「생명 윤리 및 안전에 관한 법률의 비판적 검토」, 한국생명윤리학회 봄 학술모임 자료집, 2004, 1-17, 18-29쪽.

2) 인간 배아의 도덕적 지위

오늘날 유전공학의 시대에 사회의 모든 시민들에게 수용될 수 있을 정도의 초기 인간 생명의 도덕적 지위에 대한 선입견 없는 관점을 제시하려는 시도는 이미 난관에 봉착했다. 먼저 언제부터 배아가 인간이라 할 수 있는가의 문제는 생명 윤리 논쟁의 출발점이다. 그 시발점은 인간 배아의 도덕적 지위를 어떻게 설정하는가에 따라 다르게 나타난다. 배아는 태어난 인간과 마찬가지로 동등한 도덕적 지위를 갖고 있는가 아니면 배아의 소유자나 원인 제공자인 부모의 의지에 따라 마음대로 좌우될 수 있는가? 한편에서 배아는 성인의 인간 존재와 마찬가지로 도덕적으로 동등하다는 주장이며, 다른 한편에서 배아는 특별한 도덕적 지위를 갖고 있는 것이 아니기 때문에 그 소유자인 부모의 뜻에 따라 어떠한 과학적 실험에도 사용할 수 있는 유용한 물건일 뿐이라는 견해다. 다시 말해 배아 연구에서 가장 논란이 되는 부분은 배아의 지위에 관한 것이다. 그래서 이러한 인간 배아에 대한 찬반의 논의는 계속 끊이지 않고 제기되고 있다.

하버마스는 헌법에 의해 보장된 "인간의 존엄성"을 부여할 수 있는지의 여부에 대한 논쟁을 설득력 있는 도덕적 근거를 통해 결정할 수 있다면, 유전공학의 심층적인 인간학적 문제는 항간의 도덕적 문제의 영역을 벗어나지 않을 것으로 판단한다 (DZN, 59). 인간 배아, 수정란은 어떤 지위를 갖고 있는가? 배아의 파괴를 가져오는 배아를 대상으로 하는 과학 연구를 허용해야 하는가? 인간의 배아를 연구 목적으로 복제하는 것이 타당한가? 따라서 인간 배아에 대한 도덕적 지위에 관한 전문가들

의 상이한 관점은 인격의 개념에 놓여 있으며 **완전한 인간, 단
순한 세포 덩어리, 잠재적 인간** 등 크게 세 가지로 나누어 살펴
볼 수 있다.

첫째, 인간 배아는 창출되는 그 순간부터 완전한 인간의 지위
가 부여된다는 관점이다. 이러한 관점은 잠재력을 가진 인간(a
human being with potentiality)으로 인식하는 견해다. 이러한
관점은 대체적으로 종교적인 관점에서 주장하고 있다. 즉, 배아
를 대상으로 하는 어떠한 연구도 절대 허용할 수 없다는 입장이
다. 이들은 배아 연구의 전면 규제를 정당화하는 소수의 집단이
다. 하버마스는 완전한 인간의 지위에 대한 견해의 언급은 전혀
없다.

둘째, 인간 배아는 단순한 세포 덩어리(Bunch of cells)에 불
과하다는 관점이다. 배아는 인간적 존재가 아니기에 도덕적으
로 특별한 주위를 기울일 필요가 없으므로, 배아를 대상으로 하
는 모든 연구가 가능하다는 주장이다. 이는 배아 연구의 자유방
임을 천명하는 극단적 집단이다. 따라서 이것은 배아를 비인격
적 존재로 파악함으로써 임신한 여성의 소유물로 간주하여 소
유자의 결정에 따라 어떠한 과학적 실험도 가능하다는 관점이
다. 하버마스는 초기 발전 단계의 배아를 일종의 **세포 덩어리**라
고 규정하면서 그것을 엄격하게 도덕적 의미에서 인간 존엄성
을 부여해주어야 할 신생아의 인격체에 대비시켰다(DZN, 59).

셋째, 인간 배아를 잠재적인 인간 존재(a potential human
being)로 보는 관점이다. 출생 이후의 인간보다는 낮은 특수한
지위를 갖고 있으나 얼마간의 시기가 지나면 인간으로 자랄 수
있기 때문에 어느 정도의 권리는 인정하면서 인간과 동일한 존
재로 받아들이지는 않는 관점이다.[32] 이는 배아를 대상으로 한

연구로부터 얻은 잠재적 이익이 배아의 도덕적 지위에 비해 높을 경우에 한해서 까다로운 규제를 통해 공개적인 연구를 제한적으로 허용할 수 있다고 주장하는 양극단의 중간 입장을 취하는 가장 큰 집단이다.33) 하버마스는 인간 난세포의 배양이 스스로를 통제하는 이미 개별화된 발전 과정의 중요한 시초라 규정했다. 이 견해에 따르면 모든 생물학적으로 규정될 수 있는 인간 개체는 이미 **잠재적 인격**이며 기본권의 담지자다. 따라서 하버마스에게 둘째와 셋째의 입장은 어떤 존재자가 헌법에서 규정된 바와 같은 불가결의 기본권 담지자라는 의미에서 법적 인격체의 지위를 지니지 못한다 할지라도 그것이 조작 불가능한 것으로 여겨질 수 있다는 점을 간과하고 있다는 점이다(DZN, 59). 이런 관점에서 하버마스는 우리의 반성이 어디로 향하고 있는지 두 가지 관점에서 묻는다. 하나는 현재의 다원주의 사회에서 배아에 대해 처음부터 기본권의 담지자인 인격체가 누리는 절대적 생명에 대한 보호를 보장할 수 없다는 것이다. 다른 하나는 우리가 전인격적 인간 생명을 단순히 손익 계산에만 맡겨서는 안 된다는 직관이다. 배아 단계의 생명을 다루는 데 필요한 규범적 자기 제한은 유전공학 자체를 반대하는 것이 아니라 그것을 사용하는 방식과 영향의 문제다(DZN, 78). 이러한 시도는 모두 감수성 있는 생명이든 인격적 생명이든 간에 유기적 초기 단계로부터 커다란 연속성을 가지고 발전한다고 본다. 하버마스는 이러한 주장은 존재론적 규정을 통해 또한 규범적 관

---

32) http://www.kbac.or.kr / Mat05.htm.

33) 박병상, 「가치 판단은 과학자가 함부로 독점할 수 없다」, 『emerge 새 천년』, 6월호, 『중앙일보』 새 천년, 2001, 75쪽 : 박병상, 『내일을 거세하는 생명공학』, 책세상, 2002, 99쪽 : http://kbac.or.kr/Mat07.htm.

점에서도 구속력 있는 절대적 시초를 규정하려는 두 시도 모두와 모순되는 논점을 담고 있다는 것이다(DZN, 59). 우리의 변화하는 가치 감정이나 직관이 현상적으로 갖는 모호성을 발전의 초기나 중기 단계의 배아를 기준으로 삼든지 아니면 말기 단계의 태아를 기준으로 삼든지 도덕적으로 단순화하는 규정을 통해 어느 한쪽 방향으로 해소시키는 것은 자의적이다. 다원주의 사회에서 합리적으로 서로 의견이 다를 수밖에 없는 사태들에 대해서는 세계관적으로 특정한 편을 드는 방식으로 서술하는 토대 위에서만 배아나 태아가 지닌 도덕적 지위의 일의적 규정에 이를 수 있다(DZN, 60-61). 따라서 도덕적 지위에 관한 주장들은 그 입장에 따라 상이한 견해가 상충하기 때문에 아직은 쉽게 결정을 내릴 수 있는 단계는 아니다. 요컨대 인간 생명의 시작이 14일의 원시선으로부터 시작된다면, 그 이전의 원시선이 나타난 배아도 인간의 생명임에도 불구하고 죽음을 당할 수 있다는 데 문제의 심각성이 있다. 이는 좀더 사려 깊은 연구와 폭넓은 생명 시작의 근원지를 새로 묻는 데서 출발해야 한다.

4. 맺음말 : 인간의 미래

앞에서 우리는 유전공학의 발전으로 인해 나타나는 착상 전 유전자 검사와 인간 배아 줄기 세포 연구의 문제점들을 살펴보았다. 유전공학의 전개가 지속됨에 따라 향후 인간의 미래를 걱정하는 목소리들이 높아져가고 있다. 21세기의 유전공학 시대에서 미래 세대는 여러 질문을 통해 대해 그 답변들을 차례로 풀어나갈 수 있을 것이다. 향후 미래 세대는 도덕적 자기 이해를 어떻게 이해할 것인가? 착상 전 유전자 검사의 허용으로 나타나는 인간 행위 결과는 윤리적, 법적 책임을 어떻게 질 것인가? 미래의 인간은 더 이상 도덕과 법, 정의의 평등주의적 전제에 맞지 않는 상호 인격적 관계에 만족하여 살 수 있는가? 이러한 질문에 대한 답변은 그리 간단치 않다. 현재의 유전공학적 간섭의 실천적 전망들, 즉 "의사와 한자, 부모와 자식 사이의 기본적인 의사 소통적 관계의 한계를 넘어서고 유전적 변형과 함께 우리의 규범적으로 구조화된 삶의 형식을 허물어버릴 수 있기 때문에"(DZN, 116) 매우 염려스럽다. 따라서 필자는 위의 세 물음에 대한 답변을 중심으로 결론을 다음과 같이 정리하고자 한다.

첫째, 유전공학은 우리가 도덕적 자기 이해를 하는 데에서 인류 전체와 관련된 윤리적 전제들이 문제된다. 무엇보다 유전공학은 도덕 공동체에 속하는 실존적 이해 관계를 갖고 있을 때 더욱 그러하다. 우리가 한 공동체 안에서 모든 사람에 대해 평등한 존중과 연대적 책임을 요구하는 그런 구성원의 지위를 누리고 싶은 것은 자명한 사실이다. "도덕 전체에 대한 평가는 도덕적 판단이 아니라 윤리적이고 인류 전체와 연관된 윤리적 판단"(DZN, 124)이어야 한다. 도덕적 진공 상태에서의 인간의 삶, 도덕적 냉소주의가 무엇인지조차 모르는 그런 삶의 형식 안에서의 삶은 분명 살 만한 가치가 없다. 인간의 유전자 정보에 대한 간섭과 함께 자연 지배는 **인류 전체**와 연관된 우리의 윤리적 자기 이해를 변화시키는 자기 강화의 행위로 바뀌어야 한다. 그리고 자율적 삶과 도덕에 대한 보편주의적 이해를 위해 필요한 조건을 건드릴 수 있는 자기 강화의 행위로 바뀌어야 한다. 하버마스는 요나스의 미래의 유전공학에 대한 우려를 다음과 같은 물음으로 표현한다 : "그러나 그 권력은 누구의 것인가? 그리고 또는 그 무엇을 위한 권력인가? 명백히 그 권력은 미래 세대에 대한 현 세대 사람들의 권력이다. 미래 세대는 오늘날의 계획자의 선행 결정에 무방비 상태로 노출되고 말았다. 오늘날의 권력의 이면은 미래에는 살아 있는 사람들이 죽은 사람들의 노예가 되는 것이다." 요나스의 표현대로, 유전공학은 자연의 지배를 가져왔고 인류 자신의 "자연의 파괴로 전도"(DZN, 86)되어 자기 파괴적이고 자기 보존에 대한 계몽의 변증법과 연결되었다. 이제껏 낡은 방식의 권위주의적 우생학이 중앙 집중적으로 고안된 단일의 틀에 따라 생산하려고 했다면, 새로운 자유주의적 우생학은 중립성의 성격을 띠고 있다. 그러나 유전 치료의 완전한 범위에 대한 정보에 접근함으로써 "미래의 부모는 미래의 자식의 개선점"[34]을 선택하는 데서 자기 자신들의 가치 지향을 보려고 한다. 따라서 권위주의적 우생학자들은 일상적인 출산의 자유를 알지 못한다. 그렇기 때문에 자유주의자들은 그러한 근본적인 자유의 확장을 제시해볼 수 있을 것이다.

둘째, 착상 전 유전자 검사의 윤리 문제는 의료 기술의 세부적인 문제이기 때문에 이론적 고찰은 물론이거니와 가치·규범·원칙을 분명히 표현해야 하며, 새로운 행위 가능성과 더불어 책임 윤리의 영역에서 엄중히 그 "책임의 소재"[35]를 물어야 한다. 착상 전 유전자 검사에서는 바람직하지 않은 유전적 소질

---

34) Kuhse / P. Singer(Hg.), *Bioethics*, London, 2000, 171쪽.

35) 요나스의 책임 이론에 대한 자세한 내용은 다음을 참조 : Hans Jonas, *Das Prinzip Verantwortung. Versuch einer für die technologische Zivilisation*, Frankfurt. a.M. 1984, 177-182쪽. 한글판 번역본 : 이진우 역,『책임의 원칙 : 기술 시대의 생태학적 윤리학』, 서광사, 1994.

의 제거와 바람직한 유전적 소질의 최적화 사이의 경계를 유지하는 것이 오늘날에도 어렵다. 하버마스는 만약 하나 이상의 잠재적 문제 요소에 대해 선택이 이루어져야 한다면 문제는 더 이상 양가적인 예 / 아니오의 결정이 아니다. 심각한 질병을 지닌 아이의 출생을 막는 것과 유전적 요인의 개선, 곧 우생학적 결정 사이의 개념적인 경계는 더 이상 분명하지 않다(DZN, 42)고 말한다.36) 나아가 쌍둥이의 인격과 삶의 역사를 모델 삼아서 만들어진 복제된 인간이 그 원본과의 연관성 때문에 왜곡되지 않은 자기 자신의 미래를 가질 수 없게 되는 그런 상황과 비슷하게 될 것이다(DZN, 108).37) 과연 오늘날처럼 개인 연구자가 주관적 책임 의식에 전 인류의 운명을 걸고 초조해본 적이 있는가? 책임에 대한 성찰이 전문 연구에 앞서서 요청되는 까닭이 바로 여기에 있다. 자신이 걷고 있는 길에서 책임을 질 수 있는 만큼만 걷고 그 결과를 보아야 한다. 그리고 다시금 어느 정도만큼 책임질 수 있는지 생각한 연후에 다시 그만큼만 걷는 식의 신중한 자세가 필요하다. 항상 위험을 안고 살 수밖에 없는 현시대의 요청일 것이다. 카우푸만이 역설한 대로, "당신의 행위 결과가 인류의 고통을 가능한 회피하거나 축소시키기에 알맞도록 행위하라."38) 향후 인간 게놈 프로젝트의 완성으로 유전자 치료의 간섭에 대해 광범위한 기대가 충족되고 유전적 질병이 예방될 수 있을 것으로 기대된다. 그와 같은 상황은 곧 실천적 의미를 획득하게 될 것이다. 그렇게 되면 질병 예방과 우생학을

---

36) A. Kuhlmann, *Politik des Lebens, Politik des Sterbens*, Berlin, 2001, 104쪽.

37) H. Jonas, *Technik, Medizin und Ethik*, Frankfurt. a. M. 1987, 190-193쪽.

38) Arthur Kaufmann, *Rechtphilosophie*, Frankfurt. a.M. 1997, 344쪽.

경계짓는 개념적 문제는 정치적 입법의 문제로 곧 변하게 될 것이다. 착상 전 유전자 검사 및 유전자 검사와 그와 관련된 상담, 개인 자료의 수집, 처리 보관은 오직 보건, 진료 및 질병 예방을 위한 목적과 그와 관련된 연구를 위해서만 해야 하며 동시에 법제화를 시급히 필요로 하는 부분이다. 유전자 검사는 "익명성과 비밀 유지에 관한 원칙이 존중"[39]되어야 함은 물론이거니와 유전자 정보를 취급하는 사람은 정보 남용의 예방을 목적으로 하는 다른 법령상의 규칙을 준수하고 비밀 유지의 의무를 철저히 준수해야 한다.

셋째, 오늘날 정의와 도덕, 법의 평등주의에 관한 이론은 독자적인 길을 가고 있는 것처럼 보이지만, 미래 세대에서 새로운 과학 기술은 우리에게 삶의 형식에 대한 올바른 이해의 공적 토론을 진행해야 하는 과제를 안게 되었다. 그러나 철학자들 내지 윤리학자들은 유전공학 및 생명공학 그리고 공상과학에 마음껏 "도취된 엔지니어들에게 내맡겨야 할 인간 게놈의 가능한 변화에 대한 논란의 대상"(DNZ, 46)을 더 이상 만족할 만한 이론적 근거를 갖고 있지 않다. 더욱이 미래 세대들은 자신들의 자연 발생적 유래의 우연성을 의식하게 되면서, 자신들이 법적 인격체로서 평등한 권리들을 얻기 위해 요구되는 정신적 전제들을 제대로 갖추지 못할 수도 있다. 유전공학은 우리나라를 포함하여 미국과 유럽 각국들이 앞다투어 벌이는 배아 줄기 세포와 냉동 배아 등을 이용한 장기 생산과 질병 치료 등 첨단 생명공학이 제기하는 새로운 인간관의 문제와 관련되어 있다. 하버마스에 의하면, 인간은 배우지 않을 수 없는 존재이기 때문에 우리

---

39) 박은정, 「생식의학과 유전자 진단 및 치료의 문제점」, 『생명공학 시대의 법과 윤리』, 이화여대 출판부, 2000, 227쪽.

가 일단 알게 된 것을 의도적으로 버릴 수 없다는 것이다. 다만 윤리적으로 행동하는 인격체라는 우리의 인간관이 바뀌어서는 안 된다. 아무것도 하지 않는 것 또한 **인간 행동의 한 방식이다.** 또한 머레이(Ch. Murrary)는 향후 미래 세대에서 유전적 불평등이라는 문제에 대해 사회적 동요가 크다면, 두 가지 대안적 조치가 있다고 말한다. 한편으로 가장 합리적인 대안은 간단히 형질을 개선시키는 생명공학을 금지시키고, 이러한 차원의 경쟁에서 발을 빼는 것이다. 하지만 형질 형상은 거절하기에 너무 매력적일 수 있으며, 부모가 자녀의 형질을 증진시키지 못하도록 법으로 금지하는 일은 쉽지 않을 수 있다. 다른 한편으로 형질 향상은 바로 생명공학을 사회 밑바닥을 향상시키는 데 이용하는 방법이다.[40] 유전공학자 실버에 따르면, 미래의 인간은 더 이상 유전자의 노예가 아니며 유전자의 주인이 될 것이라 단언한다.[41] 결론적으로 현 시점에서 특별한 도덕적 문제점이 없어 보일지 모르는 유전공학의 배아 연구나 착상 전 유전자 검사 및 그에 상응하는 치료 방법을 허용한다면, 결국 생체임상의학자나 유전공학자들 자신도 원하거나 의도하지 않은 행위의 결과를 감수해야 할 것이다. 이 모든 과정들이 신중한 자세를 보이지 않는다면 인간이 과학 기술의 놀이 기구로 전락할 수 있다. 따라서 우리는 모든 인격을 수단이 아닌 목적으로 대우해야 한다는 생명 존엄성에 대한 칸트의 정언명법의 의미를 다시 한 번 깊이 새겨보아야 할 것이다

---

40) Charles Murrary, "Deeper into the Brain", : *National Review*, 52 (2000), 46-49쪽.

41) Lee. M. Silver, *Remarking Iden : Cloning and Beyond in a New Brare New World*, New York : Avon, 1998, 77쪽.

□ 참고 문헌

김선택, 「과학 연구의 자유와 한계」, 유네스코 한국위원회 편, 『과학연구 윤리』, 당대, 2001.

김영진, 「유전공학과 도덕적 문제」, 구영모 엮음, 『생명 의료 윤리』, 동녘, 1999.

구인회, 『생명 윤리의 철학』, 철학과현실사, 2002.

_____, 「생명공학 윤리의 쟁점」, 『생명의 위기』, 푸른 나무, 2001.

리들리, 매트, 하영미 외 옮김, 『게놈』, 김영사, 2001.

리리, 한스, 이민식 옮김, 「착상 전 유전자 진단과 배아 연구」, 『형사정책 연구소식』 제63호 1 / 2월호, 2001.

박병상, 「가치 판단은 과학자가 함부로 독점할 수 없다」, 『emerge 새 천년』 6월, 2001.

박은정, 『생명공학 시대의 법과 윤리』, 이화여대 출판부, 2000.

실버. R., 하영미 / 이동희 옮김, 『리베이킹 에덴』, 한승출판사, 1998.

양해림, 「생태계의 위기와 책임 윤리의 도전 — 한스 요나스의 책임 개념을 중심으로」, 『철학』 제65집, 한국철학회, 2000.

유호종, 「우생학적 배아 선별의 정당성 고찰」, 『ELSI 연구』 제1권, 2003.

장대익, 「유전공학에 대한 인문, 사회학적 성찰」, 과학교육위원회 편, 『과학 기술의 철학적 이해』, 한양대 출판부, 2003.

정규원, 「인간 배아 복제의 법적 문제」, 『의료법학』 제12권 제2호, 2001.

정상기 · 명재진, 『생명과학 기술의 응용과 기본권 보호적 한계』, 집문당, 2003.

카즈오, 무라카미, 김원신 옮김, 『유전자 혁명』, 사람과 책, 1999.

카프라, 프리죠프, 강주헌 옮김, 「가지 않는 길 — 전환점에 서 있는 유전 공학」, 『히든 커넥션』, 휘슬러, 2003.

폭스 켈러, 이블린, 이한음 옮김, 『유전자 세기는 끝났다』, 지호, 2002.

황경식, 『철학 구름에서 내려와서』, 동아출판사, 2001.

황만성, 「인간 유전자적 해석의 법적 문제」, 『ELSI 연구』, 2003년 10월.

한국생명윤리학회, 『생명 윤리 및 안전에 관한 법률의 집중 점검』, 한국생명윤리학회 봄모임 및 총회자료집, 2004.

후쿠야마, 프랜시스, 송정화 옮김, 『Human Future 부자의 유전자 가난한 자의 유전자』, 한국경제신문, 2003.

Bayerz, K., *GenEthik*, Hamburg, 1987.

Botkin J. R., "Ethical issue and practical problems in premplantion genetic diagnosis", in : *The Journal of Law, Medicine & Ethics*, vgl. 26, Issue 1 : Spring 1998.

Habermas, J., "Die Zukunft der menschlichen Natur", Frankfurt. a.M. 2001 (장은주 옮김, 『인간이라는 자연의 미래』, 나남출판, 2002).

Jonas, H., *Prinzip Verantwortung. Versuch einer fuer die technologische Zivilisation*, Frankfurt. a.M. 1984 (이진우 역, 『책임의 원칙 ; 기술 시대의 생태학적 윤리학』, 서광사, 1994).

_____, *Technik, Medizin und Ethik*, Frankfurt. a.M. 1997.

Kass, L., "Implications of Prentatal Diagnosis for the Human Right to Life", *Biomedical Ethics*, McGraw-Hill Book Company, 1981.

Kant, I. *Grundlegung zur Metaphysik der Sitten*, Weischel Werkausgabe, Bd. VII, Hamburg, 1948.

Kolleck, R., "Präimplantionsdiagnostik, Tübingen, 2000.

Kuklmann, A., *Politik des Lebens*, Berlin, 2001.

_____, *Rechtsphilosophie*, Frankfurt. a.M. 1997.

Kuhse / Singer. P.(Hg.), *Bioethics*, London, 2000.

Mayer, Verena, "Was würde Kant zum Klonen sagen?", in ; *Information Philosophie*, 3. 2001.

Murrary, Ch. "Deeper into the Brain", in : *National Review*, 52(2000).

Siep, L., "Eine Skizze zur Grundlegung der Bioethik, in ; *Zeitschrift für philosophische Forschung*, Bd. 50. 1996.

_____, "Moral und Gattungsethik", in ; *Deutsche Zeitschrift für Philosophie*. Bd. 50. 2002.

Silber. L. M., *Remarking Iden : Cloning and Beyond in a New Brare New World*, New York, 1998.

Steinbock, B., "Preimplantion Genetic Diagnosis and Embryo Selection", *A Campanion to Genetic*, Burley and Harris, 2002.

제11장
공학 윤리의 책임 이론*

1. 들어가는 말

오늘날 공학은 기술 행위의 가장 대표적인 형태라 일컫는다. 현재 공학은 중요한 사회적 영역으로 정착하였다. 공학은 관련 산업의 발전하는 역사적 과정에 따라 토목공학·기계공학·금속공학·화학공학·전기공학 등으로 출현하면서 20세기 후반에는 수많은 공학 분야가 생겨났다. 현재 우리나라 대학생의 4분의 1 정도가 공대생이라 말해도 과언이 아닐 정도로 많은 학과가 생겨났다. 전국의 공과대학에 10~20개 이상이나 되는 학과가 있을 정도로 세분화, 전문화되어 가는 추세다.[1] 공학은 기

* 이 논문은 석촌 손승길 교수(동아대 문화윤리학과) 회갑 기념 논총『자유의 빛·행복에의 염원』, 신지서원(부산), 2005, 347-367쪽에 실렸다.
1) 송성수 ·김병윤,「공학 윤리의 흐름과 쟁점」,『과학 연구 윤리』, 당대, 2001, 173쪽.

술이 더욱 체계화된 형태를 보인다. 여기서 체계성은 전문적인 교육 훈련 과정에서 찾는다. 흔히 엔지니어는 대학교나 전문대학 이상의 전문 교육을 받았거나 그에 상응하는 능력을 가진 기술자를 말한다. 공학은 이러한 자격을 갖춘 사람들이 수행하는 활동, 거기에 수반하는 지식 그리고 인공물을 포괄하는 것으로 정의할 수 있다. 공학의 성립 과정은 기존에 축적된 기술 지식과 함께 17세기부터 발전해온 근대 과학이 주요한 원천으로 가능하였다. 공학은 과학의 모델을 삼았지만, 과학과는 다소 다르게 설계, 효용 및 유용성, 기술 법칙의 응용과 이를 위한 과학의 변형 등이 강조된다.[2] 공학은 설계에 입각한 제조·설치·생산 등의 후속 활동을 요건으로 한다. 즉, 엔지니어의 활동은 연구, 개발뿐만 아니라 생산·판매·관리 등의 광범위한 영역에 걸쳐 있다. 엔지니어는 연구 인력·생산 인력·판매 인력·관리 인력 등의 여러 형태를 띤다. 동시에 엔지니어는 과학자에 비해 매우 이질적인 집단으로 구성되어 있다는 것을 보여준다.[3] 기술은 과학과 공학을 주도적으로 이끌어나간다. 기술은 본질적으로 인간의 삶을 좀더 안락하게 하려는 주관적인 욕구를 만족시키기 위해 고안된 것이다. 따라서 기술은 인간의 주관적 요구와 필요에 의해서 만들어졌다. 과학과 공학 그리고 그것의 현실적인 적용은 인간의 주관적인 의도로부터 자유롭지 않다. 기술은 1970년대에는 핵 발전이 과연 미래 에너지로 적합한가 하는 문제가 제기되면서 1980년대에 들어와서 바야흐로 과학 기술의 문제가 소련의 체르노빌의 원자력발전소의 방사능 유출 사고를

---

2) 홍성욱, 「과학과 기술의 상호 작용 : 지식으로서의 기술과 실천으로서의 과학」, 『생산력과 문화로서의 과학 기술』, 문학과 지성사, 1999, 194쪽.
3) 김진, 「과학 및 공학과 윤리의 만남」, 『공학 윤리』, 철학과현실사, 2003, 35쪽.

시점으로 하여 전 세계적 규모로 확산되면서 다양한 형태로 나타난 시기라 할 수 있다.

공학 윤리는 전체적으로 기술결정론에 대한 불신에서 그 출발점을 둔다. 기술결정론은 인간이 원하거나 계획하는 것을 간섭하지 않고 기술 전개와 그 결과를 고유한 법칙성으로 보는 데 있다. 흔히 기술결정론은 미국이나 서유럽을 비롯한 선진 자본주의나 전문적인 과학 기술의 엔지니어 과학자들의 주변에서 항상 우세하게 지배되어 왔다. 과학 기술의 중요한 윤리적 물음은 과학자들과 과학기술자들의 사회적 책임과 관련한 것이다. 이러한 물음은 물론 사회적 책임과 책임의 개념을 구체적으로 분석하는 데서부터 이해된다. 오늘날 과학 기술의 세계에서 문화철학과 사회철학은 근대 사회의 인간의 상황을 이해하기 위해 필요하다. 이러한 이해는 기술·자연·사회 사이의 모든 문제와 갈등을 극복하기 위한 불가피한 전제 조건이 된다. 공학 윤리의 수용은 윤리적으로 기술을 조정한다는 입장에서 경제 윤리를 등장시킨다. 공학 윤리에 대한 기술 영향 평가는 사회철학적 측면의 한정된 영역에서 규정하는 것은 어렵다. 그럼에도 불구하고 공학 윤리는 사회철학적 및 문화철학적 반성의 의미에서 새롭게 재평가해야 할 필요성을 갖고 있다. 또한 기술에 대한 문화 비판이나 사회 비판적인 논증은 자연과학적인 기술적 사유 형식과 많은 연관성을 맺고 있다. 이러한 논증은 자연과학적이고 기술적인 사유 형식의 구조에 대한 방법 및 절차 등에 관계한다. 특히 공학 윤리는 산업과 기술적인 삶의 형식을 사회철학적인 논증으로서 규명한다. 여기서 공학 윤리에 대한 이론적 반성은 경험적인 사회 연구를 통해 기술 전개에 대한 새로운 인식의 방향 점을 제시해야 할 필요성이 생겨났다. 더욱

공학 윤리는, 기술이 과연 우리사회를 바람직한 방향으로 발전 시키고 있는가, 기술의 긍정적인 측면을 최대화하고 역기능을 최소화하기 위해 어떤 노력을 기울여야 할 것인가, 기술은 인간 행위의 결과에 어떤 사회적 책임을 져야 하는가 등의 물음을 통해 필요성이 증가되고 있다.

물론 이러한 질문들은 간단히 답할 수 있는 성질은 아니다. 무엇보다 공학 윤리가 인간의 상황을 이해하기 위해 중요한 한 단면이 되는 이유는, 현재의 기술에 대한 이해를 올바르게 인식 하여 현 시대는 물론이거니와 다가올 미래 시대에 대한 기술의 사회적 책임 윤리를 바르게 일깨우는 데 있다. 따라서 기술의 사회적 책임 윤리를 바르게 인식하는 절차는 모든 사회와 기술, 자연과 사회, 인간과 자연 간의 갈등 관계를 극복하는 데에서도 필요한 사항이다.[4] 이러한 사실은 특히 현대의 고도로 발전된 산업 사회에서 아주 밀접한 영향 관계를 맺고 있다. 따라서 일 반적으로 공학 윤리는 인간과 자연, 사회 환경과의 도덕적 관계 에 대한 체계적이고 포괄적인 설명을 제시하고 옹호한다. 공학 이 정착하는 과정은 기술 행위가 체계화되는 과정인 동시에 기 술과 사회, 기술과 자연, 기술과 정치와 밀접한 연관을 맺는다. 과거에는 기술 행위가 주로 장인(artisans)에 의해 경험적인 차 원에서 이루어졌다고 한다면, 19~20세기부터 공학이 제도화되 면서 기술 행위에 의해 공식적인 교육 훈련을 받은 엔지니어 (Engineer)를 중심으로 좀더 과학적으로 수행되고 있다. 또한 기술이 사회에 미치는 영향이 점차 증대하면서 엔지니어는 기 술을 효과적으로 개발하는 것뿐만 아니라 기술과 관련된 사회

---

4) Hans Lenk, *Macht und Machtbarkeit der Technik*, Stuttgart, 1994, 17쪽.

적 문제에 적절히 대응해야 하는 과제를 안고 있다. 기술은 인류의 생활을 편리하게 해주는 역할을 담당하고 있지만, 군사 무기·첨단 공학·환경 오염 등을 매개로 하여 인류의 생존을 위협하기도 한다. 따라서 공학 윤리를 실시하는 일반적인 목적은 다음과 같다.

첫째, 엔지니어의 윤리적, 도덕적 상상력을 자극한다.

둘째, 엔지니어가 윤리적 쟁점을 인식할 수 있도록 한다.

셋째, 엔지니어가 공학과 관련된 윤리학의 주요 개념과 원리를 분석할 수 있도록 한다.

넷째, 엔지니어가 의견 대립, 모호함 막연함 등의 문제에 대처할 수 있도록 한다.

다섯째, 엔지니어가 사회적, 윤리적 책임에 대해 진지하게 생각할 수 있도록 한다.[5]

공학 윤리의 목적은 공학과 관련하여 부수적인 내용을 다루는 것이 아니라 오히려 **공학의 본질**과 직결되어 있다. 공학의 관행과 결과에는 상당한 불확실성과 위험성이 내재될 수밖에 없으며 이에 따라 엔지니어는 언제든지 실수를 범할 수 있는 가능성을 지니고 있다. 그렇기 때문에 공학과 윤리를 충분하게 납득할 만하게 규정하는 것은 쉽지만은 않다. 하지만 공학 윤리가 강조되는 일차적 이유는 **공학이 전문 직업의 일종**이라는 데 있다. 전문가 사회에 속하는 사람들은 일반인보다 뛰어난 능력을 갖고 있으며, 이에 따라 전문가에 대한 사회적 기대도 크기 때문이다. 즉, 전문가는 더 많은 보수와 존경을 받으며 이에 상응하는 의무와 책임을 가지고 있는 것으로 여겨진다. 이런 점에서

5) R. Varma, "Technology and Ethics for Enginnering Students", in : *Bulletin of Science, Technology & Society*. vol. 20 / no. 3.

공학 윤리는 직업 윤리의 특별한 경우로서 과학기술자에 대한 사회적 책임의 윤리를 목표로 한다. 과학자·엔지니어·기술자들은 기본적으로 자영업자, 기업가이거나 자유로운 상담가다. 그들은 의사·약사·변호사와 같은 이른바 자유업에 종사하는 직종과 종종 비교된다. 아카데미 전문가의 직업 윤리는 자유 직종의 동료에 대한 책임과 의무가 있다. 여기서 공학 윤리의 가능성의 조건들이 책임 윤리와 관련하여 기술의 전개 과정에서 실천적 물음의 방향을 설정한다. 무엇보다 우리는 공학 윤리의 복잡한 영역을 삶의 다양한 측면에서 고찰한다. 다시 말해서 공학 윤리는 제한된 분야만 고찰하는 것이 아니라, 정치학·사회과학·경제학·자연과학 등 거의 모든 분야 등에 걸쳐 연대 필요성이 강력히 요청된다. 즉, 공학 윤리는 기술·경제·사회·정치 그리고 모든 인간 사회에 관계한다. 물론 많든 적든 간에 공학은 모든 책임을 기술 전개의 결과에 따라 동일하게 인간에게 적용된다. 이러한 기술의 전개 과정은 기술자·과학자·경영자들에게 다시 실천적 물음을 상기시킨다. 공학 윤리는 이미 응용된 도덕철학으로서 자리매김하고 있다. 따라서 공학 윤리는 전문적인 도덕철학자의 입장에서 다양한 영역에 걸쳐 적용된다. 기술 영향 평가는 단지 기술공학자들의 문제로서 인식되는 것만은 아니다. 이러한 논증의 참여자들은 정치과학자·사회학자·법률학자·경제학자·공학자들을 막론하고 총체적으로 참여하고 인식하는 것이다. 이러한 다양한 분야의 학자들의 참여는 경제법·사회법 그리고 법률들에 대한 기술 영향 평가의 근본 물음들을 확대해나간다. 실제적으로 공학 윤리는 사회철학의 논증 속에서 기술 영향 평가의 근본 물음과 연관시키고, 분명하고 좀더 광범위하게 이론화한다. 그렇지만 사회철학 안에서 신중하게 부분 영역들을 고찰해야 한다. 무엇보다 공학 윤리는 도덕철학과 사회철학에서 상호 보완의 관계를 이해하도록 해야 한다. 본 논문의 의도는 기술공학에서 도덕철학과 사회철학 사이의 규범적 논증을 공학 윤리와 기술 영향 평가를 철학적으로 함께 수행해나갔을 때, 도덕철학과 사회철학이 서로 통합해나갈 수 있을 것이다. 이것을 다음과 같이 도표로 정식화할 수 있다.

기술공학의 기술적 변환		
⇩	⇩	⇩
공학 윤리 도덕철학적 담론	종 합	기술 영향 평가 사회철학적 담론
⇩	⇩	⇩
혁신적 기술 영향 평가		

⇩	⇩

경 제	사 회	과 학	정 치
⇩	⇩	⇩	⇩
경쟁적인 기술 조정			

[표-1] 기술과 기술 영향 평가의 종합[6]

　공학 윤리에 관한 문제는 일반적인 공학적인 문제와는 다르게 단일한 정답이 존재하지 않는다는 데 특징이 있다. 대부분의 공학 교육이 자연 세계의 규칙과 인공물의 작동 원리에 초점을 두고 있다면, 공학 윤리의 교육은 공학과 관련된 인간 행위를

---

6) Günter Ropohl, *Ethik und Technikbewertung*, Frankfurt a.M. 1996, 38쪽.

다룬다. 공학 윤리가 다루어지고 있는 상황에서는 인간의 가치와 판단이 개입되고 명확하게 표현할 수 없는 측면이 항상 존재하며, 서로 상충되는 제안이 제시될 수 있다. 공학적 판단은 정치적이고 사회적이며 나아가 윤리적 요소를 포함한다. 전문가적인 판단이 미치는 엄청난 결과 때문에 판단의 적정성·형평성·균형성 등을 고려하여 윤리적 개입을 한다.7) 이렇듯 공학 윤리의 목적은 당대에 논의되고 있는 다양한 쟁점들을 충분히 이해할 수 있는 능력, 비판적으로 사고할 수 있는 능력, 효과적으로 의사 소통을 할 수 있는 능력 등을 배양하는 데 초점을 맞춘다. 따라서 과학 기술의 문제는 인간과 사회에 대한 인간의 행동을 도덕적 규범에 의해 지배되거나 지배될 수 있음을 가정한다. 그러므로 본 연구에서 공학 윤리는 이러한 규범들이 무엇인지를 설명하고, 인간은 누구에게 어떤 책임을 지고 있는지를 설명하고, 이러한 책임이 어떻게 정당화되고 있는지를 제시하고자 한다.

2. 책임의 개념

책임 개념은 일반적으로 근원적인 단어의 의미는 법정의 영역과 연결되어 있다. 유사한 표현으로는 로마의 법정으로 회고해볼 수 있다. 무엇인가 책임을 진다는 것은 재판관 앞에서 질문에 대해 답변을 하는 것이다. 우리가 무엇을 행한다는 것은 명백한 행위와 그 행위의 결과를 평가해야 하기 때문이다. 책임

---

7) 김유신, 『공학과 윤리』, 2003년 새한철학회 가을 학술발표회, 2003, 160쪽.

은 근원적인 법적인 의미의 단어로서 세 가지의 상대적인 개념을 갖는다. 누구나 법정 앞에서 한 행동은 책임을 진다. 이러한 세 가지의 요소는 (A) 행위자 (B) 행위 (C) 법정이다. 왜냐 하면 이러한 요소는 합법칙적으로 책임 개념의 설명을 통해 이해하기 때문이다.

우리가 구체적인 책임의 상황을 정확하게 진단하였을 때, 책임의 확장된 요소를 체계적으로 생각해보아야 한다. 그래서 우리는 종종 목적 합리성에 의한 행위와 행위 결과 사이를 구분한다. 렝크(Hans Lenk)에 의하면, 이러한 경향을 행위 결과의 책임으로 암시한다. 그리고 한편으로는 결과의 개념으로, 다른 한편으로는 행위의 결과로 언급하였다. 이러한 책임의 개념은 초기에는 서로 번갈아가며 의무의 지배적인 개념이었다. 책임의 개념은 차츰 확장을 경험하게 되면서 윤리적 논증의 중심적인 역할을 하게 되었다. 이렇게 책임의 확장 경향은 책임 개념에서의 의무론적 윤리와 결과론적 윤리가 결합되는 것을 뜻한다.8)

책임의 개념은 19세기 후반에 윤리적인 담론과 함께 시작되었다. 책임에 대한 최초의 단행본의 형태는 1884년 레비 브륄(Lucien Lévi Bruhl)의 『책임의 이념』과 1887년 니체의 『도덕의 계보』의 두 번째 논문인 「책임의 유래에 대한 오랜 역사」를 들 수 있다. 1919년 막스 베버는 뮌헨대 강연에서 심정 윤리와 책임 윤리를 구분하여 소개하였다. 베버는 책임을 다음과 같이 표현하였다.

---

8) Hans Lenk, "Wertfreiheit und Verantwortung der Wissenschaft", Matthias Gatzemeier(Hg.), *Verantwortung in Wissenschaft und Technik*, Mannheim / Wien / Zürich, 1989, 54쪽.

"우리는 모든 윤리적 경향을 가진 행위를 두 가지의 근본적으로 상이하고 유보할 수 없는 기본적인 준칙으로 나눌 수 있다. 그것은 심정윤리학적 경향과 책임윤리학적 경향이다. 책임 없는 심정윤리학과 심정적 경향을 포함하지 않는 책임윤리학이 같지 않다는 것은 두 말할 나위가 없다. 그러나 사람들이 심정윤리학적 준칙에 따라 행위하느냐 — 종교적으로 말하자면, 기독교인은 올바르게 행위하지만, 그 결과에 대해서는 하느님에게 맡긴다 — 책임윤리학적 준칙에 따라 행위하느냐 하는 근본적인 대립을 갖고 있다."9)

심정 윤리는 행위의 구체적인 결과에 대한 고려 없이도 그 행위가 도덕적 의무와 일치하는지 아닌지에 따라 행위의 옳음을 평가하는 것이다. 이에 반해 책임 윤리는 예상 가능한 결과와 그 가치 평가에 토대를 두고 행위의 성질을 평가한다. 책임 윤리는 당파성으로 파악되었다. 우리가 행위의 예견된 결과에 대해 책임을 지는 것이다. 1979년에 한스 요나스의 저서 『책임의 원칙』이 출판된 이후로 공학과 공학 윤리에 대한 책임 개념은 활발한 논쟁의 토대를 마련하였다. 삶에 대한 책임과 관련하여 책임 개념은 그 영역과 함께 지각하면서 독립적으로 책임을 다루려는 것으로 이해한다.10) 이에 따라 사회 질서에 "무엇이 제시되고 있는가?"라는 물음은 행위에 대한 문제를 점점 확대시키는 것이다. 그런데 사회와 자연의 일반적인 파악은 삶의 생성과 삶 자체에 관련되어 있다. 삶의 확신에 따라 목적 일반은 자연 속에서 정착되어 있으며 삶의 발생과 더불어 자연은 최소한

9) Max Weber, "Politik als Beruf", in : Max Weber, *Gesammelte Politische Schriften* (Hg.), Johannes Winkelmann, Tübingen, 1980, 551쪽.

10) Hans Lenk, Über Verantwortungsbegriffe in der Technik, Hans Lenk / Günter Ropohl(Hg.), *Technik und Ethik*, Stuttgart, 1993, 117쪽.

일정한 목적을 우리에게 알린다. 요나스는 기계에 의해 인간의 엄청난 힘과 영향력을 행사하려는 것에 대해 책임의 주제를 새로운 의미에서 파악한다. 여기서 요나스는 책임의 주체를 존재와 당위, 사실과 가치의 구분을 새롭게 파악하면서 목적 개념을 중요한 역할로 파악한다. 이것은 책임 윤리의 기초를 마련하는 데 중요한 역할을 한다. 계속해서 요나스는 고전적인 책임 개념을 수용하여 미래 세대의 책임 윤리를 정립하고자 한다. 그에게 공학 기술의 책임은 계산적인 결과가 아니라 불이행에 대한 규범적인 의무를 세우려는 것이다. 요나스가 『책임의 원칙』을 출판한 1980년대 이후부터 독일 엔지니어연합(VDI)은 현재 진행되고 있는 과학 기술의 전개에 대해 조정의 의무를 느낀다. 먼저 엔니지어연합은 개인의 책임 의식에 그 주의를 환기시키면서 기술의 질적인 직접적인 책임과 기술 결과에 대한 일반적인 윤리적 책임을 구분한다.[11] 1991년 이후로 독일에서 엔지니어들의 윤리적 논쟁은 베를린의 VDI의 공공적인 관점과 함께 "책임 속에서의 엔지니어들"이라는 주제를 갖고 개최되었다. 이 논쟁에서 기술화의 과정과 함께 공학 기술의 미래 책임 의식 및 새로운 공학 윤리의 필요성을 공감한다. 공학 윤리의 책임 개념은 단지 구호로만 주창하는 것이 아니라 문화 비판적인 대상이며 더 나아가 정치적 논증으로 확대시키는 것이다. 이러한 공학 윤리는 기술자와 과학자들의 내·외적인 책임을 윤리적으로 정립하려는 것이다. 엔지니어나 과학자들의 내·외적인 전망은 책임 개념의 분석을 통해 명확하게 규명해야 한다. 과학자들의 책임에 대한 내·외적인 구분은 유사한 기술자들의 책임 개념

---

11) M. W, Thring, *Diskussionsbetrag*, in Huning 1974, 218쪽.

과 구분된다. 특히 책임의 개념은 관계의 개념으로 나타난다.

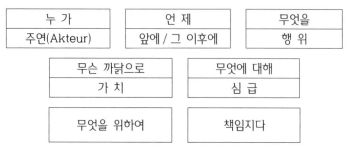

[표-2] 책임 관계의 요소[12]

추가적인 요소로서의 책임 개념은 다음과 같이 구체적으로
제시할 수 있다. 여기서는 7개의 책임 관계로 표현된다.

[표-3] 책임 유형의 기원(Matrix)

	(1)	(2)	(3)
(A) 누가	개 인	단 체	사 회
책임지다			
(B) 무엇을	행 위	생 산	태 만
(C) 무엇에 대해	결과를 예견하다	결과를 예견하지 않다	먼 이후의 결과
(D) 무슨 이유로	도덕적 규칙	사회적 가치	국가적 규율
(E) 무엇을 위하여	양 심	판단을 다르게 하다	법 정
(F) 언제	앞에 : 전망적인	순간적인	나중에 : 회상적인
(G) 어떻게	활동적인	가상적인	수동적인

책임 개념의 수용은 사회적 규범의 현실, 사회적 관계 그리고

---

12) Günter Ropohl, "Neue Wege, die Technik zu verantworten", Hans Lenk /
Gunter Ropohl(Hg.), *Technik und Ethik*, Stuttgart, 1993, 155쪽.

활동과 관찰자의 역할과 관련하여 유형적인 담지자로 구분된다. 우리는 스스로 행위자로서 혹은 다른 참여자로서 사회적으로 타당한 규칙과 규범과 관련된 관찰자와 과학자로서 누군가 일정한 책임 개념을 기술한다.[13] 책임 개념은 다음과 같은 요소를 지닌다. 여기서 책임 개념은 구조의 개념, 설명과 분석을 통해 다양한 관계를 맺는다.

▷누군가 : 책임의 대상, 책임의 담지자(개인, 회사)
▷위하여 : 무엇인가(행위, 행위 결과, 행위 상태, 과제 등)
▷마주 대하고 : 수취인에게(einem Adressaten)
▷앞에 : 제재와 판단의 심급
▷관련하여 : 규제적이고 규범적인 기준
▷어떠한 영역에 : 책임 영역, 행위 영역에 책임진다.[14]

이러한 책임 개념은 공학 윤리에 대한 도덕적 책임의 개념 속에서 특별한 의미를 부여받는다. 여기서 필자는 책임 개념을 네 가지의 광범위하고 상이한 영역으로 구분하여 살펴보고자 한다. ① 행위 결과의 책임 ② 과제나 역할의 책임 ③ 보편·도덕적 책임 ④ 법적인 책임으로 나눌 수 있다.

① 행위 결과의 책임은 과학자, 엔지니어들의 활동 속에는 행위와 행위 결과에 관련하여 책임 개념을 과학 연구 윤리로 논의한다. 어느 정도 책임 개념의 상이한 유형·수준·설명의 전망을 분화시키지 않고 고찰한다. 이는 다음과 같이 도표화할 수 있다.

---

13) Günter Ropohl, *Ethik und Technikbewertung*, Frankfurt a. M. 1996, 75쪽.
14) Hans Lenk, *Zwischen Wissenschaft und Ethik*, Frankfurt a.M. 1992, 81쪽.

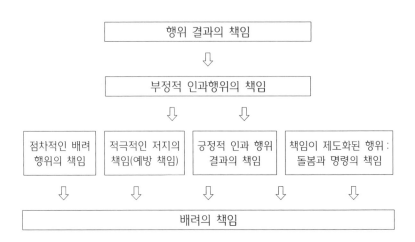

② 직업적인 역할과 과제의 스펙트럼은 그에 상응하는 과제나 역할 책임으로 연결된다. 기술자들은 역할 기대의 의미에서 그의 상관에게서 회사의 업적이나 사적이거나 공적인 기관의 관리 등 행위의 결과, 태만, 주의하지 않은 것에 책임을 진다.

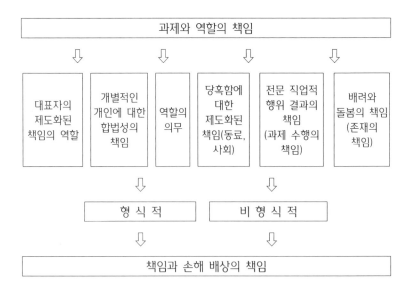

③ 도덕적, 정치적 책임은 무엇을 의미하며, 기술자와 과학자들에게서 어떠한 특별한 윤리적 책임을 갖고 있는가? 우리가 일정한 과제에 대해 어떠한 도덕적 책임을 부과할 것인가의 물음은 특정한 상황 여하에 따라 책임 개념을 부과한다. 특히 도덕적 책임은 동반 책임을 위한 분배의 문제가 적용된다. 이것은 먼저 도덕적 책임을 부과할 개인에게서 나타난다.[15] 이러한 도덕적 책임은 집단 속의 개인과 관련되어 있다. 여기서 제도와 집단으로부터 도덕적 책임의 문제가 설정된다. 물론 도덕적 책임은 책임을 부분적인 몫으로 나누는 것은 아니다. 도덕적 책임은 개인적 양심과 관련된다. 따라서 책임의 구조적 특징은 도덕적 책임을 가리키며, 이것은 법적인 책임 개념과도 연결되어 있다.

(보편적) 도덕적 책임			
⇩	⇩	⇩	⇩
나의 당황한 행위에 대한 직접적인 상황 활동의 도덕적 책임	전수받은 의무와 과제의 일반적인 최고 단계의 책임	공공의 안전과 건강, 복지를 위해 윤리적 코드의 요구된 책임을 통한 직업적으로 전문화된 책임	비간접적인 도덕적 행위 결과의 책임

일반적으로 분배된 도덕적 동반 책임(영향과 동반영향의 힘) | 순수한 개인적인 도덕적 책임 [16]

---

15) 데보라 G. 존슨, 이태식 · 위성률 · 송옥환 옮김, 『엔지니어 윤리학』, 동명사, 1999, 81쪽.

16) Hans Lenk, "Über Verantwortungsbegriffe in der Technik", Hans Lenk / Günter Ropohl(Hg.), Technik und Ethik, Stuttgart, 1993, 113-122쪽 : ders, Verantwortungsdiskussion in der Technik, in : *Macht und Machtbarkeit der Technik*, Stuttgart, 1994, 120-127쪽.

④ 법적인 책임은 법의 주체와 관련하여 낯선 행위에 변호가 포함되어 있다. 그것은 행위 결과에 대해서 책임을 져야만 한다. 여기서 법과 도덕은 밀접히 관련되지만 동일한 것은 아니다. 법은 근본적으로 도덕을 전제한다. 도덕은 부득이 강제 조치를 취하는 것이 아니라 칭찬과 비난의 가치를 확신시키려는 사회적인 통제로 다루어진다. 도덕적 책임은 진정으로 행위 자체의 의도나 의지를 동일시하려는 것이 아니다. 또한 법적으로 파악한 책임이나 법의 결과에 따라 동일시하려는 것도 아니다.

3. 책임의 문제

바이체커(Friedrich von Weizaecker)가 『과학의 책임』(1983)에서 표현한 바와 같이, "과학은 그 결과에 대해 책임을 져야 한다." 우리 인문학자들은 "과학자들이 인식의 결과를 위해서만 합법적인 것이 아니라 오히려 도덕적으로 책임을 져야만 한다"[17]는 말에 주의를 기울여야 한다. 우리는 과학 기술이 윤리와 더불어 어떻게 행위할 것인가에 대해 종종 질문을 던진다. 이러한 기술의 책임에 대한 물음은 사회의 책임에 대한 인식을 다시 표현하는 데 있다. 기술공학의 중요한 윤리적 물음은 공학자들과 공학의 사회적 책임에 관련된 것이다. 물론 이러한 물음은 구체적인 책임의 문제와 관련하여 설명할 때 더 정확하게 이해하게 될 것이다. 이러한 관점에서 공학 윤리는 구체적인 방법으로 ① 기술의 기술결정론적인 낙관주의적 관점과 ② 기술 행위의 합

---

17) C. F. von Weizäcker, *Wahrnehmung der Neuzeit*, München, 1983, 340쪽.

리화 관계를 새롭게 규정할 필요가 생긴다. 또한 이러한 관계는 ③ 현대의 공학 윤리가 사회의 실천철학으로 어떻게 진행할 것인가를 논의한다.

첫째, 공학 윤리는 책임 개념을 분석하기 위한 선이해로서 기술결정론적인 시각을 조명한다. 기술은 쉽게 추측할 수 없는 가능성과 우리 생활 세계의 주변에서 가공할 만한 위협적 요소가 아울러 공존해 있다. 이러한 공학 윤리는 과학 기술의 합리화 측면을 더 정확히 이해하여 현재의 낙관주의적인 기술결정론에 이의를 제기하여 윤리적이고 도덕적인 자기 반성을 통해 사회의 실천철학으로 전개시켜 기술 갈등을 극복하고 새로운 윤리를 정립하는 데 있다.

지금까지 우리 사회에서 지배적인 경향은 과학 및 기술공학에 대한 낙관주의적인 관점이었다. 낙관주의적인 관점에서 본다면, 경제 성장은 무한히 가능하며 그 성장의 열쇠는 물론 과학이다. 우리의 문화권에 속해 있는 많은 사람들, 특히 정책 결정 담당자들은 과학과 기술공학이 과학 기술 문제를 해결할 수 있는 유일한 대안이라고 생각하고 있다. 과학 기술 문제는 고도의 기술을 필요로 하는 것이기 때문에 해답을 얻기 위해 그 분야의 전문가들에게 의뢰하는 것은 합당한 일이다. 다양한 관점에 걸쳐 있는 과학 기술 문제에서 과학은 객관적이고 사실적인 답변을 제공할 수 있기에 과학 기술 문제를 해결할 수 있는 강력한 대안으로 떠오르고 있다. 우리 주변에 자연과 부존 자원이 한정되어 있다고 해도 과학은 현재 무한한 개발 능력을 갖고 있다. 과거에 심각했던 식량 문제를 품종 개발과 화학 비료 등을 통해서 해결하였듯이, 에너지 부족은 대체 에너지 개발로, 환경 오염은 부산물을 적게 산출하는 기술 혁신을 통해 예방할 수 있다는 것이 낙관주의적인 견해다. 과학이 모든 것을 해결할 수 있다고 믿는 기술지향주의적인 낙관적 태도나 비관적인 태도도 서로 현격하게 다른 것은 아니다. 우리는 좀더 빠른 삶의 해결책을 위해서 과학과 기술에 의존하기 쉽지만, 과학 기술의 위기는 단지 과학과 기술만의 문제는 아니다. 과학 기술 문제는 우리가 무엇을 소중히 하고, 우리는 어떠한 존재며, 우리는 어떠한 삶을 살아야 하는가, 또한 바람직한 세계는 어떤 세계인가 하는 문제와 관련된다. 다시 말하면 과학 기술 문제는 윤리학과 철학의 문제를 함께 제기한다는 점이다. 윤리적이고 철학적 문제들을 고려하지 않고 과학과 기술에 의존한다면 새로운 문제를 다시 야기할 것이다.

둘째, 공학 윤리의 책임 개념은 기술 행위의 합리화 측면에서 고찰한다. 기술은 광범위한 의미에서의 인간 행위다. 수단과 대상적 수단으로서 인간의 행위 사이에는 기술적 행위로 구분하여 나타난다. 기술은 인공물로서의 기술(Technology as artifact), 지식으로서의 기술(technology as Knowledge), 활동으로서의 기술(technology as activity)을 가리킨다. 공학은 이 세 가지를 모두 포괄한다.[18]

모든 인간의 행위처럼 기술적 행위는 애매하다. 그리고 인간의 행위는 의도했건 의도하지 않았건 간에 계몽에 대한 낙관론에 의존해 있다. 인간의 윤리적 능력이 기술적 능력에서 나오지 않는 한, 인간적 행위는 애매하게 머물러 있을 수밖에 없다. 그리고 기술적 행위의 경우 선과 악 사이에서 양자택일하는 것이 쉽지 않다. 인간의 행위는 우리에게 단지 설명 구조로서 시작되

---

18) 송성수·김병윤, 앞의 책, 175쪽.

고 파악된다. 그래서 어떤 행위는 고유하고 순수한 존재론적인 실재로서가 아니라 단지 설명적인 구조로서 기술된다. 행위는 설명하는 것으로 진행되고 각인된다.[19] 단순한 행태는 행위를 하는 가운데서 순수하고 본래의 실존론적인 특성이 드러나는 것이 아니라 근본적인 설명의 구조를 보여줌으로써 나타난다. 근대 합리주의는 행위의 애매성을 제거하기 위한 요구였다. 즉, 목적론적으로 현실화되고 예기치 않은 행위를 원하거나 설정된 계획, 지식, 선견(先見) 등을 전적으로 이성적으로 취급하였다. 점점 현 시대는 기술낙관주의 혹은 기술결정론이 대세로 자리 잡아가고 있다. 그러나 기술결정론은 우리 시대를 대표하는 것이 아니라 오히려 비판의 대상이 되어야 한다. 기술의 전개나 그러한 기술의 결과는 인간들이 원하거나 계획하는 것에서 사용되지 않고 고유한 합법칙성에서 파악된다. 기술적 행위의 개념은 기술 개념처럼 많은 의미를 지닌다. 광범위한 의미에서 기술이 인간 행위를 임의로 작동하는 수단으로서 합법칙적이고 계획적인 것으로 의미하였을 때, 우리는 도처에서 기술적 행위를 진단할 수 있다. 그것은 수단 / 목적의 도식에 따라 계획적으로 진행된다.[20] 기술적 행위는 전체적으로 목적 합리적 / 도구적 행위이고 동시에 인간 활동의 영역이다. 따라서 기술의 개념은 일반적으로 광범위한 영역에 걸쳐서 나타난다. 기술은 (a) 예술적이고 대상적인 영역에 적용(미술품이나 전문적인 체계) (b) 이러한 전문 체계에서 발생하는 인간적 행위와 준비 (c) 전문

---

19) Johannes Rohbeck, *Technologische Urteilskraft*, Frankfurt a.M. 1993, 18-19쪽.

20) Armin Gtunwald, "Technisches Handeln und seine Resultate", Hartmann / Janich(Hg.), *Die Kulturalitische Wende*, Frankfurt a.M. 1998, 201쪽.

체계를 응용한 인간적 행위가 그것이다. 여기서 기술적 행위는 위에서 제시한 정의 (b)와 (c)의 요소를 통해서 새롭게 고쳐 쓰는 동일한 행위다. 또한 모든 행위는 예술적으로 만들어진 대상들의 적용과 생산이 함께 나아가는 것이다. 그러므로 각각의 목적 합리적 행위는 결코 기술적이지만은 않다. 하지만 각각의 기술적 행위가 목적 합리적이거나 아니거나의 여부는 공공연하게 역설적일 수 있다. 반복적으로 이러한 의미에서 기술적 행위의 구성은 먼저 발견된 자연의 세계에서 인간적 가침성 없이는 현실화될 수 없다는 것을 강조한다.[21]

기술은 수단의 영역이지 목적의 영역은 아니다. 여기서 기술 행위의 파악이 개인의 도구적 행위를 위한 체계로 나아갈 때 수단／목적의 관계가 나타난다. 즉, 수단／목적의 관계에 대한 기술 행위의 합리화는 어떤 목적을 위한 행위 수단으로 나타난다. 오랜 서양철학사적인 전통에서 수단／목적 관계는 기술의 합리화에 대한 확대로 받아들일 수 있다. 우리는 항상 윤리의 옳고 그름의 가치 판단을 내려야 할 때 행위의 결과에 대해 판단한다. 여기서 행위 결과는 수단／목적에 대한 기술의 합리화로 나타난다. 따라서 수단／목적 관계에 대한 기술 합리화는 목적 합리론적인 갈등 극복의 수단으로 주어진다. 궁극적으로 기술 합리화는 다양한 기술의 갈등 유형을 극복해야 하는 과제를 여전히 안고 있다.

셋째, 공학 윤리는 기술의 윤리적 책임과 목적론적 행위 관계 속에서 기술 갈등의 극복을 위한 차원에서 사회의 실천철학으로 조망해야 한다. 우리는 공학 윤리의 책임 개념의 분석을 통

---

21) Günter Ropohl, *Ethik und Technikbewertung*, Frankfurt a.M. 1996. 84쪽.

해 사회적 실천의 규정을 위한 다양한 주제를 조명할 수 있다. 과학 기술 시대에서 실천철학은 중요한 주제다. 그것은 단지 기술 일반이 아니라 현대의 형식 속에 내재해 있는 기술을 표현하려는 것이다. 먼저 현대 기술은 전통 문화와 일정한 거리를 두는 데서 설명된다. 인간의 행위는 다른 인간의 행위에 영향을 미친다. 과학 기술은 실천철학으로 나아가기 위한 것만이 아니라 동시에 그것을 자유로운 기회로 삼는 것이다. 기술 행위의 실천은 인간의 자유로운 본질을 자유롭게 인식했을 때 가능하다고 할 수 있다. 실천이라 함은 본인이 자기 목적으로서 주시하였을 때, 그 자유는 타자의 자유가 아니라 동시에 자연이나 역사에 제한되어 있는 것이다. 즉, 실천은 인간의 자유를 인식하는 것이며, 기본적으로 교환에 대한 인식의 규정에 따라 역사와 전통 앞에 관련되어 있다. 실천은 자유의 인식과 역사적으로 성장한 전통과 제도의 인간을 인식하기 위한 것으로 인간의 동등성을 확충하려는 것이다. 공학 윤리는 삶의 다양한 측면에서 복잡하게 얽혀 있다. 기술의 문제는 제한된 영역에서가 아니라 정치학·사회학·경제학·자연과학 등 거의 모든 분야에 걸쳐 있다. 이러한 관점에서 공학 윤리의 철학적 필요성은 기술 영향평가의 중요성만 논증하려는 것이 아니다. 특히 공학 윤리는 인간 행위의 판단에 대한 책임 윤리의 의식을 고양시키는 데 있다. 그래서 공학 윤리는 어떤 행위의 결과를 윤리의 기준에 따라 사회적 반성을 촉구한다. 목적합리성에 대한 윤리의 행위 이론적 근거는 복잡한 가치 체계의 갈등 극복의 방법론으로 토대를 세운다.[22] 이렇게 공학 윤리는 정치적 공간의 기술 논쟁으로

---

22) Hans Lenk, *Macht und Machbarkeit der Technik*, Stuttgart, 1994. 17쪽.

점차 확대시켜 정치철학과 공학 윤리의 결합을 꾀하고자 한다. 따라서 본 연구는 공학 윤리와 기술철학, 정치철학, 사회과학 등의 저변의 폭넓은 공동 연구로서 확충시키고, 구조적인 유형을 목적 합리적인 방법에서 찾아나가야 한다. 요컨대 과학 활동의 행위와 행위 결과와 관련된 과학 윤리 내지 기술 윤리적 책임 개념은 다양한 유형·수준·설명의 방법들을 적극적으로 찾아내어 과학 기술의 문제점들을 지속적으로 보완해나가야 할 것이다.

4. 맺음말

앞에서 살펴보았듯이, 서구에서 공학 윤리는 현대의 기술화, 과학화된 시대의 상황 속에서 사회철학자·윤리학자·사회과학자·과학자·기술자 등을 비롯해 다양한 계층의 전문가들의 관심 속에서 진행되고 있다. 이러한 관점에서 공학 윤리는 사회의 다양화된 관점에서 근대 이후로 나타나고 있는 사회 하부 체계의 분화, 기술 전개의 탈중심화 현상, 기술 결과의 예측 가능성 등에 초점을 맞춘다. 하지만 공학 윤리는 사회의 이론적 분석 없이는 허약하게 보이거나 맹점들이 나타날 수 있다. 이것을 뒷받침하기 위해 윤리와 사회과학, 규범주의와 기술주의, 형이상학과 체계 이론 사이의 긴장 관계 속에서 체계화되고 비판적인 관점을 설정한다. 앞에서 고찰한 바와 같이, 기술의 합리화 측면은 수단/목적의 관계에 있다. 무엇보다 공학 윤리는 엔지니어나 과학자들의 기술에 대한 사회적 책임 의식을 북돋우는 데 있다. 특히 공학 윤리의 합목적성의 관계라든지 그에 대한 비판적 관점을 성찰하여 도덕적 판단의 근거를 올바르게 정립시키고자 한다. 무엇보다 이러한 시도는 우리의 현실에 맞게 그 이론을 실천적으로 적용하고자 함이다. 그렇기 때문에 이러한 고찰 방식은 우리 상황에서 재차 인식론적 반성이 필요하며, 그에 상응하는 사회의 실천철학으로 나아가기 위해 올바른 이론적 정립을 아울러 요청한다. 이런 관점에서 공학 윤리의 실천적 방향은 다음과 같이 정리할 수 있다.

첫째, 핵의 위험성에서 출발한 공학 윤리는 현재 만연(漫然)된 기술결정론적 시각에 대해 윤리적, 도덕적인 자기 반성을 통해 인간의 기술적 행위를 올바르게 인식하도록 한다. 이러한 기술의 자기 반성은 책임 개념의 분석을 통해 이루어지지만 이론적 영역에서 머무르는 것은 아니다. 이것은 엔지니어들의 기술적 행위를 올바르게 인식하게 하여 정책 결정과 행정 정책을 집행하는 정치가들, 시민 단체 등으로 확대해나간다.

둘째, 21세기 과학 기술 시대에서 공학 윤리는 책임 개념을 이론적으로 분석하여 기술에 대한 이해를 바르게 인식하도록 한다. 즉, 현재와 미래의 기술에 관한 책임 윤리를 올바르게 인식할 수 있도록 한다. 우리가 현재 기술의 갈등 속에서 어떤 사회에서 살아가고 싶은가 하는 것은 그 물음을 통해서 구체화되기 때문에 고도의 정치적 물음이다. 여기서 정치적 갈등은 기술적 유토피아나 핵의 힘, SDI(전략 방위 구상), 환경 오염, 유전공학과 같은 반유토피아에서 유발되고 있다고 보는 것은 타당하다. 오늘날 과학자들이나 엔지니어들에게서 책임의 개념을 분석한 것을 토대로 엔지니어들이 무엇 때문에 행위 결과에 대해 사회적 책임을 져야 하는지에 관한 윤리적 성찰을 하게 한다. 이러한 문제는 단지 사회철학적 물음에서만 인식하는 것이 아니라 정치가·경제학자·사회과학자·식물학자·기술학자·자연과학자 등 모든 분야에 걸쳐 서로 직간접적인 교류를 확대해나간다. 따라서 기술의 사회적 책임 윤리에 관한 올바른 인식을 통하여 사회와 기술, 자연과 사회, 인간과 자연 간의 갈등 관계를 최소화시키고, 인간 행위의 결과를 긍정적으로 이끌어낼 수 있도록 노력해야 할 것이다.

셋째, 공학 윤리의 관심을 통해 과학 기술에 대한 사회의 **실천적인 중요성**을 절실하게 인식하는 것이다. 즉, 우리의 일상 생활 속에서 직접적으로 나타나는 기술의 합리성·기술적 행위·절차 등의 도덕적 평가뿐만 아니라 이를 실천적으로 적용한다. 이러한 기술에 관한 규범적-실천적 이성의 적용을 통하여 인간 행위의 목적 규정을 다시 새롭게 규정해야 한다.23) 이러한 실천을 뒷받침하기 위한 전제 조건으로서 책임 개념에 대한 이론을 요청한다. 다시 말해 앞에서 제시한 다양한 서구의 과학 기술에 관한 책임의 주체 및 방법론의 정립을 통해 우리 현실에 맞게 응용하거나 적용할 수 있다. 따라서 과학 기술은 실천의 매개를 통해 기술 과학의 갈등을 극복하고, 기술의 사회적 책임에 대한 공동의 연대 의식과 책임 의식을 수행해나가야 한다.

□ 참고 문헌

김유신, 『공학과 윤리』, 2003년 새한철학회 가을학술발표회, 2003.

---

23) Hans Lenk / Matthias Maring, "Wissenschaftsethik und Technikethik aus interdisziplinaerer Sicht", Lohmann / Schmidt(Hg.), *Akademische Philosophie zwischen Anspruch und Erwartung*, Frankfurt a.M. 1998, 75쪽.

김　진, 「과학 및 공학과 윤리의 만남」, 『공학 윤리』, 철학과현실사, 2003.

김형철, 「반성적 과학 기술과 환경」, 『과학사상』 제19호 겨울호, 1996, 42-56쪽.

돈 아이디, 김성동 역, 『기술철학 — 돈 아이디의 기술과 실천』, 철학과현실사, 1998.

데보라 G. 존슨, 이태식 외 옮김, 『엔지니어 윤리학』, 동명사, 1999.

윤찬원 외, 『기술 문명에 대한 철학적 반성』, 철학과현실사, 1998.

임홍빈, 『기술 문명과 철학』, 문예출판사 1996.

Apel. K-O.(1988) : *Diskurs und Verantwortung.* Frankfurt : Suhrkamp.

Beck, H.(1978) : Thesen zur Kulturphilosophie der Technik, in : philoso-
phisches Jahrbuch. Jg. 86. 1978. 262-271쪽.

Beck, U.(1986) : *Risko Gesellschaft.* Auf dem Weg in eine andere Moderne.
Frankfurt : Suhrkamf.

Birnbach, D.(1986, Hg.) : *Ökologie und Ethik.* Stuttgart : Reclam.

_____.(1995) : *Verantwortung fuer zukuenftige Generation.* Stuttgart :
Reclam.

Boehler, D.(1992, Hg.) : *Herausforderung Zukunftsverantwortung.* Hans
Jonas zu Ehren. Münster, Hamburg.

_____.(1991) : "Legitimationsdiskurs Menschenwuerdegrundsatz und
Euthansieproblem" in diskursethischer Sicht, in : *Deutsche Zeitschrift
für Philosophie.* 39. Jg. H. 7. 1991, 725-748쪽.

Bungard, W., Lenk, H.,(1988, Hg.) : *Technikbewertung.* Frankfurt :
Suhrkamp.

Craemer-Ruegenberg(1980) : *Die Naturphilosophie des Aristeles,* Freiburg /
München.

Dessauer, F.(1958) : *Streit um die Technik.* Frankfurt.

Ebert, Th.(1977) : "Zweck und Mittel. Zur Klärung einiger Grundbegriffe
der Handlungstheorie", in : *Allgemeine Zeitschrift für Philosophie,*
2 / 1977, 21-39쪽.

Ferre, F.(1988) : *Philosophy of Technology,* Englewood Cliffs.

Gatzemeier, M.(1989, Hg.) : *Verantwortung in Wissenschaft und Technik.*

Mannheim / Wien / Zürich.

Grossheim, M.(1995) : *Ökologie oder Technokratie? Der Konservatismus in der Moderne.* Berlin : Duncker & Humbolt.

Grunwald, A.(1996) : Ethik und Technik. Systematisierung und Kritik vorliegender Entwürfe. in : *Ethik und Sozialwissenschaften* 7 (1996), Heft 3. 191-204쪽.

_____.(1996) : "Ethik der Technik-Entwuerfe, Kritik und Kontroversen", in : *Information Philosophie.* Okt. 4. 16-27쪽.

_____.(1996) : "Die Bewältung von Technikkonflikten." in : *Zeitschrift für philosophische Forschung.* Bd. 50. Heft.3. 442-457쪽.

Habermas, J.(1992) : *Erläuterungen zur Diskursethik.* Frankfurt : Suhrkamp.

_____.(1968) : *Technik und Wissenschaft als Ideologie,* Frankfurt : Suhrkamp.

Hastedt, H.(1991) ; *Aufklärung und Technik. Grundprobleme einer Ethik,* Frankfurt.

Heidbrink, L.(1994) : *Grenzen der Verantwortung, in : Philosophische Rundschau.* Bd. 41. H. 4. 1994. 217-299쪽.

Hösle, V.(1990) : *Die Kriese der Gegenwart und Verantwortung der Philosophie.* München ; Beck.

_____.(1991) : *Philosophie der Ökologischen Krise.* Muenchen : C. H. Beck.

Höffe, O.(1995) : *Moral als Preis der Moderne. Eine Versuch über Technik und Umwelt.* Frankfurt : Suhrkamp.

_____.(1992) : *Ethik und Politik.* Frankfurt : Suhrkamp.

_____.(1985) : *Strategie der Humanität.* Frankfurt : Suhrkamp.

Hubig, Chr.(1993) : *Ethik der Technik. Ein Leitfaden.* Heidelberg : Springer.

_____.(1990, Hg.) : *Verantwortung in Wissenschaft und Technik.* Berlin : Paul Kistmacher.

Huning, A.(1987) : Technik und Menschenrechte. in : Lenk / Ropohl 1987, 245-258쪽.

Jonas, H.(1979) : *Das Prinzip Verantwortung*. Frankfurt : Suhrkamp.

Koschut, Ralf-Peter.(1989) : *Struktur der Verantwortung*. Frankfurt : Peter Lang.

Kovacs, G / Wollgast, S.(1984, Hg.) : *Technikphilosophie in Vergangenheit und Gegenwart*, Berlin.

Lenk, H.(1994) : *Macht und Machtbarkeit der Technik*, Stuttgart 1994.

_____.(1983) : "Verantwortung für die Natur", in : *Allgemeine Zeits-chrift für Philosophie*. 8. Jg. 3. H. 1983, 1-18쪽.

_____.(1971) : *Philosophie im technologischen Zeitalter*. Stuttgart, Berlin.

_____.(1982) : *Zur Sozialphilosophie der Technik*, Frankfurt : Suhrkamp.

_____.(1991) : "Zum Stand der Verantwortungsdiskussion in der Technik", in : *Deutsche Zeitschrift für Philosophie*. 39. Jg. 10. H. 1193-1209쪽.

_____.(1992) : *Zwischen Wissenschaft und Ethik*. Frankfurt : Suhrkamp.

Lenk, H., Moser, M.,(1973, Hg.) : *Techne Technik Technologie. Philo-sophische Perspektiven*. München.

Lenk, H., Rophol, G.(1987, Hg.) : *Technik und Ethik*. Stuttgart : Reclam.

Lenk, H., Maring, M.(1991, Hg.) : *Technikverantwortung*. Frankfurt / New York.

Maclntyre, A.(1995) : *Der Verlust der Tugend*, Frankfurt : Suhrkamp.

Marcuse, H.(1967) : *Der eindimensionale Mensch*, Neuwied / Berlin 1967.

Meadow, D.(1972) : *The Limits of Growth*, New York.

Mittelstrass, J.(1992) : *Lenonardo-Welt. Über Wissenschaft, Forschung und Verantwortung*. Frankfurt : Suhrkamp.

Meyer-Abich, K. M.(1988) : *Wege zum Frieden mit der Natur : Praktische Naturphilosophie für die Umweltpolitik*, München / Wien : Hanser.

Picht, G.(1969) : "Der Begriff der Verantwortung", in : ders., *Wahrheit, Vernunft, Verantwortung. Philosophishe Studien*, Stuttgart.

Randkau, J.(1968) : *Technik in Deutschland*, Frankfurt a.M.

Rapp, F.(1978) : *Analytische Technikphilosophie*. Freiburg / München.

_____.(1993) : *Neue Ethik der Technik? Philosophische Kontroversen.*
Wiesdaden : Deutscher Universitätsverlag.

Rohbeck, J.(1993) : *Technologische Urteilskraft. Zu einer Ethik technischen
Handelns.* Frankfurt : Suhrkamp

Ropohl, G.(1985) : *Die unvollkommene Technik.* Frankfurt : Suhrkamp.

_____.(1996) : *Ethik und Technikbewertung.* Frankfurt : Suhrkamp.

_____.(1994) : Das Risiko im Prinzip Verantwortung. in : Ethik und
Sozialwissenschaften 5, 1 / 1994, 109-120쪽.

_____.(1988) : "Friedrich Dessauer's Verteidigung der Technik", in :
Zeitschrift für philosophische Forschung. Bd. 42. 1988. 301-310쪽.

_____.(1991) : *Technologische Aufklärung.* Frankfurt : Suhrkamp.

Sachsse, R.(1987) : Ethische Probleme des technischen Fortschritts. in :
Lenk / Ropohl 1987, 49-80쪽.

_____.(1972) : *Technik und Verantwortung,* Freiburg.

Schäffer, L., *Das Bacon-Projekt. Von Erkenntnis, Natzung und Schonung
der Natur.* Frankfurt : Suhrkamp.

_____.,(1985) : "Selbstbestimmung und Naturverhaeltnis des Menschen",
in : *Information Philosophie.* 5. Dez. 1985, 4-18쪽.

Schelsky, H.(1979) : Der Mensch in der wissenschaftlichen Ziviliation
(1961), in : Auf der Suche nach Wirklichkeit, München.

Schmidt, A.(1978) : *Der Begriff der Natur der Lehre von Marx,* Hamburg.

Schnädelbach, H. Keil, G.(1993, Hg.) : *Philosophie der Gegenwart-
Gegenwart der Philosophie.* Hamburg : Junius.

Schnellmamm, G.(1974) : *Theologie und Technik.* Köln / Bonn : Hanstein.

Schwemmer, O.(1980) : *Philosophie der Praxis.* Frankfurt : Suhrkamp.

_____.(1987, Hg.) : *Über Natur.* Frankfurt : Klostermann.

Ulrich, O.(1979) : *Technik und Herrschaft.* Frankfurt : Suhrkamp.

Weber, M.(1973) : *Politik als Berufe,* hg, in ; M. Weber, Soziologie, Stuttgart.

_____.(1947) : *Wirtschaft und Gesellschaft*. Tübingen.

Weingart, P.(1989) : *Technik als sozialer Prozess*. Frankfurt : Suhrkamp.

Welding, S. O.(1991) : "Ist die Zweck / Mittel-Relation praeskritiv?" in : *Archiv für und Sozialphilosophie*. LXXVII. Vol. 1991. 508-524쪽.

■ 양 해 림

강원대 철학과와 같은 대학원을 졸업하고 독일 트리어(Trier)대와 베를린 훔볼트(Humboldt)대에서
박사 과정을 거친 뒤, 훔볼트대에서 「딜타이의 사회철학 : 개인과 사회의 관계」(1999)라는 논문으
로 박사 학위를 받았다. 강원대 철학과 강사, 한림대 인문학부 강사, 전북대 과학문화연구센터
연구원, 한림대 인문학연구소 연구조교수를 거쳐 지금은 충남대 철학과 교수로 있다.
주요 저서로 『현상학과의 대화』, 『21세기 사상과 문화의 새 지평』(공저), 『행복이라 부르는 것들의
의미』, 『미의 퓨전 시대 ― 미·예술·대중 문화의 만남』, 『디오니소스와 오디세우스의 변증법
― 예술·인문학·과학 기술 그리고 한국 사회의 반성적 고찰』, 『성과 사랑의 철학』(공저), 『철학
의 변혁을 향하여』(공저)가 있다. 주요 논문으로 「문화다원주의 시대는 보편적 정치 윤리를
요구하는가」, 「해석학과 사회 체계 ― 딜타이와 루만의 이해 개념을 중심으로」, 「인문학의 패러다
임과 인문학 위기의 극복책을 위하여」, 「메를로 퐁티의 몸의 문화현상학」, 「구조의 독해 ― 딜타이
와 푸코의 연속과 불연속의 역사성」, 「딜타이의 문화해석학」, 「다매체 시대의 인문학의 패러다임
전환은 가능한가?」, 「인권과 민주주의 ― 하버마스의 『사실성과 타당성』을 중심으로」, 「공학
윤리의 책임 이론」, 「니체의 몸철학 : 오해된 몸의 복권」 등이 있다.

에코·바이오테크 시대의 책임 윤리

초판 1쇄 인쇄 / 2005년 11월 20일
초판 1쇄 발행 / 2005년 11월 25일

■

지은이 / 양 해 림
펴낸이 / 전 춘 호
펴낸곳 / 철학과현실사
서울특별시 서초구 양재동 338의 10호
전화 579—5908~9

■

등록일자 / 1987년 12월 15일(등록번호 : 제1—583호)

■

ISBN 89-7775-556-5 03130
*잘못된 책은 바꾸어 드립니다.

값 15,000원